AF389707

OEUVRES
DRAMATIQUES
DE CRÉBILLON,

PRÉCÉDÉES

D'UN ESSAI

SUR LA VIE ET LE THÉATRE DE L'AUTEUR.

PAR C. M. J.

Qualem ministrum fulminis alitem
Olim juventas et patrius vigor
Nido laborum propulit inscium.

Horace.

DE L'IMPRIMERIE de la rue du Bac, N.º 610, la deuxième porte à gauche en descendant le ci-devant Pont-Royal.

A PARIS,

Chez HUET, Éditeur et Libraire, rue Vivienne, N.º 8.

1796. An 4.

ESSAI
SUR LA VIE ET LE THÉATRE
DE CRÉBILLON.

VIE DE CRÉBILLON.

Prosper Jolyot de Crébillon naquit à Dijon, le 13 février 1674, de Melchior Jolyot, greffier en chef de la Chambre-des-Comptes de cette ville. Sa famille étoit inscrite dans la classe privilégiée depuis l'an 1442, où Philippe le Bon, duc de Bourgogne, récompensa par des lettres de noblesse, les services militaires de deux frères Jolyot. Crébillon fit ses humanités au collège des Jésuites de Dijon. On ignore le détail de ses premières années; mais l'anecdote suivante prouve qu'avec d'heureuses dispositions, il montrait déjà, pour le plaisir et la dissipation, un goût que les années ne purent affoiblir. Il apprit, dans le cours de sa carrière dramatique, que les Jésuites avoient coutume d'exprimer par des épithètes, sur la liste des écoliers, à côté de chaque nom, leurs bonnes et mauvaises qualités. Curieux de savoir ce qu'on avoit pensé de lui, il fit consulter les catalogues du collège de Dijon. Après Prosper Jolyot de Crébillon, on trouva ces mots : *puer ingeniosus, sed insignis nebulo* : enfant plein d'esprit, mais un franc polisson. Le poëte étoit enchanté de cette découverte, et il en faisoit part à tout le monde.

Ayant fini ses études de droit à Besançon, il fut reçu avocat au parlement. Son père, qui vouloit lui céder sa charge, l'envoya à Paris, chez un procureur, pour s'y former à la pratique du barreau. Crébillon avoit peu de goût pour la jurisprudence ; tous ses instans étoient consacrés au plaisir, et Prieur, c'étoit le nom de son procureur, étoit l'homme du monde qu'il voyoit le moins. Un jour que le hasard les fit trouver ensemble, Prieur, qui avoit du jugement et des connoissances peu communes, profita de cette occasion pour sonder le goût de son élève. Il fit tomber la conversation sur le théâtre et sur les auteurs dramatiques. Par les traits qui échappèrent au jeune homme, le pénétrant procureur jugea que la nature l'avoit fait poëte, et qu'il pourroit se distinguer dans le genre tragique. Il lui conseilla d'entreprendre une tragédie. Crébillon s'y refusa d'abord ; mais enfin, vaincu par les instances de son ami, et cédant peut-être aux secrettes impulsions d'un génie qu'il ignoroit encore, il choisit pour son coup d'essai la mort des enfans de Brutus. Le jeune poëte présenta sa pièce aux comédiens, qui la rejetèrent. Ce refus, qui n'étoit pas une injustice, désespéra Crébillon. Indigné de l'affront qu'il croyoit avoir reçu, il renonça pour toujours à la scène tragique, et même à la poésie. Prieur laissa passer ce premier mouvement ; mais, comme il n'avoit pas changé d'opinion sur les talens du jeune poëte, et que sa généreuse amitié ne se décourageoit point, il le ramena peu-à-peu à composer une autre pièce. Crébillon fit *Idoménée*, et cette tragédie, représentée, pour la première fois, le 29 décembre 1705, fut assez favorablement reçue du public. Le succès de cette pièce l'enhardit, et deux

A

ans après, il donna sa tragédie d'*Atrée et Thyeste*. Le procureur, alors attaqué d'une maladie mortelle, se fit porter à la première représentation. Elle fut froidement accueillie ; mais Prieur, plus juste que le public, ne s'y méprit pas ; il embrassa son ami : *Je meurs content*, lui dit-il, *je vous ai fait poëte, et je laisse un homme à la nation.*

Il s'en falloit bien que le père de Crébillon partageât avec Prieur le plaisir et l'enthousiasme de ces premiers succès ; plusieurs fois déjà il avoit témoigné combien peu il se soucioit d'avoir un poëte dans sa famille, et le mariage de Crébillon, qui épousa alors, sans consulter personne, Charlotte Péaget, fille d'un apothicaire de Paris, dont il étoit éperdument amoureux, acheva de rompre entre le père et le fils toute espèce d'intelligence. Le vieux greffier outré de cette alliance, et n'écoutant que son ressentiment, déshérita son fils en 1706 ; mais l'année d'après, se voyant au lit de la mort, il leva l'exhérédation. Crébillon rétabli dans ses droits, n'en devint pas plus riche : la totalité de la succession fut vendue ou mise en décret. Pendant le séjour que ses affaires l'obligèrent de faire à Dijon, il composa son *Electre*, et la fit jouer en 1708. Cette tragédie, malgré ses défauts, augmenta la gloire de l'auteur ; et *Rhadamisthe*, qui parut trois ans après, y mit le comble. L'éclat et le succès de cette dernière pièce le firent placer dès-lors par le public, avec Corneille et Racine au rang de nos modèles tragiques. Cette célébrité lui procura d'illustres amis, qui furent très-utiles à sa fortune, et l'eussent sans doute été davantage, si l'on eût jamais pu le résoudre à songer sérieusement à l'avenir. Le régent, qui avoit pour lui une bienveillance particulière, tenta vainement de le rendre heureux du côté des richesses : il ne songea jamais à en acquérir, peut-être même, par une suite de cette indifférence qui caractérise la préoccupation d'un génie supérieur, il n'en aperçut seulement pas l'occasion.

Ses dernières tragédies lui avoient acquis une telle réputation, qu'il ne tarda pas à être recherché par tout ce que la littérature comptoit alors de protecteurs distingués. Crébillon aimoit le plaisir ; il y consacra dès ce moment la plus grande partie de son tems, et les pièces qu'il composa depuis, furent moins travaillées que les précédentes, et se succédèrent à de plus longs intervalles. Il jouissoit de toute sa gloire, lorsqu'un nouveau malheur vint affliger sa vie ; il perdit son épouse, dans laquelle il trouvoit une amante et une amie ; et qui, à une grande beauté, joignoit les plus estimables qualités.

En 1715, Crébillon fut pourvu de l'office de receveur ancien et mi-triennal des amendes de la Cour-des-Aides, et il en jouit jusqu'en 1721, que cette charge fut supprimée. Il s'occupoit si peu de sa fortune, qu'ayant reçu un récépissé de 57,000 liv., avec lequel son office lui avoit été remboursé, il le garda jusqu'à ce que ces sortes d'effets eussent presque totalement perdu leur valeur. Il mit aussi peu de soin à réaliser ce qu'il avoit gagné au système. Sa fortune se consomma insensiblement, et rien enfin ne lui resta, ni de son médiocre patrimoine, ni du bien qu'il avoit acquis.

La mort de M. de la Faye laissoit une place vacante à l'académie française. L'auteur d'*Electre* fut choisi pour l'occuper. Il fut reçu au mois de septembre de l'année 1731 ; et ayant témoigné le désir de faire en vers son remercîment, quoique ce fût une chose inusitée, l'académie y consentit. Cette nouveauté plut, parce qu'elle étoit nouveauté, et que la pièce qui fut prononcée à cette occasion avoit du mérite. Il lut ensuite le premier acte de son *Catilina*, que l'assemblée applaudit avec transport. Il travailloit depuis quelques années à cette tragédie qui ne devoit paroître que dix-sept ans après. Ce fut vers ce tems-là que le comte de Clermont lui donna un logement dans le palais du petit Luxembourg. Ce prince, qui s'honorait en secourant le génie, ne cessa depuis de lui prodiguer ses bienfaits. En 1735, Crébillon, déjà nommé censeur royal, le fut aussi de la police, et il exerça cet emploi à l'égale satisfaction du gouvernement, des littérateurs et du public.

Crébillon, à l'abri de l'indigence, eut une vieillesse plus heureuse que ses premières années ; mais l'amour de la gloire n'agissoit plus que foiblement sur cette ame naturellement indolente ; et s'il travailloit encore à son *Catilina*, c'étoit avec tant de lenteur, que l'on commençoit à désespérer de le voir jamais sur la scène. Les plaisans s'écrioient avec Cicéron : *Quousque tandem abutere, Catilina, patientiâ nostrâ ?* La marquise de Pompadour, entreprit de ranimer une muse qui paroissoit totalement éteinte. Elle lui témoigna le désir qu'elle avoit de lui voir finir cette tragédie, et l'y encouragea par des bienfaits de toute espèce. Elle obtint pour lui une pension de cent pistoles sur la cassette du roi, et une place à sa bibliothèque. Nous observerons à cette occasion que Louis XV protégea toujours depuis, d'une manière spéciale, l'auteur de *Rhadamisthe*. Il lui accorda une pension de deux mille livres sur le Mercure, outre une gratification annuelle de mille livres qu'il lui donnoit pour le dédommager d'un logement qui lui avoit été enlevé. *Catilina* parut sur le théâtre lorsqu'on ne l'espéroit plus, et il fut joué avec la plus grande magnificence, le roi ayant voulu que tous les habits des acteurs fussent à ses frais. C'était à Mme de Pompadour que l'on devoit cette tragédie ; ce fut sous les mêmes auspices qu'à l'âge de 76 ans, Crébillon commença le *Triumvirat*, qui fut représenté cinq ans après. Il sembloit qu'alors cet homme célèbre voulût réparer la perte de tant d'années inutiles à sa gloire et passées dans la dissipation. A l'âge de 85 ans, il commença une tragédie toute d'imagination, intitulée *Cléomède*. Il disait à un de ses amis qu'il avoit encore l'enthousiasme et le feu de ses premières années. Il ne fit que les trois premiers actes de cette pièce, et ce précieux fragment lui fut dérobé quelques jours avant sa mort.

Depuis vingt ans Crébillon étoit attaqué d'un érysipèle aux jambes. Ce mal ne fut pas regardé comme dangereux, parce qu'il fluoit ; mais on avertit le malade de prendre quelques précautions. Crébillon, trop impatient pour s'assujettir long-tems au même régime, fit peu d'attention à ces conseils, et continua de suivre ses anciennes habitudes. Vers la fin de l'année 1761, l'humeur cessa de couler, et ses jambes se refermèrent. Il s'inquiéta peu de cet accident, et sa santé parut se raffermir ; mais après quelques rechûtes, où la force de son tempéramment luttoit contre une manière de vivre absolument opposée à sa situation, il fut enlevé aux lettres et à sa patrie le 17 juin 1762, âgé de quatre-vingt-huit ans et demi. Il fut inhumé dans l'église de S.-Gervais, où Louis XV ordonna qu'on lui élevât un mausolée en marbre. Le travail en fut confié au célèbre le Moine.

M. d'Aquin composa les vers suivans pour être mis au bas du portrait de Crébillon.

> J'ai su peindre à l'esprit ATRÉE et ses fureurs ;
> Je respire le sang, la vengeance et la haine.
> Corneille instruit, surprend ; Racine émeut les cœurs ;
> Moi, sans leur rien devoir, je règne sur la scène ;
> Et, donnant pour le crime une secrette horreur,
> J'excite la pitié, le trouble et la terreur.

Crébillon étoit grand , bien fait , avoit l'air noble et un très-beau caractère de tête , sur-tout quand il l'avoit nue. Ses yeux bleus , grands et pleins de feu , une énergie marquée dans tous ses traits et dans tous ses mouvemens , un ton plus fort que le ton des autres annonçoient une ame qui pensoit et qui sentoit profondément. Ses sourcils, quoique blonds , étoient fort marqués , et il les fronçait souvent , ce qui lui donnait un air dur et sombre , de manière à indiqu r en lui l'auteur d'*Atrée*. Quoique né impatient , et même un peu colère , il étoit fort doux et très-aisé à vivre ; peut-être même trop dans les dernières années de sa vie , où , obligé , par son grand âge et ses infirmités , de demeurer chez lui , il étoit devenu peu difficile sur le choix de ses sociétés. Son air étoit sérieux , et assez souvent mélancolique. Le genre qu'il avoit adopté laissa quelque tems sur son caractère une impression défavorable. « Crébillon , dit son successeur à l'Académie (Voisenon) , porta si loin le » génie tragique , qu'on craignit pour son caractère. C'étoit mal le juger ; on » trouvoit autant de douceur dans sa société , que de force dans son pinceau ». Ce poëte , dont le crayon étoit si terrible , étoit en effet l'homme du monde le plus sociable , le plus poli et le plus tendre. On a connu de lui des pièces galantes qui n'ont jamais été imprimées , et dans lesquelles il sut réunir l'art d'Ovide à la naïveté de la Fontaine.

Sans être né sauvage , il aimoit la solitude ; et des goûts assez bizarres , qu'il contracta long-tems avant sa mort , la lui rendoient plus chère. Sa maison étoit remplie de chiens et de chats dont la figure piteuse et les infirmités prouvoient l'excès de sa compassion. Entouré de ces animaux , il étoit presque toujours occupé à fumer du tabac ; et quelqu'énorme que fût la quantité qu'il en consommoit , elle ne dissipoit que faiblement les exhalaisons corrompues de sa ménagerie. Le goût du tabac devint bientôt chez lui une passion qui l'obligea de vivre retiré ; et comme il ne pouvoit fumer par-tout , il n'alloit que chez les personnes qui lui en accordoient la liberté.

Crébillon , né sans vanité , parloit rarement de lui-même , et il n'a jamais pu supporter la louange en face. Dans les dernières années de sa vie , s'étant fait lire ses ouvrages , il n'en dissimula ni les beautés , ni les défauts , et se jugea aussi impartiallement qu'il jugeoit les autres. Son ton dans le monde étoit très-éloigné de celui de ses ouvrages : il n'y portoit que de la gaîté et de la bonhommie. La simplicité de ses manières et l'insurmontable paresse qu'on lui connoissoit , donnèrent lieu à la fable ridicule du chartreux qui , disoit-on , composoit les ouvrages dont il n'étoit que le prête-nom. L'estime des gens éclairés et son propre témoignage le vengeoient suffi- samment de ces ineptes calomnies. Il étoit le premier à en rire , et répétoit avec plaisir une répartie maligne qui lui avoit été faite par son fils , connu dans la littérature , par des romans pleins de finesse et d'agrément. Se trouvant un jour dans une société nombreuse , on lui demanda quel étoit celui de ses ouvrages qu'il estimoit le plus. *Je ne sais* , répondit-il , *quelle est ma meilleure production ; mais* , ajouta-t-il en montrant son fils , *voilà sans doute la plus mauvaise. C'est* , répliqua vivement celui-ci , *qu'elle n'est pas du chartreux.*

Malgré les manœuvres odieuses tramées pour détruire sa réputation , et es absurdités que l'envie inventa contre lui , Crébillon conserva toujours la gloire de n'avoir point souillé son talent par la satyre. Un jeune homme lui ayant montré une critique peu mesurée de quelques écrivains estimables , il la lui rendit avec indignation en lui disant : *Jugez combien ce malheureux genre est facile et méprisable , puisque vous y réussissez même à votre* âge. Les plus violentes censures furent souvent dirigées contre lui, mais elles ne parvinrent jamais à altérer sa tranquillité. « Quant aux brochures » que l'on fait courir contre moi, dit-il dans sa préface d'Idoménée, je ne » me pique pas d'y répondre; les critiques les plus envenimées me font » encore beaucoup d'honneur; j'en aurois même remercié leurs auteurs, si » j'y avois trouvé des instructions qui pussent m'être de quelque utilité : mais » franchement je n'y ai entrevu que le dessein de m'humilier ou de me fâcher; » mes censeurs ont manqué leur coup : la critique n'humilie que les » orgueilleux et ne fâche que les sots : j'aurois presque osé me flatter de » n'être ni l'un ni l'autre ». On ne connoît de lui que l'épigramme suivante. C'est une espèce de centurie qu'il fit contre J. B. Rousseau, qui sollicitoit alors une place à l'académie, et dont il avoit personnellement beaucoup à se plaindre.

> Quand poil de roux faisant la quarantaine,
> De ses poisons le Louvre infectera;
> En tel mépris cettui corps tombera,
> Que Pellegrin sera reçu sans peine.

Il fit aussi une satyre en forme de fable, où ses détracteurs étoient désignés d'une manière plaisante; mais cette dernière pièce ne fut jamais imprimée. Ces deux plaisanteries satyriques, les seules qui soient échappées à sa plume dans une vie de 89 ans, ne peuvent rien prouver contre son caractère. Plusieurs littérateurs ont même cru pouvoir assurer que l'épigramme que nous venons de citer ne fut jamais de Crébillon. Quoi qu'il en soit, lorsque dans son discours à l'Académie, il récita ce vers,

> Aucun fiel n'a jamais empoisonné ma plume,

le public, par des applaudissemens réitérés, confirma le témoignage qu'il se rendoit à lui-même.

Inaccessible à ces préventions odieuses, à ces jalousies secrettes, malheureusement si communes parmi les littérateurs de tous les siècles, il ne céda pas davantage aux illusions de l'amour-propre. Juste et impartial envers les autres, il le fut également envers ses propres ouvrages, et ne fit jamais plus de brigue pour lui-même, que de cabales contre ses ennemis ou ses rivaux. Le jour de la première représentation de *Catilina*, son fils lui ayant demandé des billets pour quelques-uns de ses amis, il les lui refusa. *Je ne veux pas, lui répondit-il, qu'il y ait personne dans le parterre qui se croye dans l'obligation de m'applaudir.* On l'assura que ses billets ne lui obtiendroient pas grace s'il n'en méritoit pas, et il en donna sans hésiter. Voltaire, obligé de lui présenter son *Oreste* pour l'approuver comme censeur de la police, commença par s'excuser d'avoir traité ce sujet après lui. *Monsieur,* lui dit poliment Crébillon, *j'ai été content du succès de mon Electre; je souhaite que le frère vous fasse autant d'honneur que la sœur m'en a fait.*

Ce grand homme avoit une manière singulière de travailler : il n'écrivoit jamais le plan de ses pièces, ni les pièces elles-mêmes, que lorsqu'il se disposoit à les donner au théâtre. Quand il présenta aux comédiens son Catilina, il le leur récita tout de mémoire. Quelques personnes ont dit que pour se pénétrer de ces images effrayantes et lugubres qui distinguent son théâtre, il avoit coutume de fermer ses fenêtres en plein jour, et de travailler à la lueur de quelques lampes. Ce fait a été démenti par toutes les personnes que Crébillon admettoit dans sa familiarité. Il est vrai que quelquefois, en

composant, il s'agitoit violemment, et se promenoit avec vivacité dans toutes
les pièces de son appartement. On raconte que travaillant à son *Rhadamiste*,
il alla chercher un jour la solitude du jardin des Plantes ; croyant n'être vu de
personne, il avoit quitté son habit, et dans la chaleur de la composition, il
marchoit à pas inégaux et précipités, et poussoit des cris effroyables. Un
jardinier qui l'observoit, alla le dénoncer au célèbre anatomiste du Verney
comme un insensé, ou un homme qui avoit fait un mauvais coup. Celui-ci
accourut sur le champ, et ne fut pas médiocrement surpris, lorsque dans ce
prétendu fou, il reconnut l'auteur d'*Atrée*. Une pareille aventure arriva,
dit-on, à Racine auprès du grand bassin des Tuileries.

Crébillon avoit eu dessein de mettre sur le théâtre la tragédie de *Cromwel* ;
il en avoit même fait la première scène ; mais la difficulté de faire passer un
pareil sujet, ou, comme on le prétendit alors, des ordres supérieurs lui firent
abandonner ce travail.

THÉATRE DE CRÉBILLON.

IDOMÉNÉE. Après la prise de Troye, Idoménée, petit-fils de Minos, retour-
nant dans ses états, fut assailli par une tempête violente. Pour appaiser
Neptune, il fit vœu, s'il en réchappoit, de lui sacrifier le premier de ses
sujets qui se présenteroit à lui. L'orage cessa. A peine descendoit-il sur le
rivage de Crète, que son fils vint s'offrir à ses embrassemens. C'est la nécessité
d'accomplir cette cruelle promesse qui forme le fond de la pièce. Quoi
qu'on ait dit de ce sujet, il est certain qu'il est *intéressant et noble*, et qu'il
n'a d'autre défaut que de trop ressembler à celui d'*Iphigénie en Aulide*.
Cette pièce n'est que le coup d'essai d'un jeune homme ; c'est la plus foible
des tragédies de Crébillon : mais elle renferme des beautés mâles, des traits
de génie, qui durent faire présager l'éclat dont son auteur devoit un jour
se couvrir. Quand on songe à la difficulté qu'il y avoit de faire paroître sur
la scène le personnage d'Idoménée, et de le rendre intéressant, on est obligé
de convenir que Crébillon, quoique jeune encore, avait déjà fait une étude
profonde du théâtre. La description de la tempête est pleine de grandeur et
d'énergie, et rien n'est mieux versifié, rien n'est plus touchant que les vers
qui la suivent. Le vœu d'Idoménée paroît moins atroce quand il a dépeint
la terrible circonstance où il le prononça. On a blâmé l'amour de ce prince,
et il faut convenir qu'il n'ajoute rien à la force du sujet : mais la rivalité
du malheureux Idamante et de son père, produit plusieurs scènes intéressantes et contribue au dénouement. « Quant au plan général de cette pièce, il
» est, dit Voltaire, trop moulé sur ce grand nombre de tragédies languissantes
» qui ont paru sur la scène et qui en ont disparu. » La versification est forte et
nerveuse ; mais le style est très-négligé, et l'ouvrage entier fourmille d'incorrections et de fautes contre la langue.

ATRÉE ET **T**HYESTE. L'épouvantable sujet de cette tragédie est généralement connu. Crébillon le traita d'après Sénèque ; mais il se montra bien
supérieur à son modèle. C'est dans cette pièce qu'il développa, pour la
première fois, toute la vigueur et l'énergie de son imagination ; le terrible
et le pathétique y dominent à un si haut point, qu'il fut décidé, dès-lors, qu'il
avoit un genre à lui, et qu'il étoit le plus tragique de nos poëtes. Le caractère
d'Atrée est un des plus beaux qu'il y ait sur notre théâtre ; il est parfaitement
développé, se soutient dans toutes ses parties, et forme avec celui de

Plisthènes, fils de Thyeste, l'un des plus savans contrastes que l'on connoisse. Le songe de Thyeste est, peut-être, le morceau de poésie le plus fort que nous ayons dans notre langue; on le met, pour l'éclat du coloris et pour la chaleur, au-dessus de celui d'*Athalie*. La reconnoissance des deux frères est un tableau terrible et du plus grand intérêt. La scène anglaise elle-même n'avoit encore rien offert qui égalât l'instant où Atrée présente à Thyeste la coupe paternelle pleine du sang de son fils. Les petits-maîtres ne purent d'abord supporter cette scène effrayante; mais les gens de goût convinrent que cet excès de terreur, qui remplit les spectateurs d'une sombre et douloureuse attention, formoit la véritable tragédie. Le public a confirmé le jugement de Crébillon lui-même, qui, dans la préface dont il a fait précéder cette pièce, s'exprime ainsi sur le rôle de Thyeste : « De quelqu'indignation » qu'on se soit armé contre la cruauté d'Atrée, je ne crois pas qu'on puisse » mettre sur la scène un tableau plus parfait que celui de la situation où se » trouve le malheureux Thyeste, livré sans secours à la fureur du plus barbare » de tous les hommes ». Un poëte célèbre que ses talens eussent dû rendre supérieur aux petites vues de l'envie, publia peu après la mort de Crébillon, sous le titre d'éloge, une critique des ouvrages de ce grand homme, critique juste à quelques égards; mais que le bon goût ne sauroit adopter dans toutes ses parties. Il y prétend que la tragédie d'*Atrée* est sans aucun intérêt ». On » ne prend, dit-il, aucune part à une vengeance affreuse, méditée de sang-froid, » sans aucune nécessité, pour un outrage fait il y a vingt ans ». Mais n'est-il pas des outrages dont on ne perd jamais la mémoire? Une passion profonde et terrible sait-elle calculer le tems; et le souvenir d'une épouse enlevée aux autels même de l'hymen, ne sauroit-il, au bout de vingt-ans, à l'aspect du coupable, réveiller dans un implacable cœur tous les feux de la vengeance? Le style de cette tragédie n'est rien moins que pur et correct; mais il est constamment vigoureux et mâle. Cette pièce à laquelle on s'accorde à reprocher la seconde réconciliation des deux frères, un amour inutile et froid, et une versification négligée, est si féconde en tableaux tragiques et en situations intéressantes, qu'elle sera toujours regardée comme un chef-d'œuvre de la plus grande manière. La tragédie des *Pélopides*, qui parut long-tems après, n'a fait que confirmer la gloire d'*Atrée*; cette dernière a eu tout l'avantage de la comparaison.

ÉLECTRE. Ce sujet, l'un des plus tragiques de l'histoire grecque, avoit déjà été traité avec succès par Sophocle et par Euripide, et avant ces deux poëtes, par Eschyle, sous le titre des *Coëphores*. La pièce de Crébillon fut jouée en 1708, et ne fut interrompue qu'après la quatorzième représentation, à cause du grand froid qui obligea de fermer le théâtre. Elle enleva tous les suffrages, et fit voir que l'auteur d'*Atrée*, toujours également terrible et pathétique, savoit varier ses tableaux et profiter avec succès des grands modèles qui l'avoient précédé. Le personnage d'Electre ne peut être que l'ouvrage d'un grand maître; il intéresse jusqu'à la fin. Celui d'Oreste, qui s'ignore long-tems, et qui ne se montre jamais indigné du sang dont il est sorti, présente des beautés frappantes de noblesse et de sentiment. L'expression de ses fureurs est un modèle de force et de chaleur. Rien de plus touchant et de plus vrai que la reconnoissance du frère et de la sœur. Toute l'énergie tragique semble déployée dans la scène élégante entre Oreste et Palamède; ce dernier rôle, absolument d'invention, fut celui qui d'abord en imposa le plus; mais on s'aperçut depuis, dit Voltaire, que ce personnage étranger à la pièce, gâtoit ce grand sujet en avilissant les deux enfans d'Agamemnon. On blâma généralement l'auteur d'avoir fait la même faute que dans *Atrée*, et d'avoir encore ici sacrifié au goût de son pays et de son siècle : car si l'amour d'Electre produit une situation intéressante, et donne lieu à de grandes beautés, il est souvent froid et au-dessous de la dignité du cothurne. « Si j'avais quelque chose à » imiter de Sophocle, dit Crébillon dans la préface de cette tragédie, ce ne seroit » assurément pas son *Electre*. » Quelles ques soient les beautés des changemens introduits dans ce sujet par le poëte français, on peut assurer que sa pièce ne l'emportera jamais sur celle du tragique d'Athènes, dont l'exposition est admirable, et l'ordonnance un chef-d'œuvre de naturel et de noblesse. Les gens de goût s'accorderont toujours à lui reprocher des descriptions trop fréquentes, des amours languissans et inutiles, trop de complication dans l'intrigue, trop de longueur dans la marche. La diction de Crébillon est dans cette pièce, comme dans la précédente, vigoureuse et expressive, mais pas assez châtiée ; on y trouve des vers durs, des expressions impropres, des fautes de langage et de goût. Une partie du second acte est écrite du style de l'épopée. Cette tragédie, malgré ses défauts qu'on ne nous accusera pas d'avoir déguisés, renferme des beautés si neuves, si frappantes de situation, d'expression et de sentiment, qu'on en verra toujours la représentation avec un nouveau plaisir. L'*Oreste* de Voltaire n'a pu lui enlever la possession et les honneurs de la scène.

Rhadamisthe et Zénobie. *Atrée* et *Électre* semblaient avoir donné la mesure du talent de Crébillon ; il se surpassa lui-même dans cette tragédie. Elle fut représentée au commencement de 1711, et eut un tel succès qu'il s'en fit deux éditions en moins de huit jours. Un mari qui, dans sa fureur jalouse, a poignardé sa femme, qui l'a précipitée au fond des eaux et qu'il s'agit de faire reparoître devant cette épouse encore vivante, sous des traits chers et intéressans, sans lui rien faire perdre de l'atrocité de son rôle, voilà ce qui, pour un auteur médiocre, n'auroit été qu'une matière ingrate, difficile et même intraitable, et ce qui devint fécond en situations tragiques sous la plume de Crébillon. « C'est là, suivant l'auteur de l'*Année* » *littéraire*, qu'on trouve le troisième maître du théâtre français, et » *Rhadamisthe* est la pièce qui lui donne un caractère particulier et le place » au rang de Corneille et de Racine. » Tout ce que la scène a de plus terrible et de plus théâtral, tout ce que les remords, la tendresse, la jalousie, la fureur peuvent produire de sentimens exaltés et de contrastes brillans, ce que l'amour a de plus violent et de plus emporté, ce que le caractère humain présente de plus prononcé et de plus noble, semble s'être réuni sous le pinceau brûlant de Crébillon pour former les plus pathétiques tableaux. Le rôle de Rhadamisthe étincelle de beautés neuves et frappantes : aucun tragique n'offre de caractère plus parfaitement développé, et Crébillon étoit peut-être le seul homme dont le génie pût réunir dans un même personnage, avec autant de force et de vérité, les doux élans de la tendresse, les emportemens de l'amour, le délire de la jalousie et les fureurs de la vengeance. Les transports et la violence de Rhadamisthe formeroient avec la douceur et les vertus d'Arsame un contraste parfait, si l'amour peu tragique de ce dernier n'affaiblissoit son rôle. Les caractères de Zénobie et de Pharasmane sont deux admirables modèles, l'un de noblesse et de grace, l'autre d'une férocité imposante et soutenue. Ici le roi d'une petite contrée de l'Asie, s'élève au-dessus du nom romain, et soutient dignement la majesté de ses prétentions. On trouve quelque ressemblance entre le Pharasmane de Crébillon et le Mithridate de Racine ; mais si le premier de ces deux rôles n'est pas aussi bien écrit que
l'autre

l'autre, il est plus fier et plus tragique. Tous les caractères de cette pièce, également grands et parfaits se croisent, sans se nuire ; tous contribuent à la marche de l'action et servent à la catastrophe. La reconnaissance de Rhadamisthe et de Zénobie est d'une espèce unique ; elle est amenée avec art et traitée avec chaleur ; et cette admirable scène attendrit en même-tems quelle fait frissonner d'effroi. Cette tragédie, pour la conduite de l'action, pour l'ordonnance des scènes, pour la nouveauté des situations et des caractères, la force des pensées et de l'expression, sera toujours regardée comme une des plus sublimes productions du génie, et l'un de nos chefs-d'œuvre dramatiques. L'intérêt va toujours croissant ; les actes sont pleins et se succèdent avec rapidité ; tout l'effort de la vigueur tragique semble réuni dans le cinquième, et le dénouement s'échappe avec violence de l'intrigue. Le style de *Rhadamisthe* est vigoureux et énergique, et quoiqu'on y rencontre des incorrections, des tours durs et forcés, c'est celle des pièces de Crébillon dont la diction est le moins négligée. Le plus grand défaut de cette tragédie est dans l'exposition, qui, quoique répétée au second acte, reste encore obscure. Ce qui a fait dire assez plaisamment *que la pièce serait assez claire, n'était l'exposition.*

Xerxès. Cette tragédie, représentée en 1714, eut peu de succès et ne parut qu'une fois sur le théâtre. Crébillon la retira sur-le-champ, malgré les instances des comédiens qui voulaient en continuer les représentations. Le poëte ne la fit même imprimer qu'en 1741 avec sa tragédie de *Catilina.* Cette pièce renferme des traits de force et de génie et quelques beautés de détail dignes de l'auteur d'*Electre ;* mais tout cela étouffé sous une fable froide et mal tissue. L'excessive faiblesse de Xerxès devait révolter encore plus que la noire scélératesse d'Artaban, dont le rôle présente de beaux vers, mais dont les odieuses manœuvres ne sont peut-être pas assez voilées. Tous les caractères de la pièce, à l'exception de ce dernier, sont faiblement tracés et ne se soutiennent pas. Rien de moins supportable que le personnage d'Artaxerce, qui, plus crédule encore que son père, condamne son frère sans l'entendre, et l'envoie froidement au supplice, sur de faibles indices et d'après la déposition d'un homme dont il connaît l'atroce perfidie. Le vertueux Darius, privé d'un trône où l'appelaient ses droits, et accusé d'un parricide par celui même qui en est l'auteur, réunit sur lui seul le faible intérêt de cette tragédie ; et ce personnage, qui eût pu devenir attendrissant, se ressent, en bien des parties, de la négligence de l'auteur. Le dénouement, qui sauve ce prince, ne paraît ni assez adroitement préparé, ni suffisamment éclairci. Le style de la pièce est presque toujours dur et incorrect. Crébillon, qui connoissait tous les défauts de son *Xerxès,* ne put jamais se résoudre à le retoucher ; et quelle que soit l'opinion d'un des plus grands critiques de ce siècle, nous sommes persuadés qu'elle ne pourrait avec succès reparaître sur la scène.

Sémiramis. Cette tragédie fut donnée au théâtre en 1717. Quoique mieux conduite que *Xerxès,* elle ne réussit guères davantage, et fut vivement critiquée. Elle offre cependant des scènes où l'on retrouve la touche forte et le coloris de Crébillon, des morceaux pleins de chaleur et de verve, et quelques situations du plus grand intérêt. Le caractère de Bélus est vraiment tragique et il se soutient parfaitement. C'est avec justice que l'on a avancé que le plus intolérable défaut de la pièce était dans le rôle de Sémiramis, qui, après avoir reconnu Nias pour son fils, conserve pour lui un penchant criminel ; mais l'on a eu tort d'ajouter que cet amour était sans terreur et sans intérêt, puisqu'il laisse redouter jusqu'à la fin, pour l'intéressante Ténésis, la vengeance d'une rivale armée de la puissance suprême, et qu'il produit l'admirable tableau des

B

dernières scènes. Du reste, le caractère de Sémiramis est fortement tracé et se soutient jusqu'à la fin. Cette pièce en général manque d'intérêt; elle offre un grand nombre de détails qui ne sont point heureux, des vers mal faits, un style dur, des pensées froides et obscures, des pointes et un amour qui emprunte trop souvent le doucereux langage de nos fades romans. Voltaire a traité depuis le même sujet; mais, sentant que le fond en était sec et peu susceptible d'intérêt, il a multiplié les incidens, et suppléé à la froideur de l'action par l'éclat du spectacle. Quoique le personnage de Bélus soit préférable à celui du mage Oroès, et que le dénouement de Crébillon soit plus naturel, la dernière *Sémiramis* a fait oublier sa rivale; et il faut avouer que des situations du plus grand effet, des pensées brillantes et neuves, une versification éloquente et forte lui méritent cet avantage.

Pyrrhus. Crébillon, piqué, dit-on, des reproches qu'on lui faisait de ne pouvoir être que cruel, et voulant prouver qu'il pouvait aussi régner sur la scène sans l'ensanglanter, forma le dessein de composer une pièce où aucun de ses héros ne mourût. Il fit *Pyrrhus*, et cette pièce, qui fut représentée en 1726, eut le plus brillant succès. Glaucias, roi d'Illyrie, à qui l'enfance et les jours de Pyrrhus ont été confiés, est prêt à voir périr son propre fils, plutôt que de livrer ce précieux dépôt à Néoptolème, usurpateur de l'Épire et meurtrier du père de Pyrrhus. Ce jeune prince, qui d'abord se croit fils de Glaucias, découvre sa naissance, et se livre lui-même au persécuteur de sa famille. Sa fermeté étonne et désarme le tyran qui demande grace à celui dont il voulait la mort; et sa fille, que Pyrrhus aime, devient l'objet de cette réconciliation. Cette tragédie, absolument fondée sur la grandeur d'ame, ne présente pas cette horreur tragique, ce caractère terrible qui distinguent les autres productions de Crébillon et que l'on croyait être l'unique apanage de son pinceau, mais elle enleva tous les suffrages par l'abondance et la majesté du plan, par l'habileté de la conduite, et par la noblesse des caractères. Malgré son défaut de simplicité, rien ne parut plus beau et plus imposant que l'architecture générale de cette pièce; elle est dans le goût du grand Corneille; et si elle n'étonne pas l'imagination par les secousses multipliées d'une terreur toujours croissante, elle laisse dans l'ame ces plaisirs de l'admiration, ces sentimens de générosité et de noblesse dont nous pénètrent les chefs-d'œuvre du créateur de la scène française. On peut la comparer à *Héraclius*: même complication dans l'intrigue, même grandeur dans les caractères, même génie dans l'ordonnance et le plan. Les rôles de Glaucias, de Pyrrhus et d'Illyrus sont des modèles de grandeur d'ame et de loyauté. Cette tragédie est celle de Crébillon où l'amour est traité avec le plus de dignité: Éricie est noble, fière et intéressante à-la-fois, et la déclaration d'amour de Pyrrhus est digne d'un héros qui ne connaît pas les fades expressions de la galanterie. Le troisième acte de *Pyrrhus* présente des situations attendrissantes, et quoique l'intérêt de cette pièce soit en général un peu languissant, elle sera toujours vue avec plaisir sur la scène. Le style offre encore ici des incorrections, des fautes grammaticales, des tours durs et barbares; mais il est généralement plus soigné que dans les deux précédentes tragédies. On y trouve de très-beaux vers et de longues tirades où le noir pinceau du Rembrant de la poésie française semble s'adoucir entre ses mains.

Catilina. Crébillon était âgé de soixante et douze ans lorsqu' 1748, il fit jouer son *Catilina*. Cette tragédie était promise et attendue depuis si long-tems, que l'affluence des spectateurs y fut extrême. Elle fut accueillie avec transport à la représentation et jouée vingt fois de suite. La lecture ne lui fut pas aussi favorable, et de nombreuses critiques furent dirigées contre elle. Le portrait de Catilina est peint avec les couleurs de Salluste; mais le trop grand éclat de son rôle choqua tous les connaisseurs : c'est un caractère colossal qui écrase tous les autres. Le Sénat, Cicéron, l'austère Caton, tout, jusqu'au sujet même, est impitoyablement sacrifié à ce personnage dominant. Si ce conspirateur agit quelquefois sans mesure, il est toujours hardi et vigoureux. Son audace va même jusqu'à l'excès : on ne saurait s'accoutumer à l'entendre parler au Sénat du ton dont on s'adresserait à la plus séditieuse populace. Cicéron, dont la magistrature fut si glorieuse, et qui, du moins pendant le tems de sa dignité, se montra digne du nom romain, n'est, dans cette pièce, qu'une ame lâche, qu'un cœur timide qui, revêtu de la puissance suprême, n'ose frapper un audacieux conjuré. Il semble tout perdre ici, jusqu'au don de la parole. Le consul de Rome, qui, entre tant de moyens pour abattre un factieux, ne sait guère choisir que l'amour de Catilina pour sa fille, devait révolter tous ceux qui avaient même une faible idée de la vérité de l'histoire et de la majesté romaine. Lorsque l'auteur récita cet endroit à l'académie, dans une séance ordinaire, il s'aperçut que la plupart de ses auditeurs donnaient des signes d'improbation. *Je vois bien*, dit-il en s'adressant à l'abbé d'Olivet, *que cela vous déplaît. Point du tout*, répondit l'académicien, *cet endroit est digne du reste; j'ai beaucoup de plaisir à voir Cicéron le complaisant de sa fille.* Le personnage de Fulvie, dont Crébillon eût pu tirer un si grand parti, ne paraît qu'un instant, et fait place a des interlocuteurs inutiles et froids. Le premier et le second acte de cette tragédie furent généralement admirés; le troisième est foible, et les deux derniers sont étranglés et sans chaleur. Crébillon, qui ne croyait pas d'abord pouvoir lui donner moins de sept actes, n'en a pas même rempli quatre et demi. Quels que soient les défauts de cette pièce, elle n'est cependant pas tout-à-fait indigne du brillant succès qu'elle obtint. On y trouve des beautés du premier ordre, des vers sublimes, des pensées hardies, des portraits d'hommes illustres dessinés avec force, une chaleur d'expression et de ces terribles coups de pinceau qui semblent n'appartenir qu'à l'Auteur de *Rhadamisthe*. Le style en est vigoureux et fort, mais dur, inégal et sans élégance, et l'on peut dire qu'à cet égard la *Rome sauvée* de Voltaire est bien supérieure au *Catilina* de Crébillon. Le respect pour toutes les productions d'un grand homme nous fait insérer ici les vers suivans que Probus adressait à Fulvie et que l'Auteur retrancha de peur de quelque application.

> Vous n'aimâtes jamais: votre cœur insolent
> Tend bien moins à l'amour, qu'à subjuguer l'amant.
> Qu'on vous fasse régner, tout vous paraîtra juste;
> Et vous mépriseriez l'amant le plus auguste,
> S'il ne sacrifiait au pouvoir de vos yeux
> Son honneur, son devoir, la justice et les dieux.

Le Triumvirat, ou *la Mort de Cicéron*. Crébillon, voulant rétablir la gloire de Cicéron qu'il avait tant avili dans sa dernière pièce, commença *le Triumvirat* dans un âge ou le feu des plus grands génies est éteint. Il avait quatre-vingt-un ans lorsqu'il fit représenter cette tragédie; et quoique sa vieillesse eût dû désarmer la critique, elle fut jugée, dit-on, avec une rigueur qui tenait de l'indécence et de l'ingratitude : il semblait que le public eût oublié en même tems et l'âge et les immortels travaux de son auteur.

Cette pièce, loin de déceler en rien l'impuissance de la décrépitude, renferme des morceaux de la plus grande force, et qui rappellent la vieillesse vigoureuse et féconde de Sophocle. Cicéron est ici ce qu'il doit être : le premier, le plus noble et le plus intéressant personnage de la pièce. Le caractère d'Octave est parfaitement développé : celui de Tullie est frappant. Le tableau des proscrisptions est un modèle de chaleur et de verve, et l'instant où la fille de Cicéron va lever le voile qui lui dérobe la tête de son père, est rendu avec cette vigueur tragique qui fait reconnaître l'auteur d'*Electre* et de *Rhadamisthe*. Toutes ces beautés firent excuser les fautes nombreuses qui se rencontrent dans le plan, dans les détails et dans le style ; la seconde représentation lui fut plus favorable, et elle fut jouée huit fois de suite en 1757.

OBSERVATIONS GÉNÉRALES

SUR LE THÉATRE DE CRÉBILLON.

» Le grand Corneille et le tendre Racine venaient d'être plongés dans
» les ténèbres du tombeau : leurs mausolées étaient placés aux deux côtés
» du trône qu'il avaient occupé. La muse de la tragédie était penchée sur
» l'urne de Pompée, et fixait des regards de désolation sur *Rodogune*,
» *Cinna*, *Phèdre*, *Andromaque* et *Britannicus*. Elle était tombée dans une
» léthargie profonde ; son ame, usée par la douleur, n'avait plus la force que
» donne le désespoir. Dans l'excès de son abattement, son poignard était
» échappé de ses mains. Un mortel fier et courageux, enveloppé de deuil,
» s'avance avec intrépidité, ramasse le poignard, et s'écrie : Muse, ranime
» toi, je vais te rendre ta splendeur.
» La Terreur entendit sa voix et parut sur la scène : Tu me rappelles à la
» lumière, et ton génie me donne un nouvel être, dit-elle avec transport.
» A ces mots, elle saisit une coupe ensanglantée, marcha devant lui,
» et fit retentir le mont sacré du nom de Crébillon. La muse reprit ses
» sens, les cendres de Corneille et de Racine se ranimèrent, et leur suc-
» cesseur fut placé sur le trône élevé entre les deux tombeaux ». *Discours de Voisenon à l'académie française.*

Ce trône du génie tragique que l'on serait tenté de croire uniquement destiné à des grecs ou à des français, Crébillon ne le posséda pas seul. Un homme célèbre par la variété de ses talens et par l'étendue de ses connaissances, Voltaire, vint le lui disputer, et cette noble émulation que jadis Athènes vit briller entre Euripide et Sophocle, qui après avoir créé Racine, échauffa quelque fois les vieux ans de Corneille, produisit encore des chefs-d'œuvre.

Si quelque chose peut consoler la sottise et la médiocrité du mépris qu'on leur prodigue et de l'oubli qui leur est destiné, c'est sans doute le spectacle des querelles scandaleuses qui souvent partagent la république des lettres, la divisent en des factions acharnées, et obscurcissent tellement le bon goût, que ce n'est plus que de la postérité qu'il faut attendre la justice et la vérité.

La rivalité de deux grands hommes ne tarda pas à produire parmi leurs partisans une guerre littéraire où la plus révoltante partialité tint souvent la plume. Les uns crurent qu'il n'était pas possible d'admirer *Mérope* sans déprécier l'auteur d'*Atrée*, et ils le reléguèrent dans la classe des écrivains sans génie et sans goût. Les autres non moins injustes, érigèrent dans l'empire de la scène trois trônes exclusifs, moins pour honorer Crébillon, que pour flétrir un auteur qui mérite également parmi les modèles tragiques une place distinguée. Les jugemens de plusieurs critiques estimables se ressentirent de cet esprit de prévention, et l'on chercha quelquefois vainement dans leurs écrits, les principes de l'équité et les régles d'un goût sûr. Il s'en fallait bien alors qu'on pût juger les deux poëtes d'après les premiers succès de leurs pièces, ils étaient presqu'autant redevables de ces triomphes aux efforts de la cabale qui les protégeait, qu'au mérite de leurs ouvrages. L'esquisse que nous avons tracée du caractère de Crébillon a pu convaincre que son ame noble, généreuse et amie de la tranquillité ne dut jamais se prêter aux injustices et aux tracasseries d'un parti. Nous voudrions en pouvoir dire autant de Voltaire ; mais quelque rigueur qu'il ait mise dans la censure qu'il fit du théâtre de Crébillon, lorsque ce poëte fut descendu dans le tombeau ; nous avouerons à sa gloire qu'il ne pensa pas toujours de même sur son illustre rival, et nous transcrirons avec admiration l'éloge délicat qu'il en fit dans son discours de réception à l'académie française. « Le théâtre, dit-il alors, est menacé d'une chûte » prochaine ; mais au moins je vois parmi vous, Messieurs, ce génie qui » m'a servi de maître quand j'ai fait quelques pas dans la carrière ; je le regarde » avec une satisfaction mêlée de douleur, comme on voit sur les ruines de sa » patrie, un héros qui l'a défendue ».

Le tems, en assoupissant les haines, a fixé l'opinion et rectifié le goût. *Electre* et *Mérope*, *Atrée* et *Mahomet* ; *Rhadamisthe* et *Zaïre*, *Alzire* et *Pyrrhus* ne sont plus le sujet d'odieuses comparaisons. Le triomphe d'*Atrée* sur les *Pélopides* a été maintenu ; on a placé *Electre* bien au-dessus d'*Oreste* ; l'admirable tableau des trois premiers actes de *Catilina* a balancé le mérite de la tragédie plus régulière de *Rome sauvée*, et la *Sémiramis* de Crébillon a cédé les honneurs de la scene à la *Sémiramis* de Voltaire.

Corneille avoit élevé les esprits par la grandeur de ses idées et la majesté de ses caractères ; Racine avait attendri les cœurs par la peinture des plus pathétiques passions et par la magie d'un style inimitable. Il était difficile de marcher sur leurs traces, plus difficile encore de s'ouvrir une route nouvelle. Crébillon osa l'entreprendre, et d'éclatans succès couronnèrent ses généreux efforts. Doué d'une imagination ardente, d'un génie vigoureux et sombre, d'un cœur sensible, d'une pénétration vive et prompte, il rappela sur la scène tout le tragique d'Eschyle, ne présenta que des objets terribles ; et par la hardiesse de ses peintures, la force de ses caractères, la profondeur de ses pensées et la sublime ordonnance de ses plans, il mérita d'être placé à côté de ses prédécesseurs et au nombre des modèles de l'art.

Riche, majestueux, expressif, ses ouvrages étincellent de ces beautés mâles, de ces graces austères, de ces traits de vigueur, que nul autre poëte n'offre aussi souvent réunis ; véhément, concis et sombre, il néglige presque toujours l'ornement pour le fond, préfère les pensées aux images, et la force à l'harmonie. Son coloris, trop souvent sec et dur, est d'ordinaire libre, ferme et vigoureux. Egal quelquefois à Racine dans l'art de peindre les détails du cœur et des passions, il lui est presque toujours supérieur dans celui d'exprimer l'emportement et la fureur, la vengeance et la haine. Créateur d'un genre qui lui appartient en propre, et qui le distingue de tous ceux qui l'ont précédé, il mit sur la scène ces tableaux effrayans, ces situations terribles, ces images pleines d'horreur, si rares chez Corneille et qu'on chercherait vainement chez Racine. Son génie, indépendant et rapide, est semblable à ces

vents impétueux qui brisent la tige des plantes , déracinent les chênes an-
tiques et bouleversent la surface de la terre. La riante verdure et les frais
ombrages ont disparu ; mais à ces beautés paisibles de la nature a succédé
un spectacle imposant et lugubre qui porte dans l'ame un frémissement involontaire. Ainsi Crébillon , privé des graces élégantes et molles de Racine ,
nous asservit et nous effraie , en étalant à nos yeux le désespoir, le carnage
et l'horreur. Son pinceau est un glaive trempé dans le sang ; il ne porte pas
dans nos cœurs le sentiment profond de la compassion, mais il y jette celui
de l'épouvante ; il nous offre souvent des personnages sinistres et misérables ;
mais il les anime de cette flamme sacrée qui vivifie ses ouvrages ; et tragique
judicieux, il ne les présente pas tellement criminels qu'il cesse de les rendre
intéressans. Les douleurs de ses héros ne s'expriment que par des cris ; leurs
amours sont toujours accompagnés de fureurs ; ils sont fiers encore et cruels
même dans l'abyme de l'infortune , et leurs injures n'admettent d'autre
satisfaction que la mort.

Quoique Crébillon eut plus de génie que de littérature , il avait lu les
tragiques grecs , et il les avait lus avec fruit. Il sut les imiter sans se traîner
servilement sur leurs pas. La chaleur de son génie ajouta aux beautés des
poëtes d'Athènes des beautés d'un genre neuf et qui ne sont qu'à lui. Il prit
quelques-uns des sujets qu'ils avaient traités ; mais il sut les plier à sa manière ,
sans leur rien faire perdre de l'intérêt qu'ils inspirent , ni de la grandeur qui
les caractérise. Nous avouerons cependant que plusieurs de ces changemens
ne furent pas heureux ; on souhaiterait qu'à l'exemple de ses modèles, il eût
moins employé les amours froids et languissans, les déguisemens, les sur-
prises qui sont du roman plus que de la tragédie. Personne n'était plus que
lui capable de s'élever au-dessus des préjugés littéraires du tems où il vivait ;
et si quelquefois il a sacrifié au goût de son pays , quelquefois aussi il a forcé
son pays et son siècle d'admirer sa courageuse audace.

C'est avec raison qu'on a reproché à Crébillon l'usage trop fréquent qu'il a
fait des reconnaissances ; elles sont en effet presque toujours chez lui le prin-
cipal ressort de l'intérêt : mais on est également convenu qu'il les avait
toujours employées heureusement , et qu'il avait eu l'art de les varier avec la
plus grande intelligence. Celle de Rhadamisthe et de Zénobie est une des plus
admirables situations que nous ayons au théâtre. La reconnaissance d'Electre
et d'Oreste , celles de Pyrrhus et de Néoptolème , d'Atrée et de Thyeste , de
Thyeste et de Plysthène , sont des sources fécondes de chaleur , d'intérêt et
de pathétique.

Le style de Crébillon n'a ni l'élévation de Corneille , ni l'élégance de
Racine , ni le nombre et la facilité de Voltaire : il ressemble assez à sa manière ; il est nerveux , énergique et mâle , mais rude , barbare et
gigantesque. Son éloquence est vigoureuse et noble , mais quelquefois agreste
et sauvage. Sa versification, qui est en général majestueuse, rapide et serrée ,
est souvent défigurée par des tours durs et gênés , des tirades languissantes,
des épithètes inutiles et des termes impropres : cependant, si des fautes
nombreuses contre la grammaire et contre le goût, s'opposent à ce qu'on
mette jamais le théâtre de Crébillon au rang des ouvrages classiques , ses
tragédies présentent tant de morceaux sublimes , plus purs et plus soignés ,
et des beautés si frappantes d'expression, de noblesse et de force, qu'elles
seront toujours regardées comme d'excellens modèles , et placeront leur
auteur au rang des plus grands poëtes qui aient honoré la littérature française.
On ne peut attribuer qu'à un instant de souffrance ou de mauvaise humeur

le jugement inique que porta, dit-on, Boileau sur l'auteur d'*Atrée* et de *Rhadamisthe*. Un de ses amis lui avoit commencé la lecture de cette dernière pièce, lorsqu'il était dans son lit, arrêté par la maladie dont il mourut. Le satyrique l'interrompit après les trois premières scènes, en lui disant : *eh ! mon ami, ne mourrai-je pas assez promptement? Les Pradons et les Boyers dont nous nous sommes moqués dans notre jeunesse, étaient des aigles en comparaison de ceux-ci.* On assure que Boileau disait aussi de Crébillon que c'était Racine ivre. La même chaleur, la même incorrection avoient fait dire autrefois du père de la tragédie grecque, qu'il ne composait ses pièces qu'après avoir beaucoup bu. L'ivresse d'Eschyle était puisée toute entière dans les écrits d'Homère, et celle de Crébillon n'étoit autre chose que l'exaltation et l'effervescence d'un génie abondant et vigoureux. Ce fut moins pour l'intérêt de l'art, que pour se venger de l'épigramme attribuée à l'auteur d'*Electre* que J. B. Rousseau le désigna par les vers suivants dans son épître à Clément Marot.

> Comment nommer ce froid énergumène,
> Qui d'Hélicon chassé par Melpomène,
> Me défigure en ses vers ostrogoths,
> Comme il a fait rois et princes d'Argos.

Quelle injustice dans les vers de Crébillon et dans ceux du poëte lyrique !

Il eût été avantageux à l'art de la tragédie et à la gloire de Crébillon, que ce poëte, moins indulgent au feu de son génie, eût plus souvent assujetti ses ouvrages au travail de la lime : mais son indolence à cet égard était insurmontable ; il ne pouvait plier son imagination ardente et fougueuse aux lenteurs de la correction, et ses plus belles scènes sont presque toutes ce qu'on appelle le premier feu. Aussi quelques littérateurs distingués ont remarqué que l'abondance de ses idées dégénère quelquefois en profusion ; que sa fécondité l'entraîne au-delà des règles, et que ses sentimens et ses pensées ont souvent plus de chaleur et d'énergie que de naturel et de vérité. Si l'on eût jamais pu le décider à mettre la dernière main à ses ouvrages, il est probable qu'il n'eût pas laissé subsister les négligences qu'il avait la bonne foi d'y reconnaître lui-même ; qu'il eût supprimé les insipides épisodes d'amour qui énervent presque tous ses sujets, les personnages inutiles, les pensées fausses, les vers forcés et les fautes nombreuses de langage qui s'y rencontrent. Non content de posséder le grand secret de l'art de Melpomène, il se fût attaché davantage à sacrifier aux graces, et son théâtre, avoué par le goût comme il l'est par le génie, n'eût pas trouvé les nombreux critiques qui cherchèrent à le déprécier. Alors l'envie, pour lui ravir la couronne tragique, ne se fût pas appesantie sur ses défauts, et n'eût pas osé tenter de faire oublier la majesté de ses plans, la force de ses caractères, la hardiesse de ses idées, les terribles tableaux de ses situations, les beautés nerveuses et les vers de génie dont ses tragédies étincellent.

TABLE

DES

OUVRAGES DRAMATIQUES

DE

CRÉBILLON.

IDOMÉNÉE,
TRAGÉDIE.

PERSONNAGES.

IDOMÉNÉE, roi de Crète.
IDAMANTE, fils d'Idoménée.
ÉRIXÈNE, fille de Mérion, prince rebelle.
SOPHRONYME, ministre d'Idoménée.
ÉGÉSIPPE, officier du palais.

POLYCLÈTE, confident d'Idamante.
ISMÈNE, confidente d'Érixène.
SUITE DU ROI.
GARDES.

La scène est à Cydonie, capitale de la Crète, dans le palais d'Idoménée.

ACTE PREMIER.
SCÈNE I.
IDOMÉNÉE seul.

Où suis-je? Quelle horreur m'épouvante et me suit!
Quel tremblement, ô ciel! et quelle affreuse nuit!
Dieux puissans, épargnez la Crète infortunée.

SCÈNE II.
IDOMÉNÉE, SOPHRONYME.
IDOMÉNÉE.

Sophronyme, est-ce toi?
SOPHRONYME.
Que vois-je? Idoménée!
Ah! seigneur, de quel bruit ont retenti ces lieux!
IDOMÉNÉE.
Eh quoi! tant de malheurs n'ont pas lassé les dieux!
Depuis six mois entiers une fureur commune
Agite tour-à-tour Jupiter et Neptune.
La foudre est l'astre seul qui nous luit dans les airs:
Neptune va bientôt nous couvrir de ses mers.
C'en est fait, tout périt; la Crète désolée
Semble rentrer au sein de la terre ébranlée.
Chaque jour, entouré des plus tristes objets,
La mort jusqu'en mes bras moissonne mes sujets.
Jupiter, sur moi seul épuise ta vengeance;
N'afflige plus des lieux si chers à ton enfance.
Mes peuples malheureux n'espèrent plus qu'en toi.
Si j'ai pu t'offenser, ne tonne que sur moi.
Pour les seuls innocens allumes-tu la foudre?
Sur son trône embrasé réduis le prince en poudre;
Épargne les sujets: pourquoi les frapper tous?
Qui d'eux, ou de leur roi, mérite ton courroux?
SOPHRONYME.
Quoi! toujours de nos maux vous croirez-vous coupable?
N'armez point contre vous une main redoutable.

Le ciel, depuis long-tems déclaré contre nous,
Semble, dans sa fureur, ne ménager que vous.
Dans les maux redoublés dont la rigueur nous presse,
Votre seule pitié, seigneur, nous intéresse.
IDOMÉNÉE.
Les dieux voudroient en vain ne ménager que moi.
Eh! frapper tout son peuple, est-ce épargner un roi?
Hélas! pour me remplir de douleurs et de craintes,
Pour accabler mon cœur des plus rudes atteintes,
Il suffiroit des cris de tant d'infortunés,
Aux maux les plus cruels chaque jour condamnés:
Et c'est moi cependant, c'est leur roi sacrilège,
Qui répand dans ces lieux l'horreur qui les assiège.
Je ne gémirois point sur leur destin affreux,
Si le ciel étoit juste, autant que rigoureux.
Mais ce n'est pas le ciel, c'est moi qui les foudroie.
Juge de quels remords je dois être la proie.
Quels regrets, quand je vois mes peuples malheureux
Craindre pour moi les maux que j'attire sur eux;
Prier que, pour eux seuls le ciel inexorable,
Porte loin de leur roi le coup qui les accable!
SOPHRONYME.
Quoi! seigneur, vous seriez l'auteur de tant de maux!
Et de vous seul la Crète attendroit son repos!
Quoi! des dieux irrités ce peuple la victime......
IDOMÉNÉE.
L'est moins de leur courroux, qu'il ne l'est de mon
crime.
Cet aveu te surprend. A peine croirois-tu,
Sophronyme, à quel point j'ai manqué de vertu;
Mais telle est désormais ma triste destinée......
SOPHRONYME.
Quel crime a donc commis le sage Idoménée?
Fils de Deucalion, petit-fils de Minos,
Vos vertus ont passé celles de ces héros.
Nous trouvions tout en vous, un roi, les dieux, un
père.
Seigneur, par quel malheur, à vous-même contraire,
Avez-vous pu trahir des noms si glorieux?
Qui fit donc succomber votre vertu?
IDOMÉNÉE.
Les dieux.

A

SOPHRONYME.
Quel forfait peut sur vous attirer leur colère ?
IDOMÉNÉE.
On n'est pas innocent, lorsqu'on peut leur déplaire.
Les dieux sur mes pareils font gloire de leurs coups ;
D'illustres malheureux honorent leur courroux.
Entre le ciel et moi, sois juge, Sophronyme :
Il prépara du moins, s'il ne fit pas mon crime.
Par vingt rois dès long-temps vainement rassemblés,
Les Troyens à la fin se virent accablés.
De leurs bords désolés tout pressoit la retraite :
Ainsi, loin de nos Grecs, je voguai vers la Crète.
Le prince Mérion, prompt à m'y devancer,
Sur mon trône peut-être auroit pu se placer,
Si mon fils n'eût dompté l'orgueil de ce rebelle.
A Samos, par tes soins, j'en reçus la nouvelle.
Je peindrois mal ici les transports de mon cœur,
Lorsque j'appris d'un traître Idamante vainqueur.
La gloire de mon fils me causa plus de joie,
Que ne firent jamais les dépouilles de Troie.
Après dix ans d'absence, empressé de revoir
Cet appui de mon trône, et mon unique espoir,
A regagner la Crète aussi-tôt je m'apprête,
Ignorant le péril qui menaçoit ma tête.
Sans que je te rappelle un honteux souvenir,
Ni que de nos affronts je t'aille entretenir,
Tu sais de quels forfaits ma race s'est noircie.
Comme Pasiphaë, Phèdre au crime endurcie
Ne signale que trop et Minos et Vénus.
Tous nos malheurs enfin te sont assez connus.
Ne de ce sang fatal, à la déesse en proie,
J'avois encor sur moi la querelle de Troie :
Juge de la vengeance, à ce titre odieux.
Ce fut peu : de sa haine elle arma tous les dieux.
La Crète paroissoit ; tout flattoit mon envie ;
Je distinguois déjà le port de Cydonie ;
Mais le ciel ne m'offroit ces objets ravissans,
Que pour rendre toujours mes désirs plus pressans.
Une effroyable nuit, sur les eaux répandue,
Déroba tout-à-coup ces objets à ma vue ;
La mort seule y parut.... Le vaste sein des mers
Nous entr'ouvrit cent fois la route des enfers.
Par des vents opposés les vagues ramassées,
De l'abîme profond jusques au ciel poussées,
Dans les airs embrásés, agitoient mes vaisseaux,
Aussi prêts d'y périr, qu'à fondre sous les eaux.
D'un déluge de feux l'onde comme allumée
Sembloit rouler sur nous une mer enflammée ;
Et Neptune en courroux, à tant de malheureux
N'offroit, pour tout salut, que des rochers affreux.
Que te dirai-je enfin ?.... Dans ce péril extrême,
Je tremblai, Sophronyme, et tremblai pour moi-
 même....
Pour appaiser les dieux, je priai.... je promis....
Non, je ne promis rien ; dieux cruels ! j'en frémis...
Neptune, l'instrument d'une indigne foiblesse,
S'empara de mon cœur et dicta la promesse.
S'il n'en eût inspiré le barbare dessein,
Non, je n'aurois jamais promis de sang humain.
* Sauve des malheureux si voisins du naufrage,
» Dieu puissant, m'écriai-je, et rends-nous au rivage.

» Le premier des sujets, rencontré par son roi,
» A Neptune immolé satisféra pour moi ».....
Mon sacrilège vœu rendit le calme à l'onde ;
Mais rien ne put le rendre à ma douleur profonde ;
Et, l'effroi succédant à mes premiers transports,
Je me sentis glacer en revoyant ces bords :
Je les trouvai déserts ; tout avoit fui l'orage.
Un seul homme alarmé parcouroit le rivage ;
Il sembloit de ses pleurs mouiller quelques débris.
J'en approche, en tremblant.... hélas ! c'étoit mon
 fils.....
A ce récit fatal tu devines le reste.
Je demeurai sans force à cet objet funeste ;
Et mon malheureux fils eut le tems de voler
Dans les bras du cruel qui devoit l'immoler.
SOPHRONYME.
Ai-je bien entendu ? Quelle horrible promesse !
Ah, père infortuné !
IDOMÉNÉE.
    Rebelle à ma tendresse,
Je fus prêt d'obéir ; mais Idamante enfin
Mit mon ame au dessus des dieux et du destin.
Je n'envisageai plus le vœu, ni la tempête ;
Je baignai de mes pleurs une si chère tête.
Le ciel voulut en vain me rendre furieux ;
La nature, à son tour, fit taire tous les dieux.
Sophronyme, qui veut, peut braver leur puissance ;
Mais ne peut pas, qui veut, éviter leur vengeance.
A peine de la Crète eus-je touché les bords,
Que je la vis remplir de mourans et de morts.
En vain j'adresse au ciel une plainte importune,
J'ai trouvé tous les dieux du parti de Neptune.
SOPHRONYME.
Qu'espérez-vous des dieux en leur manquant de foi.
IDOMÉNÉE.
Que du moins leur courroux n'accablera que moi ;
Que le ciel, fatigué d'une injuste vengeance,
Plus équitable enfin, punira qui l'offense ;
Que je ne verrai point la colère des dieux
S'immoler par mes mains un sang si précieux.
SOPHRONYME.
Seigneur, à ce dessein vous mettez un obstacle.
Pourquoi par Egésippe interroger l'oracle ?
Vos peuples, informés du sort de votre fils,
Voudront de leur salut que son sang soit le prix.
IDOMÉNÉE.
Que le ciel, que la Crète à l'envi le demandent,
N'attends point que mes mains à leur gré le répandent.
J'interroge les dieux ! ce n'est pas sans frayeur ;
L'oracle est trop écrit dans le fond de mon cœur.
J'interroge les dieux ! que veux-tu que je fasse ?
Pouvois-je à mes sujets refuser cette grace ?
Un peuple infortuné m'en presse par ses cris.
J'ai résisté long-tems ; à la fin j'y souscris.
Tu vois trop à quel prix il faut le satisfaire.
Ne puis-je être son roi qu'en cessant d'être père ?
Mais pourquoi m'alarmer ? Les dieux pourroient
 parler !
Non, les dieux sur ce point n'ont rien à révéler.
Que le ciel parle, ou non, sur ce cruel mystère,
Ne puis-je pas forcer Egésippe à se taire ?

SOPHRONYME.

Il se tairoit en vain ; par le ciel irrité,
Son silence, seigneur, sera-t-il imité ?
A se taire long-tems pourrez-vous le contraindre ?
Que je prévois de maux ! Que vous êtes à plaindre !

IDOMÉNÉE.

Tu me plains : mais, malgré ta sincère amitié,
Tu n'auras pas toujours cette même pitié,
Quand tu sauras les maux dont le destin m'accable,
Et que l'amour a part à mon sort déplorable.....
Je vois, à ce nom seul, ta vertu s'alarmer ;
Et la mienne a long-tems craint de t'en informer.
Tu sais que Mérion, à mon retour d'Asie,
De son sang criminel paya sa perfidie.
Lorsque je refusois une victime aux dieux,
J'osai bien m'immoler ce prince ambitieux.
Qu'il m'en coûte ! Sa fille en ces lieux amenée,
Erixène a comblé les maux d'Idoménée.
Croirois-tu que mon cœur, nourri dans les hasards,
N'a pu de deux beaux yeux soutenir les regards ;
Et que j'adore enfin, trop facile et trop tendre,
Les restes de ce sang que je viens de répandre ?

SOPHRONYME.

Quoi ! seigneur, vous aimez ? Et, parmi tant de
maux.....

IDOMÉNÉE.

Cet amour dans mon cœur s'est formé dès Samos.
Mérion, incertain du succès de ses armes,
Y crut mettre sa fille à l'abri des alarmes.
Je la vis, je l'aimai. Conduite par Arcas,
Je la fis dans ces lieux amener sur mes pas.
Il sembloit qu'une fille à mes regards si chère,
Devoit me dérober la tête de son père :
Mais Vénus, attentive à se venger de moi,
Fit bientôt dans mon cœur céder l'amant au roi.
J'immolai Mérion, et ma naissante flamme
En vain en sa faveur combattit dans mon ame ;
Vénus, qui me gardoit de sinistres amours,
De ce prince odieux me fit trancher les jours.
Que dis-je ? Dans le sang du père d'Erixène,
J'espérois étouffer mon amour et ma haine.
Je m'abusois ; mon cœur, par un triste retour,
Défait de son courroux, n'en eut que plus d'amour.
Si, depuis mes malheurs, je ne l'ai pas vu naitre,
En dois-je moins rougir d'avoir pu le connoître ?

SOPHRONYME.

Menacé chaque jour du sort le plus affreux,
Nourrissez-vous, seigneur, un amour dangereux ?

IDOMÉNÉE.

Je ne le nourris point, puisque je le déteste.
C'étoit des dieux vengeurs le coup le plus funeste.
Que n'a point fait mon cœur pour affoiblir le trait !

SCÈNE III.

IDOMÉNÉE, IDAMANTE, SOPHRONYME, POLYCLÈTE.

IDOMÉNÉE *bas à Sophronyme.*

Je vois mon fils : laissons cet entretien secret.
Je t'ai tout découvert, mon amour et mon crime.

Cache bien mon amour, encor mieux ma victime.
   (*à Idamante,*)
Que cherchez-vous, mon fils, dans cette affreuse nuit ?

IDAMANTE.

Long-tems épouvanté par un horrible bruit,
Tremblant pour des malheurs qui redoublent sans
   cesse,
Sans repos, toujours plein du trouble qui vous presse,
Alarmé pour des jours si chers, si précieux,
Je vous cherche. Pourquoi détournez-vous les yeux ?
Seigneur, qu'ai-je donc fait ? Vous craignez ma pré-
   sence !
Quel traitement, après une si longue absence !

IDOMÉNÉE.

Non, il n'est pas pour moi de spectacle plus doux,
Mon fils ; je ne sais rien de plus aimé que vous.
Mais je ne puis vous voir que mon cœur ne frémisse.
Je crains le ciel vengeur, et qu'il ne me ravisse
Un bien.....

IDAMANTE.

   Ah ! puisse-t-il, aux dépens de mes jours,
A des maux si cruels donner un prompt secours !
La mort du moins, seigneur, finiroit mes alarmes.
Vous ne paroissez plus sans m'arracher des larmes.
Triste, désespéré, vous cherchez à mourir,
Et vous m'aimez, seigneur ? Est-ce là me chérir ?
Le ciel en vain de vous écarte sa colère ;
Vous vous faites des maux qu'il ne veut pas vous faire.
Il vous rend à mes pleurs, quand je vous crois perdu ;
M'ôterez-vous, seigneur, le bien qu'il m'a rendu ?

IDOMÉNÉE.

Ah, mon fils ! nos malheurs ont lassé ma constance,
Et de fléchir les dieux je perds toute espérance :
Trop heureux, si le ciel, secondant mes souhaits,
Me rejoignoit bientôt à mes tristes sujets !

IDAMANTE.

Pour eux, plus que le ciel, vous seriez inflexible,
Si vous leur prépariez un malheur si terrible.
Tous les dieux ne sont point contre vous ni contre eux,
Puisqu'il nous reste encor un roi si généreux.
Conservez-le, seigneur, et terminez nos craintes.
Peut-être que le ciel, plus sensible à nos plaintes,
Va s'expliquer bientôt ; et, fléchir désormais....

IDOMÉNÉE.

Ah, mon fils ! puisse-t-il ne s'expliquer jamais !
Adieu.

SCÈNE IV.

IDAMANTE, POLYCLÈTE.

IDAMANTE.

De cet accueil, qu'attendre, Polyclète ?
Que ce silence affreux me trouble et m'inquiète !
Que m'annonce mon père ? Il me voit à regret.
Auroit-il pénétré mon funeste secret ?
Sait-il par quel amour mon ame est entraînée ?
Hélas ! bien d'autres soins pressent Idoménée.
Ce roi comblé de gloire, et qui n'aime jamais,
Ne s'informera point si j'aime, ou si je hais.

Il ignore qu'un sang qui fit toute sa haine,
Fasse tout mon amour ; que j'adore Erixène.
Que ne m'est-il permis d'ignorer à mon tour,
Que la haine sera le prix de mon amour !
Je défis Mérion. Plus juste , ou plus sévère,
Le roi sacrifia ce prince téméraire ;
Prémices d'un retour fatal à tous les deux,
Prémices d'un amour encor plus malheureux.
C'est en vain que mon cœur brûle pour Erixène ;
En vain.....

SCÈNE V.

IDAMANTE, ÉRIXÈNE, ISMÈNE.

IDAMANTE.

Dans cette nuit , ciel ! quel dessein l'amène ?
(à Erixène.)
Madame , quel bonheur ! Eussé-je cru devoir
A la fureur des dieux le plaisir de vous voir ?

ÉRIXÈNE.

J'espérois , mais en vain , jouir de leur colère ;
J'ai cru que cette nuit alloit venger mon père ,
Et que le juste ciel , de sa mort irrité ,
N'en verroit point le crime avec impunité.
D'un courroux légitime inutile espérance !
Avec trop de lenteur le ciel sert ma vengeance.
En vain, pour vous punir, il remplit tout d'horreurs,
Puisqu'il peut de mes maux épargner les auteurs.

IDAMANTE.

J'ignore auprès des dieux ce qui nous rend coupables ;
J'ignore quel forfait les rend inexorables ;
Mais je sais que le sang qui fait couler vos pleurs ,
N'a point sur nous , madame , attiré ces malheurs.
Avant qu'un sang si cher eût arrosé la terre ,
Le ciel avoit déjà fait gronder son tonnerre.
Ainsi, pour vous venger, n'attendez rien des dieux,
Si ce n'est de l'amour, qui peut tout par vos yeux.
Que le courroux du ciel , de cent villes fameuses ,
Fasse de longs déserts , des retraites affreuses ;
Que les ombres du Styx habitent ce séjour,
Tout vous vengera moins qu'un téméraire amour.
Seul il a pu remplir vos vœux et votre attente ;
Je défis votre père , il vous livre Idamante.
Lorsque vous imploriez les traits d'un dieu vengeur,
Tous les traits de l'amour vous vengeoient dans mon
    cœur.

ÉRIXÈNE.

Quoi , seigneur ! vous m'aimez ?

IDAMANTE.

                    Jamais l'amour , madame ,
Dans le cœur des humains n'alluma plus de flamme.
Sans espoir , dans vos fers toujours plus engagé....

ÉRIXÈNE.

O mon père ! ton sang va donc être vengé.

IDAMANTE.

Si l'amour près de vous peut expier un crime,
Je rends grâce à l'amour du choix de la victime.
Heureux même, à ce prix , que vous daigniez souffrir
Les vœux qu'un tendre cœur brûloit de vous offrir.

Je sais trop que vos pleurs condamnent ma tendresse.
Au sang que vous pleurez , hélas ! tout m'intéresse.

ÉRIXÈNE.

Que m'importent , cruel , les vains regrets du cœur,
Après que votre main a servi sa fureur ?

IDAMANTE.

J'ai suivi mon devoir , madame ; et sa défaite
Importoit à mes soins , importoit à la Crète.
La sûreté du prince ordonna ce trépas ;
Et , pour comble de maux , j'ignorois vos appas.
Mérion a rendu sa perte légitime.
Sa mort, sans mon amour , ne seroit pas un crime.

ÉRIXÈNE.

C'est-à-dire , seigneur , qu'il mérita son sort.
Sans vouloir démêler les causes de sa mort,
Si de ces tristes lieux le funeste héritage
Du superbe Minos dut être le partage ;
Si mon père sorti du sang de tant de rois,
D'Idoménée enfin a dû subir les lois,
Quel espoir a nourri cet amour qui m'outrage ?
Et pourquoi m'en offrir un imprudent hommage ?
Vainqueur de Mérion , fils de son assassin ,
La source de mes pleurs s'ouvrit par votre main.
Est-ce pour les tarir que vos feux se déclarent ?
Songez-vous que ces pleurs pour jamais nous séparent ?
Sous le poids de vos fers , je n'arrive en ces lieux ,
Que pour recevoir les plus tristes adieux.
Mérion expiroit ; sa tremblante paupière
A peine laissoit un reste de lumière :
Son sang couloit encore , et couloit par vos coups ;
Barbare , en cet état, me parloit-il pour vous ?
Qu'il m'est doux de vous voir brûler pour Erixène !
Conservez votre amour ; il servira ma haine.
Adieu , seigneur : c'est trop vous permettre un dis-
    cours
Dont ma seule vengeance a dû souffrir le cours.

SCÈNE VI.

IDAMANTE, POLYCLÈTE.

POLYCLÈTE.

Ah , seigneur ! falloit-il découvrir ce mystère ?
Avez-vous dû parler ?

IDAMANTE.

                    Ai-je donc pu me taire ?
Près de l'objet enfin qui cause mon ardeur,
Pouvois-je retenir tant d'amour dans mon cœur ?
Que dis-tu ? toujours plein de cette ardeur extrême,
Le hasard sans témoins m'offre tout ce que j'aime ;
Et tu veux de l'amour que j'étouffe la voix,
Libre de m'expliquer pour la première fois !
D'un attrait si puissant , eh ! comment se défendre ?
Mon amour malheureux vouloit se faire entendre.
Mais quel trouble inconnu remplit mon cœur d'effroi ?
Cherchons dans ce palais à rejoindre le roi.
Allons. Bientôt la nuit , moins terrible et moins
    sombre,
Va découvrir les maux qu'elle cachoit dans l'ombre

Ces lieux sont éclairés d'un triste et foible jour.
Égésippe déjà doit être de retour.
Suis-moi. Près de mon père il faut que je me rende.
Sachons, pour s'appaiser, ce que le ciel demande.
Quel présage ! et qu'attendre en ces funestes lieux,
Si tout, jusqu'à l'amour, sert le courroux des dieux ?

Fin du premier acte.

ACTE SECOND.
SCÈNE I.
ÉRIXÈNE, ISMÈNE.

ISMÈNE.

MADAME, en ce palais, pourquoi toujours errante ?

ÉRIXÈNE.

Lieux cruels, soutenez ma fureur chancelante ;
Lieux encor teints du sang qui me donna le jour,
Du tyran de la Crète infortuné séjour,
Eternels monumens d'une douleur amère ;
Lieux terribles, témoins de la mort de mon père ;
Lieux où l'on m'ose offrir de coupables amours,
Prêtez à ma colère un utile secours ;
Retracez-moi sans cesse une triste peinture ;
Contre un honteux amour défendez la nature.
O toi ! qui vois la peine où ce feu me réduit,
Vénus, suis-je d'un sang que ta haine poursuit ?
Où faut-il qu'en des lieux remplis de ta vengeance,
Les cœurs ne puissent plus brûler dans l'innocence ?
Laisse au sang de Minos ses affronts, ses horreurs ;
Sur ce sang odieux signale tes fureurs.
Laisse au sang de Minos Phèdre et le labyrinthe,
Au mien sa pureté sans tache et sans atteinte.

ISMÈNE.

Madame, quel transport ! qu'entends-je ? et quel
                    discours !
Quoi ! vous vous reprochez de coupables amours !

ÉRIXÈNE.

Tout reproche à mon cœur le feu qui me dévore ;
Je respire un amour que ma raison abhorre.
De mon père, en ces lieux, j'ose trahir le sang ;
De mon père expiré je viens rouvrir le flanc.
A la main des bourreaux je joins ma main sanglante :
Enfin ce cœur si fier brûle pour Idamante.

ISMÈNE.

Vainqueur de votre père....

ÉRIXÈNE.

                    Ismène, ce vainqueur,
Sut sans aucun effort se soumettre mon cœur.
Je me défiois peu de la main qui m'enchaîne,
Ayant tant de sujets de vengeance et de haine,
Que Idamante en dût interrompre le cours,
Avec tant de raisons de le haïr toujours.
Comptant sur ma douleur, ma fierté, ma colère,
Et, pour tout dire enfin, sur le sang de mon père ;
Et mon père en mes bras ne faisoit qu'expirer,
Lorsqu'un autre que lui me faisoit soupirer.
A des yeux encor pleins d'un spectacle effroyable,
Idamante parut, et parut trop aimable.

Aujourd'hui même encor l'amour a prévalu :
J'allois céder, Ismène, ou peu s'en est fallu.
Quand le prince m'a fait le récit de sa flamme,
Il entraînoit mon cœur, il séduisoit mon ame.
Déjà ce foible cœur, d'accord avec le sien,
Lui pardonnoit un feu qu'autorise le mien.
Des pleurs que j'ai versés prête à lui faire grace,
Mon amour m'allioit aux crimes de sa race.
Près de ce prince, enfin, mon esprit combattu,
Sans un peu de fierté, me laissoit sans vertu ;
Lorsque ma raison a rappelé ma gloire,
Dans le fond de mon cœur j'ai pleuré ma victoire.

ISMÈNE.

Votre cœur sans regret ne peut donc triompher
D'un feu qu'en sa naissance il falloit étouffer ?
Ah ! du moins, s'il n'en peut dompter la violence,
Faites à vos transports succéder le silence.

ÉRIXÈNE.

Si je craignois qu'un feu, déclaré malgré moi,
Dût jamais éclater devant d'autres que toi,
Dans la nuit du tombeau toujours prête à descendre,
J'irois ensevelir ce secret sous ma cendre.
Quoiqu'à mes yeux, peut-être, Idamante ait trop plu,
Il me sera toujours moins cher que ma vertu.
D'un amour que je crains il aura tout à craindre.
Avec ma haine seule il seroit moins à plaindre.
Non, mon père, ton sang lâchement répandu,
A tes fiers ennemis ne sera point vendu ;
Et le cruel vainqueur qui surprend ma tendresse,
Ajoute à ses forfaits celui de ma foiblesse.
Je saurai le punir de son crime et du mien.....
Le roi paroit... Fuyons un fâcheux entretien.

SCÈNE II.
IDOMÉNÉE, ÉRIXÈNE, SOPHRONYME, ISMÈNE.

IDOMÉNÉE.

MADAME, demeurez..... Demeurez, Érixène.
Mérion par sa mort vient d'éteindre ma haine ;
Ainsi ne craignez point ma rencontre en ces lieux ;
Vous pouvez y rester sans y blesser mes yeux.
Mérion me fut cher ; mais de cet infidelle
Mes bienfaits redoublés ne firent qu'un rebelle.
Vous le savez, l'ingrat, pour prix de ces bienfaits,
Osa contre leur roi soulever mes sujets.
Son crime fut de près suivi par son supplice ;
Et son sang n'a que trop satisfait ma justice.
Je l'en vis à regret laver son attentat ;
Mais je devois sa tête à nos lois, à l'état ;
Et près de vous j'oublie une loi trop sévère,
Qui rend de mes pareils la haine héréditaire.

ÉRIXÈNE.

Si, content de sa mort, votre haine s'éteint
Dans le sang d'un héros dont ce palais est teint,
La mienne, que ce sang éternise en mon ame,
A votre seul aspect se redouble et s'enflamme.

J'ai vu mon père, hélas ! de mille coups percé ;
Tout son sang cependant n'est pas encor versé....
Que sa mort fût enfin injuste ou légitime,
Auprès de moi, du moins, songez qu'elle est un crime.
Mon courroux là-dessus ne connoit point de loi
Qui puisse dans mon cœur justifier un roi.
De maximes d'état colorant ce supplice,
Vous prétendez en vain couvrir votre injustice.
Le ciel, qui contre vous semble avec moi s'unir,
De ce crime odieux va bientôt vous punir :
Contre vous dès long-tems un orage s'apprête ;
De mes pleurs chaque jour je grossis la tempête.
Puissent les justes dieux, sensibles à mes pleurs,
A mon juste courroux égaler vos malheurs !
Et puissé-je à regret voir que toute ma haine
Voudroit en vain y joindre une nouvelle peine !...

IDOMÉNÉE.

Ah, madame ! cessez de si funestes vœux.
N'offrez point à nos maux un cœur si rigoureux.
Vous ignorez encor ce que peuvent vos larmes ;
Ne prêtez point aux dieux de si terribles armes,
Belle Érixène ; enfin, n'exigez plus rien d'eux.
Non, jamais il ne-fut un roi plus malheureux ;
Du destin ennemi je n'ai plus rien à craindre.
J'éprouve des malheurs dont vous pourriez me
        plaindre.
Ces beaux yeux, sans pitié, qui pourroient voir ma
        mort,
Ne refuseroient pas des larmes à mon sort.
Sur mon peuple, des dieux la fureur implacable
Des maux que je ressens est le moins redoutable.
Sur le sang de Minos un dieu toujours vengeur,
A caché les plus grands dans le fond de mon cœur.
Objet infortuné d'une longue veageance,
J'oppose à mes malheurs une longue constance.
Mon cœur, sans s'émouvoir, les verroit en ce jour,
S'il n'eût brûlé pour vous d'un malheureux amour.

ÉRIXÈNE.

C'étoit donc peu, cruel ! qu'avec ignominie
Mon père eût terminé sa déplorable vie !
Ce n'étoit point assez que votre bras sanglant
Eût jeté dans les miens Mérion expirant !
De son sang malheureux votre courroux funeste
Vient, jusques dans mon cœur, poursuivre encor le
        reste !
Oui, tyran, cet amour, dont brûle votre cœur,
N'est contre tout son sang qu'un reste de fureur.

IDOMÉNÉE.

Le reste de ce sang m'est plus cher que la vie :
Souffrez qu'un tendre amour me le réconcilie,
Madame ; je l'aimai, je vous l'ai déjà dit ;
Songez que Mérion lui-même se perdit....
Quoi ! rien ne peut fléchir votre injuste colère ?
Trouverai-je par-tout le cœur de votre père ?
Sa révolte à vos yeux ent-elle tant d'attraits ?
Mon amour aura-t-il le sort de mes bienfaits ?
Vous verrai-je, au moment que cet amour vous flatte,
Achever les forfaits d'une famille ingrate ?

ÉRIXÈNE.

Achever des forfaits ! C'est au sang de Minos
A savoir les combler, non au sang d'un héros.

SCENE III.

IDOMÉNÉE, SOPHRONYME.

SOPHRONYME.

QUE faites-vous, seigneur ? Est-il temps que votre
    ame
S'abandonne aux transports d'une honteuse flamme ?

IDOMÉNÉE.

Pardonne ; tu le vois, la raison à son gré
Ne règle pas un cœur par l'amour égaré.
Je me défends en vain ; ma flamme impétueuse
Détruit tous les efforts d'une ame vertueuse.
D'un poison enchanteur tous mes sens prévenus
Ne servent que trop bien le courroux de Vénus.
Je sens toute l'horreur d'un amour si funeste ;
Mais je chéris ce feu que ma raison déteste.
Bien plus, de ma vertu redoutant le retour,
Je combats plus souvent la raison que l'amour.

SOPHRONYME.

Ah, seigneur ! est-ce ainsi que le héros s'exprime ?
Est-ce ainsi qu'un grand cœur cède au joug qui
        l'opprime ?
Le courroux de Vénus peut-il autoriser
Des fers que votre gloire a dû cent fois briser ?
Parmi tant de malheurs, est-ce au vainqueur de Troie
A compter un amour dont il se fait la proie ?
Qu'est devenu ce roi plus grand que ses aïeux,
Que ses vertus sembloient élever jusqu'aux dieux,
Et qui, seul la terreur d'une orgueilleuse ville,
Cent fois aux Grecs tremblans fit oublier Achille ?
L'amour, avilissant l'honneur de ses travaux,
Sous la honte des fers m'a caché le héros.
Peu digne du haut rang où le ciel l'a fait naitre,
Un roi n'est qu'un esclave où l'amour est le maitre.
N'allez point établir sur son foible pouvoir
L'oubli de vos vertus ni de votre devoir.
Que l'amour soit en nous ou penchant, ou vengeance,
La foiblesse des cœurs fait toute sa puissance.
Mais, seigneur, s'il est vrai que, maitres de nos
        cœurs,
De nos divers penchans les dieux soient les auteurs,
Quand même vous croiriez que ces êtres suprêmes
Pourroient déterminer nos cœurs malgré nous-
        mêmes,
Essayez sur le vôtre un effort glorieux ;
C'est-là qu'il est permis de combattre les dieux.
Ce n'est point en faussant une auguste promesse ;
Qu'il faut cont e le ciel vous exercer sans cesse.
Se peut-il que l'amour vous impose des lois ?
Et le titre d'amant est-il fait pour les rois ?
Au milieu des vertus où sa grande ame est née,
Doit-on de ses devoirs instruire Idoménée ?

IDOMÉNÉE.

A ma raison du moins laisse le temps d'agir,
Et combats mon amour sans m'en faire rougir.
Avec trop de rigueur ton entretien me presse.
Plains mes maux, Sophronyme, ou flatte ma foi-
        blesse.

A ce feu que Vénus allume dans mon sein,
Reconnois de mon sang le malheureux destin.
Pouvois-je me soustraire à la main qui m'accable?
Respecte des malheurs dont je suis peu coupable.
Pasiphaé ni Phèdre, en proie à mille horreurs,
N'ont jamais plus rougi dans le fond de leurs cœurs.
Mais, que dis-je! Est-ce assez qu'en secret j'en rou-
    gisse,
Lorsqu'il faut de ce feu que mon cœur s'affranchisse?
Hé! d'un amour formé sous l'aspect le plus noir,
Dans mon cœur sans vertu quel peut être l'espoir?
Ennemi, malgré moi, du penchant qui m'entraine,
Je n'ai point prétendu couronner Erixène.
Je m'ôte le seul bien qui pouvoit l'eblouir.
De ma couronne enfin un autre va jouir.

SOPHRONYME.

Gardez-vous de tenter un coup si téméraire.

IDOMÉNÉE.

Par tes conseils en vain tu voudrois m'en distraire.
A mon fatal amour, tu connoitras, du moins,
Que j'ai donné mon cœur, sans y donner mes soins:
Car enfin, dépouillé de cet auguste titre,
Ton roi de son amour ne sera plus l'arbitre;
Dans ces lieux, où bientôt je ne serai plus rien,
Mon fils va devenir et ton maitre et le mien.
Essayons si des dieux la colère implacable
Ne pourra s'appaiser par un roi moins coupable:
Ou du moins, sur un vœu que le ciel peut trahir,
Mettons-nous hors d'état de jamais obéir.
Non comme une victime aux autels amenée,
Tu verras couronner le fils d'Idoménée.
Le ciel après, s'il veut, se vengera sur moi:
Mais il n'armera point ma main contre mon roi;
Et si c'est immoler cette tête sacrée,
La victime par moi sera bientôt parée.
Ce prince ignore encor quel sera mon dessein.
Sait-il que je l'attends?

SOPHRONYME.

          Dans le temple prochain,
Au ciel, par tant d'horreurs, qui poursuit son
    supplice,
Il prépare, seigneur, un triste sacrifice;
Et, mouillant de ses pleurs d'insensibles autels,
Pour vous, pour vos sujets, il s'offre aux immortels.

IDOMÉNÉE.

Vous n'êtes point touchés d'une vertu si pure!
Pardonnez donc, grands dieux! si mon cœur en
    murmure.
O mon fils!

SCÈNE IV.

IDOMÉNÉE, SOPHRONYME, ÉGÉSIPPE.

IDOMÉNÉE.

MAIS que vois-je! et quel funeste objet!
Egésippe revient tremblant, triste, défait.
Que dois-je soupçonner? Ah, mon cher Sophronyme!
Le ciel impitoyable a nommé sa victime.

ÉGÉSIPPE.

Quelle victime encor! que de pleurs, de regrets,
Nous vont coûter des dieux les barbares décrets!
Pourrai-je, sans frémir, nommer....

IDOMÉNÉE.

          Je t'en dispense;
Couvre plutôt ce nom d'un éternel silence.
De ton secret fatal je suis peu curieux,
Et sur ce point, enfin, j'en sais plus que les dieux.

SOPHRONYME.

Ecoutez cependant.

IDOMÉNÉE.

         Que veux-tu que j'écoute?
D'un arrêt inhumain tu crois donc que je doute?
Mais poursuis, Egésippe.

ÉGÉSIPPE.

         Au pied du mont sacré
Qui fut pour Jupiter un asyle assuré,
J'interroge, en tremblant, le dieu sur nos misères.
Le prêtre destiné pour les secrets mystères,
Se traine prosterné près d'un antre profond,
Ouvre.... Avec mille cris le gouffre lui répond:
D'affreux gémissemens et des voix lamentables
Formoient, à longs sanglots, des accens pitoyables;
Mais qui venoient à moi comme des sons perdus,
Dont résounoit le temple en échos mal rendus.
Je prêtois cependant une oreille attentive,
Lorsqu'enfin une voix plus forte et plus plaintive,
A paru rassembler tant de cris douloureux,
Et répéter cent fois: « O roi trop malheureux »!
Déjà saisi d'horreur d'une si triste plainte,
Le prêtre m'a bientôt frappé d'une autre crainte,
Quand, relevant sur lui mes timides regards,
Je le vois, l'œil farouche et les cheveux épars,
Se débattre long-tems sous le dieu qui l'accable,
Et prononcer enfin cet arrêt formidable:
« Le roi n'ignore pas ce qu'exigent les dieux.
» Maitre encor de la Crète et de sa destinée,
» Il porte dans ses mains le salut de ces lieux.
    » Il faut le sang d'Idoménée ».

IDOMÉNÉE.

Le roi n'ignore pas ce qu'exigent les dieux!
   (à Sophronyme.)
Tu vois si les cruels pouvoient s'expliquer mieux.
Grâces à leur fureur, toute erreur se dissipe;
J'entrevois..... il suffit: laisse-nous, Egésippe.
Sur un secret enfin qui regarde ton roi,
Songe, malgré les dieux, à lui garder ta foi.

SCÈNE V.

IDOMÉNÉE, SOPHRONYME.

IDOMÉNÉE.

TU vois sur nos destins ce que le ciel prononce:
En redoutois-je à tort la funeste réponse?
Il demande mon fils, je n'en puis plus douter,
Ni de mon trépas même un instant me flatter.
Mânes de mes sujets qui, des bords du Cocyte,
Plaignez encor celui qui vous y précipite,

Pardonnez ; tout mon sang, prêt à vous secourir,
Auroit coulé, si seul il me falloit mourir :
Mais le ciel irrité veut que mon fils périsse,
Et mon cœur ne veut pas que ma main obéisse.
Moi, je verrois mon fils sur l'autel étendu!
Tout son sang couleroit par mes mains répandu !
Non, il ne mourra point... Je ne puis m'y résoudre.
Ciel, n'attends rien de qui n'attend qu'un coup de
    foudre.....

SCÈNE VI.

IDOMÉNÉE, IDAMANTE, SOPHRONYME.

IDAMANTE.

Par votre ordre, seigneur....
IDOMÉNÉE.
                    Dieux ! qu'est-ce que je voi ?
IDAMANTE.
Quelles horreurs ici répandent tant d'effroi ?
Quels regards! D'où vous vient cette sombre tristesse?
Quelle est en ce moment la douleur qui vous presse ?
Du temple dans ces lieux aujourd'hui de retour,
Egésippe, dit-on, s'est fait voir à la cour.
Le ciel a-t-il parlé ? Sait-on ce qu'il exige ?
Est-ce un ordre des dieux, seigneur, qui vous afflige?
Savons-nous par quel crime......
IDOMÉNÉE.
                    Un silence cruel
Avec le crime encor cache le criminel.
Ne cherchons point des dieux à troubler le silence ;
Assez d'autres malheurs éprouvent ma constance....
Ah, mon fils ! si jamais votre cœur généreux
A partagé les maux d'un père malheureux ;
Si vous fûtes jamais sensible à ma disgrâce,
Au trône, en ce moment, daignez remplir ma place.
IDAMANTE.
Moi, seigneur !
IDOMÉNÉE.
                    Oui, mon fils ; mon cœur reconnoissant
Ne veut point que ma mort vous en fasse un présent.
Je sais que c'est un rang que votre cœur dédaigne ;
Mais qu'importe ? Il le faut..... Régnez.....
IDAMANTE.
                    Moi, que je règne !
Et que j'ose à vos yeux me placer dans un rang
Où je dois vous défendre au prix de tout mon sang !
A cet ordre, seigneur, est-ce à moi de souscrire?
Ciel ! est-ce à votre fils à vous ravir l'empire ?
IDOMÉNÉE.
Régnez, mon fils, régnez sur la Crète et sur moi ;
Je le demande en père, et vous l'ordonne en roi.
Cher prince, à mes désirs que votre cœur se rende ;
Pour la dernière fois, peut-être, je commande.
IDAMANTE.
Si votre nom ici ne doit plus commander,
N'attendez point, seigneur, de m'y voir succéder.
Et qui peut vous forcer d'abandonner le trône ?

IDOMÉNÉE.
Eh bien ! régnez, mon fils..... c'est le ciel qui
    l'ordonne....
IDAMANTE.
Le ciel lui-même, hélas ! le garant de ma foi,
Le ciel m'ordonneroit de détrôner mon roi !
De tout ce que j'entends que ma frayeur redouble !
Ah ! par pitié, seigneur, éclaircissez mon trouble ;
Dissipez les horreurs d'un si triste entretien ;
Est-il dans votre cœur des secrets pour le mien ?
Parlez, ne craignez point d'augmenter mes alarmes;
C'est trop se taire. Ah ciel ! je vois couler vos larmes;
Vous me cachez en vain ces pleurs que j'ai surpris.
Dieux ! que m'annoncez-vous ? Ah, seigneur....!
IDOMÉNÉE.
                    Ah, mon fils!
Voyez où me réduit la colère céleste.....
Sophronyme, fuyons cet entretien funeste.....
IDAMANTE.
Où fuyez-vous, seigneur ?
IDOMÉNÉE.
                    Je vous fuis à regret,
Mon fils, vous ne saurez que trop tôt le secret.

SCÈNE VII.
IDAMANTE seul.

Dieux ! quel trouble est le mien ! quel horrible
    mystère
Fait fuir devant mes yeux Sophronyme et mon père ?
Non, suivons-le..... Son cœur encor mal affermi
Ne me pourra cacher son secret qu'à demi.
Je l'ai vu s'émouvoir ; et contre ma poursuite
Il se défendoit mal, sans une prompte fuite.
Pénétrons.... Mais d'où vient que je me sens glacer?
Quelle horreur à mes sens vient de se retracer ?
Quelle invisible main m'arrête et m'épouvante ?
Allons.... Où veux-je aller? et qu'est-ce que je tente?
De quel secret encor prétends-je être informé?
Eh ! ne connois-je pas le sang qui m'a formé ?
Peu touché des vertus du grand Idoménée,
Le ciel rendit toujours sa vie infortunée ;
Son funeste courroux l'arracha de sa cour,
Et n'a que trop depuis signalé son retour.
Ah ! renfermons plutôt mon trouble et mes alarmes,
Que d'oser pénétrer dans d'odieuses larmes.
Suivons-le cependant.... Pour calmer mon effroi,
Dieux! faites que ces pleurs ne coulent que pour moi.

Fin du second acte.

ACTE TROISIÈME.
SCÈNE I.
ÉRIXÈNE, ISMÈNE.

ISMÈNE.

Enfin, l'amour soumet aux charmes d'Erixène
L'objet de sa tendresse et l'objet de sa haine.
Vous triomphez, madame ; et vos fiers ennemis
Bientôt par vos appas se verront désunis.
ERIXÈNE.

ÉRIXÈNE.

Quel triomphe ! peux-tu me le vanter encore ,
Quand je ne puis dompter le feu qui me dévore ?
Après ce que mon cœur en éprouve en ce jour ,
Du soin de me venger dois-je charger l'amour ?
En me livrant le fils , s'il flattoit ma colère ,
Je ne l'implorois pas pour me venger du père.
Tant qu'aux lois de l'amour mon cœur sera soumis ,
Que dois-je en espérer contre mes ennemis ?

ISMÈNE.

Vous pouvez donc , madame , employant d'autres
    armes,
Punir sans son secours l'auteur de tant de larmes ,
Puisque le juste ciel , de concert avec vous ,
Semble sur vos désirs mesurer son courroux.
Tout vous livre à l'envi le fier Idoménée.
Par un arrêt des dieux sa tête est condamnée ;
L'oracle la demande , et ce funeste jour
Va le punir des maux que vous fit son retour.
Si vous voulez vous-même , achevant sa disgrace ,
Hâter le coup affreux dont le ciel le menace ,
Répandez le secret qui vous est dévoilé ,
Et qu'Egésippe en vain ne l'ait point révélé.
Du prince votre père ami toujours fidelle ,
Vous voyez à quel prix il vous marque son zèle.
Imitez-le , madame , et qu'un sang odieux
Par vos soins aujourd'hui se répande en ces lieux.
De l'intérêt des dieux faites votre vengeance ,
Et d'un peuple expirant faites-en la défense.
Montrez-lui son salut. Dans ce terrible arrêt ,
Lui , vous , les dieux enfin , n'avez qu'un intérêt.
D'où vient que je vous vois interdite et tremblante ?
Craignez-vous d'exciter les plaintes d'Idamante ?

ÉRIXÈNE.

Hélas ! si près des maux où je le vais plonger ,
Un seul moment , pour lui , ne puis-je m'affliger ?
Que veux-tu ? Je frémis du spectacle barbare
Que mon juste courroux en ces lieux lui prépare.
Je sens trop , par les pleurs que je verse aujourd'hui ,
Quelle est l'horreur du coup qui va tomber sur lui.
Tu sais que , pour son roi , son amour est extrême.

ISMÈNE.

Il ne vous reste plus que d'aimer le roi même.
Qu'entends-je ? De vos pleurs importunant les dieux ,
Vos plaintes chaque jour font retentir ces lieux ;
Et quand le ciel prononce au gré de votre envie ,
Vous n'osez plus poursuivre une odieuse vie !
Songez, puisque les dieux vous ouvrent leurs secrets,
Qu'ils vous chargent, par-là, du soin de leurs décrets.
Et qu'auriez-vous donc fait , si , trompant votre
    attente,
L'oracle eût demandé la tête d'Idamante ?
Puisque vous balancez....

ÉRIXÈNE.

        A quoi bon ces transports ?
Je conçois bien , sans toi , de plus nobles efforts.
Malgré tout mon amour , mon devoir est le même.
Mais peut-on, sans trembler, opprimer ce qu'on aime ?
Un je ne sais quel soin me saisit malgré moi ,
Et mon propre courroux redouble mon effroi.

Ne crains rien cependant ; mais laisse sans contrainte ,
A des cœurs malheureux , le secours de la plainte.
Je n'ai point succombé pour avoir combattu ,
Et tes raisons ici ne font point ma vertu.
Egésippe en ces lieux se fait long-temps attendre....

SCÈNE II.

ÉRIXÈNE , ISMÈNE , ÉGÉSIPPE.

ÉGÉSIPPE.

MADAME , pardonnez , j'ai dû plutôt m'y rendre ;
Mais un ordre pressant , que je n'attendois pas ,
Malgré moi , loin de vous , avoit porté mes pas.
C'en est fait , le tyran échappe à notre haine.
Hâtons notre vengeance , ou sa fuite est certaine.
Ses vaisseaux sont tout prêts , et déjà sur les flots
Remontent à l'envi soldats et matelots.
Un gros de nos amis près d'ici se rassemble :
Tandis que dans ces lieux tout gémit et tout tremble,
On peut dans ce désordre échapper du palais.
Venez au peuple enfin vous montrer de plus près....
Mais le tyran paroit , évitez sa présence.
Je vais dès ce moment servir votre vengeance.

SCÈNE III.

IDOMÉNÉE , ÉGÉSIPPE.

IDOMÉNÉE.

MES vaisseaux sont-ils prêts ?

ÉGÉSIPPE.

        Oui , seigneur ; mais les eaux
D'un naufrage assuré menacent vos vaisseaux.
La mer gronde , et ses flots font mugir le rivage ;
L'air s'enflamme, et ses feux n'annoncent que l'orage.
De qui doit s'embarquer je déplore le sort.
Seroit-ce vous , seigneur ?

IDOMÉNÉE.

        Qu'on m'aille attendre au port.

SCÈNE IV.

IDOMÉNÉE seul.

AINSI donc tout menace une innocente vie !
O mon fils ! faudra-t-il qu'elle te soit ravie ?
A des dieux sans pitié ne te puis-je arracher ?
Quel asile contr'eux désormais te chercher ?
Que n'ai-je point tenté ! Je t'offre ma couronne.
Un départ rigoureux par moi-même s'ordonne :
Je crois t'avoir sauvé , quand j'y puis consentir ;
Et les ondes déjà s'ouvrent pour t'engloutir.
Fuis cependant , mon fils.... L'orage qui s'apprête
Est le moindre péril qui menace ta tête.
Quoique je n'aie , hélas ! rien de plus cher que toi ,
Tu n'as point d'ennemis plus à craindre que moi.

B

O mon peuple ! ô mon fils ! promesse redoutable !
Roi, père malheureux ! dieux cruels ! vœu coupable !
O ciel ! de tant de maux toujours moins satisfait,
Tu n'as jamais tonné pour un moindre forfait.
Et vous, fatal objet d'une flamme odieuse,
Erixène à mon cœur toujours trop précieuse,
Fuyez avec mon fils de ces funestes lieux ;
Pour tout ce qui m'est cher j'y dois craindre les dieux.

SCÈNE V.

IDOMÉNÉE, IDAMANTE.

IDAMANTE.

MALGRÉ l'affreux péril du plus cruel naufrage,
On dit que nos vaisseaux vont quitter le rivage.
Quoique de ces apprêts mon cœur soit alarmé,
Je ne viens point, seigneur, pour en être informé.
Je sais de vos secrets respecter le mystère,
Et l'on ne m'en fait plus l'heureux dépositaire.

IDOMÉNÉE.

Mon cœur, que ce reproche accuse de changer,
Vous tait des maux qu'il craint de vous voir partager.
Il en est cependant dont il faut vous instruire.
              (à part.)
Ces vaisseaux.... ces apprêts.... Ciel ! que lui vais-je
     dire !
Ah, mon fils!.... Non, mon cœur n'y sauroit consentir.

IDAMANTE.

Dieux ! que vous m'alarmez !...

IDOMÉNÉE.

              Mon fils, il faut partir.

IDAMANTE.

Qui doit partir ?

IDOMÉNÉE.

              Vous.

IDAMANTE.

              Moi ! Ciel ! qu'entends-je ?

IDOMÉNÉE.

                        Vous-même.
Il falloit accepter l'offre du diadême.
Fuyez, mon fils, fuyez un ciel trop rigoureux,
Un rivage perfide, un père malheureux.

IDAMANTE.

Ciel ! qui m'a préparé cette horrible disgrace ?
La mort même entre nous ne peut mettre un espace.
N'accablez point mon cœur d'un pareil désespoir.
Je goûte a peine, hélas ! le bien de vous revoir.
Pourquoi régner ? Pourquoi faut-il que je vous quitte ?
Quel est donc le projet que votre ame médite ?

IDOMÉNÉE.

Voyez par quels périls vos jours sont menacés ;
Fuyez, n'insistez plus ; je crains, c'en est assez.
Jugez par mon amour de ce que je dois craindre,
Puisqu'à nous séparer ce soin m'a pu contraindre ;
Jugez de mes frayeurs.... Ah ! loin de ces climats,
Allez chercher des dieux qui ne se vengent pas.

IDAMANTE.

Eh ! que pourroit m'offrir une terre étrangère,
Que des dieux ennemis, si je ne vois mon père ?

Vos dieux seron les miens : laissez-moi, près de vous,
De ces dieux irrités partager le courroux.

IDOMÉNÉE.

Ah ! fuyez-moi.... fuyez le ciel qui m'environne.
Fuyez, mon fils, fuyez.... puisqu'enfin je l'ordonne ;
Et, sans vous informer du secret de mes p'eurs,
Fuyez, ou redoutez le comble des horreurs.
Avec vous à Samos conduisez Erixène....

IDAMANTE.

Seigneur....

IDOMÉNÉE.

Ce ne doit plus être un objet de haine :
Des crimes de son père immolé par nos lois,
La fille n'a point dû porter l'injuste poids.
Adieu. Peut-être un jour le destin moins sévère
Vous permettra, mon fils, de revoir votre père.
Dérobez cependant à des dieux ennemis
Une princesse aimable, un si généreux fils....

IDAMANTE.

Erixène ! eh ! pourquoi compagne de ma fuite ?
Expliquez.... Mais je vois que votre ame est instruite.
Erixène, seigneur, m'est un présent bien doux ;
Mais tout cède à l'horreur de m'éloigner de vous.
A ce triste départ quel astre pourroit luire ?
Voyez le désespoir où vous m'allez réduire.
En vain sur cet exil vous croyez me tenter :
Plus vous m'offrez, seigneur, moins je puis vous
     quitter.
Je vous dois trop, hélas !... Quelle tendresse extrême !
M'offrir en même jour, et sceptre, et ce que j'aime !
Non....

IDOMÉNÉE.

Ce que vous aimez ?...

IDAMANTE.

              Ah ! pardonnez, seigneur ;
Je le vois, vous savez les secrets de mon cœur.
Pardonnez : j'en ai fait un coupable mystère :
Non que, pour vous tromper, je voulusse m'en taire ;
Mais d'un feu qu'en mon sein j'avois cru renfermer,
Hé ! qui, seigneur, encore a pu vous informer ?
Ah ! quoiqu'il soit trop vrai que j'adore Erixène....

IDOMÉNÉE.

Poursuivez, dieux cruels ! ajoutez à ma peine.
Me voilà parvenu, par tant de maux divers,
A pouvoir défier le ciel et les enfers.
Je ne redoute plus votre courroux funeste.
Impitoyables dieux ! ce coup en est le reste.
Sur mon peuple à présent signalez vos fureurs,
Et, si ce n'est assez, versez-les dans nos cœurs.
Voyez-nous tous les deux, saisis de votre rage,
Égorgés l'un par l'autre, achever votre ouvrage.
Par de nouveaux dangers arrachez-moi des vœux.
Me ferez-vous jamais un sort plus rigoureux ?

IDAMANTE.

Où s'égare, seigneur, votre ame furieuse ?
Erixène cessoit de vous être odieuse,
Disiez-vous ; et pour elle un reste de pitié
Sembloit vous dépouiller de toute inimitié.
Haïrez-vous toujours cet objet adorable ?

IDOMÉNÉE.

Si je le haïssois, seriez-vous si coupable?
O, de tous les malheurs, malheur le plus fatal!

IDAMANTE.

Seigneur....

IDOMÉNÉE.

Ah, fils cruel! vous êtes mon rival.

IDAMANTE.

O ciel!

IDOMÉNÉE.

De quelle main part le trait qui me blesse!
Réserviez-vous, cruel, ce prix à ma tendresse?
Je ne verrai donc plus dans mes tristes états,
Que des dieux ennemis et des hommes ingrats!
Quoi! toujours du destin la barbare injustice,
De tout ce qui m'est cher fera donc mon supplice?
Imprudent que j'étois! et j'allois couronner
Ce fils qu'à ma fureur je dois abandonner!
Mais c'en est fait, l'amour de mon devoir décide.

IDAMANTE.

Mon père!...

IDOMÉNÉE.

O nom trop doux pour un fils si perfide!

IDAMANTE.

N'accablez point, seigneur, un fils infortuné,
A des maux infinis par l'amour condamné.
Puisqu'enfin votre cœur s'en est laissé surprendre,
Jugez si d'Erixène on pouvoit se défendre.
Hélas! je ne craignois, adorant ses appas,
Que d'aimer un objet qui ne vous plairoit pas;
Et mon cœur, trop épris d'une odieuse chaîne,
Oublioit son devoir dans les yeux d'Erixène.
Mais si l'aimer, seigneur, est un si grand forfait,
L'amour m'en punit bien par les maux qu'il me fait.

IDOMÉNÉE.

Voilà l'unique fruit qu'il en falloit attendre.
D'un amour criminel qu'osiez-vous donc prétendre?
Et quel étoit l'espoir de vos coupables feux,
Quand chaque jour le crime augmentoit avec eux?
Qu'Erixène à mes yeux fût odieuse ou chère,
Vos feux egalement offensoient votre père.
Je veux bien cependant, juge moins rigoureux,
Vous en accorder, prince, un pardon généreux:
Mais pourvu que votre ame, à mes désirs soumise,
Renonce à tout l'amour dont je la vois éprise.

IDAMANTE.

Ah! quand même mon cœur oseroit le vouloir,
Aimer, ou n'aimer pas, est-il en mon pouvoir?
Je combattrois en vain une ardeur téméraire;
L'amour m'en a rendu le crime nécessaire.
Malgré moi, de ce feu je vis mon cœur atteint;
Peut-être, malgré moi, je l'y verrois éteint.
Mais ce cœur, à l'amour que je n'ai pu soustraire,
Dans le rival du moins aime toujours un père.
Par un nom si sacré, tout autre suspendu....

IDOMÉNÉE.

Dans le nom de rival, tout nom est confondu.
Vous n'êtes plus mon fils, ou peu digne de l'être;
Je vois que tout mon sang n'en a formé qu'un traître.

IDAMANTE.

Où fuirai-je? grands dieux! De quels noms ennemis
Accablez-vous, seigneur, votre malheureux fils!
Ah! quels noms odieux me faites vous entend e!
Quelle horreur pour un fils respectueux et tendre!
Songez-vous que ce fils est encore devant vous,
Ce fils long-tems l'objet de sentimens plus doux?
Brûlant d'un feu cruel que je ne puis éteindre,
Vous me devez, seigneur, moins haïr que me plaindre;
Et si ma flamme enfin est un crime si noir,
Vous êtes bien vengé par mon seul désespoir.
Cessez de m'envier une importune flamme.
Odieux à l'objet qui sait charmer mon ame,
Abhorré d'un rival que j'aimerai toujours,
Seigneur, voilà le fruit de mes tristes amours.
Mais puisque de ce feu qui tous deux nous anime,
Sur mon cœur trop épris est tombé tout le crime,
Je saurai m'en punir; et je sens que ce cœur
Vous craint déjà bien moins que sa propre fureur.
Désormais tout en proie au transport qui me guide,
Je vous délivrerai de ce fils si perfide.
Si mon coupable cœur vous trahit malgré moi,
Mon bras plus innocent saura venger mon roi.
Ce n'est pas d'aujourd'hui qu'il sert votre vengeance;
Et je vais en punir ce cœur qui vous offense.

(Il tire son épée.)

Soyez donc satisfait....

IDOMÉNÉE l'arrêtant.

Artêtez, furieux....

IDAMANTE.

Laissez couler le sang d'un rival odieux.

IDOMÉNÉE.

Mon fils!...

IDAMANTE.

D'un nom si cher m'honorez-vous encore?
Laissez-moi me punir d'un feu qui me dévore.

IDOMÉNÉE.

Ma vertu jusques-là ne sauroit se trahir....
Va, fils infortuné.... je ne te puis haïr....

IDAMANTE.

Ah, seigneur!....

IDOMÉNÉE.

Laissez-moi, fuyez ma triste vue;
Ne renouvelons plus un discours qui me tue.

SCÈNE VI.

IDQMÉNÉE seul.

INEXORABLES dieux, vous voilà satisfaits!
Pour un nouveau courroux vous reste-t-il des traits?
Finis tes tristes jours, père, amant déplorable....
Vengeons-nous bien plutôt, si mon fils est coupable.
Que sais-je si l'ingrat ne s'est point fait aimer?
Sans doute, puisqu'il aime, il aura su charmer.
Il triomphe en secret de mon amour funeste;
Il est aimé; je suis le seul que l'on déteste.
Tout mon courroux renait de ce seul souvenir.
Livrons l'ingrat aux dieux. Qui me peut retenir?
Coule sur nos autels tout le sang d'Idamante....
Coule plutôt le tien....

B 2

SCÈNE VII.

IDOMÉNÉE, SOPHRONYME.

IDOMÉNÉE.

QUEL objet se présente !
Ah ! c'est toi. Quel malheur au mien peut être égal !
Sophronyme , mon fils...

SOPHRONYME.

Seigneur ?

IDOMÉNÉE.

Est mon rival.

SOPHRONYME.

Il est temps pour jamais d'oublier l'inhumaine.
Ignorez-vous, seigneur, le crime d'Érixène ,
Celui de Mérion ici renouvelé ?
L'arrêt des dieux , enfin, au peuple est révélé.
Par Egésippe instruit...

IDOMÉNÉE.

Ciel ! que viens-tu m'apprendre ?

SOPHRONYME.

Du port où par votre ordre il m'a fallu descendre ,
Je revenois, seigneur : un grand peuple assemblé
M'attire par ses cris , par un bruit redoublé.
Par le sens de l'oracle Érixène trompée,
Du soin de se venger toujours plus occupée,
De l'intérêt des dieux prétextant son courroux ,
Tâchoit de soulever vos sujets contre vous ;
De tout par Egésippe encor plus mal instruite,
A vos sujets tremblans révéloit votre fuite ;
Leur disoit que le ciel , pour unique secours ,
Attachoit leur salut à la fin de vos jours....
Pour eux , par leurs regrets, du grand Idoménée
Contens de déplorer la triste destinée ,
Ils sembloient seuls frappés par l'arrêt du destin.
Egésippe a voulu les exciter en vain.
Pour moi , qui frémissois de tant de perfidie ,
Je le poursuis , l'atteins , et le laisse sans vie ,
Désabuse le peuple ; et content désormais,
J'ai ramené , seigneur, la princessse au palais.

IDOMÉNÉE.

Sujets infortunés, qu'en mon cœur je déplore ,
Au milieu de vos maux me plaignez-vous encore ?
Ce qui m'aime , à sa perte est par moi seul livré ;
Et tout ce qui m'est cher, contre moi conjuré !
Cruel à notre tour , qu'Idamante périsse ;
De celui d'Érixène augmentons son supplice ;
Faisons-leur du trépas un barbare lien ;
Dans leur sang confondu mêlons encore le mien...
Vains transports qu'a formé ma fureur passagère !
Hélas ! qui fut jamais plus amant et plus père ?...
Mes peuples cependant , par moi seul acccablés...

SOPHRONYME.

Ah ! seigneur, leurs tourmens sont encor redoublés.
Depuis que le destin a fait des misérables,
On n'éprouva jamais des maux plus redoutables.
Je frémis des horreurs où ce peuple est réduit.

Un gouffre sous Ida s'est ouvert cette nuit.
Ce roc , qui jusqu'aux cieux sembloit porter sa cime,
Au lieu qu'il occupoit n'a laissé qu'un abîme ;
Et de ce roc entier à nos yeux disparu ,
Loin d'en être comblé , ce gouffre s'est accru.
Nous touchons tout vivans à la rive infernale.
De ce gouffre profond un noir venin s'exhale ;
Et vos sujets , frappés par des feux dévorans ,
Tombent de toutes parts , déjà morts ou mourans.
Aux seuls infortunés le trépas se refuse....

IDOMÉNÉE.

Et c'est de tant d'horreurs les dieux seuls qu'on accuse !
Mais quoi ! toujours les dieux ! et qui d'eux ou de moi ,
Négligeant sa promesse , a donc manqué de foi ?
Malheureux ! tes sermens , qu'a suivi le parjure ,
Ont soulevé les dieux et toute la nature.
Pour sauver un ingrat , tes soins pernicieux
Trop long-tems sur ton peuple ont exercé les dieux.
A tes sujets enfin cesse d'être contraire.
Eh ! que leur sert un roi , s'il ne leur sert de père ?
Leur salut désormais est ta suprême loi ;
Et le sang de son peuple est le vrai sang d'un roi....
Depuis quand tes sujets t'éprouvent-ils si tendre ?
Depuis quand ce devoir.... ? L'amour vient te
   l'apprendre.
Voilà de ces grands soins le retour trop fatal.
Tu n'es roi que depuis qu'un fils est ton rival.
Contre lui l'amour seul arme tes mains impies :
Voilà le dieu , barbare , à qui tu sacrifies.
Etouffons tout l'amour dont mon cœur est épris ;
N'y laissons plus régner que la gloire et mon fils.
Sur les mêmes vaisseaux , préparés pour sa fuite,
Qu'Érixène à Samos aujourd'hui soit conduite.
Allons... et que mon cœur , délivré de ses feux,
Commence, par l'amour , à triompher des dieux.

Fin du troisième acte.

ACTE QUATRIÈME.

SCÈNE I.

ÉRIXÈNE, ISMÈNE.

ÉRIXÈNE.

EN vain tu veux calmer le transport qui m'agite.
Foibles raisonnemens dont ma douleur s'irrite !
Laisse-moi ; porte ailleurs tes funestes avis :
Il m'en a trop coûté pour les avoir suivis...
Vois ce qu'à tes conseils aujourd'hui trop soumise ,
Je viens de recueillir d'une vaine entreprise.
Vois ce que ta fureur et la mienne ont produit.
Mon départ et ma honte en seront tout le fruit.
Je ne reverrai plus ce prince que j'adore ;
Et, pour comble d'horreur, mon amour croît encore.
En armant contre lui mon devoir inhumain ,
Cruelle , tu m'as mis un poignard dans le sein.
Cher prince , pardonnez. ...

SCÈNE II.

IDAMANTE, ÉRIXÈNE, ISMÈNE.

ISMÈNE.

JE le vois qui s'avance.
De vos transports, du moins, cachez la violence.

ÉRIXÈNE.

Eh ! comment les cacher ? Je sais que je le dois ;
Mais le puis-je, et le voir pour la dernière fois ?
Fuyons-le cependant ; sa présence m'étonne.

IDAMANTE.

Où fuyez-vous, madame ?

ÉRIXÈNE.

Où mon devoir l'ordonne.

IDAMANTE.

Du moins, à la pitié laissez-vous émouvoir.
Vous ne l'avez que trop signalé ce devoir.
Avec tant de courroux, hélas ! qu'a-t-il à craindre ?
Vous ne m'entendrez plus soupirer ni me plaindre.
Vous partez ; je vous aime, et vous me haïssez ;
Mes malheurs, dans ces mots, semblent être tracés.
Cependant ce départ, mon amour, votre haine,
Ne font pas aujourd'hui ma plus cruelle peine.
C'étoit peu que votre ame, insensible à mes vœux,
Eût de tout son courroux payé mes tendres feux :
Ce malheureux amour que votre cœur abhorre,
Malgré tous vos mépris, que je chéris encore ;
Cet amour qui, malgré votre injuste rigueur,
N'a jamais plus régné dans le fond de mon cœur ;
Cet amour qui faisoit le bonheur de ma vie,
Il faut à mon devoir que je le sacrifie.
Non que mon triste cœur, par ce cruel effort,
Renonce à vous aimer ; mais je cours à la mort.
Heureux si mon trépas, devenu légitime,
Des pleurs que j'ai causés peut effacer le crime !
Mais si c'en étoit un d'adorer vos beaux yeux,
Je ne suis pas le seul criminel en ces lieux.
Ce qu'en vain Mérion attendoit de ses armes,
Vous seule, en un moment, l'avez pu par vos charmes.
Tout vous livre à l'envi cet empire fatal.
Régnez, vous le pouvez... mon père est mon rival.

ÉRIXÈNE.

Je connois les transports et de l'un et de l'autre ;
Et je sais jusqu'où va son audace et la vôtre.
Son téméraire amour n'a que trop éclaté.

IDAMANTE.

Sans vous en offenser, vous l'avez écouté !
Je ne m'étonne plus du malheur qui m'accable,
Ni que vos yeux cruels me trouvent si coupable.
Votre cœur, à son tour, épris pour un héros,
N'a pas toujours haï tout le sang de Minos.
Pour mon père, en secret, vous brûliez, inhumaine !
Et moi seul, en ces lieux, j'exerçois votre haine.
Quoi ! vous m'abandonnez à mes soupçons jaloux ?
Suis-je le malheureux ? Madame, l'aimez-vous ?

ÉRIXÈNE.

Moi, je pourrois l'aimer ! et dans le fond de l'ame,
J'aurois sacrifié mon devoir à sa flamme !

Dieux ! qu'est-ce que j'entends ? Seigneur, osez-vous
     bien
Reprocher à mon cœur l'égarement du sien ?
Après ce qu'a produit sa cruauté funeste,
Qui ? moi, j'approuverois des feux que je déteste,
Un amour par le sang, par mes pleurs condamné,
Et devenu forfait dès l'instant qu'il est né !
Ouvrez vos yeux, cruel, et voyez quel spectacle
A mis à son amour un invincible obstacle.
Son crime dans ces lieux est par-tout retracé ;
Le sang qui les a teints n'en est point effacé.
Là, mon père sanglant vint s'offrir à ma vue,
Et tomber dans les bras de sa fille éperdue.
Vos yeux, comme les miens, l'ont vu sacrifier ;
Faut-il d'autres témoins pour me justifier ?
Tout ce que j'ai tenté pour m'immoler sa tête,
L'oracle révélé, mon départ qui s'apprête,
Ma fierté, ma vertu, cent outrages récens,
Voilà pour mon devoir des titres suffisans.
Ne croyez pas, seigneur, que mon cœur les oublie...
Mais que dis-je ?... et d'où vient que je me justifie ?
Gardez tous vos soupçons : bien loin de les bannir,
Je dois aider moi-même à les entretenir.

IDAMANTE.

Eh bien ! pour m'en punir, désormais moins sévère,
Regardez sans courroux la flamme de mon père :
Il vous aime, madame ; il est digne de vous.
Si j'ai fait éclater des sentimens jaloux,
Pardonnez aux transports de mon ame éperdue.
Je ne connoissois point le poison qui me tue.
Mais, quel que soit l'amour dont je brûle aujourd'hui,
Ma vertu contre vous deviendra mon appui.
Je verrai, sans regret, parer du diadême
Un front que mon amour n'en peut orner lui-même.
Remontez dès ce jour au rang de vos aïeux.
Votre vertu, madame, appaisera les dieux.
Que ne pourra sur eux une reine si belle !
Pour moi, jusqu'à la mort toujours tendre et fidelle,
J'irai, sans murmurer, loin de lui, loin de vous,
Sacrifier au roi mon bonheur le plus doux....
Mais on vient.... C'est lui-même.... Il vous
     cherche, madame.
Dieux ! quel trouble cruel s'élève dans mon ame !
Vous ne partirez point, puisqu'il veut vous revoir.
Vous régnerez. O ciel ! quel est mon désespoir !

SCÈNE III.

IDOMÉNÉE, ÉRIXÈNE,
SOPHRONYME, ISMÈNE.

ÉRIXÈNE.

VOUS triomphez, seigneur ; ma vengeance
     échouée,
Par le sort ennemie voit désavouée.
Ainsi ne forcez plus des yeux baignés de pleurs
A revoir de mes maux les barbares auteurs.
D'un sang qu'il faut venger par-tout environnée,
Et pour toute vengeance aux pleurs abandonnée,
Pour appaiser la voix de ce sang qui gémit,
Je n'entends que soupirs dont ma vertu frémit.

Hâtez, par mon départ, la fin de ma misère ;
Laissez-moi, loin de vous, aller pleurer mon père.
Permettez.....

IDOMÉNÉE.

Vous pouvez, libre dans mes états,
Au gré de vos souhaits, déterminer vos pas.
Mes ordres sont donnés ; et la mer appaisée
Offre de toutes parts une retraite aisée ;
Mes vaisseaux sont tout prêts...Si la fin de mes jours
De vos pleurs cependant peut arrêter le cours,
Madame, demeurez.... Ma tête condamnée
Du funeste bandeau va tomber couronnée.
Je vais, pour contenter vous et les immortels.....

ÉRIXÈNE.

Je vais donc, de ce pas, vous attendre aux autels.

SCÈNE IV.

IDOMÉNÉE, SOPHRONYME.

SOPHRONYME.

Quel orgueil ! Mais quel est ce dessein qui
m'étonne ?
Par vos ordres exprès quand son départ s'ordonne,
Pourquoi l'arrêtez-vous sur l'espoir d'un trépas ?....

IDOMÉNÉE.

Pourquoi le lui cacher, et ne l'en flatter pas,
Puisque je vais mourir ?

SOPHRONYME.

Vous mourir ! Dieux ! qu'entends-je ?

IDOMÉNÉE.

Pour t'étonner si fort, qu'a ce dessein d'étrange ?
Plût au sort que mes mains eussent moins différé
A rendre au ciel un sang dont il est altéré !
Pour conserver celui que sa rigueur demande,
C'est le mien aujourd'hui qu'il faut que je répande.

SOPHRONYME

Que dites-vous, seigneur ? Quel affreux désespoir !

IDOMÉNÉE.

D'un nom plus glorieux honore mon devoir.
Quand j'aurai vu mon fils, je cours y satisfaire.
Je n'attends plus de vous qu'une paix sanguinaire,
Dieux justes ! Cependant, d'un peuple infortuné,
Detournez le courroux qui m'étoit destiné ;
Cessez à mes sujets de déclarer la guerre,
Et jusqu'à mon trépas suspendez le tonnerre.
Tout mon sang va couler.

SOPHRONYME.

D'un si cruel transport
Qu'espérez-vous ?

IDOMÉNÉE.

Du moins, la douceur de la mort.
Je n'obéirai point ; le ciel impitoyable
M'offre en vain en ces lieux un spectacle effroyable.
Les mortels peuvent-ils vous offenser assez,
Pour s'attirer les maux dont vous les punissez,
Dieux puissans ? Qu'ai-je vu ? Quel funeste ravage !
J'ai cru me retrouver dans le même carnage
Où mon bras se plongeoit sur les bords phrygiens,
Pour venger Ménélas des malheureux Troyens.

Les maux des miens, hélas ! sont-ils moins mon
ouvrage ?
Une seconde Troie a signalé ma rage.
J'ai revu mes sujets, si tendres pour leur roi,
Pâles et languissans se trainer après moi.
Tu les as vus, tout prêts à perdre la lumière,
S'empresser pour revoir l'auteur de leur misère.
Non, j'ai le cœur encor tout percé de leurs cris :
J'ai cru dans chacun d'eux voir expirer mon fils.
De leur salut, enfin, cruel dépositaire,
Essayons si ma mort leur sera salutaire.
Meurs du moins, roi sans foi, pour ne plus résister
A ces dieux que ta main ne veut pas contenter.

SOPHRONYME.

Dans un si grand projet votre vertu s'égare.
A des crimes nouveaux votre cœur se prépare.
Vous mourrez moins, seigneur, pour contenter les
dieux,
Que pour vous dérober au devoir de vos vœux.
Voulez-vous, ajoutant le mépris à l'offense,
Porter jusqu'aux autels la désobéissance ?
Vous vous offrez en vain pour fléchir sa rigueur ;
Le ciel veut moins de nous l'offrande que le cœur.
Qu'espérez-vous, seigneur ? Que prétendez-vous faire ?
Aux dieux, à vous, à nous, de plus en plus contraire,
Voulez-vous, n'écoutant qu'un transport furieux,
Faire couler sans fruit un sang si précieux ?
Eh ! qui de nous, hélas ! témoin du sacrifice,
Voudra de votre mort rendre sa main complice ?
Qui, prêt à se baigner dans le sang de son roi,
Voudroit charger sa main de cet horrible emploi ?
Qui de nous, contre lui, n'armeroit pas la sienne ?

IDOMÉNÉE.

Je le sais, et n'attends ce coup que de la mienne.

SOPHRONYME.

Eh bien ! avant ce coup, de cette même main,
Plongez-moi donc, seigneur, un poignard dans le sein,
Dût retomber sur moi le transport qui vous guide,
Je ne souffrirai point cet affreux parricide.
Nulle crainte, en ce jour, ne sauroit m'émouvoir,
Lorsqu'il faut vous sauver de votre désespoir.
Je ne vous connois plus ; le grand Idoménée
Laisse à tous ses transports son ame abandonnée.
Ce héros, rebuté d'avoir tant combattu,
A donc mis, de lui-même, un terme à sa vertu.
Jetez sur vos sujets un regard moins sévère :
Ils vous ont appelé du sacré nom de père.
De cet auguste nom dédaignant tous les nœuds,
Avez-vous condamné vos sujets malheureux ?
Abandonnerez-vous ce peuple déplorable,
Que votre mort va rendre encor plus misérable ?
Que lui destinez-vous par ce cruel trépas,
Qu'un coup de désespoir qui ne le sauve pas ?

IDOMÉNÉE.

Tu juges mal des dieux : leur courroux équitable
S'appaisera bientôt par la mort du coupable.
Je vais enfin, pour prix de ce qu'ils ont sauvé,
Rendre à ces mêmes dieux ce qu'ils ont conservé.
Mon cœur, purifié par le feu des victimes,
Mettra fin à vos maux, mettant fin à mes crimes.

Je sens même déjà dans ce cœur s'allumer
L'ardeur du feu sacré qui le doit consumer.
Chaque pas, chaque instant qui retarde mon zèle,
Plonge de mes sujets dans la nuit éternelle.
Ne m'oppose donc plus d'inutiles discours ;
Facilite plutôt le trépas où je cours.
Veux-tu, par les efforts que ton amitié tente,
Conduire le couteau dans le sein d'Idamante ?
Si je pouvois, hélas ! l'immoler en ce jour,
Je croirois l'immoler moins aux dieux qu'à l'amour.
Qu'il règne ; que sa tête, aujourd'hui couronnée,
Redonne à Sophronyme un autre Idomenée :
Que mon fils, à son tour, assuré sur ta foi,
Retrouve dans tes soins tout ce qu'il perd en moi :
Que par toi tous ses pas, tournés vers la sagesse,
D'un torrent de flatteurs écartent sa jeunesse.
Accoutume son cœur à suivre l'équité ;
Conserve-lui, sur-tout, cette sincérité
Rare dans tes pareils, aux rois si nécessaire ;
Sois enfin à ce fils ce que tu fus au père.
Surmonte ta douleur en ce dernier moment,
Et reçois mes adieux dans cet embrassement.

S O P H R O N Y M E *à genoux.*

Non, vous ne mourrez point ; votre cœur inflexible
Nourrit en vain l'espoir d'un projet si terrible.
Immolez-moi, seigneur, ou craignez.....

I D O M É N É E.
Lève-toi.
Quoique prêt à mourir, je suis toujours ton roi.
Je veux être obéi ; cesse de me contraindre.
Parmitant de malheurs, est-ce moi qu'il faut plaindre ?
Vois quels sont les tourmens qui déchirent mon cœur ;
Et, par pitié du moins, laisse-moi ma fureur.

S C È N E V.

I D A M A N T E, I D O M É N É E,
S O P H R O N Y M E.

I D O M É N É E.

Je vois mon fils. Sur-tout que ta bouche fidelle
De mes tristes projets lui cache la nouvelle :
Je n'en mourrois pas moins ; et tes soins dangereux
Rendroient, sans me sauver, mon destin plus affreux.
Idamante, approchez : votre roi vous fait grace.
Venez, mon fils, venez, qu'un père vous embrasse.
Ne craignez plus mes feux : par un juste retour,
Je vous rends tout ce cœur que partageoit l'amour.
Oui, de ce même cœur qui s'en laissa surprendre,
Ce qu'il vous en ravit, je vous le rends plus tendre.
Oublions mes transports : mon fils, embrassez-moi.

I D A M A N T E.

Par quel heureux destin retrouvé-je mon roi ?
Quel dieu, dans votre sein étouffant la colère,
Me rouvre encor les bras d'un si généreux père ?
Que cet embrassement pour un fils a d'appas !
Je le desirois trop, pour ne l'obtenir pas.
Idamante accablé des rigueurs d'Erixène,
N'en a point fait, seigneur, sa plus cruelle peine.

Hélas ! quel bruit affreux a passé jusqu'à moi !
Vous m'en voyez tremblant et d'horreur et d'effroi.

I D O M É N É E.

Prince, de votre cœur que l'effroi se dissipe :
Ce n'est qu'un bruit semé par le traître Egésippe.
Quoi qu'il en soit, je vais, pour m'en éclaircir mieux,
Au pied de leurs autels interroger les dieux.
Heureux si, pour savoir leur volonté suprême,
Je les eusse plutôt consultés par moi-même !

I D A M A N T E.

Permettez-moi, seigneur, d'accompagner vos pas.

I D O M É N É E.

Non, mon fils ; où je vais, vous, ne me suivrez pas.
D'un mystère où des miens l'unique espoir se fonde,
Je veux seul aujourd'hui percer la nuit profonde.
Vous apprendrez bientôt quel sang a dû couler :
Jusques-là votre cœur ne doit point se troubler.
Rejetez loin de vous une frayeur trop vaine.
J'appaiserai les dieux.... Fléchissez Erixène...
Adieu....

I D A M A N T E.

Permettez-moi....

I D O M É N É E.

Mon fils... Je vous l'ai dit....
Je vais seul aux autels, et ce mot vous suffit.

S C È N E V I.

I D A M A N T E, S O P H R O N Y M E.

I D A M A N T E.

Enfin à mes désirs on ne met plus d'obstacle.
Mais que vois-je ? grands dieux ! quel funeste spectacle !
Qui fait couler ces pleurs qui me glacent d'effroi ?
Sophronyme, parlez....

S O P H R O N Y M E.

Qu'exigez-vous de moi ?
O déplorable sang ! famille infortunée !
Fils trop digne des pleurs du grand Idoménée !

I D A M A N T E.

A mon cœur éperdu quel soupçon vient s'offrir !
Parlez : où va le roi ?

S O P H R O N Y M E.
Seigneur, il va mourir.
I D A M A N T E.
Ah ciel !
S O P H R O N Y M E

A sa fureur mettez un prompt obstacle :
Eh ! ce n'est pas son sang que demande l'oracle.

I D A M A N T E.

Quoi ! ce n'est pas son sang ? Qu'entends-je ? Quelle
horreur !
C'est donc le mien ?

S O P H R O N Y M E.

Hélas ! j'en ai trop dit, seigneur.

Fin du quatrième acte.

ACTE CINQUIÈME.

SCÈNE I.

IDAMANTE, POLYCLÈTE.

IDAMANTE.

Qu'ai-je entendu ? Grands dieux ! quel horrible mystère
M'avoit long-tems voilé l'amitié de mon père !
A la fin, sans nuage, il éclate à mes yeux,
Ce sacrilège vœu, ce mystère odieux.
Vous, peuples, qui craignez d'immoler la victime
Dont le sang doit fléchir le ciel qui vous opprime,
Peuples, cessez de plaindre un choix si glorieux ;
Il est beau de mourir pour appaiser les dieux.
    (à Polyclète.)
Sèche ces pleurs honteux où ta douleur te livre.
Que servent tes regrets ? Que te sert de me suivre ?
Dissipe tes soupçons, ne crains rien, laisse-moi,
Je te l'ordonne enfin, va retrouver le roi.
Hélas ! quoique sa main, par mes soins désarmée,
Ne laisse aucune crainte à mon ame alarmée,
Quoique par-tout sa garde accompagne ses pas,
Cependant, s'il se peut, ne l'abandonne pas.
Je voudrois avec toi le rejoindre moi-même ;
Mais je crains les transports de sa douleur extrême.
Je me sens pénétrer de ses tendres regrets,
Et ne puis, sans mourir, voir ces tristes objets.

SCÈNE II.

IDAMANTE seul.

Enfin, loin des témoins dont l'aspect m'importune,
Je puis en liberté plaindre mon infortune ;
Et mon cœur déchiré des plus cruels tourmens,
Peut donc jouir en paix de ses derniers momens.
Ciel ! quel est mon malheur ! quelle rigueur extrême !
Quel sort, pour ennemis, m'offre tout ce que j'aime !
Je trouve en même jour, conjurés contre moi,
Les implacables dieux, ma princesse et mon roi.
Pardonnez, dieux puissans, si je vous fais attendre !
Je le retiendrai peu ce sang qu'on va répandre :
Mon cœur de son destin n'est que trop éclairci.
Est-ce pour mes forfaits que vous tonnez ainsi,
Dieux cruels ? Que dis-tu, misérable victime ?
Né d'un sang criminel, te manque-t-il un crime ?
Qu'avoient fait plus que toi ces peuples malheureux
Que le ciel a couverts des maux les plus affreux ?
Va, termine aux autels une innocente vie,
Sans accuser les dieux de te l'avoir ravie ;
Et songe, en te flattant de leur choix rigoureux,
Que le sang le plus pur est le plus digne d'eux.
Pourrois-tu regretter, objet de tant de haine,
Quelques jours échappés aux rigueurs d'Erixène ?
A qui peut éprouver un sort comme le mien,
La mort est-elle un mal, la vie est-elle un bien ?

Hélas ! si je me plains, et si mon cœur murmure,
Mes plaintes ne sont point l'effet de la nature.
Je crains bien moins le coup qui m'ôtera le jour,
Que le coup qui me doit priver de mon amour.
Allons, c'est trop tarder... D'où vient que je frissonne ?
Est-ce qu'en ce moment ma vertu m'abandonne ?
Hélas ! il en est tems, courons où je le doi ;
Je n'attends que la mort, et l'on n'attend que moi.
Assez sur ses projets mon ame combattue,
A cédé....

SCÈNE III.

ÉRIXÈNE, IDAMANTE, ISMÈNE.

IDAMANTE.

Quel objet vient s'offrir à ma vue !
Ah ! fuyons.... mon devoir parleroit vainement,
Si je pouvois encor....

ÉRIXÈNE.

    Arrêtez un moment.
Vous me voyez, seigneur, inquiète, éperdue ;
De mortelles frayeurs je me sens l'ame émue.
De mon devoir toujours prête à subir la loi,
Je courois aux autels, peut-être malgré moi.
J'allois voir immoler, dans ma juste colère,
Le sang d'Idoménée aux mânes de mon père.
Qu'ai-je fait ? et de quoi se flattoit mon courroux !
On dit que les effets n'en tombent que sur vous.
De grace, éclaircissez mon trouble et mes alarmes.
D'un peuple qui gémit et les cris et les larmes,
Des pleurs qu'en ce moment je ne puis retenir,
Tout dans ce trouble affreux sert à m'entretenir.

IDAMANTE.

Il est vrai que le ciel, juste, quoique sévère,
Semble enfin respecter la tête de mon père.
Sous le couteau mortel la mienne va tomber,
Et sous l'arrêt fatal je dois seul succomber,
Madame ; trop heureux, si la mort, que j'implore,
Appaise le courroux de tout ce que j'adore !
Si je puis désarmer le ciel et vos beaux yeux,
Je vais ; par un seul coup, contenter tous mes dieux.

ÉRIXÈNE.

Seigneur, il est donc vrai qu'une promesse affreuse
Vous livre aux dieux vengeurs ? Qu'ai-je fait, mal-
    heureuse !
J'ai révélé l'oracle ; et ma funeste erreur
A d'un arrêt barbare appuyé la fureur.
Mais pouvois-je des dieux pénétrer le mystère,
Et croire vos vertus l'objet de leur colère,
Me défier, enfin, qu'avec eux de concert,
J'eusse pu me prêter à la main qui vous perd ?
Non, seigneur, non, jamais votre fière ennemie
N'auroit voulu poursuivre une si belle vie.
Moi la poursuivre ! hélas ! les dieux me sont témoins
Que mon cœur malheureux ne haït jamais moins.

IDAMANTE.

Quel bonheur est le mien ! près de perdre la vie,
Qu'il m'est doux de trouver Erixène attendrie !

ÉRIXÈNE.

ÉRIXÈNE.

Oui, malgré mon devoir, je ressens vos malheurs ;
Et ne puis les causer, sans y donner des pleurs.
Je ne puis, sans frémir, voir le coup qui s'apprête.
Je ne le verrai point tomber sur votre tête.
Je vais quitter des lieux si terribles pour moi ;
Mais je n'y crains pour vous, ni les dieux, ni le roi.
Non, je ne puis penser qu'avec tant d'innocence
On ne puisse du ciel suspendre la vengeance.

IDAMANTE.

Ah! plutôt, s'il se peut, demeurez en ces lieux
Où je vais appaiser la colère des dieux.
Madame, s'il est vrai qu'Erixène sensible
Ait laissé désarmer son courroux inflexible,
Au nom d'un tendre amour, conservez pour le roi
Cette même pitié que vous marquez pour moi.
Le coup cruel qui va trancher ma destinée,
Tombera moins sur moi que sur Idoménée :
Il n'a que trop souffert d'un devoir rigoureux.
N'accablez plus, madame, un roi si malheureux....
Laissez-vous attendrir à ma juste prière.
J'ose enfin implorer vos bontés pour mon père.

ÉRIXÈNE.

Ciel! qu'est-ce que j'entends ? Et que me dites-vous ?
Je sens, à ce nom seul, rallumer mon courroux.
Lui, votre père ? O ciel ! après son vœu funeste,
Gardez de proposer des nœuds que je déteste.
Que jusques-là mon cœur portât l'égarement !
Qui ? lui !... le meurtrier d'un père, d'un amant !
Ma haine contre lui sera toujours la même.
Je l'abhorre... ou plutôt je sens que je vous aime....
Où s'égare mon cœur ?.. De ce que je me dois,
Quel oubli ! Mes remords ont étouffé ma voix...
Quand je crois rejeter des nœuds illégitimes,
Mon cœur, au même instant, respire d'autres crimes.
Qu'ai-je dit ? Quel secret osé-je révéler ?
Me reste-il encor la force de parler ?
Ah, seigneur ! puisqu'enfin je n'ai pu m'en défendre,
A d'éternels adieux vous devez vous attendre.

IDAMANTE.

Que dites-vous ? ô ciel ! Ainsi donc votre cœur
Garde, même en aimant, sa première rigueur ?
Calmez de ce transport l'injuste violence.
Votre amour est-il donc un reste de vengeance ?
Faut-il en voir, hélas ! tous mes maux redoubler ?
Ne le déclarez-vous que pour m'en accabler ?
Ah, cruelle ! du moins au moment qu'il éclate,
Cessez de m'envier le bonheur qui me flatte.

ÉRIXÈNE.

Si ce foible bonheur vous flatte, il vous séduit.
Seigneur, de cet aveu ma mort sera le fruit.
Si je cède au transport où mon amour me livre,
A ma gloire, du moins, je ne sais point survivre.
Mon malheureux amour passe tous mes forfaits ;
Je ne survivrai pas à l'aveu que j'en fais.
Faut-il jusqu'à ce point que ma gloire s'oublie ?
Ah, seigneur ! cet aveu me coûtera la vie.
Que le destin épargne ou termine vos jours,
Oui, cet aveu des miens doit terminer le cours ;
Et, quel que soit le sort que vous deviez attendre,
Je ne vous verrai plus, je n'en veux rien apprendre.

Adieu, seigneur, adieu : qu'à jamais votre cœur
Garde le souvenir d'une si tendre ardeur.
Pour moi, dès ce moment, je vais fuir de la Crète.
Heureuse si ma mort prévenoit ma retraite !

IDAMANTE.

Eh quoi ! vous me fuyez ! Ah ! du moins, dans ces
  lieux,
Laissez-moi la douceur d'expirer à vos yeux.
Ne les détournez point dans ce moment funeste.
Laissez-moi voir encor le seul bien qui me reste.
Demeurez.... ou ma mort....

ÉRIXÈNE.

                    Ah ! de grace, seigneur,
Par ce cruel discours n'accablez pas mon cœur.
Mon devoir, malgré moi, vous défend de me suivre ;
Mais l'amour, malgré lui, vous ordonne de vivre.

SCÈNE IV.

IDAMANTE seul.

Vous l'ordonnez en vain, je remplirai mon sort ;
Et votre seul départ suffisoit pour ma mort.
Rien ne s'oppose plus au devoir qui m'entraine :
Jusques-là, dieux puissans, suspendez votre haine.
Mais, qu'est-ce que j'entends ?..Je tremble, je frémis.

SCÈNE DERNIÈRE.

IDOMÉNÉE, IDAMANTE, SOPHRONYME, POLYCLÈTE, GARDES.

IDOMÉNÉE.

Vous m'arrêtez en vain, je veux revoir mon fils.
Portez ailleurs les soins d'une amitié cruelle ;
Respectez les transports de ma douleur mortelle.
Enfin je le revois.... Je ne vous quitte pas.
Les dieux auront en vain juré votre trépas ;
Ils ordonnent en vain cet affreux sacrifice ;
Ma main de leur fureur ne sera point complice.

IDAMANTE.

Ah, seigneur ! c'en est trop : n'irritez plus les dieux ;
N'attirez plus enfin la foudre dans ces lieux ;
Venez, sans murmurer, sacrifier ma vie.
Vous ignorez les maux dont elle est poursuivie.
Ah ! si je vous suis cher, d'une tendre amitié
Je n'implore, seigneur, qu'un reste de pitié.
Terminez les malheurs d'un fils qui vous en presse ;
Accomplissez enfin une auguste promesse.
De vos retardemens voyez quel est le fruit :
D'ailleurs, de votre vœu tout le peuple est instruit.
Chaque instant de ma vie est au ciel un outrage ;
Acquittez-en ce vœu, puisqu'elle en fut le gage.

IDOMÉNÉE.

Inexorables dieux, par combien de détours
Avez-vous de mes soins su traverser le cours !
Que de votre courroux la fatale puissance
A bien su se jouer de ma vaine prudence !

C

Barbares, quand je meurs, qu'exigez-vous de moi?
N'étoit-ce pas assez pour victime qu'un roi?
Par un sang que versoit un repentir sincère,
Je courois aux autels prêt à vous satisfaire.
Hélas! quand j'ai cru voir la fin de mes malheurs,
Vous avez craint de voir la fin de vos fureurs.
Il eût fallu vous rendre au sang de la victime.
Gardez donc vos fureurs, et je reprends mon crime.
Je désavoue enfin d'inutiles remords.

IDAMANTE.
Désavouez plutôt ces horribles transports;
Voyez-en jusqu'ici l'audace infructueuse,
Et revenez aux soins d'une ame vertueuse.
De ces dieux, dont en vain vous bravez le cour-
　　roux,
Examinez, seigneur, sur qui tombent les coups.
Faut-il, pour attendrir votre ame impitoyable,
Ramener sous vos yeux ce spectacle effroyable?
Tout périt; ce n'est plus qu'aux seuls gémissemens
Qu'on peut ici des morts distinguer les vivans.
Dans la nuit du tombeau vos sujets vont descendre;
Un seul soupir encor semble les en défendre,
Seigneur; et ces sujets, prêts à s'immoler tons,
Offrent aux dieux vengeurs ce seul soupir pour vous.
D'un peuple, pour son roi, si tendre, si fidelle,
Du sang de votre fils récompensez le zèle.
Ces peuples, que le ciel soumit à votre loi,
Ne sont-ils pas, seigneur, vos enfans avant moi?
Terminez, par ma mort, l'excès de leur misère.
Dans ces tristes momens soyez plus roi que père.
Songez que le devoir de votre auguste rang
Ne permet pas toujours les tendresses du sang.
Versez enfin le mien, puisqu'il faut le répandre.
Par d'éternels forfaits voulez-vous le défendre?

IDOMÉNÉE.
Dût le ciel irrité nous rouvrir les enfers,
Dût la foudre à mes yeux embrâser l'univers,
Dût tout ce qui respire, étouffé dans la flamme,
Servir de monument aux transports de mon ame,
Dussé-je enfin, de tout destructeur furieux,
Voir ma rage égaler l'injustice des dieux,
Je n'immolérai point une tête innocente.

IDAMANTE.
Ah! c'est donc trop long-tems épargner Idamante.
Après ce que je sais, après ce que je vois,
Qui fut jamais, seigneur, plus criminel que moi?
Chaque moment qui suit votre vœu redoutable,
Rejette mille horreurs sur ma tête coupable.
Complice du refus que l'on en fait aux dieux,
Tout mon sang désormais me devient odieux.
Disputez-vous au ciel le droit de le reprendre?
M'enviez-vous, seigneur, l'honneur de vous le
　　rendre?
Ah! d'un vœu qui vous rend aux vœux de votre fils,
Trop heureux que ce sang puisse faire le prix!
Sans ce vœu, triste objet de ma douleur profonde,
Je ne vous revoyois que le jouet de l'onde.
Le ciel, plus doux, enfin vous rend à mes souhaits:
Puis-je assez lui payer le plus grand des bienfaits?

Venez-en aux autels consacrer les prémices:
Signalons de grands cœurs par de grands sacrifices;
Et montrez-vous au dieux plus grand que leur
　　courroux,
Par un présent, seigneur, digne d'eux et de vous.
IDOMÉNÉE.
Pour ne t'immoler pas quand je me sacrifie,
Oses-tu me prier d'attenter à ta vie?
Fils ingrat, fils cruel, à périr obstiné,
Viens toi-même immoler ton père infortuné.
N'attends pas que, touché d'une indigne prière,
J'arme contre tes jours une main meurtrière.
Je saurai, malgré toi, t'en sauver désormais;
Et de ces tristes lieux je vais fuir pour jamais.
IDAMANTE.
Que dites-vous, seigneur? et quel dessein barbare...
IDOMÉNÉE.
N'accusez que vous seul du coup qui nous sépare.
Mes peuples, par vous-même instruits de votre sort
Ne laissent à mon choix que la fuite ou la mort.
IDAMANTE.
Si l'intérêt d'un fils peut vous toucher encore,
Accordez à mes pleurs la grace que j'implore.
IDOMÉNÉE.
Vous tentez sur mon cœur des efforts superflus.
Adieu, mon fils... mes yeux ne vous reverront plus.
IDAMANTE à genoux.
Ah, seigneur! permettez qu'à vos désirs contraire,
J'ose encore opposer les efforts....
　　IDOMÉNÉE. Téméraire,
Arrêtez, ou craignez que mon juste courroux...
IDAMANTE.
Puisque par ma douleur je ne puis rien sur vous,
Soyez donc le témoin du transport qui m'anime.
(Il se tue.)
Dieux, recevez mon sang; voilà votre victime...
IDOMÉNÉE.
Inhumain! juste ciel!... Ah, père malheureux!
Qu'ai-je vu?
　　IDPMANTE.
　　C'est le sang d'un prince généreux.
Le ciel, pour s'appaiser, n'en demandoit point d'autre.
IDOMÉNÉE.
Qu'avez-vous fait, mon fils?
　　IDAMANTE.
　　Mon devoir et le vôtre.
Telle en étoit, seigneur, l'irrévocable loi;
Il falloit le remplir ou par vous, ou par moi.
Les dieux vouloient mon sang; ma main obéissante
N'a pas dû plus long-temps épargner Idamante.
De son sang répandu voyez quel est le fruit;
Le ciel est appaisé, l'astre du jour vous luit:
Trop heureux de pouvoir, dans mon malheur extrême,
Goûter, avant ma mort, les fruits de ma mort même.
IDOMÉNÉE.
Hélas! du coup affreux qui termine ton sort,
N'attends point d'autre fruit que celui de ma mort.
Dieux cruels! falloit-il qu'une injuste vengeance,
Pour me punir d'un crime, opprimât l'innocence?

FIN.

ATRÉE ET THYESTE.

TRAGÉDIE.

PERSONNAGES.

ATRÉE, roi d'Argos.

THYESTE, roi de Mycènes, frère d'Atrée.

PLISTHÈNE, fils d'Ærope et de Thyeste, cru fils d'Atrée.

THÉODAMIE, fille de Thyeste.

EURYSTHÈNE, confident d'Atrée.

ALCYMÉDON, officier de la flotte.

THESSANDRE, confident de Plisthène.

LÉONIDE, confidente de Théodamie.

SUITE D'ATRÉE.

GARDES.

La scène est à Chalcys, capitale de l'isle d'Eubée, dans le palais d'Atrée.

ACTE PREMIER.

SCÈNE I.

ATRÉE, EURISTHÈNE, ALCIMÉDON, GARDES.

ATRÉE.

Avec l'éclat du jour, je vois enfin renaître
L'espoir et la douceur de me venger d'un traitre.
Les vents, qu'un dieu contraire enchaînoit loin de
    nous,
Semblent, avec les flots, exciter mon courroux.
Le calme, si long-tems fatal à ma vengeance,
Avec mes ennemis n'est plus d'intelligence.
Le soldat ne craint plus qu'un indigne repos
Avilisse l'honneur de ses derniers travaux.
Allez, Alcymédon, que la flotte d'Atrée
Se prépare à voguer loin de l'isle d'Eubée.
Puisque les dieux jaloux ne l'y retiennent plus,
Portez à tous ses chefs mes ordres absolus.
Que tout soit prêt.

SCÈNE II.

ATRÉE, EURISTHÈNE, GARDES.

ATRÉE *à ses Gardes.*

Et vous, que l'on cherche Plisthène:
Je l'attends en ces lieux. Toi, demeure, Euristhène.

SCÈNE III.

ATRÉE, EURISTHÈNE.

ATRÉE.

Enfin, ce jour heureux, ce jour tant souhaité
Ranime dans mon cœur l'espoir et la fierté.
Athènes, trop long-tems l'asile de Thyeste,
Eprouvera bientôt le sort le plus funeste.
Mon fils, prêt à servir un si juste transport,
Va porter dans ses murs et la flamme et la mort.

EURISTHÈNE.

Ainsi, loin d'épargner l'infortuné Thyeste,
Vous détruisez encor l'asyle qui lui reste.
Ah! seigneur, si le sang qui vous unit tous deux,
N'est plus qu'un titre vain pour ce roi malheureux,
Songez que rien ne peut mieux remplir votre envie,
Que le barbare soin de prolonger sa vie.
Accablé des malheurs qu'il éprouve aujourd'hui,
Le laisser vivre encor, c'est se venger de lui.

ATRÉE.

Que je l'épargne, moi! Lassé de le poursuivre,
Pour me venger de lui, que je le laisse vivre!
Ah! quels que soient les maux que Thyeste ait souf-
    ferts,
Il n'aura contre moi d'asile qu'aux enfers.
Mon implacable cœur l'y poursuivroit encore,
S'il pouvoit s'y venger d'un traitre que j'abhorre.
Après l'indigne affront que m'a fait son amour,
Je serai sans honneur tant qu'il verra le jour.
Un ennemi qui peut pardonner une offense,
Ou manque de courage, ou manque de puissance.
Rien ne peut arrêter mes transports furieux.
Je voudrois me venger, fût-ce même des dieux.
Du plus puissant de tous j'ai reçu la naissance;
Je le sens au plaisir que me fait la vengeance:
Enfin mon cœur se plait dans cette inimitié;
Et, s'il a des vertus, ce n'est pas la pitié.
Ne m'oppose donc plus un sang que je déteste;
Ma raison m'abandonne au seul nom de Thyeste.
Instruit, par ses fureurs, à ne rien ménager,
Dans les flots de son sang je voudrois le plonger.
Qu'il n'accuse que lui du malheur qui l'accable;
Le sang qui nous unit me rend-il seul coupable?
D'un criminel amour le perfide enivré
A-t-il eu quelqu'égard pour un nœud si sacré?

"

Mon cœur, qui sans pitié lui déclare la guerre,
Ne cherche à le punir qu'au défaut du tonnerre.
EURISTHÈNE.
Depuis vingt ans entiers ce courroux affoibli
Sembloit pourtant laisser Thyeste dans l'oubli.
ATRÉE.
Dis plutôt qu'à punir mon ame ingénieuse
Méditoit dès ce temps une vengeance affreuse:
Je n'épargnois l'ingrat que pour mieux l'accabler:
C'est un projet enfin à te faire trembler.
Instruit des noirs transports où mon ame est livrée,
Lis mieux dans le secret et dans le cœur d'Atrée.
Je ne veux découvrir l'un et l'autre qu'à toi;
Et je te les cachois, sans soupçonner ta foi.
Écoute. Il te souvient de ce triste hyménée
Qui d'Ærope à mon sort unit la destinée.
Cet hymen me mettoit au comble de mes vœux;
Mais à peine aux autels j'en eus formé les nœuds,
Qu'à ces mêmes autels, et par la main d'un frère,
Je me vis enlever une épouse si chère.
Tes yeux furent témoins des transports de mon cœur:
A peine mon amour égaloit ma fureur;
Jamais amant trahi ne l'a plus signalée.
Mycènes (tu le sais) sans pitié désolée,
Par le fer et le feu vit déchirer son sein.
Mon amour outragé me rendit inhumain.
Enfin, par ma valeur Ærope recouvrée,
Après un an, revint entre les mains d'Atrée.
Quoique déja l'hymen, ou plutôt le dépit,
Eussent depuis ce temps mis une autre en mon lit;
Malgré tous les appas d'une épouse nouvelle,
Ærope à mes regards n'en parut que plus belle.
Mais en vain mon amour brûloit de nouveaux feux,
Elle avoit à Thyeste engagé tous ses vœux;
Et liée à l'ingrat d'une secrette chaîne,
Ærope (le dirai-je) en eut pour fruit Plisthène.
EURISTHÈNE.
Dieux! qu'est-ce que j'entends? Quoi! Plisthène,
seigneur,
Reconnu dans Argos pour votre successeur,
Pour votre fils, enfin?
ATRÉE.
C'est lui-même, Euristhène.
C'est ce même guerrier, c'est ce même Plisthène,
Que ma cour aujourd'hui croit encor, sous ce nom,
Frère de Ménélas, frère d'Agamemnon.
Tu sais, pour me venger de sa perfide mère,
A quel excès fatal me porta ma colère.
Heureux, si le poison qui servit ma fureur,
De mon indigne amour eût étouffe l'ardeur!
Celui de l'infidelle éclatoit pour Thyeste,
Au milieu des horreurs du sort le plus funeste.
Je ne puis, sans frémir, y penser aujourd'hui;
Ærope, en expirant, brûloit encor pour lui.
Voilà ce qu'en un mot surprit ma vigilance,
A ceux qui de l'ingrate avoient la confidence.
(*Il lui montre en ce moment une lettre d'Ærope.*)
LETTRE D'ÆROPE.
« D'Atrée en ce moment j'éprouve le courroux,
» Cher Thyeste, et je meurs san regretter la vie.
» Puisque je ne l'aimois que pour vivre avec vous,

» Je ne murmure point qu'elle me soit ravie.
» Plisthène fut le fruit de nos tristes amours:
» S'il passe jusqu'à vous, prenez soin de ses jours;
» Qu'il fasse quelquefois ressouvenir son père
» Du malheureux amour qu'avoit pour lui sa mère ».
Juge de quels succès ses soins furent suivis;
Je retins à-la-fois son billet et son fils:
Je voulus étouffer ce monstre en sa naissance;
Mais mon cœur plus prudent l'adopta par vengeance.
Et, méditant dès-lors le plus affreux projet,
Je le fis au palais apporter en secret.
Un fils venoit de naître à la nouvelle reine;
Pour remplir mes projets, je le nommai Plisthène,
Et mis le fils d'Ærope au berceau de ce fils,
Dont depuis m'ont privé les destins ennemis.
C'est sous un nom si cher qu'Argos l'a vu paroître.
Je fis périr tous ceux qui pouvoient le connoître;
Et laissant ce secret entre les dieux et moi,
Je ne l'ai jusqu'ici confié qu'à ta foi.
Après ce que tu sais, sans que je te l'apprenne,
Tu vois à quel dessein j'ai conservé Plisthène;
Et, puisque la pitié n'a point sauvé ses jours,
A quel usage enfin j'en destine le cours.
EURISTHÈNE.
Quoi, seigneur! sans frémir du transport qui vous
guide,
Vous pourriez réserver Plisthène au parricide?
ATRÉE.
Oui, je veux que ce fruit d'un amour odieux
Signale quelque jour ma fureur en ces lieux;
Sous le nom de mon fils, utile à ma colère,
Qu'il porte le poignard dans le sein de son père;
Que Thyeste, en mourant, de son malheur
instruit,
De ses lâches amours reconnoisse le fruit.
Oui, je veux que, baigné dans le sang de ce traître,
Plisthène verse un jour le sang qui l'a fait naître;
Et que le sien après, par mes mains répandu,
Dans sa source à l'instant se trouve confondu.
Contre Thyeste enfin tout paroît légitime;
Je n'arme contre lui que le fruit de son crime:
Son forfait mit au jour ce prince malheureux;
Il faut, par un forfait, les en priver tous deux.
Thyeste est sans soupçons, et son ame abusée
Ne me croit occupe que de l'isle d'Eubée:
Je ne suis en effet descendu dans ces lieux,
Que pour mieux dérober mon secret à ses yeux.
Athènes, disposée à servir ma vengeance,
Avec moi dès long-tems agit d'intelligence;
Et son roi, craignant tont de ma juste fureur,
De son nom seulement cherche à couvrir l'honneur.
Du jour que mes vaisseaux menaceront Athènes,
De ce jour tu verras Thyeste dans mes chaînes.
Ma flotte me répond de ce qu'on m'a promis;
Je répondrai bientôt et du père et du fils.
EURISTHÈNE.
Eh bien! sur votre frère épuisez votre haine;
Mais du moins épargnez les vertus de Plisthène.
ATRÉE.
Plisthène, né d'un sang au crime accoutumé,
Ne démentira point le sang qui l'a formé;

Et comme il a déjà tous les traits de sa mère,
Il auroit quelque jour les vices de son père.
Quel peut être le fruit d'un couple incestueux?
Moi-même j'avois cru Thyeste vertueux;
Il m'a trompé; son fils me tromperoit de même:
D'ailleurs, il lui faudroit laisser mon diadême.
Le titre de mon fils l'assure de ce rang;
En faudra-t-il, pour lui, priver mon propre sang?
Que dis-je? pour venger l'affront le plus funeste,
En dépouiller mes fils pour le fils de Thyeste?
C'est ma seule fureur qui prolonge ses jours;
Il est temps désormais qu'elle en tranche le cours.
Je veux, par les forfaits où ma haine me livre,
Me payer des momens que je l'ai laissé vivre.
Que l'on approuve, ou non, un dessein si fatal,
Il m'est doux de verser tout le sang d'un rival.

SCÈNE IV.

ATRÉE, PLISTHÈNE, EURISTHÈNE, THESSANDRE, GARDES.

ATRÉE, *bas à Euristhène.*

Mais Plisthène paroit. Songe que ma vengeance
Renferme des secrets consacrés au silence.
(*à Plisthène.*)
Prince, cet heureux jour, mais si lent à mon gré,
Presse enfin un départ trop long-tems différé.
Tout semble en ce moment proscrire un infidelle;
La mer mugit au loin, et le vent vous appelle.
Le soldat, dont ce bruit a réveillé l'ardeur,
Au seul nom de son chef se croit déjà vainqueur.
Il n'en attend pas moins de sa valeur suprème,
Que ce qu'en vit Elis, Rhodes, cette isle même;
Et moi, que ce héros ne sert point à demi,
J'en attends encor plus que n'en craint l'ennemi.
Je connois de ce chef la valeur et le zèle;
Je sais que je n'ai point de sujet plus fidelle.
Aujourd'hui cependant souffrez, sans murmurer,
Que votre père encor cherche à s'en assurer.
L'affront est grand, l'ardeur de s'en venger extrème;
Jurez-moi donc, mon fils, par les dieux, par moi-même,
(Si le destin pour nous se déclare jamais)
Que vous me vengerez au gré de mes souhaits.
Oui, je puis m'en flatter, je connois trop Plisthène;
Plus ardent que moi même, il servira ma haine;
A peine mon courroux égale son grand cœur.
Il vengera son père.

PLISTHÈNE.

En doutez-vous, seigneur?
Eh! depuis quand ma foi vous est-elle suspecte?
Avez-vous des desseins que mon cœur ne respecte?
Ah! si vous en doutiez, de mon sang le plus pur....

ATRÉE.

Mon fils, sans en douter, je veux en être sûr.
Jurez-moi qu'à mes lois votre main asservie
Vengera mes affronts au gré de mon envie.

PLISTHÈNE.

Seigneur, je n'ai point cru que, pour servir mon
roi,
Il fallût exciter ni ma main, ni ma foi.

Faut-il par des sermens que mon cœur vous rassure?
Le soupçonner, seigneur, c'est lui faire une injure.
Vous me verrez toujours contre vos ennemis
Remplir tous les devoirs de sujet et de fils.
Oui, j'atteste des dieux la majesté sacrée
Que je serai soumis aux volontés d'Atrée;
Que, par moi seul enfin, son courroux assouvi
Fera voir à quel point je lui suis asservi.

ATRÉE.

Ainsi, prêt à punir l'ennemi qui m'offense,
Je puis tout espérer de votre obéissance;
Et le lâche, à mes yeux par vos mains égorgé,
Ne triomphera plus de m'avoir outragé.
Allez, que votre bras, à l'Attique funeste,
S'apprête à m'immoler le perfide Thyeste.

PLISTHÈNE.

Moi, seigneur?

ATRÉE.

Oui, mon fils. D'où naît ce changement?
Quel repentir succède à votre empressement?
Quelle étoit donc l'ardeur que vous faisiez paroître?
Tremblez-vous, lorsqu'il faut me délivrer d'un
traître?

PLISTHÈNE.

Non. Mais daignez m'armer pour un emploi plus
beau:
Je serai son vainqueur, et non pas son bourreau.
Songez-vous bien quel nœud vous unit l'un et l'autre?
En répandant son sang, je répandrois le vôtre.
Ah, seigneur! est-ce ainsi que l'on surprend ma foi?

ATRÉE.

Les dieux m'en sont garans; c'en est assez pour moi.

PLISTHÈNE.

Juste ciel!

ATRÉE.

J'entrevois dans votre ame interdite,
De secrets sentimens dont la mienne s'irrite.
Etouffez des regrets desormais superflus:
Partez, obéissez, et ne répliquez plus.
Des bords Athéniens j'attends quelque nouvelle.
Vous, cependant, volez où l'honneur vous appelle.
Que ma flotte avec vous se dispose à partir;
Et quand tout sera prêt, venez m'en avertir:
Je veux de ce départ être témoin moi-même.

SCÈNE V.

PLISTHÈNE, THESSANDRE.

PLISTHÈNE.

Qu'ai-je fait, malheureux? Quelle imprudence
extrème!
Je ne sais quel effroi s'empare de mon cœur;
Mais tout mon sang se glace, et je frémis d'horreur.
Dieux, que dans mes sermens malgré moi j'intéresse,
Perdez le souvenir d'une indigne promesse;
Ou recevez ici le serment que je fais,
En dussé-je périr, de n'obéir jamais.
Mais pourquoi m'alarmer d'un serment si funeste?
Que peut craindre un grand cœur, quand sa vertu
lui reste?

Athènes me répond d'un trépas glorieux,
Et j'y cours m'affranchir d'un serment odieux.
Survivre aux maux cruels dont le destin m'accable,
Ce seroit plus que lui, m'en rendre un jour coupable.
Haï, persécuté, chargé d'un crime affreux,
Dévoré sans espoir d'un amour malheureux,
Malgré tant de mépris que je chéris encore,
La mort est désormais le seul dieu que j'implore;
Trop heureux de pouvoir arracher en un jour
Ma gloire à mes sermens, mon cœur à son amour!

THESSANDRE.

Que dites-vous, seigneur? Quoi! pour une inconnue...

PLISTHÈNE.

Peux-tu me condamner, Thessandre? Tu l'as vue.
Non, jamais plus de grâce et plus de majesté
N'ont distingué les traits de la divinité.
Sa beauté, tout enfin, jusqu'à son malheur même,
N'offre en elle qu'un front digne du diadême:
De superbes débris, une noble fierté,
Tout en elle du sang marque la dignité.
Je te dirai bien plus: cette même inconnue
Voit mon ame à regret dans ses fers retenue:
Et qui peut dédaigner mon amour et mon rang,
Ne peut être formé que d'un illustre sang.
Quoi qu'il en soit, mon cœur, charmé de ce qu'il
      aime,
N'examine plus rien dans son amour extrême.
Quel cœur n'eût-elle pas attendri, justes dieux!
Dans l'état où le sort vint l'offrir à mes yeux,
Déplorable jouet des vents et de l'orage,
Qui même, en l'y poussant, l'envoient au rivage,
Roulant parmi les flots, les morts et les débris,
Des horreurs du trépas les traits déjà flétris,
Mourante entre les bras de son malheureux père,
Tout prêt lui-même à suivre une fille si chère....
J'entends du bruit. On vient. Peut-être c'est le roi...

SCÈNE VI.

THÉODAMIE, LÉONIDE, PLISTHÈNE,
THESSANDRE.

PLISTHÈNE à Thessandre.

Mais non, c'est l'étrangère. Ah! qu'est-ce que
      je vois,
Thessandre? un soin pressant semble occuper son ame.
   (à Théodamie.)
Où portez-vous vos pas? Me cherchez-vous, madame?
Du trouble où je vous vois ne puis-je être éclairci?

THÉODAMIE.

C'est vous-même, seigneur, que je cherchois ici.
D'Athènes, dèslong-temps, embrassant la conquête,
On dit qu'à s'éloigner votre flotte s'apprête;
Que chaque instant d'Atrée excitant le courroux,
Pour sortir de Chalcys, elle n'attend que vous.
Si ce n'est pas vous faire une injuste prière,
Je viens vous demander un vaisseau pour mon père.
Le sien, vous le savez, périt presqu'à vos yeux,
Et nous n'ayons d'appui que de vous en ces lieux,
Vous sauvâtes des flots et le père et la fille;
Achevez de sauver une triste famille.

PLISTHÈNE.

Voyez ce que je puis, voyez ce que je dois.
D'Atrée en ce climat tout respecte les lois.
Il n'est que trop jaloux de son pouvoir suprême.
Je ne puis rien ici, si ce n'est par lui-même.
Il reverra bientôt ses vaisseaux avec soin,
Et du départ lui-même il doit être témoin:
Voyez-le. Il vous souvient comme il vous a reçue,
Le jour que ce palais vous offrit à sa vue;
Il plaignit vos malheurs, vous offrit son appui;
Son cœur ne sera pas moins sensible aujourd'hui:
Vous n'en éprouverez qu'une bonté facile.
Mais qui peut vous forcer à quitter cet asile?
Quel déplaisir secret vous chasse de ces lieux?
Mon amour vous rend-il ce séjour odieux?
Ces bords sont-ils pour vous une terre étrangère?
N'y reverra-t-on plus ni vous, ni votre père?
Quel est son nom, le vôtre? Où portez-vous vos pas?
Ne connoîtrai-je enfin de vous que vos appas?

THÉODAMIE.

Seigneur! trop de bonté pour nous vous intéresse.
Mon nom est peu connu, ma patrie est la Grèce;
Et j'ignore en quel lieu, sortant de ces climats,
Mon père infortuné doit adresser ses pas.

PLISTHÈNE.

Je ne vous presse point d'éclaircir ce mystère:
Je souscris au secret que vous voulez m'en faire.
Abandonnez ces lieux, ôtez-moi pour jamais
Le dangereux espoir de revoir vos attraits.
Fuyez un malheureux, punissez-le, madame,
D'oser brûler pour vous de la plus vive flamme;
A moi, prêt d'adorer jusqu'à votre rigueur,
J'attendrai que la mort vous chasse de mon cœur:
C'est, dans mon sort cruel, mon unique espérance.
Mon amour, cependant, n'a rien qui vous offense:
Le ciel m'en est témoin; et jamais vos beaux yeux
N'ont peut-être allumé de moins coupables feux.
Ce cœur, à qui le vôtre est toujours si sévère,
N'offrit jamais aux dieux d'hommage plus sincère,
Inutiles respects, reproches superflus!
Tout va nous séparer; je ne vous verrai plus.
Adieu, madame, adieu: prompt à vous satisfaire,
Je reviendrai, pour vous, m'employer près d'un
      père.
Quel qu'en soit le succès, je vous réponds du moins,
Malgré votre rigueur, de mes plus tendres soins.

SCÈNE VII.

THÉODAMIE, LÉONIDE.

THÉODAMIE.

Où sommes-nous, hélas! ma chère Léonide?
Quel astre injurieux en ces climats nous guide?
O vous! qui nous jetez sur ces bords odieux,
Cachez-nous au tyran qui règne dans ces lieux.
Dieux puissans, sauvez-nous d'une main ennemie!
Quel séjour pour Thyeste et pour Théodamie!
Du sort qui nous poursuit vois quelle est la rigueur.
Atrée, après vingt ans rallumant sa fureur,

Sous d'autres intérêts déguisant ce mystère,
Arme pour désoler l'asyle de son frère.
L'infortuné Thyeste, instruit de ce danger,
A son tour en secret arme pour se venger,
Flatté du vain espoir de rentrer dans Mycènes,
Tandis que l'ennemi vogueroit vers Athènes,
Ou pendant que Chalcys, par de puissans efforts,
Retiendroit le tyran sur ces funestes bords.
Inutiles projets, inutile espérance !
L'Euripe a tout détruit, plus d'espoir de vengeance;
Et c'est ce même amant, ce prince généreux,
Sans qui nous périssions sur ce rivage affreux,
Ce prince, à qui je dois le salut de mon père,
Qui, la foudre à la main, va combler sa misère.
Athènes va tomber, si, pour comble de maux,
Thyeste dans ces murs n'accable ce héros.
Trop heureux cependant, si de l'isle d'Eubée
Il pouvoit s'éloigner sans le secours d'Atrée !
Sauvez-l'en, s'il se peut, grands dieux ! Votre
   courroux
Poursuit-il des mortels si semblables à vous ?
Ciel ! puisqu'il faut punir, venge-toi sur son frère :
Atrée est un objet digne de ta colère.
Je tremble à chaque pas que je fais en ces lieux.
Hélas ! Thyeste en vain s'y cache à tous les yeux,
Quoiqu'absent dès long-temps, on peut le reconnoître;
Heureux que sa langueur l'empêche d'y paroître !

LÉONIDE.

Espérez du destin un traitement plus doux.
Que craindre d'un tyran, quand son fils est pour
   vous ?
Attendez tout d'un cœur et généreux et tendre :
La main qui nous sauva peut encor vous défendre.
Tout n'est pas contre vous dans ce fatal séjour,
Puisque déjà vos yeux y donnent de l'amour.

THÉODAMIE.

Ne comptes-tu pour rien un amour si funeste ?
Le fils d'Atrée aimer la fille de Thyeste !
Hélas ! si cet amour est un crime pour lui,
Comment nommer le feu dont je brûle aujonrd'hui :
Car enfin ne crois pas que j'y sois moins livrée ;
La fille de Thyeste aime le fils d'Atrée.
Contre tant de vertus mon cœur mal affermi
Craint plus en lui l'amant qu'il ne craint l'ennemi.
Mais mon père m'attend; allons lui faire entendre,
Pour un départ si prompt, le parti qu'il faut prendre:
Heureuse cependant, si ce funeste jour
Ne voit d'autres malheurs que ceux de notre amour !

Fin du premier acte.

ACTE SECOND.

SCÈNE I.

THYESTE, THEODAMIE, LÉONIDE.

THYESTE.

Ce n'est plus pour tenter une grâce incertaine ;
Mais avant son départ, je voudrois voir Plisthène.
Léonide, sachez s'il n'est point de détour.

SCENE II.

THYESTE, THÉODAMIE.

THYESTE.

Ma fille, il faut songer à fuir de ce séjour :
Tout menace à la fois l'asile de Thyeste;
Défendons, s'il se peut, le seul bien qui nous reste.
D'un père infortuné que prétendent vos pleurs ?
Voulez-vous, dans ces lieux, voir combler mes
   malheurs ?
Pourquoi, sur mes désirs cherchant à me contraindre,
Ne point voir le tyran ? Qu'en avez-vous à craindre ?
Sans lui, sans son secours, quel sera mon espoir ?
Vous voyez que Plisthène est ici sans pouvoir,
Qu'il va bientôt voguer vers le port de Pyrée ;
Voulez-vous qu'à ma fuite il en ferme l'entrée ?
La voile se déploie, et flotte au gré des vents ;
Laissez-moi profiter de ces heureux instans.
Voyez, puisqu'il le faut, l'inexorable Atrée.
Si sa flotte une fois abandonne l'Eubée,
Par quel autre moyen me sera-t-il permis
De sortir désormais de ces lieux ennemis ?

THÉODAMIE.

Ne précipitez rien : quel intérêt vous presse ?
Pourquoi, seigneur, pourquoi vous exposer sans cesse?
A peine enfin sauvé de la fureur des eaux,
Ne vous rejetez point dans des périls nouveaux.
A partir de Chalcys le tyran se prépare ;
Les vents vont de cette île éloigner ce barbare.
D'un secours dangereux sans tenter le hasard,
Cachez-vous avec soin jusques à son départ.

THYESTE.

Ma fille, quel conseil ! Eh quoi ! vous pouvez croire
Que je veuille à mes jours sacrifier ma gloire !
Non, non, je ne puis voir désoler, sans secours,
Des états si long-temps l'asile de mes jours.
Moi, qui ne prétendois m'emparer de Mycènes,
Que pour forcer Atrée à s'éloigner d'Athènes,
Je l'abandonnerois lorsqu'elle va périr !
Non, je cours dans ses murs la défendre ou mourir.
Vous m'opposez en vain l'impitoyable Atrée :
Peut-il me soupçonner d'être en cette contrée ?
Sans appui, sans secours, sans suite dans ces lieux,
Sans éclat qui sur moi puisse attirer les yeux ;
Dans l'état où m'a mis la colère céleste,
Hélas ! et qui pourroit reconnoître Thyeste ?
Voyez donc le tyran : quel que soit son courroux,
C'est assez que mon cœur n'en craigne rien pour vous,
Ma fille ; vous savez que sa main meurtrière
Ne poursuit point sur vous le crime d'une mère :
C'est moi seul, c'est Ærope enlevée à ses vœux,
Et vous ne sortez point de ce sang malheureux.
Allez : votre frayeur qui dans ces lieux m'arrête,
Est le plus grand péril qui menace ma tête.
Demandez un vaisseau ; quel qu'en soit le danger,
Mon cœur au désespoir n'a rien à ménager.

THÉODAMIE.

Ah ! périsse plutôt l'asile qui nous reste,
Que de tenter, seigneur, un secours si funeste !

THYESTE.

En dussé-je périr, songez que je le veux.
Sauvez-moi, par pitié, de ces bords dangereux.
Du soleil à regret j'y revois la lumière.
Malgré moi, le sommeil y ferme ma paupière.
De mes ennuis secrets rien n'arrête le cours:
Tout à de tristes nuits joint de plus tristes jours.
Une voix, dont en vain je cherche à me défendre,
Jusqu'au fond de mon cœur semble se faire entendre:
J'en suis épouvanté. Les songes de la nuit
Ne se dissipent point par le jour qui les suit.
Malgré ma fermeté, d'infortunés présages
Asservissent mon ame à ces vaines images.
Cette nuit même encor, j'ai senti dans mon cœur
Tout ce que peut un songe inspirer de terreur.
Près de ces noirs détours, que la rive infernale
Forme à replis divers dans cette île fatale,
J'ai cru long-tems errer parmi des cris affreux
Que des mânes plaintives poussoient jusques aux
    cieux.
Parmi ces tristes voix, sur ce rivage sombre,
J'ai cru d'Ærope en pleurs entendre gémir l'ombre;
Bien plus, j'ai cru la voir s'avancer jusqu'à moi,
Mais dans un appareil qui me glaçoit d'effroi:
« Quoi! tu peux t'arrêter dans ce séjour funeste!
« Suis-moi, m'a-t-elle dit, infortuné Thyeste ».
Le spectre, à la lueur d'un triste et noir flambeau,
A ces mots, m'a traîné jusques sur son tombeau.
J'ai frémi d'y trouver le redoutable Atrée,
Le geste menaçant, et la vue égarée,
Plus terrible pour moi, dans ces cruels momens,
Que le tombeau, le spectre et ses gémissemens.
J'ai cru voir le barbare entouré de furies.
Un glaive encor fumant armoit ses mains impies;
Et, sans être attendri de ses cris douloureux,
Il sembloit dans son sang plonger un malheureux.
Ærope, à cet aspect, plaintive et désolée,
De ses lambeaux sanglans à mes yeux s'est voilée.
Alors j'ai fait, pour fuir, des efforts impuissans;
L'horreur a suspendu l'usage de mes sens.
A mille affreux objets l'ame entière livrée,
Ma frayeur m'a jeté sans force aux pieds d'Atrée.
Le cruel, d'une main, sembloit m'ouvrir le flanc,
Et de l'autre, à longs traits, m'abreuver de mon sang.
Le flambeau s'est éteint, l'ombre a percé la terre,
Et le songe a fini par un coup de tonnerre.

THÉODAMIE.

D'un songe si cruel, quelle que soit l'horreur,
Ce fantôme peut-il troubler votre grand cœur?
C'est une illusion....

THYESTE.

        J'en croirois moins un songe,
Sans les ennuis secrets où ma douleur me plonge.
J'en crains plus du tyran qui règne dans ces lieux,
Que d'un songe si triste, et peut-être des dieux.
Je ne connois que trop la fureur qui l'entraîne.

THÉODAMIE.

Vous connoissez aussi les vertus de Plisthène....

THYESTE.

Quoiqu'il soit né d'un sang que je ne puis aimer,
Sa générosité me force à l'estimer.

Ma fille, à ses vertus je sais rendre justice;
Des fureurs du tyran son fils n'est point complice.
Je sens bien quelquefois que je dois le haïr;
Mais mon cœur sur ce point a peine à m'obéir.
Hélas! et plus je vois ce généreux Plisthène,
Plus j'y trouve des traits qui désarment ma haine.
Mon cœur, qui cependant craint de lui trop devoir,
Ni ne veut, ni ne doit compter sur son pouvoir.
Quoique sur sa vertu vous soyez rassurée,
Je suis toujours Thyeste, et lui le fils d'Atrée.
Je crois voir le tyran; je vous laisse avec lui.
Ma fille, devenez vous-même notre appui;
Tentez tout sur le cœur de mon barbare frère;
Songez qu'il faut sauver et vous et votre père.

SCÈNE III.

ATRÉE, THÉODAMIE, EURISTHÈNE,
ALCIMÉDON, LÉONIDE, GARDES.

ALCIMÉDON.

Vous tenteriez, seigneur, un inutile effort;
Je le sais d'un vaisseau qui vient d'entrer au port.
On ne sait s'il a pris la route de Mycènes:
Mais, depuis près d'un mois, il n'est plus dans
    Athènes.
Vous en pourrez vous-même être mieux éclairci;
Le chef de ce vaisseau sera bientôt ici.

ATRÉE.

Qu'il vienne, Alcimédon. Allez, qu'on me l'amène;
Je l'attends. Avec lui faites venir Plisthène;
Il doit être déjà de retour en ces lieux.

SCÈNE IV.

ATRÉE, THÉODAMIE, LÉONIDE,
EURISTHÈNE, GARDES.

ATRÉE à Théodamie.

Madame, quel dessein vous présente à mes yeux?

THÉODAMIE.

Prête à tenter, seigneur, la route du Bosphore,
Souffrez qu'une étrangère aujourd'hui vous implore.
J'éprouve dès long-tems qu'un roi si généreux
Ne voit point, sans pitié, le sort des malheureux.
Sur ces bords, échappée au plus cruel naufrage,
Les flots de mes débris ont couvert ce rivage.
Sans appui, sans secours dans ces lieux écartés,
J'attends tout désormais de vos seules bontés.
Vous parûtes sensible au destin qui m'accable.
Puis-je espérer, seigneur, qu'un roi si redoutable
Daigne, de mes malheurs plus touché que les dieux,
M'accorder un vaisseau pour sortir de ces lieux?

ATRÉE.

Puisque la mer vous laisse une libre retraite,
Ordonnez, et bientôt vous serez satisfaite;
Disposez de ma flotte avec autorité.
Un vaisseau suffit-il pour votre sûreté?
Prête à sortir des lieux qui sont sous ma puissance,
Où vous conduira-t-il?

                THÉODAMIE.

THÉODAMIE.
Seigneur, c'est à Bysance
Que je prétends bientôt, aux pieds de nos autels,
Du prix de vos bienfaits charger les immortels.
ATRÉE.
Mais Bysance, madame, est-ce votre patrie?
THÉODAMIE.
Non; j'ai reçu le jour non loin de la Phrygie.
ATRÉE.
Par quel étrange sort, si loin de ces climats,
Vous retrouvez-vous donc dans mes nouveaux états?
Ce vaisseau, que les vents jettèrent dans l'Eubée,
Sortoit-il de Bysance, ou du port de Pyrée?
En vous sauvant des flots, mon fils (je m'en souviens)
Ne trouva sur ces bords que des Athéniens.
THÉODAMIE.
Peut-être, comme nous le jouet de l'orage,
Ils furent comme nous poussés sur ce rivage:
Mais ceux qu'en ce palais a sauvé votre fils,
Ne sont point nés, seigneur, parmi vos ennemis.
ATRÉE.
Mais, madame, parmi cette troupe étrangère,
Plisthène sur ces bords rencontra votre père:
Dédaigne-t-il un roi qui devient son appui?
D'où vient que devant moi vous paroissez sans lui?
THÉODAMIE.
Mon père infortuné, sans amis, sans patrie,
Traîne à regret, seigneur, une importune vie,
Et n'est point en état de paroître à vos yeux.
ATRÉE.
Gardes, faites venir l'étranger en ces lieux.
(Quelques gardes sortent.)
THÉODAMIE.
On doit des malheureux respecter la misère.
ATRÉE.
Je veux de ses malheurs consoler votre père;
Je ne veux rien de plus. Mais quel est votre effroi!
Votre père, madame, est-il connu de moi?
A-t-il quelques raisons de redouter ma vue?
Quelle est donc la frayeur dont je vous vois émue?
THÉODAMIE.
Seigneur, d'aucun effroi mon cœur n'est agité.
Mon père peut ici paroître en sûreté.
Hélas! à se cacher qui pourroit le contraindre?
Étranger dans ces lieux, eh! qu'auroit-il à craindre?
A ses jours languissans le péril attaché
Le retenoit, seigneur, sans le tenir caché.

SCENE V.

ATRÉE, THYESTE, THÉODAMIE, LÉONIDE,
EURISTHÈNE, GARDES.

THÉODAMIE à part.

Le voilà: je succombe, et me soutiens à peine.
Dieux! cachez-le au tyran, ou ramenez Plisthène.
ATRÉE à Thyeste.
Étranger malheureux, que le sort en courroux,
Lassé de te poursuivre, a jeté parmi nous;
Quel est ton nom, ton rang? Quels humains t'ont vu
naître?

THYESTE.
Les Thraces.
ATRÉE.
Et ton nom?
THYESTE.
Pourriez-vous le connoître?
Philoclète.
ATRÉE.
Ton rang?
THYESTE.
Noble, sans dignité,
Et toujours le jouet du destin irrité.
ATRÉE.
Où s'adressoient tes pas? et de quelle contrée
Revenoit ce vaisseau brisé près de l'Eubée?
THYESTE.
De Sestos; et j'allois à Delphes implorer
Le dieu dont les rayons daignent nous éclairer.
ATRÉE.
Et tu vas de ces lieux?...
THYESTE.
Seigneur, c'est dans l'Asie
Que je vais terminer ma déplorable vie;
Espérant aujourd'hui que de votre bonté
J'obtiendrai le secours que les flots m'ont ôté.
Daignez....
ATRÉE.
Quel son de voix a frappé mon oreille!
Quel transport tout-à-coup dans mon cœur se
réveille!
D'où naissent à-la-fois des troubles si puissans?
Quelle soudaine horreur s'empare de mes sens?
Toi, qui poursuis le crime avec un soin extrême,
Ciel, rends vrais mes soupçons, et que ce soit lui-
même.
Je ne me trompe point, j'ai reconnu sa voix;
Voilà ses traits encore: ah! c'est lui que je vois.
Tout ce déguisement n'est qu'une adresse vaine;
Je le reconnoitrois seulement à ma haine.
Il fait pour se cacher des efforts superflus.
C'est Thyeste lui-même, et je n'en doute plus.
THYESTE.
Moi Thyeste, seigneur!
ATRÉE.
Oui, toi-même, perfide!
Je ne le sens que trop au transport qui me guide;
Et je hais trop l'objet qui paroit à mes yeux,
Pour que tu ne sois point ce Thyeste odieux.
Tu fais bien de nier un nom si méprisable;
En est-il sous le ciel un qui soit plus coupable?
THYESTE.
Eh bien! reconnois-moi: je suis ce que tu veux,
Ce Thyeste ennemi, ce frère malheureux.
Quand même tes soupçons et ta haine funeste
N'eussent point découvert l'infortuné Thyeste,
Peut-être que la mienne, esclave malgré moi,
Aux dépens de mes jours m'eût découvert à toi.
ATRÉE.
Ah! traître, c'en est trop: le courroux qui m'anime
T'apprendra si je sais comme on punit un crime.
Je rends graces au ciel qui te livre en mes mains.
Sans doute que les dieux approuvent mes desseins;

D

Puisqu'avec mes fureurs leurs soins d'intelligence,
T'amènent dans des lieux tout pleins de ma vengeance.
Perfide , tu mourras : oui , c'est fait de ton sort ;
Ton nom seul en ces lieux est l'arrêt de ta mort.
Rien ne peut t'en sauver , la foudre est toute prête ;
J'ai suspendu long-temps sa chûte sur ta tête.
Le temps , qui t'a sauvé d'un vainqueur irrité ,
A grossi tes forfaits par leur impunité.

THYESTE.

Que tardes-tu , cruel , à remplir ta vengeance ?
Attends-tu de Thyeste une nouvelle offense ?
Si j'ai pu quelque tems te déguiser mon nom ,
Le soin de me venger en fut seul la raison.
Ne crois pas que la peur des fers ou du supplice
Ait à mon cœur tremblant dicté cet artifice.
Ærope , par ta main a vu trancher ses jours ;
La même main des miens doit terminer le cours.
Je n'en puis regretter la triste destinée.
Précipite , inhumain , leur course infortunée ,
Et sois sûr que contr'eux l'attentat le plus noir
N'égale point pour moi l'horreur de te revoir.

ATRÉE.

Vil rebut des mortels , il te sied bien encore
De braver dans les fers un frère qui t'abhorre !
Holà , gardes , à moi !

THÉODAMIE à *Atrée.*

                    Que faites-vous , seigneur ?
Dieux ! sur qui va tomber votre injuste rigueur !
Ne suivrez-vous jamais qu'une aveugle colère ?
Ah ! dans un malheureux reconnoissez un frère.
Que sur ses noirs projets votre cœur combattu
Ecoute la nature , ou plutôt la vertu.
Immolez donc , Seigneur , et le père , et la fille ;
Baignez-vous dans le sang d'une triste famille.
Thyeste , par vous seul accablé de malheurs ,
Peut-il être un objet digne de vos fureurs ?

ATRÉE.

Vous prétendez en vain que mon cœur s'attendrisse.
Qu'on lui donne la mort , gardes ; qu'on m'obéisse ;
De son sang odieux qu'on épuise son flanc.....
(*bas à part.*)
Mais non : une autre main doit verser tout son sang.
(*aux gardes.*)
Oubliois-je?..Arrêtez. Qu'on me cherche Plisthène.

SCÈNE VI.

ATRÉE, THYESTE, PLISTHÈNE,
THÉODAMIE, EURISTHÈNE,
THESSANDRE, LÉONIDE, GARDES.

PLISTHÈNE à *Atrée.*

Ciel ! qu'est-ce que j'entends ? Quelle fureur soudaine
De votre voix , seigneur , a rempli tous ces lieux ?
Qui peut causer ici ces transports furieux ?

THÉODAMIE à *Plisthène.*

Ces transports où l'emporte une injuste colère ,
Ne menacent , seigneur , que mon malheureux père.
Sauvez-le , s'il se peut , des plus funestes coups.

PLISTHÈNE.

Votre père , madame ! O ciel ! que dites-vous ?
(*à Atrée.*)
A l'immoler , seigneur , quel motif vous engage ?
De quoi l'accuse-t-on ? Quel crime , quel outrage
De l'hospitalité vous fait trahir les droits ?
Auroit-il , à son tour , violé ceux des rois ?
Etranger dans ces lieux , que vous a-t-il fait craindre
A le priver du jour qui puisse vous contraindre ?

ATRÉE.

Etranger dans ces lieux ! Que tu le connois mal !
De tous mes ennemis tu vois le plus fatal.
C'est de tous les humains le seul que je déteste ,
Un perfide , un ingrat ; en un mot , c'est Thyeste.

PLISTHÈNE.

Qu'ai-je entendu , grands dieux ! Lui , Thyeste ,
seigneur ?
Eh bien , en doit-il moins fléchir votre rigueur ?
Calmez , seigneur , calmez cette fureur extrême.

ATRÉE.

Que vois-je? Quoi ! mon fils armé contre moi-même !
Quoi ! celui qui devroit m'en venger aujourd'hui ,
Ose , à mes yeux encor , s'intéresser pour lui !
Lâche , c'est donc ainsi qu'à ton devoir fidelle ,
Tu disposes ton bras à servir ma querelle ?

PLISTHÈNE.

Plutôt mourir cent fois : je n'ai point à choisir ;
Dans mon sang , s'il le faut , baignez-vous à loisir.
Seigneur , par ces genoux que votre fils embrasse ,
Accordez à mes vœux cette dernière grâce.
Après l'avoir sauvé des ondes en courroux ,
M'en coûtera-t-il plus de le sauver de vous ?
A mes justes désirs que vos transports se rendent.
Voyez quel est le sang que mes pleurs vous demandent :
C'est le vôtre , seigneur , non un sang étranger.
C'est en lui pardonnant qu'il faut vous en venger.

ATRÉE.

Le perfide ! si près d'éprouver ma vengeance ,
Daigne-t-il seulement implorer ma clémence ?

THYESTE.

Que pourroit me servir d'implorer ton secours ,
Si ton cœur qui me hait veut me haïr toujours ?
Eh ! que n'ai-je point fait pour fléchir ta colère ?
Qui de nous deux , cruel , poursuit ici son frère ?
Depuis vingt ans entiers , que n'ai-je point tenté
Pour calmer les transports de ton cœur irrité ?
Surmonte , comme moi , la vengeance et la haine ;
Règle tes soins jaloux sur les soins de Plisthène ,
Et tu verras bientôt , si j'en donne ma foi ,
Que tu n'as point d'ami plus fidelle que moi.

ATRÉE.

Quels seront tes garans , lorsque le nom de frère
N'a pu garder ton cœur d'un amour téméraire ?
Quand je t'ai vu souiller par tes coupables feux
Les autels où l'hymen alloit combler mes vœux ,
Que peux-tu m'opposer qui parle en ta défense ;
Les droits de la nature , ou bien de l'innocence ?

THYESTE.

Ne me reproche plus mon crime ni mes feux ;
Tu m'as vendu bien cher cet amour malheureux.

Pour t'attendrir enfin , auteur de ma misère ,
Considère un moment ton déplorable frère :
Que peux-tu souhaiter qui te parle pour moi ?
Regarde en quel état je parois devant toi.

PLISTHÈNE.

Ah ! rendez-vous , seigneur ; je vois que la nature
Dans votre cœur sensible excite un doux murmure.
Ne le combattez point par des soins odieux ;
Elle n'inspire rien qui ne vienne des dieux.
C'est votre frère enfin : que rien ne vous arrête.
De sa fidélité je réponds sur ma tête.

ATRÉE.

Plisthène , c'en est fait ; je me rends à ta voix ;
Je me sens attendri pour la première fois.
Je veux bien oublier une sanglante injure.
Thyeste , sur ma foi que ton cœur se rassure :
De mon inimitié ne crains point les retours ;
Ce jour même en verra finir le triste cours.
J'en jure par les dieux , j'en jure par Plisthène ;
C'est le sceau d'une paix qui doit finir ma haine.
Ses soins et ma pitié te répondront de moi ,
Et mon fils , à son tour , me répondra de toi :
Je n'en demande point de garant plus sincère.
Prince , c'est donc sur vous que s'en repose un père.
Allez , et que ma cour , témoin de mon courroux ,
Soit témoin aujourd'hui d'un entretien plus doux.

SCÈNE VII.

ATRÉE, EURISTHÈNE, GARDES.

ATRÉE.

Toi, fais-les avec soin observer , Euristhène.
Disperse les soldats les plus chers à Plisthène ;
Ecarte les amis de cet audacieux ,
Et viens , sans t'arrêter , me rejoindre en ces lieux.

Fin du second acte.

ACTE TROISIÈME.

SCÈNE I.

ATRÉE, EURISTHÈNE.

ATRÉE.

Enfin, graces aux dieux, je tiens en ma puissance
Le perfide ennemi que poursuit ma vengeance :
On l'observe en ces lieux, il ne peut échapper ;
La main qui l'a sauvé ne sert qu'à le tromper.
Vengeons-nous ; il est tems que ma colère éclate.
Profitons avec soin du moment qui la flatte ;
Et que l'ingrat Thyeste éprouve dans ce jour
Tout ce que peut un cœur trahi dans son amour.

EURISTHÈNE.

Eh ! qui vous répondra que Plisthène obéisse ;
Que de cette vengeance il veuille être complice ?
Ne vous souvient-il plus que , prêt à la trahir ,
Il n'a point balancé pour vous désobéir ?

ATRÉE.

Il est vrai qu'au refus qu'il a fait de s'y rendre ,
Je me suis vu contraint de n'oser l'entreprendre ,
D'en différer enfin le moment malgré moi.
Mais qui l'a pu porter à me manquer de foi ?
N'avoit-il pas juré de servir ma colère ?
Tant de soins redoublés pour la fille et le père
Ne sont-ils les effets que d'un cœur généreux ?
Non , non : la source en est dans un cœur amoureux.
Tant d'ardeur à sauver cette race ennemie ,
Me dit trop que Plisthène aime Théodamie :
Je n'en puis plus douter ; il la voit chaque jour ;
Il a pris dans ses yeux ce détestable amour ;
Et je m'étonne encor d'une ardeur si funeste !
Que pouvoit-il sortir d'Ærope et de Thyeste ,
Qu'un sang qui dût un jour assouvir mon courroux ?
Le crime est fait pour lui , la vengeance pour nous.
Livrons-le aux noirs forfaits où son penchant le guide ;
Joignons à tant d'horreurs l'horreur d'un parricide.
Puis-je mieux me venger de ce sang odieux ,
Que d'armer contre lui son forfait et les dieux ?
Heureux qu'en ce moment le crime de Plisthène
Me laisse sans regret au courroux qui m'entraine !
Qu'il vienne seul ici.

SCÈNE II.

ATRÉE *seul.*

Le soldat écarté
Permet à ma fureur d'agir en liberté.
De son amour pour lui ma vengeance alarmée
Déjà loin de Chalcys a dispersé l'armée :
Tout ce que ce palais rassemble autour de moi ,
Sont autant de sujets dévoués à leur roi.
Mais pourquoi contre un traître exercer ma puissance ?
Son amour me répond de son obéissance.
Par un coup si cruel je m'en vais l'éprouver ,
Et de si près encor je m'en vais l'observer ,
Que , malgré tous ses soins , ma vengeance assurée
Lavera par ses mains les injures d'Atrée.

SCÈNE III.

ATRÉE, PLISTHÈNE.

ATRÉE *bas.*

Je le vois ; et pour peu qu'il ose la trahir ,
Je sais bien le secret de le faire obéir.
(*haut.*)
Lassé des soins divers dont mon cœur est la proie ,
Prince , il faut à vos yeux que mon cœur se déploie.
Tout semble offrir ici l'image de la paix ;
Cependant ma fureur s'accroît plus que jamais.
L'amour , qui si souvent loin de nous nous entraîne ,
N'est point dans ses retours aussi prompt que la haine.
J'avois cru par vos soins mon courroux étouffé ;
Mais je sens qu'ils n'en ont qu'à demi triomphé.
Ma fureur désormais ne peut plus se contraindre ;
Ce n'est que dans le sang qu'elle pourra s'éteindre ;

D 2

Et j'attends que le bras chargé de la servir ,
Loin d'arrêter son cours , soit prêt à l'assouvir.
Plisthène , c'est à vous que ce discours s'adresse.
J'avois cru , sur la foi d'une sainte promesse ,
Voir tomber le plus fier de tous mes ennemis :
Mais Plisthène tient mal ce qu'il m'avoit promis ;
Et , bravant sans respect et les dieux et son père ,
Son cœur pour eux et lui n'a qu'une foi légère.

PLISTHENE.

Où sont vos ennemis? J'avois cru que la paix
Ne vous en laissoit point à craindre en ce palais.
Je n'y vois que des cœurs, pour vous, remplis de zèle,
Et qu'un fils , pour son roi , respectueux , fidelle ,
Qui n'a point mérité ces cruels traitemens.
Où sont vos ennemis , et quels sont mes sermens ?

ATRÉE.

Où sont mes ennemis? Ciel! que viens-je d'entendre?
Thyeste est dans ces lieux, et l'on peut s'y méprendre!
Vous deviez l'immoler à mon ressentiment :
Voilà mon ennemi , voilà votre serment.

PLISTHÈNE.

Quelle que soit la foi que je vous ai jurée ,
J'aurois cru que la vôtre eût été plus sacrée ;
Qu'un frère dans vos bras, à la face des dieux,
M'eût assez acquitté d'un serment odieux.
D'un pareil souvenir ma vertu me dispense ;
Je ne me souviens plus que de votre clémence.
Mon devoir a ses droits, mais ma gloire a les siens ;
Et vos derniers sermens m'ont dégagé des miens.

ATRÉE.

Sans vouloir dégager un serment par un autre ,
Veux-tu que tous les deux nous remplissions le nôtre?
Et tu verras bientôt , si j'explique le mien ,
Que ce dernier serment ajoute encore au tien.
J'ai juré par les dieux , j'ai juré par Plisthène ,
Que ce jour qui nous luit mettroit fin à ma haine.
Fais couler tout le sang que j'exige de toi ,
Ta main de mes sermens aura rempli la foi.
Regarde qui de nous fait au ciel une injure ,
Qui de nous deux enfin est ici le parjure.

PLISTHENE.

Ah , Seigneur! puis-je voir votre cœur aujourd'hui
Descendre à des détours si peu dignes de lui ?
Non, par de feints sermens, je ne crois point qu'Atrée
Ait pu braver des dieux la majesté sacrée ,
Se jouer de la foi des crédules humains ,
Violer en un jour tous les droits les plus saints.
Enchanté d'une paix si long-temps attendue ,
Je vous louois déjà de nous l'avoir rendue ;
Et je m'applaudissois , dans des momens si doux ,
D'avoir pu d'un héros désarmer le courroux.
J'admirois un grand cœur au milieu de l'offense ,
Qui , maître de punir , méprisoit la vengeance.
Thyeste est criminel , voulez-vous l'être aussi ?
Sont-ce-là vos sermens ? Pardonnez-vous ainsi ?

ATRÉE.

Qui ? moi lui pardonner! Les fières Euménides
Du sang des malheureux sont cent fois moins avides,
Et leur farouche aspect inspire moins d'horreur ,
Que Thyeste aujourd'hui n'en inspire à mon cœur.

Quelque soient mes sermens, trop de fureur m'anime.
Perfide , il te sied bien d'oser m'en faire un crime!
Laisse-là ces sermens; si j'ai pu les trahir,
C'est au ciel d'en juger, à toi de m'obéir.
Dans un fils qui faisoit ma plus chère espérance,
Je ne vois qu'un ingrat qui trahit ma vengeance,
Plisthène est un héros , son père est outragé ;
Il a de la valeur , je ne suis pas vengé.
Ah ! ne me force point , dans ma fureur extrême ,
(Que sais-je? hélas!) peut-être à t'immoler toi-même:
Car enfin , puisqu'il faut du sang à ma fureur ,
Malheur à qui trahit les transports de mon cœur !

PLISTHÈNE.

Versez le sang d'un fils , s'il peut vous satisfaire ;
Mais n'en attendez rien à sa vertu contraire.
S'il faut voir votre affront par un crime effacé ,
Je ne me souviens plus qu'on vous ait offensé.
Oui , seigneur ; et ma main , loin d'être meurtrière,
Défendra contre vous les jours de votre frère. .
Seconder vos fureurs , ce seroit vous trahir :
Votre gloire m'engage à vous désobéir.

ATRÉE.

Enfin , j'ouvre les yeux ; ta lâcheté, perfide ,
Ne me fait que trop voir l'intérêt qui te guide ;
Tu trahis pour Thyeste et les dieux et ta foi ;
Ce n'est pas d'aujourd'hui qu'il est connu de toi.
Ose encor me jurer que, pour Théodamie ,
Ton cœur ne brûle point d'une flamme ennemie.

PLISTHÈNE.

Ah ! si c'est-là trahir mon devoir et ma foi ,
Non , jamais on ne fut plus coupable que moi.
Oui , seigneur, il est vrai , la princesse m'est chère ;
Jugez si c'est à moi d'assassiner son père.
Vous connoissez le feu qui dévore mon sein ;
Et , pour verser son sang , vous choisissez ma main !

ATRÉE.

Ce n'est pas la vertu ; c'est donc l'amour , parjure ,
Qui te force au refus de venger mon injure ?
Voyons si cet amour , qui t'a fait me trahir ,
Servira maintenant à me faire obéir.
Tu n'auras pas en vain aimé Théodamie ;
Venge-moi dès ce jour , où c'est fait de sa vie.

PLISTHÈNE.

Ah ! grands dieux !

ATRÉE.

          Tu frémis ; je t'en laisse le choix ,
Et te le laisse , ingrat , pour la dernière fois.

PLISTHÈNE.

Ah ! mon choix est tout fait dans ce moment funeste;
C'est mon sang qu'il vous faut, non le sang de Thyeste.

ATRÉE.

Quand l'amour de mon fils semble avoir fait le sien ,
Il ne m'importe plus de son sang ou du tien,
Obéis cependant , achève ma vengeance.
L'instant fatal approche, et Thyeste s'avance :
S'il n'est mort , lorsqu'enfin je reverrai ces lieux ,
J'immole sans pitié ton amante à tes yeux.
Rappelle tes esprits ; avec lui je te laisse.
Au secours de ta main appelle ta princesse ;
Le soin de la sauver doit exciter ton bras.

PLISTHÈNE.

Quoi ! vous l'immoleriez ? Je ne vous quitte pas.
Je crois voir dans Thyeste un dieu qui m'épouvante.
Ah, Seigneur !

ATRÉE.

Viens donc voir expirer ton amante ;
Du moindre mouvement sa mort sera le fruit.

SCÈNE IV.

PLISTHÈNE seul.

Dieux ! plongez-moi plutôt dans l'éternelle nuit.
Non, cruel, n'attends pas que ma main meurtrière
Fasse couler le sang de ton malheureux frère.
Assouvis, si tu veux, ta fureur sur le mien ;
Mais dussé-je en périr, je défendrai le sien.

SCÈNE V.

THYESTE, PLISTHÈNE.

THYESTE.

Prince, qu'un tendre soin dans mon sort intéresse,
Héros dont les vertus charment toute la Grèce,
Qu'il m'est doux de pouvoir embrasser aujourd'hui
De mes jours malheureux l'unique et sûr appui !

PLISTHÈNE.

Quel appui, juste ciel ! Quel cœur impitoyable
Ne seroit point touché du sort qui vous accable ?
Ah ! plût aux dieux pouvoir, aux dépens de mes jours,
D'une si chère vie éterniser le cours !
Que je verrois couler tout mon sang avec joie,
S'il terminoit les maux où vous êtes en proie !
Ce n'est point la pitié qui m'attendrit, seigneur :
Je sens des mouvemens inconnus à mon cœur.

THYESTE.

Seigneur, soit amitié, soit raison qui m'inspire,
Tout m'est cher d'un héros que l'univers admire.
Que ne puis-je exprimer ce que je sens pour vous ?
Non, l'amitié n'a point de sentimens si doux.

PLISTHÈNE.

Ah ! si je vous suis cher, que mon respect extrême
M'acquitte bien, seigneur, de ce bonheur suprême !
On n'aima jamais plus, le ciel m'en est témoin.
A peine la nature iroit-elle aussi loin ;
Et ma tendre amitié, par vos maux consacrée,
A semblé redoubler par les rigueurs d'Atrée.
Vous m'aimez ; le ciel sait si je puis vous haïr,
Ce qu'il m'en coûteroit s'il falloit obéir.

THYESTE.

Seigneur, que dites-vous ? Qui fait couler vos larmes ?
Que tout ce que je vois fait renaître d'alarmes !
Vous soupirez ; la mort est peinte dans vos yeux ;
Vos regards attendris se tournent vers les cieux.
Quel malheur si terrible a pu troubler Plisthène ?
Jusqu'au fond de mon cœur je ressens votre peine.
Voulez-vous dérober ce secret à ma foi ?
Quand je suis tout à vous, n'êtes-vous point à moi ?
Cher prince, ignorez-vous à quel point je vous aime ?
Ma fille ne m'est pas plus chère que vous-même.

PLISTHÈNE.

Faut-il la voir périr dans ces funestes lieux ?

THYESTE.

Quel étrange discours ! Cher prince, au nom des
  dieux,
Au nom d'une amitié si sincère et si tendre,
Daignez m'en éclaircir.

PLISTHÈNE.

Ah ! dois-je vous l'apprendre ?
Mais, dût tomber sur moi le plus affreux courroux,
Je ne puis plus trahir ce que je sens pour vous.
Fuyez, seigneur, fuyez.

THYESTE.

Quel est donc ce mystère,
Cher prince ? et qu'ai-je encore à craindre de mon
  frère ?

SCÈNE VI.

ATRÉE, THYESTE, PLISTHÈNE.

PLISTHÈNE apercevant Atrée.

Ah ! ciel !

ATRÉE à Plisthène.

C'est donc ainsi que, fidelle à son roi....
Mais je sais de quel prix récompenser ta foi....

PLISTHÈNE.

Ah, seigneur ! si jamais....

ATRÉE.

Que voulez-vous me dire ?
Sortez : en d'autres lieux vous pourrez m'en instruire.
Votre frivole excuse exige un autre temps,
Et mon cœur est rempli de soins plus importans.

SCÈNE VII.

ATRÉE, THYESTE.

THYESTE.

De ce transport, seigneur, que faut-il que je pense ?
Qui peut vous emporter à tant de violence ?
Qu'a fait ce fils ? Qui peut vous armer contre lui ?
Ou plutôt contre moi qui vous arme aujourd'hui ?
Ne m'offrez-vous la paix...?

ATRÉE.

Quel est donc ce langage ?
A me l'oser tenir quel soupçon vous engage ?
Quelle indigne frayeur a troublé vos esprits ?
Quel intérêt enfin prenez-vous à mon fils ?
Ne puis-je menacer un ingrat qui m'offense,
Sans aigrir de vos soins l'injuste défiance ?
Allez ; de mes desseins vous serez éclairci,
Et d'autres intérêts me conduisent ici.

SCÈNE VIII.

ATRÉE seul.

Quoi ! même dans des lieux soumis à ma puissance,
J'aurai tenté sans fruit une juste vengeance !
Et le lâche, qui doit la servir en ce jour,
Trahit pour la tromper, jusques à son amour !

Ah ! je le punirai de l'avoir différée,
Comme fils de Thyeste, ou comme fils d'Atrée.
Mériter ma vengeance est un moindre forfait,
Que d'oser un moment en retarder l'effet.
Perfide, malgré toi, je t'en ferai complice;
Ton roi, pour tant d'affronts, n'a pas pour un supplice.
Je ne punirois point vos forfaits differens,
Si je ne m'en vengeois par des forfaits plus grands.
Où Thyeste paroît, tout respire le crime;
Je me sens agité de l'esprit qui l'anime;
Je suis déjà coupable. Etoit-ce me venger,
Que de charger son fils du soin de l'égorger?
Qu'il vive; ce n'est plus sa mort que je medite.
La mort n'est que la fin des tourmens qu'il mérite.
Que le perfide, en proie aux horreurs de son sert,
Implore comme un bien la plus affreuse mort.
Que ma triste vengeance, à tous les deux cruelle,
Etonne jusqu'aux dieux qui n'ont rien fait pour elle.
Vengeons tous nos affronts; mais par un tel forfait,
Que Thyeste lui-même eût voulu l'avoir fait.
Lâche et vaine pitié, que ton murmure cesse;
Dans les cœurs outragés tu n'es qu'une foiblesse;
Abandonne le mien : qu'exiges-tu d'un cœur
Qui ne reconnoit plus de dieux que sa fureur?
Courons tout préparer; et, par un coup funeste,
Surpassons, s'il se peut, les crimes de Thyeste.
Le ciel, pour le punir d'avoir pu m'outrager,
A remis à son sang le soin de m'en venger.

Fin du troisième acte.

ACTE QUATRIÈME.

SCÈNE I.

PLISTHÈNE, THESSANDRE.

THESSANDRE.

Où courez-vous, seigneur? Qu'allez-vous entreprendre?

PLISTHÈNE.

D'un cœur au désespoir tout ce qu'on peut attendre.

THESSANDRE.

Quelle est donc la fureur dont je vous vois épris?
Ciel! dans quel trouble affreux jetez-vous mes esprits?
D'où naît ce désespoir que chaque instant irrite?
Pour qui préparez-vous ces vaisseaux, cette fuite?
Quel intérêt enfin arme ici votre bras,
Et ces amis tout prêts à marcher sur vos pas?
Parlez, seigneur: le roi, désormais plus sévère...

PLISTHÈNE.

Qu'avois-je fait aux dieux pour naître d'un tel père?
O devoir ! dans mon cœur trop long-tems respecté,
Laisse un moment l'amour agir en liberté.
Les rigoureuses lois qu'impose la nature
Ne sont plus que des droits dont la vertu murmure.
Secrets persécuteurs des cœurs nés vertueux,
Remords, qu'exigez-vous d'un amant malheureux?

THESSANDRE.

Que dites-vous, seigneur? Quelle douleur vous presse?

PLISTHÈNE.

Thessandre, il faut périr, ou sauver ma princesse.

THESSANDRE.

La sauver ! et de qui?

PLISTHÈNE.

           Du roi, dont la fureur
Va lui plonger peut-être un poignard dans le cœur.
C'est pour la dérober au coup qui la menace,
Que je n'écoute plus qu'une coupable audace.
Non, cruel, ce n'est point pour la voir expirer,
Que du plus tendre amour je me sens inspirer.
Croirois-tu que du roi la haine sanguinaire
A voulu me forcer d'assassiner son frère?
Que, pour mieux m'obliger à lui percer le flanc,
De sa fille, au refus, il doit verser le sang?
Ah ! je me sens saisir d'une fureur nouvelle.
Courons, pour la sauver, où mon honneur m'appelle.
Mais où la rencontrer? Eh quoi ! les justes dieux
M'ont-ils déjà puni d'un projet odieux?
Que fait Thyeste? Hélas ! qu'est-elle devenue?
Qui peut dans ce palais la soustraire à ma vue?
Je frémis : retournons les chercher en ces lieux;
Les en sauver, Thessandre, ou périr à leurs yeux.
Allons: ne laissons point, dans l'ardeur qui m'anime,
Un cœur comme le mien réfléchir sur un crime.
Etouffons des remords que j'avois dû prévoir,
Lorsque je n'attends rien que de mon désespoir.
Suis-moi; c'est trop tarder, et d'un péril extrême
On doit moins balancer à sauver ce qu'on aime.
Ce n'est point un forfait; c'est imiter les dieux,
Que de remplir son cœur du soin des malheureux.

SCÈNE II.

**PLISTHÈNE, THÉODAMIE;
THESSANDRE, LÉONIDE.**

PLISTHÈNE.

Mais que vois-je, Thessandre? O ciel! quelle est
     ma joie !
    (à *Théodamie.*)
Se peut-il qu'en ces lieux Plisthène vous revoie?
L'unique objet des soins de mon cœur éperdu,
Hélas ! par quel bonheur nous est-il donc rendu?
Quoi! c'est vous, ma princesse! Ah! ma fureur calmée
Fait place à la douceur dont mon ame est charmée.
Dieux! qu'allois-je tenter? Mais quel est votre effroi?
Qui fait couler vos pleurs? et qu'est-ce que je voi?

THÉODAMIE.

Seigneur, vous me voyez les yeux baignés de larmes,
Et le cœur agité des plus vives alarmes.
Thyeste va bientôt ensanglanter ces lieux,
Si vous ne retenez ce prince furieux.
Trop sûr que votre mort, que la sienne est jurée,
Il veut la prévenir par la perte d'Atrée.
Il erre en ce palais dans ce cruel dessein,
Tout prêt à lui plonger un poignard dans le sein.
Il est perdu, seigneur, ce prince qui vous aime,
Si vous ne le sauvez d'Atrée, ou de lui-même.
Il voit de tous côtés qu'on observe ses pas;
Le péril cependant ne l'épouvante pas.

Si la pitié pour nous peut émouvoir votre ame ,
Si moi-même en secret j'approuvai votre flamme ,
S'il est vrai que l'amour ait pu vous attendrir ,
Au nom de cet amour , daignez le secourir.
Je vous dirois qu'un cœur plein de reconnoissance
D'un service si grand sera la récompense ,
S'il avoit attendu que tant de soins pour nous
Vinssent justifier ce qu'il sentoit pour vous.

PLISTHÈNE.

Dissipez vos frayeurs et calmez vos alarmes.
Vos yeux , pour m'attendrir , n'ont pas besoin de
   larmes.
Hélas ! qui plus que moi doit plaindre vos malheurs?
Ne craignez rien : mes soins ont prévenu vos pleurs.
De ces funestes lieux votre fuite assurée
Va vous mettre à couvert des cruautés d'Atrée;
Et je vais , s'il le faut , aux dépens de ma foi ,
Prouver à vos beaux yeux ce qu'ils peuvent sur moi.
Oui , croyez-en ces dieux que mon amour atteste ;
Croyez-en ces garans du salut de Thyeste.
Il m'est plus cher qu'à vous : sans me donner la mort,
Le roi ne sera point l'arbitre de son sort.
Votre père vivra : vous vivrez ; et Plisthène
N'aura point eu pour vous une tendresse vaine.
Je sauverai Thyeste. Eh ! que n'ai-je point fait ?
Hélas ! si vous saviez , d'un barbare projet ,
A quel prix j'ai déjà tenté de le défendre… ?
Venez, pour lui, pour vous je vais tout entreprendre;
Heureux si je pouvois , en vous sauvant tous deux ,
Près de ne vous voir plus , expirer à vos yeux !

SCÈNE III.

THYESTE , PLISTHÈNE , THÉODAMIE ,
THESSANDRE , LÉONIDE.

PLISTHÈNE.

Mais Thyeste paroît : quel bonheur est le nôtre !
Quel favorable sort nous rejoint l'un et l'autre !

THYESTE *apercevant Plisthène.*

Que vois-je?Dieux puissans , après un si grand bien,
Non , Thyeste de vous ne demande plus rien !
Quoi ! prince, vous vivez! Eh ! comment d'un perfide
Avez-vous pu fléchir le courroux parricide ?
Que faisiez-vous , cher prince ? et dans ces mêmes
   lieux
Qui pouvoit si long-tems vous cacher à nos yeux ?
Effrayé des fureurs où mon ame est livrée ,
Je vous croyois déjà la victime d'Atrée.
Plisthène dans ces lieux n'étoit plus attendu.
Je l'avoue à mon tour , je me suis cru perdu.
J'allois tenter…

PLISTHÈNE.

           Calmez le soin qui vous dévore ;
Vous n'êtes point perdu , puisque je vis encore.
Tant que l'astre du jour éclairera mes yeux ,
Il n'éclairera point votre perte en ces lieux.
Malgré tous mes malheurs, je vis pour vous défendre.
De ces bords cependant fuyez sans plus attendre ;

Et , sans vous informer d'un odieux secret ,
Croyez-en un ami qui vous quitte à regret.
Adieu , seigneur , adieu : mon ame est satisfaite
D'avoir pu vous offrir une sûre retraite.
Thessandre doit guider au sortir du palais ,
Des pas que je voudrois n'abandonner jamais.

THYESTE.

Moi fuir, prince ! Qui ! moi, que je vous abandonne!
Ah ! ce n'est pas ainsi que ma gloire en ordonne.
Instruit par vos bontés pour un sang malheureux ,
Je n'en trahirai point l'exemple généreux.
Accablé des malheurs où le destin me livre ,
Je veux mourir en roi, si je ne puis plus vivre.
Laissez-moi près de vous ; je ne puis vous quitter.
De noirs pressentimens viennent m'épouvanter :
Je sens , à chaque instant , que mes craintes redou-
   blent ;
Que pour vous, en secret, mes entrailles se troublent.
Je combats vainement de si vives douleurs :
Un pouvoir inconnu me fait verser des pleurs.
Laissez-moi partager le sort qui vous menace.
Au courroux du tyran la tendresse a fait place.
Les noms de fils pour lui sont des noms superflus ,
Et ce n'est pas son sang qu'il respecte le plus.

PLISTHÈNE.

Ah ! qu'il verse le mien : plût au ciel que mon père
Dans le sein de son fils eût éteint sa colère !
Fuyez , seigneur , fuyez ; et ne m'exposez pas
A l'horreur de vous voir égorger dans mes bras.
Hélas ! je ne crains point pour votre seule vie ; .
Ne fuyez pas pour vous , mais pour Théodamie.
C'est vous en dire assez, seigneur ; sauvez du moins
L'objet de ma tendresse et l'objet de mes soins ;
Et ne m'exposez pas à l'horreur légitime
D'avoir, sans fruit, pour vous, osé tenter un crime.
Fuyez : n'abusez point d'un moment précieux.
Cherchez-vous à périr dans ces funestes lieux ?
Thessandre , conduisez.…

THESSANDRE.

              Seigneur, le roi s'avance.

PLISTHÈNE.

Il en est tems encore, évitez sa présence.

SCENE IV.

ATRÉE, THYESTE, PLISTHÈNE,
THÉODAMIE , EURISTHÈNE ,
THESSANDRE , LÉONIDE , GARDES.

ATRÉE.

D'où vient, à mon abord, le trouble où je vous voi ?
Ne craignez rien , les dieux ont fléchi votre roi.
Ce n'est plus ce cruel guidé par sa vengeange,
Et le ciel , dans son cœur , a pris votre défense.
           (*à Thyeste.*)
Ne crains rien pour des jours par ma rage proscrits.
Gardes , éloignez-vous.

SCÈNE V.

ATRÉE, THYESTE, PLISTHÈNE,
THÉODAMIE, EURISTHÈNE,
THESSANDRE, LÉONIDE.

ATRÉE à *Thyeste.*

RASSURE tes esprits :
D'une indigne frayeur je vois ton ame atteinte ;
Thyeste , chasses-en les horreurs et la crainte.
Ne redoute plus rien de mon inimitié :
Toute ma haine cède à ma juste pitié.
Ne crains plus une main à te perdre animée :
Tes malheurs sont si grands, qu'elle en est désarmée;
Et les dieux , effrayés des forfaits des humains,
Jamais plus à propos n'ont trahi leurs desseins.
Quelle étoit ma fureur ! et que vais-je t'apprendre !
Ton cœur déjà tremblant va frémir de l'entendre.
Je le répète encor, tes malheurs sont si grands,
Qu'à-peine je les crois, moi qui te les apprends.

(*Il lui montre un billet d'Ærope.*)
Ce billet seul contient un secret si funeste....
Mais , avant de l'ouvrir , écoute tout le reste.
Tu n'as pas oublié les sujets odieux
D'un courroux excité par tes indignes feux :
Souviens-t-en ; c'est à toi d'en garder la mémoire ;
Pour moi , je les oublie ; ils blessent trop ma gloire.
Cependant contre toi que n'ai-je point tenté !
J'en sens encor frémir mon cœur épouvanté.
En vain sur mes sermens ton ame rassurée
comptoit sur une paix que je t'avois jurée ;
Car , dans l'instant fatal où j'attestois les cieux ,
Je me jurois ta mort , et j'imposois aux dieux.
Je n'en veux pour témoin que ce même Plisthène
Par de pareils sermens qui sut tromper ma haine.
C'étoit lui qui devoit me venger aujourd'hui
D'un crime dont l'affront rejaillissoit sur lui ;
Et , pour mieux l'engager à t'arracher la vie ,
J'en devois , au refus , priver Théodamie.
De ce récit affreux ne prends aucun effroi :
Tu dois te rassurer en le tenant de moi.

(*à Plisthène.*)
Et toi , dont la vertu m'a garanti d'un crime,
Ne crains rien d'un courroux peut-être légitime.
Si c'est un crime à toi de ne le point servir,
Quelle eût été l'horreur d'avoir pu l'assouvir !
Enfin , c'eût été peu que d'immoler mon frère ;
Le malheureux auroit assassiné son père.

THYESTE.

Moi, son père !

ATRÉE.

Ces mots vont t'en instruire. Lis.
(*Il lui donne la lettre d'Ærope.*)

THYESTE.

Dieux ! qu'est-ce que je vois ? c'est d'Ærope. Ah !
  mon fils !
La nature en mon cœur éclaircit ce mystère.
Thyeste t'aimoit trop pour n'être point ton père.
Cher Plisthène, mes vœux sont enfin accomplis.

PLISTHÈNE.

Ciel ! qu'est-ce que j'entends ? Moi, seigneur,
  votre fils !
Tout sembloit réserver, dans un jour si-funeste,
Ma main au parricide, et mon cœur à l'inceste.
Grands dieux ! qui m'épargnez tant d'horreurs en
  ce jour.
Dois-je bénir vos soins , ou plaindre mon amour ?
  (à *Atrée.*)
Vous qui, trompé long-temps dans une injuste haine,
Du nom de votre fils honorâtes Plisthène ;
Quand je ne le suis plus, seigneur, il m'est bien doux
D'être du moins sorti d'un même sang que vous.
Je ne suis consolé de perdre en vous un père,
Que lorsque je deviens le fils de votre frère.
Mais ce fils , près de vous , privé d'un si haut rang,
L'est toujours par le cœur , s'il ne l'est par le sang.

ATRÉE.

C'eût été pour Atrée une perte funeste,
S'il eût fallu te rendre à d'autres qu'à Thyeste.
Le destin ne pouvoit, qu'en te donnant à lui,
Me consoler d'un bien qu'il m'enlève aujourd'hui.
Euristhène, sensible aux larmes de ta mère,
Est celui qui me fit, de son bourreau, ton père,
Instruit de mes fureurs, c'est lui dont la pitié
Vient de vous sauver tous de mon inimitié.
  (à *Thyeste.*)
Thyeste , après ce fils que je viens de te rendre,
Tu vois si désormais je cherche à te surprendre.
Reçois-le de ma main pour garant d'une paix
Que mes soupçons jaloux ne troubleront jamais.
Enfin , pour t'en donner une entière assurance,
C'est par un fils si cher que ton frère commence.
En faveur de ce fils qui fut long-temps le mien,
De mon sceptre aujourd'hui je détache le tien.
Rentre dans tes états sous de si doux auspices,
Qui de notre union ne sont que les prémices.
Je prétends que ce jour que souilloit ma fureur,
Achève de bannir les soupçons de ton cœur.
Thyeste , en croiras-tu la coupe de nos pères ?
Est-ce offrir de la paix des garans peu sincères ?
Tu sais qu'aucun de nous, sans un malheur soudain,
Sur ce gage sacré n'ose jurer en vain ?
C'est sa perte, en un mot ; cette coupe fatale
Est le serment du Styx pour les fils de Tantale.
Je veux bien aujourd'hui, pour lui prouver ma foi,
En mettre le péril entre Thyeste et moi.
Veut-il bien , à son tour, que la coupe sacrée
Achève l'union de Thyeste et d'Atrée ?

THYESTE.

Pourriez-vous m'en offrir un gage plus sacré ,
Que de me rendre un fils ? Mon cœur est rassuré ;
Et je ne pense pas que le don de Plisthène
Soit un présent, seigneur, que m'ait fait votre haine.
J'accepte cependant ces garans d'une paix
Qui fait depuis long-tems mes plus tendres souhaits.
Non que d'aucun détour un frère vous soupçonne.
Sur la foi d'un grand roi Thyeste s'abandonne.
S'il en reçoit enfin des gages en ce jour,
C'est pour vous rassurer sur la sienne à son tour.

ATRÉE.

ATRÉE.

Pour cet heureux moment qu'en ces lieux tout s'ap-
    prête;
Qu'un pompeux sacrifice en précède la fête :
Trop heureux si Thyeste, assuré de la paix,
Daigne la regarder comme un de mes bienfaits!
Vous qui de mon courroux avez sauvé Plisthène,
C'est vous, de ce grand jour, que je charge, Eu-
    risthène;
J'en remets à vos soins la fête et les apprêts.
Courez tout préparer au gré de mes souhaits.
Mon frère n'attend plus que la coupe sacrée;
Offrons-lui ce garant de l'amitié d'Atrée.
Puisse le nœud sacré qui doit nous réunir,
Effacer de son cœur un triste souvenir!
Pourra-t-il oublier?...
        THYESTE.

            Tout, jusqu'à sa misère.
Il ne se souvient plus que d'un fils et d'un frère.

SCÈNE VI.

PLISTHÈNE, THESSANDRE.

PLISTHÈNE à Thessandre.

Dès ce moment au port précipite tes pas :
Que le vaisseau, sur-tout, ne s'en écarte pas.
De mille affreux soupçons j'ai peine à me défendre.
Cours, et que nos amis viennent ici m'attendre.

Fin du quatrième acte.

ACTE CINQUIÈME.
SCÈNE I.

PLISTHÈNE seul.

Thessandre ne vient point, rien ne l'offre à
    mes yeux.
Tout m'abandonne-t-il dans ces funestes lieux?
Tristes pressentimens que le malheur enfante,
Que la crainte nourrit, que le soupçon augmente;
Secrets avis des dieux, ne pressez plus un cœur
Dont toute la fierté combat mal la frayeur.
C'est en vain qu'elle veut y mettre quelqu'obstacle;
Le cœur des malheureux n'est qu'un trop sûr oracle.
Mais pourquoi m'alarmer? Et quel est mon effroi!
Puis-je, sans l'outrager, me défier d'un roi,
Qui semble désormais, cédant à la nature,
Oublier qu'à sa gloire on ait fait une injure?
L'oublier! ah! moi-même oublié-je aujourd'hui
Ce qu'il vouloit de moi, ce que j'ai vu de lui?
Puis-je en croire une paix déjà sans fruit jurée?
Dès qu'il faut pardonner, n'attendons rien d'Atrée.
Je ne connois que trop ses transports furieux,
Et sa fausse pitié n'éblouit point mes yeux.
C'est en vain de sa main que je reçois un père;
Tout ce qui vient de lui cache quelque mystère.
J'en ai trop éprouvé de son perfide cœur,
Pour oser sur sa foi, déposer ma frayeur.
Je ne sais quel soupçon irrite mes alarmes;
Mais du fond de mon cœur je sens couler mes larmes.
Thessandre ne vient point; tant de retardemens
Ne confirment que trop mes noirs pressentimens.

SCÈNE II.

PLISTHÈNE, THESSANDRE.

PLISTHÈNE.

Mais je le vois. Eh bien, en est-ce fait, Thes-
    sandre?
Sur les bords de l'Euripe est-il temps de nous rendre?
Pour cet heureux moment as-tu tout préparé?
De nos amis secrets t'es-tu bien assuré?

THESSANDRE.

Il ne tient plus qu'à vous d'éprouver leur courage;
Je les ai dispersés, ici, sur le rivage.
Tout est prêt. Cependant si Plisthène, aujourd'hui,
Veut en croire des cœurs pleins de zèle pour lui,
Il ne partira point : ce dessein téméraire
Pourroit causer sa perte et celle de son père.

PLISTHÈNE.

Ah! je ne fuirois pas, quel que fût mon effroi,
Si mon cœur aujourd'hui ne trembloit que pour moi.
Thessandre, il faut sauver mon père et la princesse;
Ce n'est plus que pour eux que mon cœur s'intéresse.
Cherche Théodamie, et ne la quitte pas.
Moi, je cours retrouver Thyeste de ce pas.

THESSANDRE.

Eh! que prétendez-vous, seigneur, lorsque son frère
Semble de sa présence accabler votre père?
Il ne le quitte point; ses longs embrassemens
Sont toujours resserrés par de nouveaux sermens.
Un superbe festin par son ordre s'apprête;
Il appelle les dieux à cette auguste fête.
Mon cœur, à cet aspect qui s'est laissé charmer,
Ne voit rien dont le vôtre ait lieu de s'alarmer.

PLISTHÈNE.

Et moi, je ne vois rien dont le mien ne frémisse.
De quelque crime affreux cette fête est complice;
C'est assez qu'un tyran la consacre en ces lieux;
Et nous sommes perdus, s'il invoque les dieux.
Va, cours avec ma sœur nous attendre au rivage;
Moi, je vais à Thyeste ouvrir un sûr passage.

SCÈNE III.

PLISTHÈNE seul.

Dieux puissans! secondez un si juste dessein,
Et dérobez mon père aux coups d'un inhumain.

SCÈNE IV.

ATRÉE, PLISTHÈNE, GARDES.

ATRÉE.

Demeure, digne fils d'Ærope et de Thyeste,
Demeure, reste impur d'un sang que je déteste.
Pour remplir de tes soins le projet important,
Demeure, c'est ici que Thyeste t'attend;
Et tu n'iras pas loin pour rejoindre, perfide,
Les traîtres qu'en ces lieux arme ton parricide.
Prince indigne du jour, voilà donc les effets
Que dans ton ame ingrate ont produit mes bienfaits?
A-peine le destin te redonne à ton père,
Que ton cœur aussitôt en prend le caractère;

E

Et plus ingrat que lui, puisqu'il me devoit moins,
L'attentat le plus noir est le prix de mes soins.
Va, pour le prix des tiens, retrouver tes complices;
Va périr avec eux dans l'horreur des supplices.

PLISTHÈNE.

Pourquoi me supposer un indigne forfait?
Est-ce pour vos pareils que le prétexte est fait?
Vos reproches honteux n'ont rien qui me surprenne,
Et je ne sens que trop ce que peut votre haine.
Aurois-je prétendu, né d'un sang odieux,
Vous être plus sacré que n'ont été les dieux?
A travers les détours de votre ame parjure,
J'entrevois des horreurs dont frémit la nature.
Dans la juste fureur dont mon cœur est épris....
Mais non, je me souviens que je fus votre fils.
Malgré vos cruautés, et malgré ma colère,
Je crois encore ici m'adres er à mon père.
Quoique trop assuré de ne point l'attendrir,
Je sens bien que du moins je ne dois point l'aigrir,
Dans l'espoir que ma mort pourra vous satisfaire,
Que vous épargnerez votre malheureux frère.
Le crime supposé qu'on m'impute aujourd'hui,
Tout, jusqu'à son départ est un secret pour lui.
Sur la foi d'une paix si saintement jurée,
Il se croit sans péril entre les mains d'Atrée.
J'ai penetré moi seul au fond de votre cœur,
Et mon malheureux père est encor dans l'erreur.
Je ne vous parle point d'une jeune princesse;
A la faire périr rien ne vous intéresse.

ATRÉE.

Va, tu prétends en vain t'éclaircir de leur sort;
Meurs dans ce doute affreux, plus cruel que la mort.
De leur sort aux enfers va chercher qui t'instruise.
Où l'on doit l'immoler, gardes, qu'on le conduise;
Versez à ma fureur ce sang abandonné,
Et songez à remplir l'ordre que j'ai donné.

SCÈNE V.

ATRÉE seul.

Va périr, malheureux; mais, dans ton sort funeste,
Cent fois moins malheureux que le lâche Thyeste.
Que je suis satisfait! Que de pleurs vont couler
Pour ce fils qu'à ma rage on est près d'immoler!
Quel que soit en ces lieux son supplice barbare,
C'est le moindre tourment qu'à Thyeste il prépare.
Ce fils infortuné, cet objet de ses vœux,
Va devenir pour lui l'objet le plus affreux.
Je ne te l'ai rendu que pour te le reprendre,
Et ne te le ravis que pour mieux te le rendre.
Oui, je voudrois pouvoir, au gré de ma fureur,
Le porter tout sanglant jusqu'au fond de ton cœur.
Quel qu'en soit le forfait, un dessein si funeste,
S'il n'est digne d'Atrée, est digne de Thyeste.
De son fils tout sanglant, de son malheureux fils,
Je veux que dans son sein il entende les cris.
C'est en toi-même, ingrat, qu'il faut que ma victime,
Ce fruit de tes amours, aille expier ton crime.
Je frissonne, et je sens mon ame se troubler;
C'est à mon ennemi qu'il convient de trembler.
Qui cède à la pitié, mérite qu'on l'offense;

Il faut un terme au crime, et non à la vengeance.
Tout est prêt, et déjà dans mon cœur furieux
Je goûte le plaisir le plus parfait des dieux.
Je vais être vengé, Thyeste, quelle joie!
Je vais jouir des maux où tu vas être en proie.
Ce n'est de ses forfaits se venger qu'à demi,
Que d'accabler de loin un perfide ennemi.
Il faut, pour bien jouir de son sort déplorable,
Le voir dans le moment qu'il devient misérable,
De ses premiers transports irriter la douleur,
Et lui faire, à longs traits, sentir tout son malheur.

SCÈNE VI.

ATRÉE, THYESTE, GARDES.

ATRÉE bas.

Thyeste vient: feignons. Il semble, à sa tristesse,
Que de son sort affreux quelque soupçon le presse.
(haut).
Cher Thyeste, approchez: d'où naît cette frayeur?
Quel déplaisir si prompt peut troubler votre cœur?
Vous paroissez saisi d'une douleur secrète,
Et ne me montrez plus cette ame satisfaite,
Qui sembloit respirer la douceur de la paix.
Ne seroit-elle plus vos plus tendres souhaits?
Quoi! de quelques soupçons votre ame est-elle atteinte?
Ce jour, cet heureux jour est-il fait pour la crainte?
Mon frère, vous devez la bannir désormais;
La coupe va bientôt nous unir pour jamais.
Goûtez-vous la douceur d'une paix si parfaite?
Et la souhaitez-vous comme je la souhaite?
N'êtes-vous pas sensible à ce rare bonheur?

THYESTE.

Qui? moi! vous soupçonner, ou vous haïr, seigneur!
Les dieux m'en sont témoins, ces dieux qu'ici j'atteste,
Qui lisent mieux que vous dans l'ame de Thyeste.
Ne vous offensez point d'une vaine terreur,
Qui semble, malgré moi, s'emparer de mon cœur.
Je le sens agité d'une douleur mortelle:
Ma constance succombe; en vain je la rappelle;
Et, depuis un moment, mon esprit abattu
Laisse d'un poids honteux accabler sa vertu.
Cependant près de vous un je ne sais quel charme
Suspend dans ce moment le trouble qui m'alarme.
Pour rassurer encor mes timides esprits,
Rendez-moi mes enfans, faites venir mon fils;
Qu'il puisse être témoin d'une union si chère,
Et partager, seigneur, les bontés de mon frère.

ATRÉE.

Vous serez satisfait, Thyeste; et votre fils,
Pour jamais, en ces lieux, va vous être remis.
Oui, mon frère, il n'est plus que la Parque inhu-
maine
Qui puisse séparer Thyeste de Plisthène.
Vous le verrez bientôt; un ordre de ma part
Le fait de ce palais hâter votre départ.
Pour donner de ma foi des preuves plus certaines,
Je veux vous renvoyer dès ce jour à Mycènes.
Malgré ce que je fais, peu sûr de cette foi,
Je vois que votre cœur s'alarme auprès de moi.
J'avois cru cependant qu'une pleine assurance
Devoit suivre....

THYESTE.

Ah! Seigneur, ce reproche m'offense.

ATRÉE *à un garde.*

Qu'on cherche la princesse; allez, et qu'en ces lieux
Plisthène, sans tarder, se présente à ses yeux.
Il faut.....

SCÈNE VII.

ATRÉE, THYESTE, EURISTHÈNE,
GARDES.

EURISTHÈNE *apporte la coupe.*

ATRÉE.

MAIS j'apperçois la coupe de nos pères:
Voici le nœud sacré de la paix des deux frères;
Elle vient à propos pour rassurer un cœur
Qu'alarme en ce moment une indigne terreur.
Tel qui pouvoit encor se défier d'Atrée,
En croira mieux peut-être à la coupe sacrée.
Thyesta veut-il bien qu'elle achève en ce jour
De réunir deux cœurs désunis par l'amour?
Pour engager un frère à plus de confiance,
Pour le convaincre enfin, donnez, que je commence.

(*Il prend la coupe de la main d'Euristhène.*)

THYESTE.

Je vous l'ai déjà dit, vous m'outragez, seigneur,
Si vous vous offensez d'une vaine frayeur.
Que voudroit désormais me ravir votre haine,
Après m'avoir rendu mes Etats et Plisthène?
Du plus affreux courroux, quel que fût le projet,
Mes jours infortunés valent-ils ce bienfait?
Euristhène, donnez; laissez-moi l'avantage
De jurer le premier sur ce précieux gage.
Mon cœur, à son aspect, de son trouble est remis:
Donnez. Mais, cependant, je ne vois point mon fils.

(*Il prend la coupe des mains d'Atrée.*)

ATREE.

(*à ses gardes.*)   (*à Thyeste.*)
Il n'est point de retour? Rassurez-vous, mon frère;
Vous reverrez bientôt une tête si chère:
C'e t de notre union le nœud le plus sacré;
Craignez moins que jamais d'en être séparé.

THYESTE.

Soyez donc les garans du salut de Thyeste,
Coupe de nos aïeux, et vous, dieux que j'atteste.
Puisse votre courroux foudroyer désormais
Le premier de nous deux qui troublera la paix!
Et vous, frère aussi cher que ma fille et Plisthène,
Recevez de ma foi cette preuve certaine.
Mais que vois-je, perfide? Ah! grands dieux! quelle
      horreur!
C'est du sang! Tout le mien se glace dans mon cœur.
Le soleil s'obscurcit; et la coupe sanglante
Semble fuir, d'elle-même, à cette main tremblante.
Je me meurs. Ah! mon fils! qu'êtes vous devenu?

SCÈNE DERNIÈRE

ATRÉE, THYESTE, THÉODAMIE,
EURISTHÈNE, LÉONIDÉ, GARDES.

THÉODAMIE.

L'AVEZ-VOUS pu souffrir, dieux cruels? Qu'ai-
      je vu?
Ah, Seigneur! votre fils, mon déplorable frère,
Vient d'être, pour jamais, privé de la lumière.

THYESTE.

Mon fils est mort, cruel, dans ce même palais,
Et dans le même instant où l'on m'offre la paix!
Et, pour comble d'horreur, pour comble d'epou-
      vante,
Barbare, c'est du sang que ta main me présente!
O terre, en ce moment, peux-tu nous soutenir?
O de mon songe affreux triste ressouvenir!
Mon fils, est-ce ton sang qu'on offroit à ton père?

ATRÉE.

Méconnois-tu ce sang?

THYESTE.

Je reconnois mon frère.

ATRÉE.

Il falloit le connoître, et ne point l'outrager;
Ne point forcer ce frère, ingrat, à se venger.

THYESTE.

Grands dieux! pour quels forfaits lancez-vous le
      tonnerre?
Monstre, que les enfers ont vomi sur la terre,
Assouvis la fureur dont ton cœur est épris;
Joins un malheureux père à son malheureux fils;
A ses mânes sanglans donne cette victime,
Et ne t'arrête point au milieu de ton crime.
Barbare, peux-tu bien m'épargner en des lieux
Dont tu viens de chasser et le jour et les dieux?

ATRÉE.

Non, à voir les malheurs où j'ai plongé ta vie,
Je me repentirois de te l'avoir ravie.
Par tes gémissemens je connois ta douleur.
Comme je le voulois, tu ressens ton malheur;
Et mon cœur, qui perdoit l'espoir de sa vengeance,
Retrouve dans tes pleurs son unique espérance.
Tu souhaites la mort, tu l'implores; et moi,
Je te laisse le jour, pour me venger de toi.

THYESTE.

Tu t'en flattes en vain; et la main de Thyeste
Saura bien te priver d'un plaisir si funeste.

(*Il se tue.*)

THÉODAMIE.

Ah, ciel!

THYESTE.

Consolez-vous, ma fille; et de ces lieux
Fuyez, et remettez votre vengeance aux dieux.
Contente, par vos pleurs, d'implorer leur justice,
Allez, loin de ce traître, attendre son supplice.
Les dieux, que ce parjure ont fait pâlir d'effroi,
Le rendront quelque jour plus malheureux que moi;
Le ciel me le promet, la coupe en est le gage;
Et je meurs.

ATRÉE.

A ce prix, j'accepte le présage:
Ta main, en t'immolant, a comble mes souhaits;
Et je jouis enfin du fruit de mes forfaits.

FIN.

E 2

ÉLECTRE,

TRAGÉDIE.

PERSONNAGES.

CLYTEMNESTRE, veuve d'Agamemnon,
et femme d'Égisthe.
ORESTE, fils d'Agamemnon et de Clytemnestre,
roi de Mycènes, élevé sous le nom de Tydée.
ÉLECTRE, sœur d'Oreste.
EGYSTHE, fils de Thyeste, meurtrier d'Agamemnon.

ITYS, fils d'Égysthe, mais d'une autre mère
que Clytemneste.
IPHIANASSE, sœur d'Itys.
PALAMÈDE, gouverneur d'Oreste.
ARCAS, ancien officier d'Agamemnon.
ANTÉNOR, confident d'Oreste.
MÉLITE, confidente d'Iphianasse.
GARDES.

La scène est à Mycènes, dans le palais de ses rois.

ACTE PREMIER.

SCÈNE I.

ÉLECTRE *seule.*

TÉMOIN du crime affreux que poursuit ma
    vengeance,
O nuit ! dont tant de fois j'ai troublé le silence,
Insensible témoin de mes vives douleurs,
Electre ne vient plus te confier des pleurs.
Son cœur, las de nourrir un désespoir timide,
Se livre enfin, sans crainte, au transport qui le guide.
Favorisez, grands dieux ! un si juste courroux;
Electre vous implore, et s'abandonne à vous.
Pour punir les forfaits d'une race funeste,
J'ai compté trop long-tems sur le retour d'Oreste.
C'est former des projets et des vœux superflus;
Mon frère malheureux, sans doute, ne vit plus.
Et vous, mânes sanglans du plus grand roi du monde,
Triste et cruel objet de ma douleur profonde,
Mon père, s'il est vrai que, sur les sombres bords,
Les malheurs des vivans puissent toucher les morts;
Ah ! combien doit frémir ton ombre infortunée,
Des maux où ta famille est encor destinée !
C'étoit peu que les tiens, altérés de ton sang,
Eussent osé porter le couteau dans ton flanc;
Qu'à la face des dieux le meurtre de mon père
Fût, pour comble d'horreurs, le crime de ma mère :
C'est peu qu'en d'autres mains la perfide ait remis
Le sceptre qu'après toi devoit porter ton fils;
Et que, dans mes malheurs, Egisthe qui me brave,
Sans respect, sans pitié, traite Electre en esclave;
Pour m'accabler encor, son fils audacieux,
Itys, jusqu'à sa fille ose lever les yeux.
Des dieux et des mortels Electre abandonnée,
Doit, ce jour, à son sort, s'unir par l'hyménée,
Si ta mort, m'inspirant un courage nouveau,
N'en éteint par mes mains le coupable flambeau :

Mais qui peut retenir le courroux qui m'anime ?
Clytemnestre osa bien s'armer pour un grand crime.
Imitons sa fureur par de plus nobles coups;
Allons à ces autels, où m'attend son époux,
Immoler avec lui l'amant qui nous outrage :
C'est-là le moindre effort digne de mon courage.
Je le dois. . . . D'où vient donc que je ne le fais pas,
Ah ! si c'étoit l'amour qui me retint le bras !
Pardonne, Agamemnon, pardonne, ombre trop
    chère;
Mon cœur n'a point brûlé d'une flamme adultère.
Ta fille, de concert avec tes assassins,
N'a point porté sur toi de parricides mains.
J'ai tout fait pour venger ta perte déplorable;
Electre, cependant, n'en est pas moins coupable.
Le vertueux Itys, à travers ma douleur,
N'en a pas moins trouvé le chemin de mon cœur.
Mais Arcas ne vient point ! Fidèle en apparence,
Trahit-il en secret le soin de ma vengeance ?

SCÈNE II.

ÉLECTRE, ARCAS.

ÉLECTRE.

          (*à Arcas.*)
IL vient, rassurons-nous. Pleine d'un juste effroi,
Je me plaignois déjà qu'on me manquoit de foi;
Je craignois qu'un ami qui pour moi s'intéresse,
N'osât plus. . . Mais quoi ! seul ?
      ARCAS.
          Malheureuse princesse !
Hélas ! que votre sort est digne de pitié !
Plus d'amis, plus d'espoir.
      ÉLECTRE.
         Quoi ! leur vaine amitié,
Après tant de sermens. . . .

ARCAS.

Non, n'attendez rien d'elle.
Madame, en vain pour vous j'ai fait parler mon zèle:
Eux-mêmes, à regret, ces trop prudens amis,
S'en tiennent au secours qu'on leur avoit promis.
Qu'Oreste, disent-ils, vienne, par sa présence,
Rassurer des amis armés pour sa vengeance.
Palamède, chargé d'élever ce héros,
Promettoit avec lui de traverser les flots ;
Son fils, même avant eux, devoit ici se rendre.
C'est se perdre, sans eux, qu'oser rien entreprendre ;
Bientôt de nos projets la mort seroit le prix.
D'ailleurs, pour achever de glacer leurs esprits,
On dit que ce guerrier, dont la valeur funeste
Ne se peut comparer qu'à la valeur d'Oreste,
Qui de tant d'ennemis délivre ces états,
Qui les a sauvés seul par l'effort de son bras ;
Qui, chassant les deux rois de Corinthe et d'Athènes,
De morts et de mourans vient decouvrir nos plaines,
Hier, avant la nuit, parut dans ce palais ;
Cet étranger qu'Égisthe a comblé de bienfaits,
A qui ce tyran doit le salut de sa fille,
De lui, d'Itys, enfin de toute sa famille,
Est un rempart si sûr pour vos persécuteurs,
Que de tous nos amis il a glacé les cœurs.
Au seul nom du tyran que votre ame déteste,
On frémit ; cependant on veut revoir Oreste.
Mais le jour qui paroit me chasse de ces lieux :
Je crois voir même Itys. Madame, au nom des dieux,
Loin de faire éclater le trouble de votre ame,
Flattez plutôt d'Itys l'audacieuse flamme.
Faites que votre hymen se diffère d'un jour ;
Peut-être verrons-nous Oreste de retour.

ÉLECTRE.

Cesse de me flatter d'une espérance vaine.
Allez, lâches amis, qui trahissez ma haine,
Électre saura bien, sans Oreste et sans vous,
Ce jour même, à vos yeux, signaler son courroux.

SCÈNE III.

ÉLECTRE, ITYS.

ÉLECTRE.

En des lieux où je suis, trop sûr de me déplaire,
Fils d'Égisthe, oses-tu mettre un pied téméraire ?

ITYS.

Madame, pardonnez à l'innocente erreur
Qui vous offre un amant guidé par sa douleur.
D'un amour malheureux la triste inquiétude
Me faisoit de la nuit chercher la solitude.
Pardonnez, si l'amour tourne vers vous mes pas ;
Itys vous souhaitoit, mais ne vous cherchoit pas.

ÉLECTRE.

Dans l'état où je suis, toujours triste, quels charmes
Peuvent avoir des yeux presqu'éteints dans les larmes ?
Fils du tyran cruel qui fait tous mes malheurs,
Porte ailleurs ton amour, et respecte mes pleurs.

ITYS.

Ah ! ne m'enviez pas cet amour, inhumaine !
Ma tendresse ne sert que trop bien votre haine.
Si l'amour cependant peut désarmer un cœur,
Quel amour fut jamais moins digne de rigueur ?
A peine je vous vis, que mon ame éperdue,
Se livra, sans réserve, au poison qui me tue.
Depuis dix ans entiers que je brûle pour vous,
Qu'ai-je fait qui n'ait dû fléchir votre courroux ?
De votre illustre sang conservant ce qui reste,
J'ai de mille complots sauvé les jours d'Oreste.
Moins attentif au soin de veiller sur ses jours,
Déjà plus d'une main en eût tranché le cours.
Plus accablé que vous du sort qui vous opprime,
Mon amour malheureux fait encor tout mon crime.
Enfin, pour vous forcer à vous donner à moi,
Vous savez si jamais j'exigeai rien du roi.
Il prétend qu'avec vous un nœud sacré m'unisse ;
Ne m'en imputez point la cruelle injustice.
Au prix de tout mon sang je voudrois être à vous,
Si c'étoit votre aveu qui me fît votre époux.
Ah ! par pitié pour vous, princesse infortunée,
Payez l'amour d'Itys par un tendre hyménée.
Puisqu'il faut l'achever, ou descendre su tombeau,
Laissez-en à mes feux allumer le flambeau.
Régnez donc avec moi ; c'est trop vous en défendre ;
C'est un sceptre qu'un jour Égisthe veut vous rendre.

ÉLECTRE.

Ce sceptre est-il à moi pour me le destiner ?
Ce sceptre est-il à lui, pour te l'oser donner ?
C'est en vain qu'en esclave il traite une princesse,
Jusqu'à le redouter que le traître m'abaisse ;
Qu'il fasse que ces fers, dont il s'est tant promis,
Soient moins honteux pour moi que l'hymen de son
    fils.
Cesse de te flatter d'une espérance vaine ;
Ta vertu ne te sert qu'à redoubler ma haine.
Égisthe ne prétend te faire mon époux,
Que pour mettre sa tête à couvert de mes coups.
Mais sais-tu que l'hymen dont la pompe s'apprête,
Ne se peut achever qu'aux dépens de sa tête ?
A ces conditions je souscris à tes vœux ;
Ma main sera le prix d'un coup si généreux.
Électre n'attend point cet effort de la tienne ;
Je connois ta vertu : rends justice à la mienne.
Crois-moi, loin d'écouter ta tendresse pour moi,
De Clytemnestre ici crains l'exemple pour toi.
Romps toi-même un hymen où l'on veut me con-
    traindre ;
Les femmes de mon sang ne sont que trop à craindre.
Malheureux ! de tes vœux quel peut être l'espoir ?
Hélas ! quand je pourrois, rebelle à mon devoir,
Brûler un jour pour toi de feux illégitimes,
Ma vertu t'en feroit bientôt les plus grands crimes.
Je te haïrai moins, fils d'un prince odieux ;
Ne sois point, s'il se peut, plus coupable à mes yeux ;
Ne me peins plus l'ardeur dont ton ame est éprise.
Que peux-tu souhaiter ? Itys, qu'il te suffise
Qu'Électre, toute entière à son inimitié,
Ne fait point tes malheurs sans en avoir pitié.
Mais Clytemnestre vient. Ciel ! quel dessein l'amène ?
Te sers-tu contre moi du pouvoir de lareine ?

SCÈNE IV.

CLYTEMNESTRE, ÉLECTRE, ITYS, GARDES.

CLYTEMNESTRE.

Dieux puissans! dissipez mon trouble et mon
　effroi,
Et chassez ces horreurs loin d'Egisthe et de moi.

ITYS.

Quelle crainte est la vôtre? Où courez-vous, madame?
Vous vous plaignez; quel trouble a pu saisir votre
ame?

CLYTEMNESTRE.

Prince, jamais effroi ne fut égal au mien:
Mais ce récit demande un secret entretien.
Jamais sort ne parut plus à craindre et plus triste.
　(à ses gardes.)
Qu'on sache, en ce moment, si je puis voir Egisthe.

SCÈNE V.

CLYTEMNESTRE, ÉLECTRE, ITYS.

CLYTEMNESTRE.

Mais vous, qui vous guidoit aux lieux où je vous
　voi?
Électre se rend-elle aux volontés du roi?
A votre heureux destin la verrons-nous unie?
Sait-elle, à résister, qu'il y va de sa vie?

ITYS.

Ah! d'un plus doux langage empruntons le secours,
Madame; épargnez-lui de si cruels discours:
Adoucissez plutôt sa triste destinée;
Électre n'est déjà que trop infortunée.
Je ne puis la contraindre; et mon esprit confus.....

CLYTEMNESTRE.

Par ce raisonnement je conçois ses refus.
Mais, pour former l'hymen et de l'un et de l'autre,
On ne consultera ni son cœur ni le vôtre;
C'est, pour vous, de son sort prendre trop de souci.
Allez, dites au roi que je l'attends ici.

SCÈNE VI.

CLYTEMNESTRE, ÉLECTRE.

CLYTEMNESTRE,

Ainsi, loin de répondre aux bontés d'une mère,
Vous bravez de ce nom le sacré caractère;
Et, lorsque ma pitié lui fait un sort plus doux,
Électre semble encor défier mon courroux.
Bravez-le; mais, du moins, du sort qui vous accable,
N'accusez donc que vous, princesse inexorable.
Je fléchissois un roi de son pouvoir jaloux;
Un héros, par mes soins devenoit votre époux;
Je voulois, par l'hymen d'Itys et de ma fille,
Voir rentrer quelque jour le sceptre en sa famille:
Mais l'ingrate ne veut que nous immoler tous.
Je ne dis plus qu'un mot: Itys brûle pour vous;

Ce jour même à son sort vous devez être unie;
Si vous n'y souscrivez, c'est fait de votre vie.
Egisthe est las de voir son esclave en ces lieux
Exciter, par ses pleurs, les hommes et les dieux.

ÉLECTRE.

Contre un tyran si fier, juste ciel! quelles armes!
Qui brave les remords, peut-il craindre mes larmes?
Ah, madame! est-ce à vous d'irriter mes ennuis?
Moi, son esclave! hélas! d'où vient que je le suis?
Moi! l'esclave d'Egisthe! Ah, fille infortunée!
Qui m'a fait son esclave? et de qui suis-je née?
Etoit-ce donc à vous de me le reprocher?
Ma mère, si ce nom peut encor vous toucher;
S'il est vrai qu'en ces lieux ma honte soit jurée,
Ayez pitié des maux où vous m'avez livrée;
Précipitez mes pas dans la nuit du tombeau;
Mais ne m'unissez pas au fils de mon bourreau,
Au fils de l'inhumain qui me priva d'un père,
Qui le poursuit sur moi, sur mon malheureux frère.
Et de ma main encore il ose disposer!
Cet hymen, sans horreur, se peut-il proposer?
Vous m'aimâtes; pourquoi ne vous suis-je plus chère?
Ah! je ne vous hais point; et, malgré ma misère,
Malgré les pleurs amers dont j'arrose ces lieux,
Ce n'est que du tyran dont je me plains aux dieux.
Pour me faire oublier qu'on m'a ravi mon père,
Faites-moi souvenir que vous êtes ma mère.

CLYTEMNESTRE.

Que veux-tu désormais que je fasse pour toi,
Lorsque ton hymen seul peut desarmer le roi?
Souscris, sans murmurer, au sort qu'on te prépare,
Et cesse de gémir de la mort d'un barbare,
Qui, s'il eût pu trouver un second Ilion,
T'auroit sacrifiée à son ambition.
Le cruel qu'il étoit, bourreau de sa famille,
Osa bien, à mes yeux, faire égorger ma fille!

ÉLECTRE.

Tout cruel qu'il étoit, il étoit votre époux:
S'il falloit l'en punir, madame, étoit-ce à vous?
Si le ciel, dont sur lui la rigueur fut extrême,
Réduisit ce héros à verser son sang même;
Du moins, en se privant d'un sang si précieux,
Il ne le fit couler que pour l'offrir aux dieux.
Mais vous, qui de ce sang immolez ce qui reste,
Mère dénaturée et d'Électre et d'Oreste,
Ce n'est point à des dieux jaloux de leurs autels;
Vous nous sacrifiez au plus vil des mortels.

SCÈNE VII.

ÉGISTHE, CLYTEMNESTRE, ÉLECTRE.

ÉLECTRE.

Il paroît l'inhumain! à cette affreuse vue,
Des plus cruels transports je me sens l'ame émue.

ÉGISTHE à Clytemnestre.

Madame, quel malheur, troublant votre sommeil,
Vous a fait, de si loin, devancer le soleil?
Quel trouble vous saisit, et quel triste présage
Couvre encor vos regards d'un si sombre nuage?
Mais Électre avec vous! Que fait-elle en ces lieux?
Auriez-vous pu fléchir ce cœur audacieux?

A mes justes désirs aujourd'hui moins rebelle ,
A l'hymen de mon fils Électre consent-elle ?
Voit-elle sans regret préparer ce grand jour,
Qui doit combler d'Itys et les vœux et l'amour ?

ÉLECTRE.

Oui, tu peux désormais en ordonner la fête ;
Pour cet heureux hymen ma main est toute prête.
Je n'en veux disposer qu'en faveur de ton sang,
Et je la garde à qui te percera le flanc.
(Elle sort.)

ÉGISTHE.

Cruelle ! si mon fils n'arrêtoit ma vengeance,
J'éprouverois bientôt jusqu'où va ta constance.

SCÈNE VIII.

ÉGISTHE, CLYTEMNESTRE.

CLYTEMNESTRE.

SEIGNEUR, n'irritez point son orgueil furieux.
Si vous saviez les maux que m'annoncent les dieux...
J'en frémis. Non, jamais le ciel impitoyable
N'a menacé nos jours d'un sort plus déplorable.
Deux fois mes sens frappés par un triste réveil,
Pour la troisième fois se livroient au sommeil,
Quand j'ai cru par des cris terribles et funèbres,
Me sentir entraîner dans l'horreur des ténèbres.
Je suivois, malgré moi, de si lugubres cris ;
Je ne sais quels remords agitoient mes esprits ;
Milles foudres grondoient dans un épais nuage,
Qui sembloit cependant céder à mon passage.
Sous mes pas chancelans un gouffre s'est ouvert ;
L'affreux séjour des morts à mes yeux s'est offert.
A travers l'Achéron, la malheureuse Électre,
A grand pas, où j'étois sembloit guider un spectre.
Je fuyois, il me suit. Ah, seigneur ! à ce nom
Mon sang se glace : hélas ! c'étoit Agamemnon.
« Arrête, m'a-t-il dit d'une voix formidable,
» Voici de tes forfaits le terme redoutable.
» Arrête, épouse indigne, et frémis de ce sang
» Que le cruel Égisthe a tiré de mon flanc ».
Ce sang, qui ruisseloit d'une large blessure,
Sembloit, en s'écoulant, pousser un long murmure.
A l'instant j'ai cru voir aussi couler le mien :
Mais, malheureuse ! à peine a-t-il touché le sien,
Que j'en ai vu renaître un monstre impitoyable,
Qui m'a lancé d'abord un regard effroyable.
Deux fois le Styx, frappé par ses mugissemens,
Long-tems répondu par des gémissemens.
Vous êtes accouru : mais le monstre en furie,
D'un seul coup, à mes pieds, vous a jeté sans vie,
Et m'a ravi la mienne avec le même effort,
Sans me donner le tems de sentir votre mort.

ÉGISTHE.

Je conçois la douleur où la crainte vous plonge.
Un présage si noir n'est cependant qu'un songe,
Que le sommeil produit, et nous offre au hasard,
Où, bien plus que les dieux, nos sens ont souvent
part.

Pourrois-je craindre un songe à vos yeux si funeste,
Moi qui ne compte plus d'autre ennemi qu'Oreste ?
Au gré de sa fureur qu'il s'arme contre nous,
Je saurai lui porter d'inévitables coups.
Ma haine à trop haut prix vient de mettre sa tête,
Pour redouter encor les malheurs qu'il m'apprête.
C'est en vain que Samos la défend contre moi ;
Qu'elle tremble, à son tour, pour elle et pour son roi.
Athènes, désormais, de ses pertes lassée,
Nous menace bien moins qu'elle n'est menacée ;
Et le roi de Corinthe, épris plus que jamais,
Me demande aujourd'hui ma fille avec la paix.
Quel que soit son pouvoir, quoi qu'il en ose attendre,
Sans la tête d'Oreste, il n'y faut point prétendre.
D'ailleurs, pour cet hymen le ciel m'offre une main,
Dont j'attends pour moi-même un secours plus
certain.
Ce héros, défenseur de toute ma famille,
Est celui qu'en secret je destine à ma fille.
Ainsi je ne crains plus qu'Électre et sa fierté,
Ses reproches, ses pleurs, sa fatale beauté,
Les transports de mon fils : mais, s'il peut la con-
traindre
A recevoir sa foi, je n'aurai rien à craindre ;
Et la main que prétend employer mon courroux,
Mettra bientôt le comble à mes vœux les plus doux.

SCÈNE IX.

IPHIANASSE, MÉLITE, CLYTEMNESTRE, ÉGISTHE.

ÉGISTHE.

MAIS ma fille paroît. Madame, je vous laisse,
Et je vais travailler au repos de la Grèce.

SCÈNE X.

CLITEMNESTRE, IPHIANASSE, MÉLITE.

IPHIANASSE.

ON dit qu'un noir présage, un songe plein d'hor-
reur,
Madame, cette nuit a troublé votre cœur.
Dans le tendre respect qui pour vous m'intéresse,
Je venois partager la douleur qui vous presse.

CLYTEMNESTRE.

Princesse, un songe affreux a frappé mes esprits ;
Mon cœur s'en est troublé ; la frayeur l'a surpris.
Mais, pour en détourner les funestes auspices,
Ma main va l'expier par de prompts sacrifices.

SCÈNE XI.

IPHIANASSE, MÉLITE.

IPHIANASSE.

MÉLITE, plût au ciel qu'en proie à tant d'ennuis,
Un songe seul eût part à l'état où je suis !

Plût au ciel que le sort , dont la rigueur m'outrage ,
N'eût fait que menacer !

MÉLITE.

Madame , quel langage !
Quel malheur de vos jours a troublé la douceur ,
Et la constante paix que goûtoit votre cœur ?

IPHIANASSE.

Tes soins n'ont pas toujours conduit Iphianasse ,
Et ce calme si doux a bien changé de face.
Quelques jours malheureux , écoulés sans te voir ,
D'un cœur qui s'ouvre à toi font tout le désespoir.

MÉLITE.

A finir nos malheurs , quoi ! lorsque tout conspire ;
Qu'un roi jeune et puissant à votre hymen aspire ,
Votre cœur désolé se consume en regrets !
Quels sont vos déplaisirs ? ou quels sont vos souhaits ?
Corinthe , avec la paix , vous demande pour reine :
Ce grand jour doit former une si belle chaîne.

IPHIANASSE.

Plût aux dieux que ce jour , qui te paroît si beau ,
Dût des miens , à tes yeux , éteindre le flambeau !
Mais lorsque tu sauras mes mortelles alarmes ,
N'irrite point mes maux , et fais grace à mes larmes.
Il te souvient encor de ces tems où , sans toi ,
Nous sortimes d'Argos à la suite du roi.
Tout sembloit menacer le trône de Mycènes ,
Tout cédoit aux deux rois de Corinthe et d'Athènes.
Pour retarder , du moins , un si cruel malheur ,
Mon frère , sans succès , fit briller sa valeur ;
Egisthe fut défait , et trop heureux encore
De pouvoir se jeter dans les murs d'Epidaure.
Tu sais tout ce qu'alors fit pour nous ce héros
Qu'Itys avoit sauvé de la fureur des flots.
Peins-toi le dieu terrible adoré dans la Thrace ;
Il en avoit du moins et les traits et l'audace.
Quels exploits ! Non , jamais , avec plus de valeur ,
Un mortel n'a fait voir ce que peut un grand cœur.
Je le vis ; et le mien , illustrant sa victoire ,
Vaincu , quoiqu'en secret , mit le comble à sa gloire ,
Heureuse , si mon ame , en proie à tant d'ardeur ,
Du crime de ses feux faisoit tout son malheur !
Mais hier je revis ce vainqueur redoutable
A peine s'honorer d'un accueil favorable.
De mon coupable amour l'art déguisant la voix ,
En vain sur sa valeur je le louai cent fois ;
En vain , de mon amour flattant la violence ,
Je fis parler mes yeux et ma reconnoissance.
Il soupire , Mélite ; inquiet et distrait ,
Son cœur paroît frappé d'un déplaisir secret.
Sans doute , il aime ailleurs ; et , loin de se con-
    traindre.....
Que dis-je , malheureuse ! est-ce à moi de m'en
    plaindre ?
Esclave d'un haut rang , victime du devoir ,
De mon indigne amour quel peut être l'espoir ?
Ai-je donc oublié tout ce qui nous sépare ?
N'importe , détournons l'hymen qu'on me prépare ;
Je ne puis y souscrire. Allons trouver le roi :
Faisons tout pour l'amour , s'il ne fait rien pour moi.

Fin du premier acte.

ACTE SECOND.

SCÈNE I.

TYDÉE, ANTÉNOR.

TYDÉE.

EMBRASSE-MOI , reviens de ta surprise extrême.
Oui, mon cher Anténor, c'est Tydée; oui, lui-même,
Tu ne te trompes point.

ANTÉNOR.

Vous , seigneur , en ces lieux ,
Parmi des ennemis défians , furieux !
Au plaisir de vous voir , ciel ! quel trouble succède !
Dans le palais d'Argos le fils de Palamède ;
D'une pompeuse cour attirant les regards ,
Et de vœux et d'honneurs comblé de toutes parts !
Je sais jusques où va la valeur de Tydée ;
D'un heureux sort toujours qu'elle fut secondée :
Mais ce n'est pas ici qu'on doit la couronner.
A la cour d'un tyran.....

TYDÉE.

Cesse de t'étonner.
Le vainqueur des deux rois de Corinthe et d'Athènes,
Le guerrier défenseur d'Egisthe et de Mycènes ,
N'est autre que Tydée.

ANTENOR,

Et quel est votre espoir ?

TYDÉE.

Avant que d'éclaircir ce que tu veux savoir ,
Dans ce fatal séjour dis-moi ce qui t'amène ?
Que dit-on à Samos ? Que fait l'heureux Thyrrhène ?

ANTÉNOR.

Ce grand roi , qui chérit Oreste avec transport ,
Depuis plus de six mois , incertain de son sort ,
Alarmé chaque jour et du sien et du vôtre ,
M'envoie en ces climats vous chercher l'un et l'autre.
Mais puisque je vous vois , tous mes vœux sont comblés.
Le fils d'Agamemnon... Seigneur , vous vous troublez !
Malgré tous les honneurs qu'ici l'on vous adresse ,
Vos yeux semblent voilés d'une sombre tristesse.
De tout ce que je vois mon esprit éperdu....

TYDÉE.

Anténor , c'en est fait ; Tydée a tout perdu.

ANTENOR.

Seigneur , éclaircissez ce terrible mystère.

TYDÉE.

Oreste est mort.

ANTENOR.

Grands dieux !

TYDÉE.

Et je n'ai plus de père.

ANTENOR.

Palamède n'est plus ! Ah ! destins rigoureux !
Et qui vous l'a ravi ? Par quel malheur affreux....

TYDÉE.

Tu sais ce qu'en ces lieux nous venions entreprendre ,
Tu sais que Palamède , avant que de s'y rendre ,

Ne

Ne voulut point tenter son retour dans Argos,
Qu'il n'eût interrogé l'oracle de Délos.
A de si justes soins on souscrivit sans peine :
Nous partimes, comblés des bienfaits de Thyrrhène.
Tout nous favorisoit ; nous vaguâmes long-tems
Au gré de nos désirs, bien plus qu'au gré des vents :
Mais, signalant bientôt toute son inconstance,
La mer, en un moment, se mutine et s'élance.
L'air mugit, le jour fuit, une épaisse vapeur
Couvre d'un voile affreux les vagues en fureur ;
La foudre, éclairant seule une nuit si profonde,
A sillons redoublés ouvre le ciel et l'onde ;
Et, comme un tourbillon, embrassant nos vaisseaux,
Semble, en source de feu, bouillonner sur les eaux.
Les vagues, quelquefois nous portant sur leurs cimes,
Nous font rouler après sous de vastes abimes,
Où les éclairs pressés pénétrant avec nous,
Dans des gouffres de feux sembloit nous plonger tous.
Le pilote effrayé, que la flamme environne,
Aux rochers qu'il fuyoit lui-même s'abandonne.
A travers les écueils notre vaisseau poussé,
Se brise, et nage enfin sur les eaux dispersé.
Dieux ! que ne fis-je point, dans ce moment funeste,
Pour sauver Palamède, et pour sauver Oreste !
Vains efforts ! la lueur qui partoit des éclairs
Ne m'offrit que des flots de nos débris couverts ;
Tout périt.

ANTÉNOR.

Eh ! comment, dans ce péril extrême,
Pûtes-vous au péril vous dérober vous-même ?

TYDÉE.

Tout offroit à mes yeux l'inévitable mort :
Mais j'y courois en vain ; la rigueur de mon sort
A de plus grands malheurs me réservoit encore,
Et me jeta mourant vers les murs d'Epidaure.
Itys me secourut, et de mes tristes jours,
Malgré mon désespoir, il prolongea le cours.
Juge de ma douleur, quand je sus que ma vie
Etoit le prix des soins d'une main ennemie.
Des périls de la mer Tydée enfin remis,
Une nuit alloit fuir loin de ses ennemis,
Lorsque, la même nuit, d'un vainqueur en furie
Epidaure éprouva toute la barbarie.
Figure-toi les cris, le tumulte et l'horreur.
Dans ce trouble, soudain, je m'arme avec fureur ;
Incertain du parti que mon bras devoit prendre,
S'il faut presser Egisthe, ou s'il faut le défendre.
L'ennemi cependant occupoit les remparts,
Et sur nous, à grands cris, fondoit de toutes parts.
Le sort m'offrit alors l'aimable Iphianasse,
Et ma haine bientôt à d'autres soins fit place.
Ses pleurs, son désespoir, Itys près de périr,
Quels objets pour un cœur facile à s'attendrir !
Oreste ne vit plus : mais, pour la sœur d'Oreste,
Il faut de ses états conserver ce qui reste,
Me disois-je à moi-même ; et, loin de l'accabler,
Secourir le tyran qu'on devoit immoler.
Je chasserai plutôt Egisthe de Mycènes,
Que d'en chasser les rois de Corinthe et d'Athènes.
Par ce motif secret mon cœur déterminé,
Ou par des pleurs touchans bien plutôt entraîné,

Du soldat qui fuyoit ranimant le courage,
A combattre, du moins, mon exemple l'engage ;
Et le vainqueur pressé, pâlissant à son tour,
Vers son camp à grands pas médite son retour.
Que ne peut la valeur où le cœur s'intéresse !
J'en fis trop, Antenor, je revis la princesse.
C'est t'en apprendre assez, le reste t'est connu.
D'un péril si pressant Egisthe revenu
Me comble de bienfaits, me charge de poursuivre
Deux rois épouvantés, dont mon bras le délivre.
Je porte la terreur chez des peuples heureux,
Et la paix va se faire aux dépens de mes vœux.

ANTÉNOR.

Ah, seigneur ! falloit-il, à l'amour trop sensible,
Armer pour un tyran votre bras invincible ?
Et que prétendez-vous d'un succès si honteux ?

TYDEE.

Anténor, que veux-tu ? Prends pitié de mes feux,
Plains mon sort : non, jamais on ne fut plus à plaindre.
Il est encor pour moi des maux bien plus à craindre :
Mais apprends des malheurs qui te feront frémir,
Des malheurs dont Tydée à jamais doit gémir.
Entrainé, malgré moi, dans ce palais funeste,
Par un désir secret de voir la sœur d'Oreste,
Hier, avant la nuit, j'arrive dans ces lieux ;
La superbe Myeène offre un temple à mes yeux :
Je cours y consulter le dieu qu'on y révère,
Sur mon sort, sur celui d'Oreste et de mon père.
Mais à peine aux autels je me fus prosterné,
Qu'à mon abord fatal tout parut consterné :
Le temple retentit d'un funèbre murmure ;
(Je ne suis cependant meurtrier, ni parjure.)
J'embrasse les autels, rempli d'un saint respect ;
Le prêtre épouvanté recule à mon aspect,
Et, sourd à mes souhaits, refuse de répondre :
Sous ses pieds et les miens tout semble se confondre.
L'autel tremble ; le dieu se voile à nos regards,
Et de pâles éclairs s'arment de toutes parts.
L'antre ne nous répond qu'à grands coups de tonnerre,
Que le ciel en courroux fait gronder sous la terre.
Je l'avoue, Anténor, je sentis la frayeur,
Pour la première fois, s'emparer de mon cœur.
A tant d'horreurs enfin succède un long silence ;
Du dieu qui se voiloit j'implore l'assistance.
« Ecoute-moi, grand dieu, sois sensible à mes cris ;
» D'un ami malheureux, d'un plus malheureux fils,
» Dieu puissant, m'écriai-je, exauce la prière ;
» Daigne, sur ce qu'il craint, lui prêter ta lumière ».
Alors, parmi les pleurs et parmi les sanglots,
Une lugubre voix fit entendre ces mots :
« Cesse de me presser sur le destin d'Oreste ;
» Pour en être éclairci, tu m'implores en vain :
» Jamais destin ne fut plus triste et plus funeste.
» Redoute pour toi-même un semblable destin.
» Appaise cependant les mânes de ton père ;
» Ton bras seul doit venger ce héros malheureux,
» D'une main qui lui fut bien fatale et bien chère :
» Mais crains, en le vengeant, le sort le plus affreux ».
Une main qui lui fut bien fatale et bien chère !
Ma mère ne vit plus, et je n'ai point de frère.

F

Juste ciel! et sur qui doit tomber mon courroux ?
De ces lieux cependant fuyons, arrachons-nous.
Allons trouver le roi... Mais je vois la princesse.
Ah ! fuyons; mes malheurs, mon devoir, tout m'en
    presse.
Partons, dérobons-nous la douceur d'un adieu.

SCÈNE II.

IPHIANASSE, TYDÉE, MÉLITE, ANTÉNOR.

IPHIANASSE.

(à *Mélite*.)   (à *Tydée*.)
Ah ! Mélite, que vois-je ? On disoit qu'en ce lieu,
En ce moment, seigneur, mon père devoit être.
Je croyois....

TYDÉE.

En effet, il y devoit paroître.
Madame, même soin nous conduisoit ici ;
Vous y cherchez le roi ; je l'y cherchois aussi.
Pénétré des bienfaits qu'Egisthe me dispense,
Je venois, plein de zèle et de reconnoissance,
Rendre grâce à la main qui les répand sur moi,
Et, dans le même tems, prendre congé du roi.

IPHIANASSE.

Ce départ aura lieu, seigneur, de le surprendre :
Moi-même, en ce moment, j'ai peine à le comprendre.
Et pourquoi de ces lieux vous bannir aujourd'hui,
Et dépouiller l'état de son plus ferme appui ?
Vous le savez ; la paix n'est pas encor jurée :
La victoire, sans vous, seroit-elle assurée ?

TYDÉE.

Oui, madame ; et vos yeux n'ont-ils pas tout soumis?
Le roi peut-il ncor craindre des ennemis ?
Que ne vaincrez-vous point ? Quelle haine obstinée
Tiendroit contre l'espoir d'un illustre hyménée ?
Du bonheur qui l'attend Téléphonte charmé,
Sur cet espoir flatteur, a déjà désarmé ;
Et, si j'en crois la cour, cette grande journée
Doit voir Iphianasse à son lit destinée.

IPHIANASSE.

Non, le roi de Corinthe en est en vain épris,
Si la tête d'Oreste en doit être le prix.

TYDÉE.

Quoi ! la tête d'Oreste ! Ah, la paix est conclue,
Madame, et de ces lieux ma fuite est résolue ;
Vous n'avez plus besoin du secours de mon bras.
Ah ! quel indigne prix met-on à vos appas ?
Juste ciel ! se peut-il qu'une loi si cruelle
Fasse de vous le prix d'une main criminelle ?
Ainsi, dans sa fureur, le plus vil assassin
Pourra donc, à son gré, prétendre à votre main,
Lorsqu'avec tout l'amour qu'un doux espoir anime,
Un héros ne pourroit l'obtenir sans un crime ?
Ah ! si, pour se flatter de plaire à vos beaux yeux,
Il suffisoit d'un bras toujours victorieux,
Peut-être à ce bonheur aurois-je pu prétendre.
Avec quelque valeur et le cœur le plus tendre,

Quels efforts, quels travaux, quels illustres projets,
N'eût point tenté ce cœur charmé de vos attraits?

IPHIANASSE.

Seigneur !

TYDÉE.

Je le vois bien, ce discours vous offense.
Je n'ai pu vous revoir et garder le silence ;
Mais je vais m'en punir par un exil affreux,
Et cacher loin de vous un amant malheureux,
Qui, trop plein d'un amour qu'Iphianasse inspire,
En dit moins qu'il ne sent, mais plus qu'il n'en doit
    dire.

IPHIANASSE.

J'ignore quel dessein vous a fait révéler
Un amour que l'espoir semble avoir fait parler.
Mais, seigneur, je ne puis recevoir sans colère
Ce téméraire aveu que vous osez me faire.
Songez qu'on n'ose ici se déclarer pour moi,
Sans la tête d'Oreste, ou le titre de roi ;
Qu'un amant comme vous, quelque feu qui l'inspire,
Doit soupirer, du moins, sans oser me le dire.

SCÈNE III.

TYDÉE, ANTÉNOR.

TYDÉE.

Qu'ai-je dit ? Où laissé-je égarer mes esprits ?
Moi parler, pour me voir accabler de mepris !
Les ai-je mérités, cruelle Iphianasse ?
Mais quel étoit l'espoir de ma coupable audace ?
Que venois-je chercher dans ce cruel séjour ?
Moi, dans la cour d'Argos entrainé par l'amour !
Rappelons ma fureur. Oreste, Palamède....
Ah ! contre tant d'amour, inutile remède !
Que servent ces grands noms, dans l'état où je suis,
Qu'à me couvrir de honte, et m'accabler d'ennuis ?
Ah ! fuyons, Anténor; et, loin d'une cruelle,
Courons où mon devoir, où l'oracle m'appelle.
Ne laissons point jouir de tout mon désespoir
Des yeux indifférens que je ne dois plus voir.

SCÈNE IV.

ÉGISTHE, TYDÉE, ANTÉNOR.

TYDÉE.

Le roi vient; dans mon trouble il faut que je l'évite.

ÉGISTHE à *Tydée*.

Demeurez, et souffrez qu'envers vous je m'acquitte.
Ainsi que le héros brille par ses exploits,
La grandeur des bienfaits doit signaler les rois.
Tout parle du guerrier qui prit notre défense ;
Mais rien ne parle encor de ma reconnoissance.
Il est tems cependant que mes heureux sujets,
Témoins de sa valeur, le soient de mes bienfaits.
Que pourriez-vous penser, et que diroit la Grèce ?
Mais quoi ! vous soupirez; quelle douleur vous presse

Malgré tous vos efforts, elle éclate, seigneur ;
Un déplaisir secret trouble votre grand cœur :
Même ici mon abord a paru vous surprendre.
Avez-vous des secrets que je ne puisse apprendre ?

TYDÉE.

De tels secrets, seigneur, sont peu dignes de vous ;
Je crains peu qu'un grand roi puisse en être jaloux.
Permettez cependant qu'à mon devoir fidelle,
Je retourne en des lieux où ce devoir m'appelle.
J'ai fait peu pour Égisthe ; et de quelque succès
Sa bonté chaque jour s'acquitte avec excès.
S'il est vrai que mon bras eut part à la victoire,
Il suffit à mon cœur d'en partager la gloire.
Ne m'arrêtez donc plus sur l'espoir des bienfaits ;
Les vôtres n'ont-ils pas surpassé mes souhaits ?
J'en suis comblé, seigneur, mon ame est satisfaite ;
Je ne demande plus qu'une libre retraite.

ÉGISTHE.

Un intérêt trop cher s'oppose à ce départ :
Argos perdroit en vous son plus ferme rempart.
Des héros tel que vous, sitôt qu'on les possède,
Sont, pour les plus grands rois, d'un prix à qui tout
        cède.
Heureux, si je pouvois, par les plus forts liens,
Attacher pour jamais vos intérêts aux miens !
Je vous dois le salut de toute ma famille,
Et ne veux point, sans vous, disposer de ma fille.

TYDÉE à part.

Ciel ! où tend ce discours ?

ÉGISTHE.

                Oui, seigneur, c'est en vain
Qu'avec la paix un roi me demande sa main :
Quelqu'éclatant que soit un pareil hyménée,
Au sort d'un autre époux ma fille est destinée.
Sûr de vaincre avec vous, je crains peu désormais
Tout le péril que suit le refus de la paix.
Il ne tient plus qu'à vous d'affermir ma puissance.
J'ai besoin d'une main qui serve ma vengeance,
Et qui fasse tomber dans l'éternelle nuit
L'ennemi déclaré que ma haine poursuit,
Qui me poursuit moi-même, et que mon cœur déteste.
Point d'hymen, quel qu'il soit, sans la tête d'Oreste.
Ma fille est à ce prix ; et cet effort si grand,
Ce n'est que de vous seul que ma haine l'attend.

TYDÉE.

De moi, seigneur ? De moi ! juste ciel !

ÉGISTHE.

                De vous-même.
Calmez de ce transport la violence extrême.
Quelle horreur vous inspire un si juste dessein ?
Je demande un vengeur, et non un assassin.
Lorsque, pour détourner ma mort qu'il a jurée,
J'exige tout le sang du petit-fils d'Atrée,
Je n'ai point prétendu, seigneur, que votre bras
Le fit couler ailleurs qu'au milieu des combats.
Oreste voit par-tout voler sa renommée ;
La Grèce en est remplie, et l'Asie alarmée ;
Ses exploits seuls devroient vous en rendre jaloux ;
C'est le seul ennemi qui soit digne de vous.
Courez donc l'immoler ; c'est la seule victoire,
Parmi tant de lauriers, qui manque à votre gloire.

Dites un mot, seigneur ; soldats et matelots
Seront prêts, avec vous, à traverser les flots.
Si ma fille est un bien qui vous paroisse digne
De porter votre cœur à cet effort insigne,
Pour vous associer à ce rang glorieux,
Je ne consulte point quels furent vos aïeux.
Lorsqu'on a les vertus que vous faites paroître,
On est du sang des dieux, ou digne au moins d'en être.
Quoi qu'il en soit, seigneur, pour servir mon courroux
Je ne veux qu'un héros, et je le trouve en vous.
Me serois-je flatté d'une vaine espérance,
Quand j'ai fondé sur vous l'espoir de ma vengeance ?
Vous ne répondez point. Ah ! qu'est-ce que je voi ?

TYDÉE.

La juste horreur du coup qu'on exige de moi.
Mais il faut aujourd'hui, par plus de confiance,
Payer de votre cœur l'affreuse confidence.
Votre fille, seigneur, est d'un prix, à mes yeux,
Au-dessus des mortels, digne même des dieux.
Je vous dirai bien plus, j'adore Iphianasse ;
Tout mon respect n'a pu surmonter mon audace ;
Je l'aime avec transport ; mon trop sensible cœur
Peut à peine suffire à cette vive ardeur :
Mais quand, avec l'espoir d'obtenir ce que j'aime,
L'univers m'offriroit la puissance suprême,
Contre votre ennemi bien loin d'armer mon bras,
Je ne sais point quel sang je ne répandrois pas.
Revenez d'une erreur à tous les deux funeste.
Qui ? moi, grands dieux ! qui ? moi vous immoler Oreste !
Ah ! quand vous le croyez seul digne de mes coups,
Savez-vous qui je suis ? et me connoissez-vous ?
Quand même ma vertu n'auroit pu l'en défendre,
N'eût-il pas eu pour lui l'amitie la plus tendre ?
Ah ! plût aux dieux cruels, jaloux de ce héros,
Aux dépens de mes jours, l'avoir sauvé des flots !
Mais, hélas ! c'en est fait ; Oreste et Palamède....

ÉGISTHE.

Ils sont morts ? Quelle joie à mes craintes succède !
Grands dieux, qui me rendez le plus heureux des rois,
Qui pourra m'acquitter de ce que je vous dois ?
Mon ennemi n'est plus ! Ce que je viens d'entendre
Est-il bien vrai, seigneur ? Daignez au moins
        m'apprendre
Comment le juste ciel a terminé son sort,
En quels lieux, quels témoins vous avez de sa mort.

TYDÉE.

Mes pleurs. Mais, au transport dont votre ame est
        éprise,
Je me repens déjà de vous l'avoir apprise.
Vous voulez de son sort en vain vous éclaircir ;
Il me fait trop d'horreur, à vous trop de plaisir.
Je ne ressens que trop sa perte déplorable,
Sans m'imposer encore un récit qui m'accable.

ÉGISTHE.

Je ne vous presse plus, seigneur, sur ce récit ;
Oreste ne vit plus ; son trépas me suffit :
Votre pitié pour lui n'a rien dont je m'offense ;
Et quand le ciel, sans vous, a rempli ma vengeance,
Puisque c'est vous du moins qui me l'avez appris,
Je crois vous en devoir toujours le même prix.

                            E 2

Je vousl'offreacceptez-le; aimons-nousl'un etl'autre:
Vous fîtes mon bonheur, je veux faire le vôtre.
Sur le trône d'Argos désormais affermi,
Qu'Egisthe en vous, seigneur, trouve un gendre, un
    ami.
Si sur ce choix votre ame est encore incertaine,
Je vous laisse y penser, et je cours chez la reine.

SCÈNE V.

TYDÉE, ANTÉNOR.

TYDÉE.

Et moi, de toutes parts, de remords combattu,
Je vais, sur mon amour, consulter ma vertu.

Fin du second acte.

ACTE TROISIÈME.

SCÈNE I.

TYDÉE seul.

Flectre veut me voir! Ah! mon ame éperdue
Ne soutiendra jamais ni ses pleurs, ni sa vue.
Trop infidelle ami du fils d'Agamemnon,
Oserai-je en ces lieux lui déclarer mon nom;
Lui dire que je suis le fils de Palamède;
Qu'aux devoirsles plus saints un lâche amour succède;
Qu'Oreste me fut cher; que, de tant d'amitié,
L'amour me laisse à peine un reste de pitié;
Que, loin de secourir une triste victime,
J'abandonne sa sœur au tyran qui l'opprime;
Que cette même main, qui dut trancher ses jours,
Par un coupable effort en prolonge le cours;
Et que, prête à former des nœuds illégitimes,
Peut-être cette main va combler tous mes crimes;
Qu'elle n'a désormais qu'à répandre en ces lieux
Le reste infortuné d'un sang si précieux?
Mais seroit-ce trahir les mânes de son frère,
Que de vouloir d'Electre adoucir la misère?
D'Iphianasse enfin si je deviens l'époux,
Je puis, dans ses malheurs, lui faire un sort plus doux.
D'ailleurs un roi puissant m'offre son alliance;
Je n'ai, pour l'obtenir, dignité ni naissance.
Que me sert ma valeur, étant ce que je suis,
Si ce n'est pour jouir d'un sort...? Lâche, poursuis.
Je ne m'étonne plus si les dieux te punissent;
A ton fatal aspect si les autels frémissent.
Ah! cesse sur l'amour d'excuser le devoir:
Pour être vertueux, on n'a qu'à le vouloir.
D'Electre, en ce moment, foible cœur, cours
    l'apprendre:
Qu'attends-tu? Que l'amour vienne encor te sur-
    prendre?
Qu'un feu....

SCÈNE II.

ÉLECTRE, TYDÉE.

TYDÉE à lui-même.

Mais quel objet se présente à mes yeux?
Dieux! quels tristes accens font retentir ces lieux!
C'est une esclave en pleurs: hélas! qu'elle a de
    charmes!
Que mon ame en secret s'attendrit à ses larmes!
Que je me sens touché de ses gémissemens!
Ah! que les malheureux éprouvent de tourmens!

ÉLECTRE à part.

Dieux puissans, qui l'avez si long-tems poursuivie,
Épargnez-vous encore une mourante vie?
Je ne le verrai plus, inexorables dieux!
D'une éternelle nuit couvrez mes tristes yeux.

TYDÉE, à Électre.

Je sens qu'à votre sort la pitié m'intéresse.
Ne pourrai-je savoir quelle douleur vous presse?

ÉLECTRE.

Hélas! qui ne connoit mon nom et mes malheurs?
Et qui peut ignorer le sujet de mes pleurs?
Un désespoir affreux est tout ce qui me reste.
O déplorable sang! ô malheureux Oreste!

TYDÉE.

Ah! juste ciel! Quel nom avez-vous prononcé!
A vos pleurs, à ce nom que mon cœur est pressé!
Qu'il porte à ma pitié de sensibles atteintes!
Ah! je vous reconnois à de si tendres plaintes.
Malheureuse princesse, est-ce vous que je voi!
Électre, en quel état vous offrez-vous à moi!

ÉLECTRE.

Et qui donc s'attendrit pour une infortunée,
A la fureur d'Égisthe, aux fers abandonnée?
Mais Oreste, seigneur, vous étoit-il connu?
A mes pleurs, à son nom, votre cœur s'est ému.

TYDÉE.

Dieux! s'il m'étoit connu! Mais dois-je vous l'ap-
    prendre,
Après avoir trahi l'amitié la plus tendre?
Dieux! s'il m'étoit connu ce prince généreux!
Ah, madame! c'est moi qui de son sort affreux
Viens de répandre ici la funeste nouvelle.

ÉLECTRE.

Il est donc vrai, seigneur? Et la parque cruelle
M'a ravi de mes vœux et l'espoir et le prix?
Mais quel étonnement vient frapper mes esprits!
Vous qui montrez un cœur à mes pleurs si sensible,
N'êtes-vous pas, seigneur, ce guerrier invincible,
D'un tyran odieux trop zélé défenseur?
Qui peut donc, pour Électre, attendrir votre cœur?
Pouvez-vous bien encor plaindre ma destinée,
Tout rempli de l'espoir d'un fatal hyménée?

TYDÉE.

Eh! que diriez-vous donc si mon indigne cœur
De ses coupables feux vous découvroit l'horreur?
De quel œil verriez-vous l'ardeur qui me possède,
Si vous voyez en moi le fils de Palamède?

ÉLECTRE.

De Palamède! vous? Qu'ai-je entendu, grands dieux!
Mais vous ne l'étes point, Tydée est vertueux:

Il n'eût point fait rougir les mânes de son père;
Il n'auroit point trahi l'amitié de mon frère,
Ma vangeance, mes pleurs, ni le sang dont il sort.
Si vous étiez Tydée, Égisthe seroit mort.
Bien loin de consentir à l'hymen de sa fille,
Il eût de ce tyran immolé la famille.
De Tydée, il est vrai, vous avez la valeur;
Mais vous n'en avez pas la vertu ni le cœur.

TYDÉE.

A mes remords, du moins, faites grace, madame.
Il est vrai, j'ai brûlé d'une coupable flamme;
Il n'est point de devoirs plus sacrés que les miens;
Mais l'amour connoit-il d'autres droits que les siens?
Ne me reprochez point le feu qui me dévore,
Ni tout ce que mon bras a fait dans Épidaure.
J'ai dû tout immoler à votre inimitié:
Mais que ne peut l'amour, que ne peut l'amitié?
Itys alloit périr, je lui devois la vie;
Sa mort bientôt d'une autre auroit été suivie.
L'amour et la pitié confondirent mes coups;
Tydée, en ce moment, crut combattre pour vous.
D'ailleurs, à la fureur de Corinthe et d'Athènes
Pouvois-je abandonner le trône de Mycènes?

ÉLECTRE.

Juste ciel! Et pour qui l'avez-vous conservé?
Cruel, si c'est pour moi que vous l'avez sauvé,
Venez donc, de ce pas, immoler un barbare;
Il n'est point de forfaits que ce coup ne répare.
Oreste ne vit plus; achevez aujourd'hui
Tout ce qu'il auroit fait pour sa sœur et pour lui.
A l'aspect de mes fers êtes-vous sans colère?
Est-ce ainsi que vos soins me rappellent mon frère?
Ne m'offrirez-vous plus, pour essuyer mes pleurs,
Que la main qui combat pour mes persécuteurs?
Cessez de m'opposer une funeste flamme.
Si je vous laissois voir jusqu'au fond de mon ame,
Votre cœur, excité par l'exemple du mien,
Détesteroit bientôt un indigne lien;
D'un cœur que, malgré lui, l'amour a pu séduire,
Il apprendroit, du moins, comme un grand cœur
            soupire.
Vous y verriez l'amour, esclave du devoir,
Languir parmi les pleurs, sans force et sans pouvoir.
Occupé, comme moi, d'un soin plus légitime,
Faites-vous des vertus de votre propre crime.
Du sort qui me poursuit pour détourner les coups,
Non, je n'ai plus ici d'autre frère que vous.
Mon frère est mort; c'est vous qui devez me le rendre,
Vous qu'un serment affreux engage à me défendre.
Ah, cruel! cette main, si vous m'abandonnez,
Va trancher, à vos yeux, mes jours infortunés.

TYDÉE.

Moi, vous abandonner! Ah! quelle ame endurcie
Par des pleurs si touchans ne seroit adoucie!
Moi, vous abandonner! plutôt mourir cent fois.
Jugez mieux d'un ami dont Oreste fit choix.
Je conçois, quand je vois les yeux de ma princesse,
Jusqu'où peut d'un amant s'étendre la foiblesse.
Mais, quand je vois vos pleurs, je conçois encor mieux
Ce que peut le devoir sur un cœur vertueux.

Pourvu que votre haine épargne Iphianasse,
Il n'est rien que pour vous ne tente mon audace.
Je ne sais; mais je sens qu'à l'aspect de ces lieux
Égisthe, à chaque instant, me devient odieux.

ÉLECTRE.

A l'ardeur dont enfin ma haine est secondée,
A ce noble transport, je reconnois Tydée.
Malgré tous mes malheurs, que ce moment m'est doux!
Je pourrai donc venger... Mais quelqu'un vient à
            nous.
Il faut que je vous quitte; on pourroit nous surprendre.
En secret chez Arcas, seigneur, daignez vous rendre,
Seul espoir que le ciel m'ait laissé dans mes maux,
Courez, en me vengeant, signaler un héros,
Pour peu qu'à ma douleur votre cœur s'intéresse.

SCÈNE III.

TYDÉE seul.

Mais qui venoit à nous?

SCÈNE IV.

TYDÉE, IPHIANASSE, MÉLITE.

TYDÉE à lui-même.

Ah, dieux! c'est la princesse.
Quel dessein en ce lieu peut conduire ses pas?
Dans le trouble où je suis, que lui dirai-je, hélas!
Que je crains les transports où mon ame s'égare!

IPHIANASSE.

Quel trouble, à mon aspect, de votre cœur s'empare?
Vous ne répondez point, seigneur; je le vois bien,
J'ai troublé la douceur d'un secret entretien.
Électre, comme vous, s'offensera peut-être
Qu'ici, sans son aveu, quelqu'un ose paroître.
Elle semble, à regret, s'éloigner de ces lieux;
La douleur qu'elle éprouve est peinte dans vos yeux.
Interdit et confus.... Quel est donc ce mystère?

TYDÉE.

Madame, vous savez qu'elle a perdu son frère,
Que c'est moi seul qui viens d'en informer le roi:
Électre a souhaité s'en instruire par moi.
Mon cœur, toujours sensible au sort des misérables,
N'a pu, sans s'attendrir à ses maux déplorables,
Après le coup affreux qui vient de la frapper....

IPHIANASSE.

N'est-il que sa douleur qui vous doive occuper?
Ce n'est pas que mon cœur veuille vous faire un crime
D'un soin que ses malheurs rendent si légitime;
Mais, seigneur, je ne sais si ce soin généreux
A dû seul vous toucher, quand tout flatte vos vœux.

TYDÉE.

Non, des bontés du roi mon ame énorgueillie
Ne se méconnoit point, quand lui-même il s'oublie.
S'il descend jusqu'à moi pour le choix d'un époux,
Mon respect me défend l'espoir d'un bien si doux;

Et telle est de mon sort la rigueur infinie,
Que, lorsqu'à mon destin vous devez être unie,
Votre rang, ma naissance, un barbare devoir,
Tout défend à mon cœur un si charmant espoir.

IPHIANASSE.

Je comprends la rigueur d'un devoir si barbare,
Et conçois mieux que vous tout ce qui nous sépare :
Plus que vous ne voulez, j'entrevois vos raisons.
Si ma fierté pouvoit descendre à des soupçons.....
Mais non, sur votre amour que rien ne vous con-
    traigne ;
Je ne vois rien en lui que mon cœur ne dédaigne.
Cependant à mes yeux, fier de cet attentat,
Gardez-vous, pour jamais, de montrer un ingrat.

SCÈNE V.

TYDÉE seul.

QUAI-JE fait, malheureux! Ypourrai-je survivre?
Mais quoi! l'abandonner! Non, non, il faut la suivre.
Allons. Qui peut encor m'arrêter en ces lieux ?
Courons où mon amour...

SCENE VI.

PALAMÈDE, TYDÉE.

TYDÉE.

QUE vois-je ? justes dieux !
O sort ! à tes rigueurs quelle douceur succède !
O mon père ! est-ce vous ? Est-ce vous, Palamède ?

PALAMÈDE.

Embrassez-moi, mon fils. Après tant de malheurs,
Qu'il m'est doux de revoir l'objet de tant de pleurs !

TYDÉE.

S'il est vrai que les biens qui nous coûtent des larmes
Doivent, pour un cœur tendre, avoir le plus de
    charmes :
Hélas ! après les pleurs que j'ai versés pour vous,
Que cet heureux instant me doit être bien doux !
Ah, seigneur ! qui m'eût dit qu'au moment qu'un
    oracle
Sembloit mettre à mes vœux un éternel obstacle,
Palamède à mes yeux s'offriroit aujourd'hui,
Malgré le sort affreux dont j'ai tremblé pour lui ?
Est-ce ainsi que des dieux la suprême sagesse
Doit braver des mortels la crédule foiblesse ?
Mais puisqu'enfin ici j'ai pu vous retrouver,
Je vois bien que le ciel ne veut que m'éprouver ;
Qu'avec vous sa bonté va désormais me rendre
Un ami qu'avec vous je n'osois plus attendre.
Mais vous versez des pleurs! Ah! n'est-ce que pour lui,
Que les dieux sans détours s'expliquent aujourd'hui?

PALAMÈDE.

N'accusons point des dieux la sagesse suprême ;
Croyez, mon fils, croyez qu'elle est toujours la même.
Gardons-nous de vouloir, foibles et curieux,
Pénétrer des secrets qu'ils voilent à nos yeux.

Ils ont du moins parlé sans détour sur Oreste ;
Un triste souvenir est tout ce qui m'en reste.
J'ai vu ses yeux couverts des horreurs du trépas ;
Je l'ai tenu long-tems mourant entre mes bras.
Sa perte de la mienne alloit être suivie,
Si l'intérêt d'un fils n'eût conservé ma vie ;
Si j'eusse, dans l'horreur d'un transport furieux,
Soupçonné, comme vous, la sagesse des dieux.
Conduit par elle seule au sein de la Phocide,
Cette même sagesse auprès de vous me guide ;
Trop heureux désormais si le sort moins jaloux
M'eût rendu tout entier mon espoir le plus doux !
Mais, hélas ! que le ciel, qui vers vous me renvoie,
Mêle dans ce moment d'amertume à ma joie !
D'un fils que j'admirois que mon fils est changé !
Tydée, Oreste est mort ; Oreste est-il vengé ?
Depuis quel tems, si près de l'objet de ma haine,
Arrétez-vous vos pas à la cour de Mycène ?
Arcas ne m'a point dit que vous fussiez ici.
Mon fils, d'où vient qu'Arcas n'en est point éclairci?
Pourquoi ne le point voir ? Vous connoissez son zèle ;
Deviez-vous vous cacher à cet ami fidelle ?
Parlez enfin ; quel soin vous retient en des lieux
Où vous n'osez punir un tyran odieux ?

TYDÉE.

Prévenu des malheurs d'une tête si chère,
Ma première vengeance étoit due à mon père.
Mais, seigneur, n'est-ce point dans ces funestes lieux,
Trop exposer des jours qu'ont respecté les dieux ?
N'est-ce point trop compter sur une longue absence,
Que d'oser s'y montrer avec tant d'assurance ?

PALAMÈDE.

Mon fils, j'ai tout prévu ; calmez ce vain effroi :
C'est à mes ennemis à trembler, non à moi.
Eh, comment en ces lieux craindrois-je de paroître,
Moi que d'abord Arcas a paru méconnoître ;
Moi que devance ici le bruit de mon trépas,
Moi dont enfin le ciel semble guider les pas ?
D'ailleurs un sang si cher m'appelle à sa défense :
Que tout cède en mon cœur au soin de sa vengeance.
La sœur d'Oreste, en proie à ses persécuteurs,
Doit, ce jour, éprouver le comble des horreurs.
Je viens, contre un tyran, prêt à tout entreprendre,
Reconnoître les lieux où je veux le surprendre.
Puisqu'il faut l'immoler ou périr cette nuit,
Qu'importe à mes desseins le péril qui me suit ?
Mon fils, si même ardeur eût guidé votre audace,
Vous n'auriez pas pour moi ce souci qui vous glace.
Comment dois-je expliquer vos regards interdits ?
Je ne trouve par-tout que des cœurs attiédis ;
Que des amis troublés, sans force et sans courage,
Accoutumés au joug d'un honteux esclavage.
Par ma présence en vain j'ai cru les rassembler ;
Un guerrier les retient et les fait tous trembler.
Mais moi, seul au-dessus d'une crainte si vaine,
Je prétends immoler ce guerrier à ma haine ;
C'est par-là que je veux signaler mon retour.
Un défenseur d'Égisthe est indigne du jour.
Parlez ; connoissez-vous ce guerrier redoutable,
Pour le tyran d'Argos rempart impénétrable ?

Pourquoi sous vos efforts n'a-t-il pas succombé ?
Parlez , mon fils ; qui peut vous l'avoir dérobé ?
Votre haute valeur , désormais ralentie ,
Pour lui seul aujourd'hui s'est-elle démentie ?
Vous rougissez , Tydée ! Ah ! quel est mon effroi !
Je vous l'ordonne enfin , parlez , répondez-moi.
D'un désordre si grand que faut-il que je pense ?

TYDÉE.

Ne pénétrez-vous point un si triste silence ?

PALAMÈDE.

Qu'entends-je ? Quel soupçon vient s'offrir à mon
    cœur !
Quoi , mon fils !... Dieux puissans , laissez-moi mon
    erreur.
Ah , Tydée ! est-ce vous qui prenez la défense
De l'indigne ennemi que poursuit ma vengeance ?
Puis-je croire qu'un fils ait prolongé les jours
Du cruel qui des miens cherche à trancher le cours ?
Falloit-il vous revoir , pour vous voir si coupable ?

TYDÉE.

N'irritez point , seigneur , la douleur qui m'accable.
Votre vertu , toujours constante en ses projets ,
Ne fait que redoubler l'horreur de mes forfaits.
Il suffit qu'à vos yeux la honte m'en punisse ;
Né m'en souhaitez pas un plus cruel supplice.
D'un malheureux amour ayez pitié , seigneur ;
Le ciel , qui m'en punit avec tant de rigueur ,
Sait les tourmens affreux où mon ame est en proie.
Mais vainement sur moi son courroux se deploie ;
Je sens que les remords d'un cœur né vertueux
Souvent, pour le punir, vont plus loin que les dieux.

PALAMÈDE.

Qu'importe à mes desseins le remords qui l'agite ?
Croyez-vous qu'envers moi le remords vous acquitte ?
Perfide , il est donc vrai , je n'en puis plus douter ,
Ni de votre innocence un moment me flatter.
Quoi ! pour le sang d'Egisthe, aux yeux de Palamède,
Tydée ose avouer l'amour qui le possède !
S'il vous rend , malgré moi , criminel aujourd'hui ,
Cette main vous rendra vertueux malgré lui.
Fils ingrat , c'est du sang de votre indigne amante
Qu'à vos yeux trop charmés je veux l'offrir fumante.

TYDÉE.

Il faudra donc , avant que de verser le sien ,
Commencer aujourd'hui par répandre le mien.
Puisqu'à votre courroux il faut une victime ,
Frappez, seigneur, frappez : voilà l'auteur du crime.

PALAMÈDE.

Juste ciel ! se peut-il qu'à l'aspect de ces lieux ,
Fumans encor d'un sang pour lui si précieux ,
Dans le fond de son cœur la voix de la nature
N'excite en ce moment ni trouble ni murmure ?

TYDÉE.

Et que m'importe à moi le sang d'Agamemnon ?
Quel intérêt si saint m'attache à ce grand nom ,
Pour lui sacrifier les transports de mon ame ,
Et le prix glorieux qu'on propose à ma flamme ?
Et pourquoi votre fils lui doit-il immoler.....

PALAMÈDE.

Si je disois un mot , je vous ferois trembler.

Vous n'êtes point mon fils , ni digne encor de l'être ;
Par d'autres sentimens vous le feriez conhoître.
Mon fils infortuné , soumis , respectueux ,
N'offroit à mon amour qu'un héros vertueux.
Il n'auroit point brûlé pour le sang de Thyeste ;
Un si coupable amour n'est digne que d'Oreste.
Mon fils de son devoir eût été plus jaloux.

TYDÉE.

Et quel est donc , seigneur , cet Oreste ?

PALAMÈDE.

                        C'est vous.

ORESTE.

Oreste ! moi , seigneur ! Dieux ! qu'entends-je ?

PALAMÈDE.

                        Oui , vous-même ,
Qui ne devez vos jours qu'à ma tendresse extrême.
Le traître , dont ici vous protegez le sang ,
Auroit sans moi , du vôtre , épuisé votre flanc.
Ingrat , si désormais ma foi vous paroit vaine ,
Retournez à Samos interroger Thyrrhène.
Instruit de votre sort , sa constante amitié
A secondé pour vous mes soins et ma pitié.
Il sait , pour conserver une si chère vie ,
Par le Tyran d'Argos sans cesse poursuivie ,
Que , sous le nom d'Oreste , à des traits ennemis ,
J'offris , sans balancer , la tête de mon fils.
C'est sous un nom si grand , que , de vengeance avide ,
Il venoit en ces lieux punir un parricide.
Je l'ai vu , ce cher fils , triste objet de mes vœux ,
Mourir entre les bras d'un père malheureux.
J'ai perdu , pour vous seul , cette unique espérance ;
Il est mort ; j'en attends la même récompense.
Sacrifiez ma vie au tyran odieux
A qui vous immolez des noms plus précieux.
Qu'à votre lâche amour tout autre intérêt cède ;
Il ne vous reste plus qu'à livrer Palamède :
Il vivoit pour vous seul , il seroit mort pour vous ;
C'en est assez , cruel , pour exciter vos coups.

ORESTE.

Poursuivez , ce transport n'est que trop legitime ;
Egalez, s'il se peut, le reproche à mon crime.
Accablez-en , seigneur , un amour odieux ,
Trop digne du courroux des hommes et des dieux.
Qui ? moi , j'ai pu brûler pour le sang de Thyeste !
A quels forfaits , grand dieux , réservez-vous Oreste ?
Ah , seigneur ! je frémis d'une secrette horreur ;
Je ne sais quelle voix crie au fond de mon cœur.
Hélas ! malgré l'amour qui cherche à le surprendre ,
Mon père , mieux que vous , a su s'y faire entendre.
Courons , pour appaiser son ombre et mes remords ,
Dans le sang d'un barbare éteindre mes transports.
Honteux de voir encor le jour qui nous éclaire ,
Je m'abandonne à vous ; parlez, que faut-il faire ?

PALAMÈDE.

Arracher votre sœur à mille indignités ;
Appaiser d'un grand roi les mânes irrités ,
Les venger des fureurs d'une barbare mère ;
Venir sur son tombeau , jurer à votre père
D'immoler son bourreau , d'expier aujourd'hui
Tout ce que votre bras osa tenter pour lui ;

Rassurer votre sœur ; mais lui cacher son frère.
Ses craintes , ses transports trahiroient ce mystère ;
Vous offrir à ses yeux sous le nom de mon fils ;
Sous le vôtre , seigneur , assembler nos amis ;
Que vous dirai-je enfin ? contre un amour funeste
Reprendre , avec le nom , des soins dignes d'Oreste.

ORESTE.

Ne craignez point qu'Oreste , indigne de ce nom,
Démente la fierté du sang d'Agamemnon.
Venez , si vous doutez qu'il méritât d'en être ,
Voir couler tout le mien , pour le mieux reconnoître.

Fin du troisième acte.

ACTE QUATRIÈME.

SCÈNE I.

ÉLECTRE seule.

Où laissé-je égarer mes vœux et mes esprits !
Juste ciel ! qu'ai-je vu ? Mais, hélas ! qu'ai-je appris ?
Oreste ne vit plus ; tout veut que je le croie,
Le trouble de mon cœur, les pleurs où je me noie.
Il est mort : cependant, si j'en crois à mes yeux,
Oreste vit encore , Oreste est en ces lieux.
Ma douleur m'entrainoit au tombeau de mon père,
Pleurer auprès de lui mes malheurs et mon frère.
Qu'ai-je vu ? Quel spectacle à mes yeux s'est offert !
Son tombeau de présens et de larmes couvert ;
Un fer , signe certain qu'une main se prépare
A venger ce grand roi des fureurs d'un barbare.
Quelle main s'arme encor contre ses ennemis ?
Qui jure ainsi leur mort , si ce n'est pas son fils ?
Ah ! je le reconnois à sa noble colère ;
Et c'est du moins ainsi qu'auroit juré mon frère.
Quelqu'ardent qu'il paroisse à venger nos malheurs,
Tydée eût-il couvert ce tombeau de ses pleurs ?
Ce ne sont point non plus les pleurs d'une adultère
Qui ne veut qu'insulter aux mânes de mon père:
Ce n'est que pour braver son époux et les dieux,
Qu'elle élève à sa cendre un tombeau dans ces lieux.
Non , elle n'a dressé ce monument si triste,
Que pour mieux signaler son amour pour Egisthe,
Pour lui rendre plus chers son crime et ses fureurs ,
Et pour mettre le comble à mes vives douleurs.
Qu'ils tremblent cependant , ces meurtriers impies,
Qu'il semble que déjà poursuivent les furies.
J'ai vu le fer vengeur , Egisthe va périr ;
Mon frère ne revient que pour me secourir.
Flatteuse illusion , à qui l'effroi succède,
Puis-je encor soupçonner le fils de Palamède ?
Un témoin si sacré peut-il m'être suspect ?
On vient : c'est lui ; mon cœur s'émeut à son aspect.
Mon frère.... Quel transport s'empare de mon ame !

SCÈNE II.

ÉLECTRE ORESTE.

ÉLECTRE , à part.

Mais , hélas ! il est seul.

ORESTE.

Je vous cherche , madame.

Tout semble désormais servir votre courroux ;
Votre indigne ennemi va tomber sous nos coups.
Savez-vous quel héros vient à votre défense ?
Quelle main avec nous frappe d'intelligence ?
Le ciel à vos amis vient de joindre un vengeur
Que nous n'attendions plus.

ÉLECTRE.

Et quel est-il, seigneur ?
Que dis-je ? puis-je encor méconnoître mon frère ?
N'en doutons plus , c'est lui.

ORESTE.

Madame, c'est mon père.

ÉLECTRE.

Votre père , seigneur ! Et d'où vient qu'aujourd'hui
Oreste à mon secours ne vient point avec lui ?
Peut-il abandonner une triste princesse ?
Est-ce ainsi qu'à me voir son amitié s'empresse ?

ORESTE.

Vous le savez ; Oreste a vu les sombres bords ,
Et l'on ne revient point de l'empire des morts.

ÉLECTRE.

Et n'avez-vous pas cru , seigneur , qu'avec Oreste
Palamède avoit vu cet empire funeste ?
Il revoit cependant la clarté qui nous luit :
Mon frère est-il le seul que le destin poursuit ?
Vous-même , sans espoir de revoir le rivage,
Ne trouvâtes-vous pas un port dans le naufrage ?
Oreste , comme vous , peut en être échappé.
Il n'est point mort, seigneur ; vous vous êtes trompé.
J'ai vu dans ce palais une marque assurée ,
Que ces lieux ont revu le petit-fils d'Atrée.
Le tombeau de mon père encor mouillé de pleurs,
Qui les auroit versés ? Qui l'eût couvert de fleurs ?
Qui l'eût orné d'un fer ? Quel autre que mon frère
L'eût osé consacrer aux mânes de mon père ?
Mais quoi! vous vous troublez! Ah! mon frère est ici,
Hélas ! qui mieux que vous en doit être éclairci ?
Ne me le cachez point , Oreste vit encore.
Pourquoi me fuir ? pourquoi vouloir que je l'ignore ?
J'aime Oreste , seigneur ; un malheureux amour
N'a pu de mon esprit le bannir un seul jour ;
Rien n'égale l'ardeur qui pour lui m'intéresse,
Si vous saviez pour lui jusqu'où va ma tendresse ,
Votre cœur frémiroit de l'état où je suis ,
Et vous termineriez mon trouble et mes ennuis.
Hélas ! depuis vingt ans que j'ai perdu mon père ,
N'ai-je donc pas assez éprouvé de misère ?
Esclave dans des lieux d'où le plus grand des rois
A l'univers entier sembloit donner des lois ,
Qu'a fait aux dieux cruels sa malheureuse fille ?
Quel crime contre Électre arme enfin sa famille ?
Une mère en fureur la hait et la poursuit ;
Ou son frère n'est plus, ou le cruel la fuit.
Ah ! donnez-moi la mort , ou me rendez Oreste ;
Rendez-moi , par pitié , le seul bien qui me reste.

ORESTE.

Eh bien ! il vit encore , il est même en ces lieux ;
Gardez-vous cependant....

ÉLECTRE.

ÉLECTRE.

Qu'il paroisse à mes yeux.

Oreste, se peut-il qu'Électre te revoie?
Montrez-le moi, dussé-je en expirer de joie.
Mais, hélas ! n'est-ce point lui-même que je voi ?
C'est Oreste, c'est lui, c'est mon frère et mon roi.
Aux transports qu'en mon cœur son aspect a fait
    naître,
Ah ! comment si long-tems l'ai-je pu méconnoître ?
Je vous revois enfin, cher objet de mes vœux,
Momens tant souhaités ! ô jour trois fois heureux !
Vous vous attendrissez, je vois couler vos larmes.
Ah, seigneur ! que ces pleurs pour Electre ont de
    charmes !
Que ces traits, ces regards, pour elle ont de douceur!
C'est donc vous que j'embrasse, ô mon frère !

ORESTE.

Ah, ma sœur !

Mon amitié trahit un important mystère:
Mais, hélas ! que ne peut Électre sur son frère ?

ÉLECTRE.

Est-ce de moi, cruel, qu'il faut vous défier,
D'une sœur qui voudroit tout vous sacrifier ?
Et quelle autre amitié fut jamais si parfaite ?

ORESTE.

Je n'ai craint que l'ardeur d'une joie indiscrette.
Dissimulez des soins, quoique pour moi si doux :
Ma sœur, à me cacher j'ai plus souffert que vous.
D'ailleurs, jusqu'à ce jour je m'ignorois moi-même.
Palamède, pour moi rempli d'un zèle extrême,
Pour conserver des jours à sa garde commis,
M'élevoit à Samos sous le nom de son fils.
Le sien est mort, ma sœur ; la colère céleste
A fait périr l'ami le plus chéri d'Oreste ;
Et peut-être, sans vous, moins sensible à vos maux,
Envirois-je le sort qu'il trouva dans les flots.

ÉLECTRE.

Se peut-il qu'en regrets votre cœur se consume ?
Ah, seigneur ! laissez-moi jouir sans amertume
Du plaisir de revoir un frère tant aimé.
Quel entretien pour moi! Que mon cœur est charmé !
J'oublie, en vous voyant, qu'ailleurs peut-être on
    m'aime ;
J'oublie auprès de vous jusques à l'amant même :
Surmontez, comme moi, ce penchant trop flatteur,
Qui semble, malgré vous, entraîner votre cœur.
Quel que soit votre amour, les traits d'Iphianasse
N'ont rien de si charmant que la vertu n'efface.

ORESTE.

La vertu sur mon cœur n'a que trop de pouvoir,
Ma sœur ; et mon nom seul suffit à mon devoir.
Non, ne redoutez rien du feu qui me possède.
On vient : séparons-nous.

SCÈNE III.

ORESTE, ÉLECTRE, PALAMÈDE,
ANTÉNOR.

ORESTE à Électre.

Mais non, c'est Palamède.

PALAMÈDE.

Anténor, demeurez ; observez avec soin
Que de notre entretien quelqu'un ne soit témoin.

SCÈNE IV.

ÉLECTRE, PALAMÈDE, ORESTE.

ORESTE.

Vous revoyez, ma sœur, cet ami si fidelle,
Dont nos malheurs, les tems n'ont pu lasser le zèle.

ÉLECTRE à Palamède.

Qu'avec plaisir, seigneur, je revois aujourd'hui
D'un sang infortuné le généreux appui !
Ne soyez point surpris ; attendri par mes larmes,
Mon frère a dissipé mes mortelles alarmes :
De cet heureux secret mon cœur est éclairci.

PALAMÈDE.

Je rends graces au ciel qui vous rejoint ici.
Oreste m'est témoin avec quelle tendresse
J'ai déploré le sort d'une illustre princesse,
Avec combien d'ardeur j'ai toujours souhaité
Le bienheureux instant de votre liberté.
Je vous rassemble enfin, famille infortunée,
A des malheurs si grands trop long-tems condamnée.
Qu'il m'est doux de vous voir où régnoit autrefois
Ce père vertueux, ce chef de tant de rois,
Que fit périr le sort trop jaloux de sa gloire.
O jour ! que tout ici rappelle à ma mémoire,
Jour cruel, qu'ont suivi tant de jours malheureux,
Lieux terribles, témoins d'un parricide affreux !
Retracez-nous sans cesse un spectacle si triste.
Oreste, c'est ici que le barbare Egisthe,
Ce monstre détesté, souillé de tant d'horreurs,
Immola votre père à ses noires fureurs.
Là, plus cruelle encor, pleine des Euménides,
Son épouse sur lui porta ses mains perfides.
C'est ici que, sans force et baigné dans son sang,
Il fut long-tems traîné le couteau dans le flanc.
Mais c'est là que, du sort lassant la barbarie,
Il finit dans mes bras ses malheurs et sa vie.
C'est là que je reçus, impitoyables dieux !
Et ses derniers soupirs, et ses derniers adieux.
« A mon triste destin puisqu'il faut que je cède,
» Adieu, prends soin de toi; fuis, mon cher Palamède;
» Cesse de m'immoler d'odieux ennemis :
» Je suis assez vengé, si tu sauves mon fils.
» Va, de ces inhumains sauve mon cher Oreste :
» C'est à lui de venger une mort si funeste ».
Vos amis sont tout prêts, il ne tient plus qu'à vous;
Une indigne terreur ne suspend plus leurs coups;
Chacun, à votre nom, et s'excite et s'anime;
On n'attend, pour frapper, que vous et la victime.
    (à Électre.)
De votre part, madame, on croit que votre cœur
Voudra bien seconder une si noble ardeur.
C'est parmi les flambeaux d'un coupable hyménée,
Que le tyran doit voir trancher sa destinée.
Princesse, c'est à vous d'assurer nos projets :
Flattez-le d'un hymen si doux à ses souhaits.

G

C'est sous ce faux espoir qu'il faut que votre haine,
Au temple où je l'attends, ce jour même l'entraîne.
Mais, en flattant ses vœux, dissimulez si bien,
Que de tous nos desseins il ne soupçonne rien.

ÉLECTRE.

L'entraîner aux autels! Ah! projet qui m'accable!
Itys y périroit; Itys n'est point coupable.

PALAMÈDE.

Il ne l'est point, grands dieux! Né du sang dont il sort,
Il l'est plus qu'il ne faut pour mériter la mort.
Juste ciel! est-ce ainsi que vous vengez un père?
L'un tremble pour la sœur et l'autre pour le frère.
L'amour triomphe ici! Quoi! dans ces lieux cruels
Il sera donc toujours d'illustres criminels?
Est-ce donc sur des cœurs livrés à la vengeance
Qu'il doit, un seul moment, signaler sa puissance?
Rompez l'indigne joug qui vous tient enchaînés;
Eh! l'amour est-il fait pour les infortunés?
Il a fait les malheurs de toute votre race;
Jugez si c'est à vous d'oser lui faire grâce.
Songez, pour mieux dompter le feu qui vous surprend,
Que le crime qui plaît est toujours le plus grand.
Faites voir qu'un grand cœur que l'amour peut séduire,
Ne manque à son devoir que pour mieux s'en instruire.
Ne vous attirez point le reproche honteux
D'avoir pu mériter d'être si malheureux.
Peut-être, sans l'amour, seriez-vous plus sévères.
Vous savez, sur les fils, si l'on poursuit les pères.
Songez, si le supplice en est trop odieux,
Que c'est du moins punir à l'exemple des dieux.
Mais je vois que l'honneur qui vous en sollicite,
De nos amis en vain rassemble ici l'élite.
C'en est fait, de ce pas je vais les disperser,
Et conserver ce sang que vous n'osez verser.
En effet, que m'importe à moi de le répandre?
Ce n'est point malgré vous que je dois l'entreprendre.
Pour venger vos affronts, j'ai fait ce que j'ai pu;
Mais vous n'avez point fait ce que vous avez dû.

ÉLECTRE.

Ah, seigneur! arrêtez, remplissez ma vengeance:
Je sens, de vos soupçons, que ma vertu s'offense.
Percez le cœur d'Itys; mais respectez le mien:
Il n'est point retenu par un honteux lien:
Et quoique ma pitié fasse, pour le défendre,
Tout ce qu'eût fait l'amour sur le cœur le plus tendre,
Ce feu, ce même feu dont vous me soupçonnez,
Loin d'arrêter, seigneur....

PALAMÈDE.

Madame, pardonnez.
J'ai peut-être à vos yeux poussé trop loin mon zele;
Mais tel est de mon cœur l'empressement fidelle.
Je ne hais point Itys; et sa fière valeur
Pourra seule aujourd'hui faire tout son malheur.
Oreste est généreux; il peut lui faire grâce,
J'y consens: mais d'Itys vous connoissez l'audace;
Il défendra le sang qu'on va faire couler:
Cependant il nous faut périr, ou l'immoler;
Et ce n'est qu'aux autels qu'avec quelqu'avantage,
On peut jusqu'au tyran espérer un passage.
La garde qui le suit, trop forte en ce palais,
Rend le combat douteux, encor plus le succès,

Puisque votre ennemi pourroit encor sans peine,
Quoique vaincu, sauver ses jours de votre haine.
Mais ailleurs, malgré lui, par la foule pressé,
Vous le verrez bientôt à vos pieds renversé.

ORESTE.

Venez, seigneur, venez: si l'amour est un crime,
Vous verrez que mon cœur en est seul la victime;
Qu'il peut bien quelquefois toucher les malheureux,
Mais qu'il est sans pouvoir sur les cœurs généreux.

PALAMÈDE.

Il est vrai, j'ai tout craint du feu qui vous anime;
Mais j'ai tout espéré d'un cœur si magnanime;
Et je connois trop bien le sang d'Agamemnon,
Pour soupçonner qu'Oreste en démente le nom.
Mon cœur, quoiqu'alarmé des sentimens du vôtre;
N'en présumoit pas moins et de l'un et de l'autre.
Si de votre vertu ce cœur a pu douter,
Mes soupçons n'ont servi qu'à la faire éclater.
Mais, pour mieux signaler ce que j'en dois attendre,
Après moi chez Arcas, seigneur, daignez vous rendre:
Vous me verrez bientôt expirer à vos yeux,
Ou venger d'un cruel, vous, Électre et les dieux.

SCÈNE V.

ORESTE, ÉLECTRE.

ORESTE.

ADIEU, ma sœur; calmez la douleur qui vous presse:
Vous savez à vos pleurs si mon cœur s'intéresse.

ÉLECTRE.

Allez, seigneur, allez; vengez tous nos malheurs,
Et que bientôt le ciel vous redonne à mes pleurs.

Fin du quatrième acte.

ACTE CINQUIÈME.

SCÈNE I.

ÉLECTRE seule.

TANDIS qu'en ce palais mon hymen se prépare,
Dieux! quel trouble secret de mon ame s'empare!
Le sévère devoir qui m'y fait consentir,
Est-il si-tôt suivi d'un honteux repentir?
Croirai-je qu'un amour proscrit par tant de larmes,
Puisse encor me causer de si vives alarmes?
Non, ce n'est point l'amour; l'amour seul dans un cœur
Ne pourroit exciter tant de trouble et d'horreur.
Non, ce n'est point un feu dont ma fierté s'irrite.
Ah! si ce n'est l'amour, qu'est-ce donc qui m'agite?
Un amour si long-tems sans succès combattu,
Voudroit-il d'aujourd'hui respecter ma vertu?
Festins cruels, et vous, criminelles ténèbres,
Plaintes d'Agamemnon, cris perçans, cris funèbres,
Sang que j'ai vu couler, pitoyables adieux,
Soyez à ma fureur plus qu'Oreste et les dieux.
Echauffez des transports que mon devoir anime;
Peignez à mon amour un héros magnanime.....

Non, ne me peignez rien ; effacez seulement
Les traits trop bien gravés d'un malheureux amant,
D'une injuste fierté trop constante victime,
Dont un père inhumain fait ici tout le crime,
Toujours prêt à défendre un sang infortuné
Aux caprices du sort long-tems abandonné.
On vient. Hélas ! c'est lui : que mon am e éperdue
S'attendrit et s'émeut à cette chère vue !
Dieux, qui voyez mon cœur dans ce triste moment,
Ai-je assez de vertu pour perdre mon amant ?

SCÈNE II.

ÉLECTRE, ITYS.

ITYS.

PÉNÉTRÉ d'un malheur où mon cœur s'intéresse,
M'est-il enfin permis de revoir ma princesse ?
Si j'en crois les apprêts qui se font en ces lieux,
Je puis donc, sans l'aigrir, m'offrir à ses beaux yeux.
Quelque prix qu'on prépare au feu qui me dévore,
Malgré tout mon espoir, que je les crains encore !
Dieux ! se peut-il qu'Électre, après tant de rigueurs,
Daigne choisir ma main pour essuyer ses pleurs ?
Est-ce elle qui m'élève à ce comble de gloire ?
Mon bonheur est si grand, que je ne le puis croire.
Ah, madame ! à qui dois-je un bien si doux pour moi ?
Amour, fais, s'il se peut, qu'il ne soit dû qu'à toi !
Électre, s'il est vrai que tant d'ardeurs vous touche,
Confirmez notre hymen d'un mot de votre bouche ;
Laissez-moi, dans ces yeux, de mon bonheur jaloux,
Lire, au moins, un aveu qui me fait votre époux.
Quoi ! vous les détournez ! Dieux ! quel affreux silence !
Ma princesse, parlez : vous fait-on violence ?
De tout ce que je vois que je me sens troubler !
Ah ! ne me cachez point vos pleurs prêts à couler.
Confiez à ma foi le secret de vos larmes ;
N'en craignez rien : ce cœur, quoiqu'épris de vos
    charmes,
N'abusera jamais d'un pouvoir odieux.
Madame, par pitié, tournez vers moi les yeux.
C'en est trop, je pénètre un mystère funeste ;
Vous cédez au destin qui vous enlève Oreste :
Vous croyez désormais que, pour vous, aujourd'hui,
L'univers tout entier doit périr avec lui.
Votre cœur, cependant, à sa haine fidelle,
Accablé des rigueurs d'une mère cruelle,
Au moment que je crois qu'il s'attendrit pour moi,
M'abhorre, et ne se rend qu'aux menaces du roi.

ÉLECTRE.

Fils d'Egisthe, reviens d'un soupçon qui me blesse :
Électre ne connoît ni crainte ni foiblesse ;
Son cœur, dont rien ne peut abaisser la fierté,
Même au milieu des fers, agit en liberté.
Quelqu'appui que le sort m'enlève dans mon frère,
Je crains plus tes vertus que les fers ni ton père.
Ne crois pas qu'un tyran, pour toi, puisse, en ce jour,
Ce que ne pourroit pas ou l'estime, ou l'amour.
Non, quel que soit le sang qui coule dans tes veines,

Je ne t'impute rien de l'horreur de mes peines.
Je ne puis voir en toi qu'un prince généreux,
Que, de tout mon pouvoir, je voudrois rendre heureux.
Non, je ne te hais point : je serois inhumaine,
Si je pouvois payer tant d'amour de ma haine.

ITYS.

Je ne suis point haï ! Comblez donc tous les vœux
Du cœur le plus fidelle et le plus amoureux.
Vous n'avez plus de haine ! Eh bien ! qui vous arrête ?
Les autels sont parés, et la victime est prête.
Venez sans différer, par des nœuds éternels,
Vous unir à mon sort aux pieds des immortels.
Egisthe doit bientôt y conduire la reine ;
Souffrez que sur leurs pas mon amour vous entraîne :
On n'attend plus que vous.

ÉLECTRE à part.

                        On n'attend plus que moi !
Dieux cruels ! que ce mot redouble mon effroi !
    (haut.)
Quoi ! tout est prêt, seigneur ?

ITYS.

                        Oui, ma chère princesse.

ÉLECTRE.

Hélas !

ITYS.

            Ah ! dissipez cette sombre tristesse.
Vos yeux d'assez de pleurs ont arrosé ces lieux :
Livrez-vous à l'époux que vous offrent les dieux.
Songez que cet hymen va finir vos misères ;
Qu'il vous fait remonter au trône de vos pères ;
Que lui seul peut briser vos indignes liens,
Et terminer les maux qui redoublent les miens.
Le plus grand de mes soins, dans l'ardeur qui
        m'anime,
Est de vous arracher au sort qui vous opprime.
Mycènes vous déplait ; eh bien, j'en sortirai ;
Content du nom d'époux, par-tout je vous suivrai :
Trop heureux, pour tout prix du feu qui me consume,
Si je puis de vos pleurs adoucir l'amertume !
Aussi touché que vous du destin d'un héros....

ÉLECTRE.

Hélas ! que ne fait-il le plus grand de mes maux !
Et que ce triste hymen où ton amour aspire....
Cet hymen... Non, Itys, je ne puis y souscrire.
J'ai promis ; cependant je ne puis l'achever.
Ton père est aux autels, je m'en vais l'y trouver ;
Attends-moi dans ces lieux.

ITYS.

                        Et vous êtes sans haine ?
Aux autels ! quoi ! sans moi ? Demeurez, inhumaine :
Demeurez ; ou bientôt d'un amant odieux
Ma main fera couler tout le sang à vos yeux.
Vous gardiez donc ce prix à ma persévérance ?

ÉLECTRE.

Ah ! plus tu m'attendris, moins notre hymen s'avance.

ITYS se jetant à ses genoux.

Quoi ! vous m'abandonnez à mes cruels transports ?

ÉLECTRE.

Que fais-tu, malheureux ? Laisse-moi mes remords ;
Lève-toi, ce n'est point la haine qui me guide.

SCÈNE III.

ÉLECTRE, ITYS, IPHIANASSE.

IPHIANASSE.

QUE faites-vous, mon frère, aux pieds d'une
 perfide ?
On assassine Egisthe ; et, sans un prompt secours,
D'une si chère vie on va trancher le cours.

ITYS.

On assassine Egisthe ! Ah ! cruelle princesse !

SCÈNE IV.

ÉLECTRE, IPHIANASSE.

ÉLECTRE *à elle-même.*

QUOI ! malgré la pitié qui pour toi m'intéresse,
Ta mort de tant d'amour va donc être le fruit !
Je n'ai pu t'arracher au sort qui te poursuit,
Prince trop généreux !

IPHIANASSE.

   Cessez, cessez de feindre,
Ingrate ; c'est plutôt l'insulter que le plaindre.
La pitié vous sied bien, au moment que c'est vous
Qui le faites tomber sous vos barbares coups !
J'entends par-tout voler le nom de votre frère.
Quel autre que ce traitre, ennemi de mon père...

ÉLECTRE.

Respectez un héros qui ne fait en ces lieux
Que son devoir, le mien, et que celui des dieux.
Le crime n'a que trop triomphé dans Mycène.
Il est tems qu'un barbare en reçoive la peine ;
Qu'il éprouve ces dieux qu'il bravoit, l'inhumain !
Quoique lents à punir, ils punissent enfin.
Si le ciel indigné n'eût hâté son supplice,
Il eût fait à la fin soupçonner sa justice.
Entendez-vous ces cris et ce tumulte affreux,
Ce bruit confus de voix de tant de malheureux ?
Tels furent les apprêts de ce festin impie,
Qu'Egisthe par sa mort dans ce moment expie.
Mais ce que j'ai souffert de nos cruels malheurs
M'apprend, en les vengeant, à respecter vos pleurs.
Je ne vous offre point une pitié suspecte ;
Un intérêt sacré veut que je les respecte.
Vous insultiez mon frère, et ma juste fierté
Avec trop de rigueur a peut-être éclaté.
D'ailleurs c'est un héros que vous devez connoître ;
A vos yeux, comme aux miens, tel il a dû paroître.

SCÈNE V.

ÉLECTRE, IPHIANASSE, ARCAS.

ARCAS.

MADAME, c'en est fait, tout cède à nos efforts ;
Ce palais se remplit de mourans et de morts.
Vous savez qu'aux autels notre chef intrépide
Devoit d'Agamemnon punir le parricide :

Mais les soupçons d'Egisthe, et des avis secrets,
Ont hâté ce grand jour si cher à nos souhaits.
Oreste règne enfin ; ce héros invincible
Semble armé de la foudre en ce moment terrrible.
Tout fuit à son aspect, ou tombe sous ses coups :
De longs ruisseaux de sang signalent son courroux.
J'ai vu prêt à périr le fier Itys lui-même,
Désarmé par Oreste en ce désordre extrême.
Ce prince au désespoir cherchant le seul trépas,
Portant par-tout la mort, et ne la trouvant pas,
A son père peut-être eût ouvert un passage ;
Mais sa main désarmée a trompé son courage.
Ainsi, de ses exploits interrompant le cours,
Le sort, malgré lui-même, a pris soin de ses jours.
Oreste, qu'irritoit une fureur si vaine,
A sa valeur bientôt fait tout céder sans peine.
J'ai cru de ce succès devoir vous avertir.
De ces lieux cependant gardez-vous de sortir,
Madame ; la retraite est pour vous assurée ;
Des amis affidés en défendent l'entrée.
Votre ennemi d'ailleurs, au gré de vos désirs,
Aux pieds de son vainqueur rend les derniers soupirs.

IPHIANASSE.

O mon père ! à ta mort je ne veux point survivre.
Je ne puis la venger, je vais du moins te suivre.
 (*à Électre.*)
Cruelle, redoutez, malgré tout mon malheur,
Que l'amour n'arme encor pour moi plus d'un ven-
 geur.

SCÈNE VI.

**ORESTE, ÉLECTRE, IPHIANASSE,
ARCAS, GARDES.**

ORESTE.

AMIS, c'en est assez ; qu'on épargne le reste.
Laissez, laissez agir la clémence d'Oreste :
Je suis assez vengé.

IPHIANASSE.

   Dieux ! qu'est-ce que je voi ?
Sort cruel, c'en est fait, tout est perdu pour moi ;
Celui que j'implorois est Oreste.

ORESTE.

   Oui, madame,
C'est lui ; c'est ce guerrier que la plus vive flamme
Vouloit enfin soustraire aux devoirs de ce nom,
Et qui vient de venger le sang d'Agamemnon.
Quel que soit le courroux que ce nom vous inspire,
Mon devoir parle assez, je n'ai rien à vous dire ;
Votre père en ces lieux m'avoit ravi le mien.

IPHIANASSE.

Oui ; mais je n'eus point part à la perte du tien.
 (*Elle sort.*)

SCÈNE VII.

**ORESTE, ÉLECTRE, PALAMÈDE, ARCAS,
GARDES.**

ORESTE *à ses gardes.*

SUIVEZ-LA. Dieux ! quels cris se font encore entendre !

D'un trouble affreux mon cœur a peine à se défendre.
Palamède, venez rassurer mes esprits.
Que vous calmez l'horreur qui les avoit supris !
Ami trop généreux, mon défenseur, mon père,
Ah ! que votre présence en ce moment m'est chère !
Quel triste et sombre accueil ! Seigneur, qu'ai-je
    donc fait ?
Vos yeux semblent sur moi ne s'ouvrir qu'à regret.
N'ai-je pas assez loin étendu la vengeance ?

PALAMÈDE.

On la porte souvent bien plus loin qu'on ne pense.
Oui, vous êtes vengé, les dieux le sont aussi ;
Mais, si vous m'en croyez, éloignez-vous d'ici.
Ce palais n'offre plus qu'un spectacle funeste ;
Ces lieux souillés de sang sont peu dignes d'Oreste.
Suivez-moi l'un et l'autre.

ORESTE.

                Ah ! que vous me troublez !
Pourquoi nous éloigner ? Palamède, parlez.
Craint-on quelque transport de la part de la reine ?

PALAMÈDE.

Non, vous n'avez plus rien à craindre de sa haine.
De son triste destin laissez le soin aux dieux.
Mais, pour quelques momens, abandonnez ces lieux :
Venez.

ORESTE.

        Non, non, ce soin cache trop de mystère ;
Je veux en être instruit ; parlez, que fait ma mère ?

PALAMÈDE.

Eh bien ! un coup affreux....

ORESTE.

                    Ah ! dieux ! quel inhumain
A donc jusques sur elle osé porter la main ?
Qu'a donc fait Anténor chargé de la défendre ?
Et comment, et par qui s'est-il laissé surprendre ?
Ah ! j'atteste les dieux que mon juste courroux....

PALAMÈDE.

Ne faites point, seigneur, de serment contre vous.

ORESTE.

Qui ? moi, j'aurois commis une action si noire !
Oreste parricide ! Ah ! pourriez-vous le croire ?
De mille coups plutôt j'aurois percé mon sein.
Juste ciel ! Et qui peut imputer à ma main ?.....

PALAMÈDE.

J'ai vu, seigneur, j'ai vu ; ce n'est point l'imposture
Qui vous charge d'un coup dont frémit la nature.
De vos soins généreux plus irritée encor,
Clytemnestre a trompé le fidelle Anténor ;
Et remplissant ces lieux et de cris et de larmes,
S'est jetée à travers le péril et les armes.
Au moment qu'à vos pieds son parricide époux
Etoit près d'éprouver un trop juste courroux,
Votre main redoutable alloit trancher sa vie :
Dans ce fatal instant la reine l'a saisie.
Vous, sans considérer qui pouvoit retenir
Une main que les dieux armoient pour le punir,
Vous avez d'un seul coup, qu'ils conduisoient peut-
    être,
Fait couler tout le sang dont ils vous firent naitre.

ORESTE.

Sort, ne m'as-tu tité de l'abime des flots,
Que pour me replonger dans ce gouffre de maux,
Pour me faire attenter sur les jours de ma mère ?

SCÈNE VIII.

CLYTEMNESTRE, ORESTE, ÉLECTRE,
PALAMÈDE, ARCAS, ANTÉNOR,
MÉLITE, GARDES.

ORESTE.

ELLE vient ; quel objet ! où fuirai-je ?

ÉLECTRE.

                        Ah ! mon frère !

CLYTEMNESTRE.

Ton frère ! Quoi ! je meurs de la main de mon fils !
Dieux justes ! mes forfaits sont-ils assez punis ?
Je ne te revois donc, fils digne des Atrides,
Que pour trouver la mort dans tes mains parricides ?
Jouis de tes fureurs, vois couler tout ce sang,
Dont le ciel irrité t'a formé dans mon flanc.
Monstre, que bien plutôt forma quelque furie,
Puisse un destin pareil payer ta barbarie !
Frappe encor, je respire, et j'ai trop à souffrir
De voir qui je fis naitre, et qui me fait mourir.
Achève, épargne-moi le tourment qui m'accable.

ORESTE.

Ma mère !

CLYTEMNESTRE.

            Quoi ! ce nom qui te rend si coupable,
Tu l'oses prononcer ? N'affecte rien, cruel ;
La douleur que tu feins te rend plus criminel.
Triomphe, Agamemnon, jouis de ta vengeance ;
Ton fils ne dément point ton nom ni sa naissance.
Pour l'en voir digne au gré de mes vœux et des tiens,
Je lui laisse un forfait qui passe tous les miens.

***

SCÈNE DERNIÈRE.

ORESTE, ÉLECTRE, PALAMÈDE,
ANTÉNOR, ARCAS, GARDES.

ORESTE.

FRAPPEZ, dieux tout-puissans que ma fureur
    implore :
Dieux vengeurs, s'il en est, puisque je vis encore,
Frappez ; mon crime affreux ne regarde que vous.
Le ciel n'a-t-il pour moi que des tourmens trop doux ?
Je vois ce qui retient un courroux légitime ;
Dieux, vous ne savez point comme on punit mon
    crime !

ÉLECTRE.

Ah ! mon frère, calmez cette aveugle fureur.
N'ai-je donc pas assez de ma propre douleur ?
Voulez-vous, me donner la mort mon cher Oreste ?

ORESTE.

Ah ! ne prononcez plus ce nom que je déteste.
Et toi, que fait frémir mon aspect odieux,
Nature, tant de fois outragée en ces lieux,
Je viens de te venger du meurtre de mon père ;
Mais qui me vengera du meurtre de ma mère ?
Ah ! si pour m'en punir le ciel est sans pouvoir,
Prêtons-lui les fureurs d'un juste désespoir.

O dieux! que mes remords, s'il se peut, vous fléchissent!
Que mon sang, que mes pleurs, s'il se peut, t'atten-
drissent,
Ma mère! vois couler....

(*Il veut se tuer.*)

PALAMÈDE *le désarmant.*

Ah, seigneur!

ORESTE.

Laisse-moi.
Je ne veux rien, cruel, d'Électre, ni de toi:
Votre cœur, affamé de sang et de victimes,
M'a fait souiller ma main du plus affreux des crimes.
Mais quoi! quelle vapeur vient obscurcir les airs?
Grace au ciel, on m'entrouvre un chemin aux enfers;
Descendons, les enfers n'ont rien qui m'épouvante;
Suivons le noir sentier que le sort me présente;
Cachons-nous dans l'horreur de l'éternelle nuit.
Quelle triste clarté dans ce moment me luit?
Qui ramène le jour dans ces retraites sombres?

Que vois-je? Mon aspect épouvante les ombres?
Que de gémissemens! que de cris douloureux!
« Oreste »! Qui m'appelle en ce séjour affreux?
Égisthe! Ah! c'en est trop, il faut qu'à ma colère...
Que vois-je? dans ses mains la tête de ma mère!
Quels regards! Où fuirai-je? Ah! monstre furieux,
Quel spectacle oses-tu présenter à mes yeux!
Je ne souffre que trop; monstre cruel, arrête;
A mes yeux effrayés dérobe cette tête.
Ah, ma mère! épargnez votre malheureux fils.
Ombre d'Agamemnon, sois sensible à mes cris;
J'implore ton secours, chère ombre de mon père;
Viens défendre ton fils des fureurs de sa mère;
Prends pitié de l'état où tu me vois réduit.
Quoi! jusques dans tes bras la barbare me suit.
C'en est fait, je succombe à cet affreux supplice:
Du crime de ma main mon cœur n'est point complice;
J'éprouve cependant des tourmens infinis.
Dieux! les plus criminels seroient-ils plus punis?

FIN.

RHADAMISTHE ET ZÉNOBIE.

TRAGÉDIE.

PERSONNAGES.

PHARASMANE, roi d'Ibérie.

RHADAMISTHE, roi d'Arménie, fils de Pharasmane.

ZÉNOBIE, femme de Rhadamisthe, sous le nom d'Isménie.

ARSAME, frère de Rhadamisthe.

HIÉRON, ambassadeur d'Arménie, et confident de Rhadamisthe.

MITRANE, capitaine des gardes de Pharasmane.

HIDASPE, confident de Pharasmane.

PHÉNICE, confidente de Zénobie.

GARDES.

La scène est dans Artanisse, capitale de l'Ibérie, dans le palais de Pharasmane.

ACTE PREMIER.
SCÈNE I.

ZÉNOBIE, *sous le nom d'Isménie*, PHÉNICE.

ZÉNOBIE.

Ah ! laisse-moi, Phénice, à mes mortels ennuis ;
Tu redoubles l'horreur de l'état où je suis.
Laisse-moi : ta pitié, tes conseils et la vie,
Sont le comble des maux pour la triste Isménie.
Dieux justes ! Ciel vengeur, effroi des malheureux !
Le sort qui me poursuit est-il assez affreux ?

PHÉNICE.

Vous verrai-je toujours, les yeux baignés de larmes,
Par d'éternels transports remplir mon cœur d'alarmes ?
Le sommeil en ces lieux verse en vain ses pavots ;
La nuit n'a plus pour vous ni douceur, ni repos.
Cruelle, si l'amour vous éprouve inflexible,
A ma triste amitié soyez du moins sensible.
Mais quels sont vos malheurs ? Captive dans des lieux
Où l'amour soumet tout au pouvoir de vos yeux,
Vous ne sortez des fers où vous fûtes nourrie,
Que pour vous asservir le grand roi d'Ibérie.
Et que demande encor ce vainqueur des romains ?
D'un sceptre redoutable il veut orner vos mains.
Si, rebuté des soins où son amour l'engage,
Il s'est enfin lassé d'un inutile hommage ;
Par combien de mépris, de tourmens, de rigueur,
N'avez-vous pas vous-même allumé sa fureur ?
Flattez, comblez ses vœux, loin de vous en défendre ;
Vous le verrez bientôt plus soumis et plus tendre.

ZÉNOBIE.

Je connois mieux que toi ce barbare vainqueur,
Pour qui, mais vainement, tu veux fléchir mon cœur.
Quels que soient les grands noms qu'il tient de la victoire,
Et ce front si superbe où brille tant de gloire ;
Malgré tous ses exploits, l'univers à mes yeux

N'offre rien qui me doive être plus odieux.
J'ai trahi trop long-tems ton amitié fidelle :
Il faut d'un autre prix récompenser ton zèle,
Me découvrir. Du moins, quand tu sauras mon sort,
Je ne te verrai plus t'opposer à ma mort.
Phénice, tu m'as vue aux fers abandonnée,
Dans un abaissement où je ne suis point née.
Je compte autant de rois que je compte d'aïeux,
Et le sang dont je sors ne le cède qu'aux dieux.
Pharasmane, ce roi qui fait trembler l'Asie,
Qui brave des Romains la vaine jalousie ;
Ce cruel, dont tu veux que je flatte l'amour,
Est frère de celui qui me donna le jour.
Plût aux dieux qu'à son sang le destin qui me lie,
N'eût point par d'autres nœuds attaché Zénobie !
Mais, à ces nœuds sacrés joignant des nœuds plus doux,
Le sort l'a fait encor père de mon époux ;
De Rhadamisthe, enfin.

PHÉNICE.

       Ma surprise est extrême !
Vous, Zénobie ! O dieux !

ZÉNOBIE.

       Oui, Phénice, elle-même,
Fille de tant de rois, reste d'un sang fameux,
Ilustre, mais, hélas ! encor plus malheureux.
Après de longs débats, Mithridate mon père
Dans le sein de la paix vivoit avec son frère.
L'une et l'autre Arménie, asservie à nos lois,
Mettoit cet heureux prince au rang des plus grands rois.
Trop heureux en effet, si son frère perfide
D'un sceptre si puissant eût été moins avide :
Mais le cruel, bien loin d'appuyer sa grandeur,
Le dévora bientôt dans le fond de son cœur.
Pour éblouir mon père, et pour mieux le surprendre,
Il lui remit son fils dès l'âge le plus tendre.
Mithridate charmé l'éleva parmi nous,
Comme un ami pour lui, pour moi comme un époux.

Je l'avoûrai, sensible à sa tendresse extrême,
Je me fis un devoir d'y répondre de même :
Ignorant qu'en effet, sous des dehors heureux,
On pût cacher au crime un penchant dangereux.

PHÉNICE.

Jamais roi cependant ne se fit dans l'Asie
Un nom plus glorieux et plus digne d'envie.
Déjà, des autres rois devenu la terreur....

ZÉNOBIE.

Phénice, il n'a que trop signalé sa valeur.
A peine je touchois à mon troisième lustre,
Lorsque tout fut conclu pour cet hymen illustre.
Rhadamisthe déjà s'en croyoit assuré.
Quand son père cruel, contre nous conjuré,
Entra dans nos états, suivi de Tiridate,
Qui brûloit de s'unir au sang de Mithridate ;
Et ce Parthe, indigné qu'on lui ravit ma foi,
Sema par-tout l'horreur, le désordre et l'effroi.
Mithridate, accablé par son perfide frère,
Fit tomber sur le fils les cruautés du père ;
Et, pour mieux se venger de ce frère inhumain,
Promit à Tiridate et son sceptre et ma main.
Rhadamisthe, irrité d'un affront si funeste,
De l'état à son tour embrâsa tout le reste,
En dépouilla mon père, en repoussa le sien ;
Et, dans son désespoir ne ménageant plus rien,
Malgré Numidius, et la Syrie entière,
Il força Pollion de lui livrer mon père.
Je tentai, pour sauver un père malheureux,
De fléchir un amant que je crus généreux.
Il promit d'oublier sa tendresse offensée,
S'il voyoit de ma main sa foi récompensée ;
Qu'au moment que l'hymen l'engageroit à moi,
Il remettroit l'état sous sa première loi.
Sur cet espoir charmant, aux autels entraînée,
Moi-même je hâtois ce fatal hyménée ;
Et mon parjure amant osa bien l'achever,
Teint du sang qu'à ce prix je prétendois sauver.
Mais le ciel, irrité contre ces nœuds impies,
Éclaira notre hymen du flambeau des furies.
Quel hymen, justes dieux ! et quel barbare époux !

PHÉNICE.

Je sais que tout un peuple indigné contre vous,
Vous imputant du roi la triste destinée,
Ne vit qu'avec horreur ce coupable hyménée.

ZÉNOBIE.

Les cruels, sans savoir qu'on me cachoit son sort,
Osèrent bien sur moi vouloir venger sa mort.
Troublé de ses forfaits, dans ce péril extrême,
Rhadamisthe en parut comme accablé lui-même.
Mais ce prince, bientôt rappelant sa fureur,
Remplit tout, à son tour, de carnage et d'horreur.
« Suivez-moi, me dit-il : ce peuple qui m'outrage,
» En vain à ma valeur croit fermer un passage :
» Suivez-moi ». Desautels s'éloignant à grands pas,
Terrible et furieux, il me prit dans ses bras,
Fuyant parmi les siens à travers Artaxate,
Qui vengeoit, mais trop tard, la mort de Mithridate.
Mon époux, cependant, pressé de toutes parts,
Tournant alors sur moi de funestes regards.....

Mais loin de retracer une action si noire,
D'un époux malheureux respectons la mémoire ;
Épargne à ma vertu cet odieux récit.
Contre un infortuné je n'en ai que trop dit.
Je ne puis rappeler un souvenir si triste,
Sans déplorer encor le sort de Rhadamisthe.
Qu'il te suffise enfin, Phenice, de savoir,
Victime d'un amour réduit au désespoir,
Que, par une main chère et de mon sang fumante,
L'Araxe dans ses eaux me vit plonger mourante.

PHÉNICE.

Quoi ! ce fut votre époux.... Quel inhumain, grands
    dieux !

ZÉNOBIE.

Les horreurs de la mort couvroient déjà mes yeux,
Quand le ciel, par les soins d'une main secourable,
Me sauva d'un trépas sans elle inévitable.
Mais à peine échappée à des périls affreux,
Il me fallut pleurer un époux malheureux.
J'appris, non sans frémir, que son barbare père,
Pretextant sa fureur sur la mort de son frère,
De la grandeur d'un fils en effet trop jaloux,
Lui seul avoit armé nos peuples contre nous ;
Qu'introduit en secret au sein de l'Arménie,
Lui-même de son fils avoit tranché la vie.
A ma douleur alors laissant un libre cours,
Je détestai les soins qu'on prenoit de mes jours ;
Et, quittant sans regret mon rang et ma patrie,
Sous un nom déguisé j'errai dans la Médie.
Enfin, après dix ans d'esclavage, d'ennui,
Étrangère par-tout, sans secours, sans appui,
Quand j'espérois goûter un destin plus tranquille,
La guerre en un moment détruisit mon asyle.
Arsame, conduisant la terreur sur ses pas,
Vint, la foudre à la main, ravager ces climats ; —
Arsame, né d'un sang à mes yeux si coupable,
Arsame cependant à mes yeux trop aimable,
Fils d'un père perfide, inhumain et jaloux,
Frère de Rhadamisthe, enfin de mon époux.

PHÉNICE.

Quel que soit le devoir du nœud qui vous engage,
Aux mânes d'un époux est-ce faire un outrage,
Que de céder aux soins d'un prince généreux,
Qui, par tant de bienfaits, a signalé ses feux ?

ZÉNOBIE.

Encor si dans nos maux une cruelle absence
Ne nous ravissoit point notre unique espérance....
Mais Arsame, éloigné par un triste devoir,
Dans mon cœur éperdu ne laisse plus d'espoir ;
Et, pour comble de maux, j'apprends que l'Arménie,
Qu'un droit si légitime accorde à Zénobie,
Va tomber au pouvoir du Parthe, ou des Romains,
Ou, peut-être, passer en de moins dignes mains.
Dans son barbare cœur flatté de sa conquête,
A quitter ces climats Pharasmane s'apprête.

PHÉNICE.

Eh bien ! dérobez-vous à ses injustes lois.
N'avez-vous pas pour vous les Romains et vos droits ?
Par un ambassadeur parti de la Syrie,
Rome doit décider du sort de l'Arménie.

Reine

Reine de ces états, contre un prince inhumain,
Faites agir pour vous l'ambassadeur romain :
On l'attend aujourd'hui dans les murs d'Artanisse.
Implorez de César le secours , la justice.
De son ambassadeur faites-vous un appui :
Forcez-le à vous défendre , ou fuyez avec lui.

ZÉNOBIE.

Comment briser les fers où je suis retenue ?
M'en croira-t-on , d'ailleurs , fugitive , inconnue ?
Comment.....

SCÈNE II.

ZÉNOBIE, *sous le nom d'Isménie* ; ARSAME,
PHÉNICE.

ZÉNOBIE.

Mais quel objet! Arsame dans ces lieux!

ARSAME.

M'est-il encor permis de m'offrir à vos yeux ?

ZÉNOBIE.

C'est vous-même, seigneur! Quoi! déjà l'Albanie.....

ARSAME.

Tout est soumis , madame ; et la belle Isménie,
Quand la gloire paroît me combler de faveurs,
Semble seule vouloir m'accabler de rigueurs.
Trop sûr que mon retour, d'un inflexible père
Va sur un fils coupable attirer la colère ;
Jaloux, désespéré , j'ose , pour vous revoir,
Abandonner des lieux commis à mon devoir.
Ah , madame! est-il vrai qu'un roi fier et terrible
Aux charmes de vos yeux soit devenu sensible ;
Que l'hymen aujourd'hui doive combler ses vœux ?
Pardonnez aux transports d'un amant malheureux.
Ma douleur vous aigrit : je vois qu'avec contrainte
D'un amour alarmé vous écoutez la plainte.
Ce n'est pas sans raison que vous la condamnez :
Le reproche ne sied qu'aux amans fortunés.
Mais moi, qui fus toujours à vos rigueurs en bute,
Qu'un amour sans espoir dévore et persécute ;
Mais moi, qui fus toujours à vos lois si soumis,
Qu'ai-je à me plaindre, hélas ! et que m'a-t-on promis?
Indigné cependant du sort qu'on vous prépare,
Je me plains et de vous et d'un rival barbare.
L'amour, le tendre amour qui m'anime pour vous ,
Tout malheureux qu'il est, n'en est pas moins jaloux.

ZÉNOBIE.

Seigneur, il est trop vrai qu'une flamme funeste
Fait parler ici des feux que je déteste :
Mais , quel que soit le rang et le pouvoir du roi,
C'est en vain qu'il prétend disposer de ma foi.
Ce n'est pas que , sensible à l'ardeur qui vous flatte,
J'approuve ces transports où votre amour éclate.

ARSAME.

Ah ! malgré tout l'amour dont je brûle pour vous ,
Faites-moi seul l'objet d'un injuste courroux.
Imposez à mes feux la loi la plus sévère ,
Pourvu que votre main se refuse à mon père.
Si pour d'autres que moi votre cœur doit brûler,
Donnez-moi des rivaux que je puisse immoler,

Contre qui ma fureur agisse sans murmure.
L'amour n'a pas toujours respecté la nature :
Je ne le sens que trop à mes transports jaloux.
Que sais-je , si le roi devenoit votre époux ,
Jusqu'où m'emporteroit sa cruelle injustice?
Ce n'est pas le seul bien que sa main me ravisse.
L'Arménie, attentive à se choisir un roi,
Par les soins d'Hiéron se déclare pour moi.
Ardent à terminer un honteux esclavage,
Je venois , à mon tour, vous en faire un hommage,
Mais un père jaloux , un rival inhumain ,
Veut me ravir encor ce sceptre et votre main.
Qu'il m'enlève à son gré l'une et l'autre Arménie;
Mais qu'il laisse à mes vœux la charmante Isménie.
Je faisois mon bonheur de plaire à ses beaux yeux ,
Et c'est l'unique bien que je demande aux dieux ?

ZÉNOBIE.

Et pourquoi donc ici m'avez-vous amenée ?
Quelle que fût ailleurs ma triste destinée ,
Elle couloit du moins dans l'ombre du repos.
C'est vous , par trop de soins , qui comblez tous mes
       maux.
D'ailleurs , qu'espérez-vous d'une flamme si vive ?
Tant d'amour convient-il au sort d'une captive ?
Vous ignorez encor jusqu'où vont mes malheurs.
Rien ne sauroit tarir la source de mes pleurs.
Ah ! quand même l'amour uniroit l'un et l'autre,
L'hymen n'unira point mon sort avec le vôtre.
Malgré tout son pouvoir , et son amour fatal,
Le roi n'est pas , seigneur, votre plus fier rival.
Un devoir rigoureux , dont rien ne me dispense,
Doit forcer pour jamais votre amour au silence.
J'entends du bruit. On ouvre. Ah , seigneur! c'est
le roi.
Que je crains son abord et pour vous et pour moi!

SCÈNE III.

PHARASMANE, ZÉNOBIE, *sous le nom
d'Isménie* ; ARSAME, MITRANE,
HIDASPE, PHÉNICE, GARDES.

PHARASMANE.

Que vois-je? c'est mon fils! Dans Artanisse Arsame!
Quel dessein l'y conduit? Vous vous taisez, madame!
Arsame près de vous , Arsame dans ma cour,
Lorsque moi-même ici j'ignore son retour !
De ce trouble confus que faut-il que je pense?

(*à Arsame.*)

Vous à qui j'ai remis le soin de ma vengeance ;
Que j'honorois enfin d'un choix si glorieux,
Parlez , prince; quel soin vous ramène en ces lieux?
Quel besoin , quel projet a pu vous y conduire ,
Sans ordre de ma part , sans daigner m'en instruire ?

ARSAME.

Vos ennemis domptés , devois-je présumer
Que mon retour, seigneur , pourroit vous alarmer ?
Ah ! vous connoissez trop et mon cœur et mon zèle,
Pour soupçonner le soin qui vers vous me rappelle.
Croyez, après l'emploi que vous m'avez commis ,
Puisque vous me voyez , que tout vous est soumis.

H

Lorsqu'au prix de mon sang je vous couvre de gloire,
Lorsque tout retentit du bruit de ma victoire,
Je l'avoûrai, seigneur, pour prix de mes exploits,
Que je n'attendois pas l'accueil que je reçois.
J'apprends de toutes parts que Rome et la Syrie,
Que Corbulon armé menacent l'Ibérie :
Votre fils se flattoit, conduit par son devoir,
Qu'avec plaisir alors vous pourriez le revoir.
Je ne soupçonnois pas que mon impatience
Dût dans un cœur si grand jeter la défiance.
J'attendois qu'on ouvrit, pour m'offrir à vos yeux,
Quand j'ai trouvé, seigneur, Isménie en ces lieux.

PHARASMANE.

Je crains peu Corbulon, les Romains, la Syrie;
Contre ces noms fameux mon ame est aguerrie :
Et je n'approuve pas qu'un si généreux soin
Vous ait, sans mon aveu, ramené de si loin.
D'ailleurs, qu'a fait de plus, qu'a produit ce grand
    zèle,
Que le devoir d'un fils et d'un sujet fidelle?
Doutez-vous, quels que soient vos services passés,
Qu'un retour criminel les ait tous effacés?
Sachez que votre roi ne s'en souvient encore,
Que pour ne point punir des projets qu'il ignore.
Quoi qu'il en soit, partez avant la fin du jour,
Et courez à Colchos étouffer votre amour.
Je vous défends, sur-tout, de revoir Isménie.
Apprenez qu'à mon sort elle doit être unie;
Que l'hymen dès ce jour doit couronner mes feux;
Que cet unique objet de mes plus tendres vœux
N'a que trop mérité la grandeur souveraine;
Votre esclave autrefois, aujourd'hui votre reine.
C'est vous instruire assez que mes transports jaloux
Ne veulent point içi de témoins tels que vous.
Sortez.

SCÈNE IV.

PHARASMANE, ZÉNOBIE, *sous le nom*
d'Isménie ; MITRANE, HIDASPE,
PHÉNICE, GARDES.

ZÉNOBIE.

Et de quel droit votre jalouse flamme
Prétend-elle à ses vœux assujettir mon ame?
Vous m'offrez vainement la suprême grandeur :
Ce n'est pas à ce prix qu'on obtiendra mon cœur.
D'ailleurs, que savez-vous, seigneur, si l'hyménée
N'auroit point à quelqu'autre uni ma destinée ?
Savez-vous si le sang à qui je dois le jour,
Me permet d'écouter vos vœux et votre amour?

PHARASMANE.

Je ne sais en effet quel sang vous a fait naître :
Mais fut-il aussi beau qu'il mérite de l'être,
Le nom de Pharasmane est assez glorieux
Pour oser s'allier au sang même des dieux.
En vain à vos rigueurs vous joignez l'artifice :
Vains détours, puisqu'enfin il faut qu'on m'obéisse.
Je n'ai rien oublié pour obtenir vos vœux.
Moins en roi, qu'en amant, j'ai fait parler mes feux :

Mais mon cœur, irrité d'une fierté si vaine,
Fait agir à son tour la grandeur souveraine.
Et, puisqu'il faut en roi m'expliquer avec vous,
Redoutez mon pouvoir, ou du moins mon courroux;
Et sachez, que, malgré l'amour et sa puissance,
Les rois ne sont point faits à tant de résistance;
Quoique de mes transports vous vous soyez promis,
Que tout, jusqu'à l'amour, doit leur être soumis.
J'entrevois vos refus : c'est au retour d'Arsame
Que je dois le mépris dont vous payez ma flamme :
Mais craignez que vos pleurs, avant la fin du jour,
D'un téméraire fils ne vengent mon amour.

SCÈNE V.

ZÉNOBIE, PHÉNICE.

ZÉNOBIE.

Ah ! tyran puisqu'il faut que ma tendresse agisse,
Et que de tes fureurs ma haine te punisse,
Crains que l'amour, armé de mes foibles attraits,
Ne te rende bientôt tous les maux qu'il m'a faits.
Et qu'ai-je à ménager ? Mânes de Mithridate,
N'est-il pas tems pour vous que ma vengeance éclate?
Venez à mon secours, ombre de mon époux,
Et remplissez mon cœur de vos transports jaloux.
Vengez-vous par mes mains d'un ennemi funeste ;
Vengeons-nous-en plutôt par le fils qui lui reste.
Le crime que sur vous votre père a commis
Ne peut être expié que par son autre fils.
C'est à lui que les dieux réservent son supplice.
Armons son bras vengeur, Va le trouver, Phénice.
Dis-lui qu'à sa pitié, qu'à lui seul j'ai recours;
Mais, sans me découvrir, implore son secours.
Dis-lui, pour me sauver d'une injuste puissance,
Qu'il intéresse Rome à prendre ma défense ;
De son ambassadeur qu'on attend aujourd'hui,
Dans ces lieux, s'il se peut, qu'il me fasse un appui.
Fais briller à ses yeux le trône d'Arménie ;
Retrace-lui les maux de la triste Isménie ;
Par l'intérêt d'un sceptre ébranle son devoir.
Pour l'attendrir, enfin, peins-lui mon désespoir.
Puisque l'amour a fait les malheurs de ma vie,
Quel autre que l'amour doit venger Zénobie ?

Fin du premier acte.

ACTE SECOND.

SCÈNE I.

RHADAMISTHE, HIÉRON.

HIÉRON.

Est-ce vous que je vois ? En croirai-je mes yeux?
Rhadamisthe vivant ! Rhadamisthe en ces lieux !
Se peut-il que le ciel vous redonne à nos larmes,
Et rende à mes souhaits un jour si plein de charmes?
Est-ce bien vous, seigneur ? Et par quel heureux sort
Démentez-vous ici le bruit de votre mort?

RHADAMISTHE.
Hiéron, plût aux dieux que la main ennemie
Qui me ravit le sceptre, eût terminé ma vie !
Mais le ciel m'a laissé, pour prix de ma fureur,
Des jours qu'il a tissus de tristesse et d'horreur.
Loin de faire éclater ton zèle, ni ta joie,
Pour un roi malheureux que le sort te renvoie,
Ne me regarde plus que comme un furieux,
Trop digne du courroux des hommes et des dieux ;
Qu'a proscrit dès long-tems la vengeance céleste ;
De crimes, de remords assemblage funeste ;
Indigne de la vie et de ton amitié ;
Objet digne d'horreur, mais digne de pitié ;
Traître envers la nature, envers l'amour perfide ;
Usurpateur, ingrat, parjure, parricide.
Sans les remords affreux qui déchirent mon cœur,
Hiéron, j'oublirois qu'il est un ciel vengeur.

HIÉRON.
J'aime à voir ces regrets que la vertu fait naître :
Mais le devoir, seigneur, est-il toujours le maître ?
Mithridate lui-même, en vous manquant de foi,
Sembloit de vous venger vous imposer la loi.

RHADAMISTHE.
Ah ! loin qu'en mes forfaits ton amitié me flatte,
Peins-moi toute l'horreur du sort de Mithridate.
Rappelle-toi ce jour et ces sermens affreux
Que je souillai du sang de tant de malheureux.
S'il te souvient encor du nombre des victimes,
Compte, si tu le peux, mes remords par mes crimes.
Je veux que Mithridate, en trahissant mes feux,
Fût digne même encor d'un sort plus rigoureux ;
Que je dusse son sang à ma flamme trahie :
Mais à ce même amour, qu'avoit fait Zénobie ?
Tu frémis, je le vois : ta main, ta propre main
Plongeroit un poignard dans mon perfide sein,
Si tu pouvois savoir jusqu'où ma barbarie
De ma jalouse rage a porté la furie.
Apprends tous mes forfaits, ou plutôt mes malheurs ;
Mais, sans les retracer, juges-en par mes pleurs.

HIÉRON.
Aussi touché que vous du sort qui vous accable,
Je n'examine point si vous êtes coupable.
On est peu criminel avec tant de remords,
Et je plains seulement vos douloureux transports.
Calmez ce désespoir où votre ame se livre,
Et m'apprenez...

RHADAMISTHE.
                    Comment oserai-je poursuivre ?
Comment de mes fureurs oser t'entretenir,
Quand tout mon sang se glace à ce seul souvenir ?
Lors que mon désespoir ici se renouvelle,
Tu sais tout ce qu'a fait cette main criminelle.
Tu vis comme aux autels un peuple mutiné
Me ravit le bonheur qui m'étoit destiné ;
Et, malgré les périls qui menaçoient ma vie,
Tu sais comme à leurs yeux j'enlevai Zénobie.
Inutiles efforts ! je fuyois vainement.
Peins-toi mon désespoir dans ce fatal moment.
Je voulus m'immoler : mais Zénobie en larmes,
Arrosant de ses pleurs mes parricides armes,

Vingt fois, pour me fléchir, embrassant mes genoux,
Me dit ce que l'amour inspire de plus doux.
Hiéron, quel objet pour mon ame éperdue !
Jamais rien de si beau ne s'offrit à ma vue.
Tant d'attraits, cependant, loin d'attendrir mon
    cœur,
Ne firent qu'augmenter ma jalouse fureur.
Quoi ! dis-je en frémissant, la mort que je m'apprête
Va donc à Tiridate assurer sa conquête !
Les pleurs de Zénobie irritant ce transport,
Pour prix de tant d'amour je lui donnai la mort ;
Et n'écoutant plus rien que ma fureur extrême,
Dans l'Araxe aussi-tôt je la traînai moi-même.
Ce fut là que ma main lui choisit un tombeau,
Et que de notre hymen j'éteignis le flambeau.

HIÉRON.
Quel sort pour une reine à vos jours si sensible !

RHADAMISTHE.
Après ce coup affreux, devenu plus terrible,
Privé de tous les miens, poursuivi sans secours,
A mon seul désespoir j'abandonnai mes jours.
Je me précipitai, trop indigne de vivre,
Parmi des furieux, ardens à me poursuivre,
Qu'un père plus crue que tous mes ennemis,
Excitoit à la mort de son malheureux fils.
Enfin, percé de coups, j'allois perdre la vie,
Lorsqu'un gros de Romains, sorti de la Syrie,
Justement indigné contre ces inhumains,
M'arracha tout sanglant de leurs barbares mains.
Arrivé, mais trop tard, vers les murs d'Artaxate,
Dans le juste dessein de venger Mithridate,
Ce même Corbulon, armé pour m'accabler,
Conserva l'ennemi qu'il venoit immoler.
De mon funeste sort touché sans me connoître,
Ou de quelque valeur que j'avois fait paroître,
Ce Romain, par des soins dignes de son grand cœur,
Me sauva malgré moi de ma propre fureur.
Sensible à sa vertu, mais sans reconnoissance,
Je lui cachai long-tems mon nom et ma naissance,
Traînant avec horreur mon destin malheureux,
Toujours persécuté d'un souvenir affreux,
Et, pour comble de maux, dans le fond de mon ame
Brûlant plus que jamais d'une funeste flamme,
Que l'amour outragé, dans mon barbare cœur,
Pour prix de mes forfaits, rallume avec fureur ;
Ranimant, sans espoir, pour d'insensibles cendres,
De la plus vive ardeur les transports les plus tendres.
Ainsi, dans les regrets, les remords et l'amour,
Craignant également et la nuit et le jour,
J'ai traîné dans l'Asie une vie importune.
Mais au seul Corbulon attachant ma fortune,
Avide de périls, et, par un triste sort,
Trouvant toujours la gloire où j'ai cherché la mort,
L'esprit sans souvenir de ma grandeur passée,
Lorsque dix ans sembloient l'en avoir effacée,
J'apprends que l'Arménie, après différens choix,
Alloit bientôt passer sous d'odieuses lois ;
Que mon père, en secret méditant sa conquête,
D'un nouveau diadême alloit ceindre sa tête.
Je sentis, à ce bruit, ma gloire et mon courroux
Réveiller dans mon cœur des sentimens jaloux.

Enfin, à Corbulon je me fis reconnoître :
Contre un père inhumain, trop irrité peut-être,
A mon tour, en secret jaloux de sa grandeur,
Je me fis des Romains nommer l'ambassadeur.

HIÉRON.

Seigneur, et, sous ce nom, quelle est votre espérance ?
Quel projet peut ici former votre vengeance ?
Avez-vous oublié dans quel affreux danger
Vous a précipité l'ardeur de vous venger ?
Gardez-vous d'écouter un transport téméraire.
Chargé de tant d'horreurs, que pretendez-vous faire ?

RHADAMISTHE.

Et que sais-je, Hiéron ? Furieux, incertain,
Criminel sans penchant, vertueux sans dessein,
Jouet infortuné de ma douleur extrême,
Dans l'état où je suis, me connois-je moi-même ?
Mon cœur de soins divers sans cesse combattu,
Ennemi du forfait, sans aimer la vertu,
D'un amour malheureux déplorable victime,
S'abandonne aux remords, sans renoncer au crime.
Je cède au repentir, mais sans en profiter ;
Et je ne me connois que pour me détester.
Dans ce cruel séjour sais-je ce qui m'entraîne ?
Si c'est le désespoir, ou l'amour, ou la haine ?
J'ai perdu Zénobie : après ce coup affreux,
Peux-tu me demander encor ce que je veux ?
Désespéré, proscrit, abhorrant la lumière,
Je voudrois me venger de la nature entière.
Je ne sais quel poison se répand dans mon cœur,
Mais, jusqu'à mes remords, tout y devient fureur.
Je viens ici chercher l'auteur de ma misère,
Et la nature en vain me dit què c'est mon père.
Mais c'est peut-être ici que le ciel irrité
Veut se justifier de trop d'impunité.
C'est ici que m'attend le trait inévitable,
Suspendu trop long-tems sur ma tête coupable.
Et plût aux dieux cruels que ce trait suspendu
Ne fût pas, en effet, plus long-temps attendu !

HIÉRON.

Fuyez, seigneur, fuyez de ce séjour funeste,
Loin d'attirer sur vous la colère céleste.
Que la nature au moins calme votre courroux.
Songez que dans ces lieux tout est sacré pour vous ;
Que, s'il faut vous venger, c'est loin de l'Ibérie.
Reprenez avec moi le chemin d'Arménie.

RHADAMISTHE.

Non, non, il n'est plus tems ; il faut remplir mon sort,
Me venger, servir Rome, ou courir à la mort.
Dans ses desseins toujours à mon père contraire,
Rome de tous ses droits m'a fait dépositaire ;
Sûre, pour rétablir son pouvoir et le mien,
Contre un roi qu'elle craint, que je n'oublirai rien.
Rome veut éviter une guerre douteuse,
Pour elle contre lui plus d'une fois honteuse ;
Conserver l'Arménie, ou, par des soins jaloux,
En faire un vrai flambeau de discorde entre nous.
Par un don de César je suis roi d'Arménie,
Parce qu'il croit par moi détruire l'Ibérie.
Les fureurs de mon père ont assez éclaté,
Pour que Rome entre nous ne craigne aucun traité.

Tels sont les hauts projets dont sa grandeur se pique.
Des Romains si vantés telle est la politique.
C'est ainsi qu'en perdant le père par le fils,
Rome devient fatale à tous ses ennemis.
Ainsi, pour affermir une injuste puissance,
Elle ose confier ses droits à ma vengeance,
Et sous un nom sacré, m'envoyer en ces lieux,
Moins comme ambassadeur, que comme un furieux,
Qui, sàcrifiant tout au transport qui le guide,
Peut porter sa fureur jusques au parricide.
J'entrevois ses desseins ; mais mon cœur irrité
Se livre au désespoir dont il est agité.
C'est ainsi qu'ennemi de Rome et des Ibères,
Je revois aujourd'hui le palais de mes pères.

HIÉRON.

Député comme vous, mais par un autre choix,
L'Arménie à mes soins a confié ses droits.
Je venois de sa part offrir à votre frère
Un trône où malgré nous veut monter votre père :
Et je viens annoncer à ce suberbe roi
Qu'en vain à l'Arménie il veut donner la loi.
Mais ne craignez-vous pas que, malgré votre
        absence.....

RHADAMISTHE.

Le roi ne m'a point vu dès ma plus tendre enfance,
Et la nature en lui ne parle point assez,
Pour rappeler des traits dès long-tems effacés.
Je n'ai craint que tes yeux ; et, sans mes soins,
        peut-être,
Malgré ton amitié, tu m'allois méconnoître.
Le roi vient : que mon cœur, à ce fatal abord,
A de peine à dompter un funeste transport !
Surmontons cependant toute sa violence,
Et d'un ambassadeur employons la prudence.

SCÈNE II.

PHARASMANE, RHADAMISTHE,
HIÉRON, MITRANE, HIDASPE,
GARDES.

RHADAMISTHE à *Pharasmane.*

Un peuple triomphant, maître de tant de rois,
Qui vers vous en ces lieux daigne emprunter ma voix,
De vos desseins secrets instruit comme vous-même,
Vous annonce aujourd'hui sa volonté suprême.
Ce n'est pas que Néron, de sa grandeur jaloux,
Ne sache ce qu'il doit à des rois tels que vous ;
Rome n'ignore pas à quel point la victoire
Parmi les noms fameux élève votre gloire ;
Ce peuple enfin si fier, et tant de fois vainqueur,
N'en admire pas moins votre haute valeur :
Mais vous savez aussi jusqu'où va sa puissance ;
Ainsi gardez-vous bien d'exciter sa vengeance.
Alliée, ou plutôt sujette des Romains,
De leur choix l'Arménie attend ses souverains.
Vous le savez, seigneur ; et du pied du Caucase
Vos soldats cependant s'avancent vers le Phase ;
Le Cyrus, sur ses bords chargés de combattans,
Fait voir de toutes parts vos étendards flottans.

Rome, de tant d'apprêts qui s'indigne et se lasse,
N'a point accoutumé les rois à tant d'audace.
Quoique Rome, peut-être au mépris de ses droits,
N'ait point interrompu le cours de vos exploits,
Qu'elle ait abandonné Tigrane et la Médie,
Elle ne prétend point vous céder l'Arménie.
Je vous déclare donc que César ne veut pas
Que vers l'Araxe enfin vous adressiez vos pas.

PHARASMANE.

Quoique d'un vain discours je brave la menace,
Je l'avoûrai, je suis surpris de votre audace.
De quel front osez-vous, soldat de Corbulon,
M'apporter dans ma cour les ordres de Néron ?
Et depuis quand croit-il qu'au mépris de ma gloire,
A ne plus craindre Rome instruit par la victoire,
Oubliant désormais la suprême grandeur,
J'aurai plus de respect pour son ambassadeur ;
Moi, qui formant au joug des peuples invincibles,
Ai tant de foi bravé ces Romains si terribles ;
Qui fais trembler encor ces fameux souverains,
Ces Parthes aujourd'hui la terreur des Romains ?
Ce peuple triomphant n'a point vu mes images
A la suite d'un char en bute à ses outrages.
La honte que sur lui répandent mes exploits,
D'un airain orgueilleux a bien vengé les rois.
Mais quel soin vous conduit en ce pays barbare ?
Est-ce la guerre enfin que Néron me déclare ?
Qu'il ne s'y trompe pas ; la pompe de ces lieux,
Vous le voyez assez, n'éblouit point les yeux.
Jusques aux courtisans qui me rendent hommage,
Mon palais, tout ici n'a qu'un faste sauvage,
La nature, marâtre en ces affreux climats,
Ne produit, au lieu d'or, que du fer, des soldats ;
Son sein tout hérissé n'offre aux désirs de l'homme
Rien qui puisse tenter l'avarice de Rome.
Mais, pour trancher ici d'inutiles discours,
Rome de mes projets veut traverser le cours ?
Et pourquoi, s'il est vrai qu'elle en soit informée,
N'a-t-elle pas encore assemblé son armée ?
Que font vos légions ? Ces superbes vainqueurs
Ne combattent-ils plus que par ambassadeurs ?
C'est la flamme à la main qu'il faut dans l'Ibérie
Me distraire du soin d'entrer dans l'Arménie,
Non par de vains discours, indignes des Romains,
Quand je vais par le fer m'en ouvrir les chemins ;
Et peut-être bien plus, dédaignant Artaxate,
Défier Corbulon jusqu'aux bords de l'Euphrate.

HIÉRON.

Quand même les Romains, attentifs à vos lois,
S'en remettroient à nous pour le choix de nos rois,
Seigneur, n'espérez pas, au gré de votre envie,
Faire en votre faveur expliquer l'Arménie.
Les Parthes envieux, et les Romais jaloux,
De toutes parts bientôt armeroient contre nous.
L'Arménie, occupée à pleurer sa misère,
Ne demande qu'un roi qui lui serve de père :
Nos peuples désolés n'ont besoin que de paix,
Et sous vos loix, seigneur, nous ne l'aurions jamais.
Vous avez des vertus qu'Artaxate respecte :
Mais votre ambition n'en est pas moins suspecte ;
Et nous ne soupirons qu'après des souverains,

Indifférens au Parthe, et soumis aux Romains.
Sous votre empire, enfin, prétendre nous réduire,
C'est moins nous conquérir, que vouloir nous détruire.

PHARASMANE.

Dans ce discours rempli de prétextes si vains,
Dicté par la raison, moins que par les Romains,
Je n'entrevois que trop l'intérêt qui vous guide.
Eh bien, puisqu'on le veut, que la guerre en décide.
Vous apprendrez bientôt qui de Rome, ou de moi,
Dut prétendre, seigneur, à vous donner la loi ;
Et, malgré vos frayeurs et vos fausses maximes,
Si quelqu'autre eut sur vous des droits plus légitimes ;
Et qui doit succéder à mon frère, à mon fils.
A qui des droits plus saints ont-ils été transmis ?

RHADAMISTHE.

Quoi ! vous, seigneur, qui seul causâtes leur ruine ?
Ah ! doit-on hériter de ceux qu'on assassine ?

PHARASMANE.

Qu'entends-je ? dans ma cour on ose m'insulter !
Holà, gardes....

HIÉRON à *Pharasmane.*

Seigneur, qu'osez-vous attenter ?

PHARASMANE à *Rhadamisthe.*

Rendez graces au nom dont Néron vous honore.
Sans ce nom si sacré que je respecte encore,
En dussé-je périr, l'affront le plus sanglant
Me vengeroit bientôt d'un ministre insolent.
Malgré la dignité de votre caractère,
Croyez-moi cependant, évitez ma colère.
Retournez dès ce jour apprendre à Corbulon
Comme on reçoit ici les ordres de Néron.

SCÈNE III.

RHADAMISTHE, HIÉRON.

HIÉRON.

QU'AVEZ-VOUS fait, seigneur ? Quand vous devez
tout craindre........

RHADAMISTHE.

Hiéron, que veux-tu ? Je n'ai pu me contraindre.
D'ailleurs, en l'aigrissant, j'assure mes desseins.
Par un pareil éclat j'en impose aux Romains.
Pour remplir les projets que Rome me confie,
Il ne me reste plus qu'à troubler l'Ibérie,
Qu'à former un parti qui retienne en ces lieux
Un roi que ses exploits rendent trop orgueilleux.
Indociles au joug que Pharasmane impose,
Rebutés de la guerre où lui seul les expose,
Ses sujets en secret sont tous ses ennemis.
Achevons contre lui d'irriter les esprits ;
Et, pour mieux me venger des fureurs de mon père,
Tâchons dans nos desseins d'intéresser mon frère.
Je sais un sûr moyen pour surprendre sa foi ;
Dans le crime du moins engageons-le avec moi.
Un roi, père cruel, et tyran tout ensemble,
Ne mérite en effet qu'un sang qui lui ressemble.

Fin du second acte.

ACTE TROISIÈME.

SCÈNE I.

RHADAMISTHE *seul.*

Mon frère me demande un secret entretien !
Dieux ! me connoîtroit-il ? Quel dessein est le sien ?
N'importe, il faut le voir. Je sens que ma vengeance
Commence à se flatter d'une douce espérance.
Il ne peut en secret s'exposer à me voir,
Que réduit par un père à trahir son devoir.
On ouvre...

SCÈNE II.

ARSAME, RHADAMISTHE.

RHADAMISTHE *continuant.*

Je le vois. Malheureuse victime !
Je ne suis pas le seul qu'un roi cruel opprime.

ARSAME.

Si j'en crois le courroux qui se lit dans ses yeux,
Peu content des Romains, le roi quitte ces lieux.
Je connois trop l'orgueil du sang qui m'a fait naître,
Pour croire qu'à son tour Rome ait sujet de l'être.
Seigneur, sans abuser de votre dignité,
Puis-je sur ce soupçon parler en sûreté ?
Puis-je espérer que Rome exauce ma prière,
Et ne confonde point le fils avec le père ?

RHADAMISTHE.

Seigneur, rendez-lui le respect qui m'est dû,
Attendez tout de Rome et de votre vertu.
Ce n'est pas d'aujourd'hui que Rome la respecte.

ARSAME.

Ah ! que cette vertu va vous être suspecte !
Que je crains de détruire en ce même entretien
Tout ce que vous pensez d'un cœur comme le mien !
En effet, quel que soit le regret qui m'accable,
Je sens bien que ce cœur n'en est pas moins coupable;
Et, de quelques remords que je sois combattu,
Qu'avec plus d'appareil c'est trahir ma vertu.
Dès qu'entre Rome et nous la guerre se déclare,
Que même avec éclat mon père s'y prépare,
Je sais que je ne puis vous parler, ni vous voir,
Sans trahir à-la-fois mon père et mon devoir;
Je le sais : cependant, plus criminel encore,
C'est votre pitié seule aujourd'hui que j'implore.
Un père rigoureux, de mon bonheur jaloux,
Me force en ce moment d'avoir recours à vous.
Pour me justifier, lorsque tout me condamne,
Je ne veux point, seigneur, vous peignant Pha-
    rasmane,
Répandre sur sa vie un venin dangereux.
Non, quoiqu'il soit pour moi si fier, si rigoureux,
Quoique de son courroux je sois seul la victime,
Il n'en est pas pour moi moins grand, moins
    magnanime.
La nature, il est vrai, d'avec ses ennemis,
N'a jamais dans son cœur su distinguer ses fils.

Je ne suis pas le seul de ce sang invincible
Qu'ait proscrit en naissant sa rigueur inflexible.
J'eus un frère, seigneur, illustre et généreux,
Digne par sa valeur du sort le plus heureux.
Que je regrette encor sa triste destinée !
Et jamais il n'en fut de plus infortunée.
Un père, conjuré contre son propre sang,
Lui-même lui porta le couteau dans le flanc.
De ce jeune héros partageant la disgrace,
Peut-être qu'aujourd'hui même sort me menace :
Plus coupable en effet, n'en attends-je pas moins;
Mais ce n'est pas, seigneur, le plus grand de mes soins.
Non, la mort désormais n'a rien qui m'intimide.
Qu'un soin bien différent et m'agite et me guide !

RHADAMISTHE.

Quels que soient vos desseins, vous pouvez, sans
    effroi,
Sûr d'un appui sacré, vous confier à moi.
Plus indigné que vous contre un barbare père,
Je sens, à son nom seul, redoubler ma colère.
Touché de vos vertus, et tout entier à vous,
Sans savoir vos malheurs, je les partage tous.
Vous calmeriez bientôt la douleur qui vous presse,
Si vous saviez pour vous jusqu'où je m'intéresse.
Parlez, prince : faut-il contre un père inhumain
Armer avec éclat tout l'empire romain ?
Soyez sûr qu'avec vous mon cœur d'intelligence
Ne respire aujourd'hui qu'une même vengeance.
S'il ne faut qu'attirer Corbulon en ces lieux,
Quels que soient vos projets, j'ose attester les dieux
Que nous aurons bientôt satisfait votre envie,
Fallût-il pour vous seul conquérir l'Arménie.

ARSAME.

Que me proposez-vous ? quels conseils ! Ah ! seigneur,
Que vous pénetrez mal dans le fond de mon cœur !
Qui moi, que, trahissant mon père et ma patrie,
J'attire les Romains au sein de l'Ibérie !
Ah ! si jusqu'à ce point il faut trahir ma foi,
Que Rome en ce moment n'attende rien de moi.
Je n'en exige rien, dès qu'il faut par un crime
Acheter un bienfait que j'ai cru légitime;
Et je vois bien, seigneur, qu'il me faut aujourd'hui
Pour des infortunés chercher un autre appui.
Je croyois, ébloui de ses titres suprêmes,
Rome utile aux mortels autant que les dieux mêmes;
Et, pour en obtenir un secours généreux,
J'ai cru qu'il suffisoit que l'on fût malheureux.
J'ose le croire encore; et, sur cette espérance,
Souffrez que des Romains j'implore l'assistance;
C'est pour une captive asservie à nos lois,
Qui, pour vous attendrir, a recours à ma voix;
C'est pour une captive, aimable, infortunée,
Digne par ses appas d'un autre destinée.
Enfin, par ses vertus à juger de son rang,
On ne sortit jamais d'un plus illustre sang.
C'est vous instruire assez de sa haute naissance,
Que d'intéresser Rome à prendre sa défense.
Elle veut même ici vous parler sans témoins;
Et jamais on ne fut plus digne de vos soins.
Pharasmane, entraîné par un amour funeste,
Veut me ravir, seigneur, ce seul bien qui me reste,

Le seul où je faisois consister mon bonheur,
Et le seul que pouvoit lui disputer mon cœur.
Ce n'est pas que , plus fier d'un secours que j'espère,
Je prétende à mon tour l'enlever à mon père.
Quand même il céderoit sa captive à mes feux,
Mon sort n'en seroit pas plus doux, ni plus heureux.
Je ne veux qu'éloigner cet objet que j'adore,
Et même sans espoir de le revoir encore.

RHADAMISTHE.

Suivi de peu des miens , sans pouvoir où je suis,
Vous offrir un asyle est tout ce que je puis.

ARSAME.

Et tout ce que je veux : mon ame est satisfaite.
Je vais tout disposer , seigneur , pour sa retraite.
Je ne sais : mais , pressé d'un mouvement secret,
J'abandonne Isménie avec moins de regret.
Pour calmer là douleur de mon ame inquiète,
Il suffit qu'en vos mains Arsame la remette.
Encor si je pouvois , aux dépens de mes jours,
M'acquitter avec vous d'un généreux secours !
Mais je ne puis offrir , dans mon malheur extrême,
Pour prix d'un tel bienfait, que le bienfait lui-même.

RHADAMISTHE.

Je n'en demande pas, cher prince, un prix plus doux.
Il est digne de moi , s'il est digne de vous.
Souffrez que désormais je vous serve de frère.
Que je vous plains d'avoir un si barbare père !
Mais de ses vains transports pourquoi vous alarmer ?
Pourquoi quitter l'objet qui vous a su charmer ?
Daignez me confier et son sort et le vôtre ;
Dans un asyle sûr suivez-moi l'un et l'autre.
Sensible à ses malheurs , je ne puis , sans effroi,
Abandonner Arsame aux fureurs de son roi.
Prince , vous dédaignez un conseil qui vous blesse :
Mais si vous connoissiez celui qui vous en presse....

ARSAME.

Donnez-moi des conseils qui soient plus généreux,
Dignes de mon devoir , et dignes de tous deux.
Le roi doit dès demain partir pour l'Arménie ;
Il s'agit à ses vœux d'enlever Isménie.
Mon père en ce moment peut l'éloigner de nous ,
Et sa captive en pleurs n'espère plus qu'en vous.
Déjà sur vos bontés pleine de confiance ,
Elle attend votre vûe avec impatience.
Adieu , seigneur , adieu : je craindrois de troubler
Des secrets qu'à vous seul elle veut révéler.

SCÈNE III.

RHADAMISTHE *seul*.

AINSI , père jaloux, père injuste et barbare,
C'est contre tout ton sang que ton cœur se déclare ?
Crains que ce même sang, tant de fois dédaigné,
Ne se soulève enfin de sa source indigné ,
Puisque déjà l'amour , maître du cœur d'Arsame,
Y verse le poison d'une mortelle flamme.
Quel que soit le respect de ce vertueux fils ,
Est-il quelques rivaux qui ne soient ennemis ?
Non, il n'est point de cœur si grand, si magnanime,
Qu'un amour malheureux n'entraîne dans le crime.

Mais je prétends envain l'armer contre son roi ;
Mon frère n'est point fait au crime comme moi.
Méritois-tu , barbare , un fils aussi fidelle ?
Ta rigueur semble encore en accroître le zèle.
Rien ne peut ébranler son devoir , ni sa foi ;
Et toujours plus soumis... Quel exemple pour moi !
Dieux, de tant de vertus n'ornez-vous donc mon frère,
Que pour me rendre seul trop semblable à mon père ?
Que prétend la fureur dont je suis combattu ?
D'un fils respectueux séduire la vertu ?
Imitons-la plutôt , cédons à la nature.
N'en ai-je pas assez étouffé le murmure ?
Que dis-je ? dans mon cœur, moins rebelle à ses lois,
Dois-je plutôt qu'un père en écouter la voix ?
Pères cruels , vos droits ne sont-ils pas les nôtres ?
Et nos devoirs sont-ils plus sacrés que les vôtres ?
On vient : c'est Hiéron.

SCÈNE IV.

RHADAMISTHE, HIÉRON.

RHADAMISTHE.

CHER ami , c'en est fait.
Mes efforts rédoublés ont été sans effet.
Tout malheureux qu'il est , le vertueux Arsame ,
Presque sans murmurer, voit traverser sa flamme ;
Et qu'en attendre encor, quand l'amour n'y peut rien ?
Hiéron , que son cœur est différent du mien !
J'ai perdu tout espoir de troubler l'Ibérie ,
Et le roi va bientôt partir pour l'Arménie.
Devançons-y ses pas , et courons achever
Des forfaits que le sort semble me réserver.
Pour partir avec toi je n'attends qu'Isménie.
Tu sais qu'à Pharasmane elle doit être unie.

HIÉRON.

Quoi ! seigneur....

RHADAMISTHE.

Elle peut servir à mes desseins.
Elle est d'un sang , dit-on , allié des Romains.
Pourrois-je refuser à mon malheureux frère
Un secours qui commence à me la rendre chère ?
D'ailleurs, pour l'enlever ne me suffit-il pas
Que mon père cruel brûle pour ses appas ?
C'est un garant pour moi : je veux ici l'attendre.
Daigne observer des lieux où l'on peut nous sur-
        prendre.
Adieu , je crois la voir , favorise mes soins,
Et me laisse avec elle un moment sans témoins.

SCÈNE V.

RHADAMISTHE, ZÉNOBIE.

ZÉNOBIE.

SEIGNEUR , est-il permis à des infortunées,
Qu'au joug d'un fier tyran le sort tient enchaînées,
D'oser avoir recours , dans la honte des fers ,
A ces mêmes Romains maîtres de l'univers ?

En effet, quel emploi pour ces maîtres du monde,
Que le soin d'adoucir ma misère profonde !
Le ciel qui soumit tout à leurs augustes lois....

RHADAMISTHE *à part.*

Que vois-je? Ah, malheureux! quels traits! quel
    son de voix !
Justes dieux! Quel objet offrez-vous à ma vue?

ZÉNOBIE.

D'où vient à mon aspect que votre ame est émue,
Seigneur?

RHADAMISTHE *à part.*

    Ah ! si ma main n'eût pas privé du jour.....

ZÉNOBIE.

Qu'entends-je ? Quels regrets ! et que vois-je à mon
    tour ?
Triste ressouvenir ! je frémis, je frissonne.
Où suis-je? Et quel objet ! La force m'abandonne.
Ah, seigneur! dissipez mon trouble et ma terreur.
Tout mon sang s'est glacé jusqu'au fond de mon cœur.

RHADAMISTHE *à part.*

Ah! je n'en doute plus au transport qui m'anime.
Ma main, n'as-tu commis que la moitié du crime?

(*à Zénobie.*)

Victime d'un cruel contre vous conjuré,
Triste objet d'un amour jaloux, désespéré,
Que ma rage a poussé jusqu'à la barbarie,
Après tant de fureurs, est-ce vous, Zénobie?

ZÉNOBIE.

Zénobie! ah, grands dieux! Cruel, mais cher époux!
Après tant de malheurs, Rhadamisthe, est-ce vous?

RHADAMISTHE.

Se peut-il que vos yeux le puissent méconnoître?
Oui, je suis ce cruel, cet inhumain, ce traître,
Cet epoux meurtrier. Plût au ciel qu'aujourd'hui
Vous eussiez oublié ses crimes avec lui !
O dieux ! qui la rendez à ma douleur mortelle,
Que ne lui rendez-vous un époux digne d'elle?
Par quel bonheur le ciel, touché de mes regrets,
Me permet-il encor de revoir tant d'attraits?
Mais, hélas ! se peut-il qu'à la cour de mon père
Je trouve dans les fers une épouse si chère ?
Dieux ! n'ai-je pas assez gémi de mes forfaits,
Sans m'accabler encor de ces tristes objets?
O de mon désespoir victime trop aimable,
Que tout ce que je vois rend votre époux coupable !
Quoi! vous versez des pleurs !

ZÉNOBIE.

        Malheureuse! Eh! comment
N'en répandrois-je pas dans ce fatal moment ?
Ah, cruel! plût aux dieux que ta main ennemie
N'eût jamais attenté qu'aux jours de Zénobie !
Le cœur, à ton aspect, désarmé de courroux,
Je ferois mon bonheur de revoir mon époux ;
Et l'amour, s'honorant de ta fureur jalouse,
Dans tes bras avec joie eût remis ton épouse.
Ne crois pas cependant, que, pour toi sans pitié,
Je puisse te revoir avec inimitié.

RHADAMISTHE.

Quoi! loin de m'accabler, grands dieux! c'est Zénobie
Qui craint de me haïr, et qui s'en justifie !

Ah ! punis-moi plutôt ; ta funeste bonté,
Même en me pardonnant, tient de ma cruauté.
N'epargne point mon sang, cher objet que j'adore ;
Prive-moi du bonheur de te revoir encore.

(*Il se jette à ses genoux.*)

Faut-il, pour t'en presser, embrasser tes genoux?
Songe au prix de quel sang je devins ton époux.
Jusques à mon amour, tout veut que je périsse.
Laisser le crime en paix, c'est s'en rendre complice.
Frappe : mais souviens-toi que, malgré ma fureur,
Tu ne sortis jamais un moment de mon cœur;
Que, si le repentir tenoit lieu d'innocence,
Je n'exciterois plus ni haine, ni vengeance;
Que, malgré le courroux qui te doit animer,
Ma plus grande fureur fut celle de t'aimer.

ZÉNOBIE.

Lève-toi : c'en est trop. Puisque je te pardonne,
Que servent les regrets où ton cœur s'abandonne ?
Va, ce n'est pas à nous que les dieux ont remis
Le pouvoir de punir de si chers ennemis.
Nomme-moi les climats où tu souhaites vivre :
Parle, dès ce moment je suis prête à te suivre ;
Sûre que les remords qui saisissent ton cœur
Naissent de ta vertu, plus que de ton malheur.
Heureuse, si pour toi les soins de Zénobie
Pouvoient un jour servir d'exemple à l'Arménie,
La rendre comme moi soumise à ton pouvoir,
Et l'instruire du moins à suivre ton devoir !

RHADAMISTHE.

Juste ciel ! se peut-il que des nœuds légitimes
Avec tant de vertus unissent tant de crimes ?
Que l'hymen associe au sort d'un furieux,
Ce que de plus parfait firent naître les Dieux ?
Quoi ! tu peux me revoir sans que la mort d'un père,
Sans que mes cruautés, ni l'amour de mon frère,
Ce prince, cet amant si grand, si généreux,
Te fassent détester un époux malheureux ?
Et je puis me flatter qu'insensible à sa flamme,
Tu dédaignes les vœux du vertueux Arsame ?
Que dis-je ? trop heureux que pour moi dans ce jour,
Le devoir dans ton cœur me tienne lieu d'amour.

ZÉNOBIE.

Calme les vains soupçons dont ton ame est saisie,
Ou cache-m'en du moins l'indigne jalousie :
Et souviens-toi qu'un cœur qui peut te pardonner,
Est un cœur que sans crime on ne peut soupçonner.

RHADAMISTHE.

Pardonne, chère épouse, à mon amour funeste,
Pardonne des soupçons que tout mon cœur déteste.
Plus ton barbare époux est indigne de toi,
Moins tu dois t'offenser de son injuste effroi.
Rends-moi ton cœur, ta main, ma chère Zénobie,
Et daigne, dès ce jour, me suivre en Arménie.
César m'en a fait roi : viens me voir, désormais,
A force de vertus effacer mes forfaits.
Hiéron est ici : c'est un sujet fidelle ;
Nous pouvons confier notre fuite à son zèle.
                    Aussi-tôt

Aussi-tôt que la nuit aura voilé les cieux,
Sûre de me revoir, viens m'attendre en ces lieux.
Adieu : n'attendons pas qu'un ennemi barbare,
Quand le ciel nous rejoint, pour jamais nous sépare.
Dieux! qui me la rendez, pour combler mes souhaits,
Daignez me faire un cœur digne de vos bienfaits.

Fin du troisième acte.

ACTE QUATRIÈME.
SCÈNE I.
ZÉNOBIE, PHÉNICE.
PHÉNICE.

AH ! madame, arrêtez. Quoi ! ne pourrai-je
    apprendre
Qui fait couler les pleurs que je vous vois répandre !
Après tant de secrets confiés à ma foi,
En avez-vous encor qui ne soient pas pour moi ?
Arsame va partir ; vous soupirez, madame !
Plaindriez-vous le sort du généreux Arsame?
Fait-il couler les pleurs dont vos yeux sont baignés?
Il part ; et, prévenu que vous le dédaignez,
Ce prince malheureux, banni de l'Ibérie,
Va pleurer à Colchos la perte d'Isménie.

ZÉNOBIE.

Loin de te confier mes coupables douleurs,
Que n'en puis-je effacer la honte par mes pleurs?
Phénice, laisse-moi ; je ne veux plus t'entendre.
L'ambassadeur Romain près de moi va se rendre.
Laisse-moi seule.

SCÈNE II.
ZÉNOBIE *seule.*

Où vais-je ? Et quel est mon espoir?
Imprudente, où m'entraîne un aveugle devoir?
Je devance la nuit ; pour qui ? Pour un parjure
Qu'a proscrit dans mon cœur la voix de la nature.
Ai-je donc oublié que sa barbare main
Fit tomber tous les miens sous un fer assassin?
Que dis-je? Le cœur plein de feux illégitimes,
Ai-je assez de vertu pour lui trouver des crimes ?
Et me paroîtroit-il si coupable en ce jour,
Si je ne brûlois pas d'un criminel amour?
Etouffons sans regret une honteuse flamme ;
C'est à mon époux seul à régner sur mon ame.
Tout barbare qu'il est, c'est un présent des dieux,
Qu'il ne m'est pas permis de trouver odieux.
Hélas ! malgré mes maux, magré sa barbarie,
Je n'ai pu le revoir sans en être attendrie.
Que l'hymen est puissant sur les cœurs vertueux !
On vient.

SCÈNE III.
ZÉNOBIE, ARSAME.
ZÉNOBIE.

DIEUX ! quel objet offrez-vous à mes yeux !

ARSAME.

Eh quoi ! je vous revois ; c'est vous-même, madame !
Quel dieu vous rend aux vœux du malheureux Arsame?

ZÉNOBIE.

Ah! fuyez-moi, seigneur, il y va de vos jours.

ARSAME.

Dût mon père cruel en terminer le cours,
Hélas ! quand je vous perds, adorable Isménie,
Voudrois-je prendre encor quelque part à la vie ?
Accablé de mes maux, je ne demande aux dieux
Que la triste douceur d'expirer à vos yeux.
Le cœur aussi touché de perdre ce que j'aime,
Que si vous répondiez à mon amour extrême,
Je ne veux que mourir. Je vois couler des pleurs :
Madame, seriez-vous sensible à mes malheurs ?
Le sort le plus affreux n'a plus rien qui m'étonne.

ZÉNOBIE.

Ah! loin qu'à votre amour votre cœur s'abandonne,
Vous voyez et mon trouble, et l'état où je suis :
Seigneur, ayez pitié de mes mortels ennuis ;
Fuyez ; n'irritez point le tourment qui m'accable.
Vous avez un rival, mais le plus redoutable.
Ah ! s'il vous surprenoit en ce funeste lieu,
J'en mourrois de douleur. Adieu, seigneur, adieu.
Si sur vous ma prière eût jamais quelque empire,
Loin d'en croire aux transports que l'amour vous
    inspire......

ARSAME.

Quel est donc ce rival si terrible pour moi?
En ai-je à craindre encor quelqu'autre que le roi?

ZÉNOBIE.

Sans vouloir pénétrer un si triste mystère,
N'en est-ce pas assez, seigneur, que votre père?
Fuyez, prince, fuyez ; rendez-vous à mes pleurs ;
Satisfait de me voir sensible à vos malheurs,
Partez, éloignez-vous, trop généreux Arsame.

ARSAME.

Un infidelle ami trahiroit-il ma flamme?
Dieux! quel trouble s'élève en mon cœur alarmé!
Quoi ! toujours des rivaux, et n'être point aimé !
Belle Isménie, en vain vous voulez que je fuie ;
Je ne le puis, dussé-je en perdre ici la vie.
Je vois couler des pleurs qui ne sont pas pour moi.
Quel est donc ce rival? Dissipez mon effroi.
D'où vient qu'en ce palais je vous retrouve encore?
Me refuseroit-on un secours que j'implore ?
Les perfides Romains m'ont-ils manqué de foi?
Ah! daignez m'éclaircir du trouble où je vous voi.
Parlez, ne craignez pas de lasser ma constance.
Quoi ! vous ne romprez point ce barbare silence?
Tout m'abandonne-t-il en ce funeste jour?
Dieux! est-on sans pitié, pour être sans amour?

I

ZÉNOBIE.

Eh bien, seigneur, eh bien, il faut vous satisfaire;
Je me dois plus qu'à vous cet aveu nécessaire.
Ce seroit mal répondre à vos soins généreux,
Que d'abuser encor votre amour malheureux.
Le sort a disposé de la main d'Isménie.

ARSAME.

Juste ciel!

ZÉNOBIE.

Et l'époux à qui l'hymen me lie,
Est ce même Romain dont vos soins aujourd'hui
Ont imploré pour moi le secours et l'appui.

ARSAME.

Ah! dans mon désespoir, fût-ce César lui-même....

ZÉNOBIE.

Calmez de ce transport la violence extrême.
Mais c'est trop l'exposer à votre inimitié.
Moins digne de courroux, que digne de pitié,
C'est un rival, seigneur, quoique pour vous terrible,
Qui n'éprouvera point votre cœur insensible,
Qui vous est attaché par les nœuds les plus doux,
Rhadamisthe, en un mot.

ARSAME.

Mon frère?

ZÉNOBIE.

Et mon époux.

ARSAME.

Vous, Zénobie? ô ciel! étoit-ce dans mon ame
Où devoit s'allumer une coupable flamme?
Après ce que j'éprouve, ah! quel cœur, désormais,
Osera se flatter d'être exempt de forfaits?
Madame, quel secret venez-vous de m'apprendre!
Réserviez-vous ce prix à l'amour le plus tendre?

ZÉNOBIE.

J'ai résisté, seigneur, autant que je l'ai pu;
Mais puisque j'ai parlé, respectez ma vertu.
Mon nom seul vous apprend ce que vous devez faire;
Mon secret échappé, votre amour doit se taire.
Mon cœur de son devoir fut toujours trop jaloux....
Quelqu'un vient.

SCENE IV.

RHADAMISTHE, ZÉNOBIE, ARSAME, HIÉRON.

ZÉNOBIE à *Arsame.*

Ah! fuyez, seigneur, c'est mon époux.

RHADAMISTHE à part.

Que vois-je? Quoi! mon frère!.... Hiéron, va m'attendre.

SCÈNE V.

RHADAMISTHE, ZÉNOBIE, ARSAME.

RHADAMISTHE à part.

D'un trouble affreux mon cœur a peine à se défendre.

(*haut.*)

Madame, tout est prêt; les ombres de la nuit
Effaceront bientôt la clarté qui nous luit.

ZÉNOBIE.

Seigneur, puisqu'à vos soins désormais je me livre,
Rien ne m'arrête ici, je suis prête à vous suivre.
Seul maître de mon sort, quels que soient les climats
Où le ciel avec vous veuille guider mes pas,
Vous pouvez ordonner, je vous suis.

RHADAMISTHE à part.

(à *Arsame.*)　　　　　　Ah, perfide!

Prince, je vous ai cru parti pour la Colchide.
Trop instruit des transports d'un père furieux,
Je ne m'attendois pas à vous voir en ces lieux:
Mais, si près de quitter pour jamais Isménie,
Vous vous occupez peu du soin de votre vie,
Et d'un père cruel quel que soit le courroux,
On s'oublie aisément en des momens si doux.

ARSAME.

Lorsqu'il faut au devoir immoler sa tendresse,
Un cœur s'alarme peu du péril qui le presse;
Et ces momens si doux, que vous me reprochez,
Coûtent bien cher aux cœurs que l'amour a touchés.
Je vois trop qu'il est temps que le mien y renonce;
Quoi qu'il en soit, du moins votre cœur me l'annonce.
Mais avant que la nuit vous éloigne de nous,
Permettez-moi, seigneur, de me plaindre de vous.
A qui dois-je imputer un discours qui me glace?
Qui peut d'un tel accueil m'attirer la disgrace?
Ce jour même, ce jour, il me souvient qu'ici
Votre vive amitié ne parloit pas aïnsi.
Ce rival, qu'avec soin on me peint inflexible,
N'est pas de mes rivaux, seigneur, le plus terrible;
Et, malgré son courroux, il en est aujourd'hui,
Pour mes feux et pour moi, de plus cruels que lui.
Ce discours vous surprend: il n'est plus temps de
　　feindre;
La nature en mon cœur ne peut plus se contraindre.
Ah, Seigneur! plût aux dieux qu'avec la même ardeur
Elle eût pu s'expliquer au fond de votre cœur!
On ne m'eût point ravi, sous un cruel mystère,
La douceur de connoître et d'embrasser mon frère.
Ne vous dérobez point à mes embrassemens;
Pourquoi troubler, seigneur, de si tendres momens?
Ah! revenez à moi sous un front moins sévère,
Et ne m'accablez point d'une injuste colère.
Il est vrai, j'ai brûlé pour ses divins appas;
Mais, seigneur, mais mon cœur ne la connoissoit pas.

RHADAMISTHE.

Dieux! qu'est-ce que j'entends? Quoi, prince! Zénobie
Vient de vous confier le secret de ma vie?
Ce secret de lui-même est assez important,
Pour n'en point rendre ici l'aveu trop éclatant.
Vous connoissez le prix de ce qu'on vous confie,
Et je crois votre cœur exempt de perfidie.
Je ne puis cependant approuver qu'à regret
Qu'on vous ait révélé cet important secret.
Du moins, sans mon aveu, l'on n'a point dû le faire;
A mon exemple, enfin, on devoit vous le taire;
Et si j'avois voulu vous en voir éclarci,
Ma tendresse pour vous l'eût découvert ici.

Qui peut à mon secret devenir infidelle,
Ne peut, quoi qu'il en soit, n'être point criminelle.
Je connois, il est vrai, toute votre vertu;
Mais mon cœur de soupçons n'est pas moins combattu.

ARSAME.

Quoi ! la noire fureur de votre jalousie,
Seigneur, s'étend aussi jusques à Zénobie?
Pouvez-vous offenser.....

ZÉNOBIE.

Laissez agir, seigneur,
Des soupçons, en effet, si dignes de son cœur.
Vous ne connoissez pas l'époux de Zénobie,
Ni les divers transports dont son ame est saisie.
Pour oser cependant outrager ma vertu,
Réponds-moi, Rhadamisthe, et de quoi te plains-tu?
De l'amour de ton frère? Ah, barbare! quand même
Mon cœur eût pu se rendre à son amour extrême,
Le bruit de ton trépas, confirmé tant de fois,
Ne me laissoit-il pas maîtresse de mon choix?
Que pouvoient te servir les droits d'un hyménée
Que vit rompre et former une même journée?
Ose te prévaloir de ce funeste jour
Où tout mon sang coula pour prix de mon amour;
Rappelle-toi le sort de ma famille entière;
Songe au sang qu'a versé ta fureur meurtrière;
Et considère après sur quoi tu peux fonder
Et l'amour et la foi que j'ai dû te garder.
Il est vrai que, sensible aux malheurs de ton frère,
De ton sort et du mien j'ai trahi le mystère.
J'ignore si c'est-là le trahir en effet;
Mais sache que ta gloire en fut le seul objet.
Je voulois de ses feux éteindre l'espérance,
Et chasser de son cœur un amour qui m'offense.
Mais puisqu'à tes soupçons tu veux t'abandonner,
Connois donc tout ce cœur que tu peux soupçonner;
Je vais, par un seul trait, te le faire connoître,
Et de mon sort après je te laisse le maître.
Ton frère me fut cher; je ne le puis nier;
Je ne cherche pas même à m'en justifier:
Mais, malgré son amour, ce prince, qui l'ignore,
Sans tes lâches soupçons l'ignoreroit encore.

(à Arsame.)

Prince, après cet aveu, je ne vous dis plus rien.
Vous connoissez assez un cœur comme le mien,
Pour croire que sur lui l'amour ait quelqu'empire;
Mon époux est vivant, ainsi ma flamme expire.
Cessez donc d'écouter un amour odieux,
Et, sur-tout, gardez-vous de paroître à mes yeux.

(à Rhadamisthe.)

Pour toi, dès que la nuit pourra me le permettre,
Dans tes mains, en ces lieux, je viendrai me remettre.
Je connois la fureur de tes soupçons jaloux;
Mais j'ai trop de vertu pour craindre mon époux.

(Elle sort.)

SCÈNE VI.

RHADAMISTHE, ARSAME.

RHADAMISTHE.

Barbare que je suis! quoi! ma fureur jalouse
Déshonore à-la-fois mon frère et mon épouse!

Adieu, prince; je cours, honteux de mon erreur,
Aux pieds de Zénobie expier ma fureur.

SCÈNE VII.

ARSAME seul.

Cher objet de mes vœux, aimable Zénobie,
C'en est fait, pour jamais vous m'êtes donc ravie!
Amour, cruel amour, pour irriter mes maux,
Devois-tu dans mon sang me choisir mes rivaux?
Ah ! fuyons de ces lieux....

SCÈNE VIII.

ARSAME, MITRANE, GARDES.

ARSAME à part.

Ciel ! que me veut Mitrane?
MITRANE.
J'obéis à regret, seigneur: mais Pharasmane,
Dont en vain j'ai tenté de fléchir le courroux....
ARSAME.
Hé bien?

MITRANE.

Veut qu'en ces lieux je m'assure de vous.
Souffrez.....
ARSAME.
Je vous entends. Et quel est donc mon crime?
MITRANE.
J'en ignore la cause injuste ou légitime.
Mais je crains pour vos jours; et les transports du roi
N'ont jamais dans mon cœur répandu plus d'effroi.
Furieux, inquiet, il s'agite, il vous nomme,
Il menace avec vous l'ambassadeur de Rome;
On vous accuse, enfin, d'un entretien secret.
ARSAME.
C'en est assez, Mitrane, et je suis satisfait.
O destin ! à tes coups j'abandonne ma vie :
Mais sauve, s'il se peut, mon frère et Zénobie.

Fin du quatrième acte.

ACTE CINQUIÈME.

SCÈNE I.

PHARASMANE, HIDASPE, GARDES.

PHARASMANE.

Hidaspe, il est donc vrai que mon indigne fils,
Qu'Arsame est de concert avec mes ennemis?
Quoi ! ce fils autrefois si soumis, si fidelle,
Si digne d'être aimé, n'est qu'un traître, un rebelle !
Quoi ! contre les Romains ce fils tout mon espoir,
A pu jusqu'à ce point oublier son devoir?
Perfide, c'en est trop que d'aimer Isménie,
Et que d'oser trahir ton père et l'Ibérie,

Traverser à-la-fois et ma gloire et mes feux...
Pour de moindres forfaits ton frère malheureux....
Mais en vain tu séduis un prince téméraire,
Rome ; de mes desseins ne crois pas me distraire.
Ma défaite ou ma mort peut seule les troubler ;
Un ennemi de plus ne me fait pas trembler.
Dans la juste fureur qui contre toi m'anime,
Rome, c'est ne m'offrir de plus qu'une victime.
C'est assez que mon fils s'intéresse pour toi ;
Dès qu'il faut me venger, tout est Romain pour moi.
Mais que dit Hiéron ? T'es-tu bien fait entendre ?
Sait-il, enfin, de moi tout ce qu'il doit attendre,
S'il veut dans l'Arménie appuyer mes projets ?

H I D A S P E.

Peu touché de l'espoir des plus rares bienfaits,
A vos offres, seigneur, toujours plus inflexible,
Hiéron n'a fait voir qu'un cœur incorruptible ;
Soit qu'il veuille, en effet, signaler son devoir,
Ou soit qu'à plus haut prix il mette son pouvoir.
Trop instruit qu'il peut seul vous servir ou vous nuire,
Je n'ai rien oublié, seigneur, pour le séduire.

P H A R A S M A N E.

Hé bien ! c'est donc en vain qu'on me parle de paix ;
Dussé-je sans honneur succomber sous le faix,
Jusques chez les Romains je veux porter la guerre,
Et de ces fiers tyrans venger toute la terre.
Que je hais les Romains ! Je ne sais quelle horreur
Me saisit au seul nom de leur ambassadeur ;
Son aspect a jeté le trouble dans mon ame.
Ah ! c'est lui qui sans doute aura séduit Arsame.
Tous deux en même jour arrivés dans ces lieux....
Le traître ! C'en est trop, qu'il paroisse à mes yeux.
Mais je le vois ; il faut....

S C E N E I I.

PHARASMANE, ARSAME, HIDASPE, MITRANE, GARDES.

P H A R A S M A N E.

      FILS ingrat et perfide,
Que dis-je ? au fond du cœur peut-être parricide,
Esclave de Néron, et quel est ton dessein ?
    (*à Hidaspe.*)
Qu'on m'amène en ces lieux l'ambassadeur Romain.

S C È N E I I I.

PHARASMANE, ARSAME, MITRANE, GARDES.

P H A R A S M A N E *à Arsame.*

TRAITRE, c'est devant lui que je veux te confondre.
Je veux savoir du moins ce que tu peux répondre ;
Je veux voir de quel œil tu pourras soutenir
Le témoin d'un complot que j'ai su prévenir ;

Et nous verrons après si ton lâche complice
Soutiendra sa fierté jusques dans le supplice.
Tu ne me vantes plus ton zèle, ni ta foi.

A R S A M E.

Elle n'en est pas moins sincère pour mon roi.

P H A R A S M A N E.

Fils indigne du jour, pour me le faire croire,
Fais que de tes projets je perde la mémoire.
Grands dieux ! qui connoissez ma haine et mes desseins,
Ai-je pu mettre au jour un ami des Romains ?

A R S A M E.

Ces reproches honteux, dont en vain l'on m'accable,
Ne rendront pas, seigneur, votre fils plus coupable.
Que sert de m'outrager avec indignité ?
Donnez-moi le trépas, si je l'ai mérité :
Mais ne vous flattez point que, tremblant pour ma vie,
Jusqu'à la demander la crainte m'humilie..
Qui ne cherche en effet qu'à me faire périr,
En faveur d'un rival pourroit-il s'attendrir ?
Je sais que près de vous, injuste ou légitime,
Le plus léger soupçon tint toujours lieu de crime ;
Que c'est être proscrit que d'être soupçonné ;
Que votre cœur, enfin, n'a jamais pardonné.
De vos transports jaloux qui pourroit me défendre,
Vous, qui m'avez toujours condamné sans m'entendre ?

P H A R A S M A N E.

Pour te justifier, eh ! que me diras-tu ?

A R S A M E.

Tout ce qu'a dû pour moi vous dire ma vertu ;
Que ce fils si suspect, pour trahir sa patrie,
Ne vous fût pas venu chercher dans l'Ibérie.

P H A R A S M A N E.

D'où vient donc aujourd'hui ce secret entretien,
S'il est vrai qu'en ces lieux tu ne médites rien ?
Quand je voue aux Romains une haine immortelle,
Voir leur ambassadeur, est-ce m'être fidelle ?
Est-ce pour le punir de m'avoir outragé,
Qu'à lui parler ici mon fils s'est engagé ?
Car il n'a point dû voir l'ennemi qui m'offense,
Que pour venger ma gloire, ou trahir ma vengeance.
Un de ces deux motifs a dû seul te guider,
Et c'est sur l'un des deux que je dois décider.
Éclaircis-moi ce point, je suis prêt à t'entendre ;
Parle.

A R S A M E.

Je n'ai plus rien, seigneur, à vous apprendre.
Ce n'est pas un secret qu'on puisse révéler ;
Un intérêt sacré me défend de parler.

S C È N E I V.

PHARASMANE, ARSAME, MITRANE, HIDASPE, GARDES.

H I D A S P E.

L'AMBASSADEUR de Rome et celui d'Arménie.

P H A R A S M A N E.

Hé bien ?

HIDASPE.
De ce palais enlèvent Isménie.
PHARASMANE.
Dieux! qu'est-ce que j'entends?Ah, traître! en est-ce
    assez?
Qu'on rassemble en ces lieux mes gardes dispersés;
Allez; dès ce moment qu'on soit prêt à me suivre.
    (à Arsame.)
Lâche, à cet attentat n'espère pas survivre.
HIDASPE.
Vos gardes rassemblés, mais par divers chemins,
Déjà de toutes parts poursuivent les Romains.
PHARASMANE.
Rome, que ne peux-tu, témoin de leurs supplices,
De ma fureur ici recevoir les prémices!
    (Il veut sortir.)
ARSAME.
Je ne vous quitte point, en dussé-je périr.
Eh bien! écoutez-moi, je vais tout découvrir.
Ce n'est pas un Romain que vous allez poursuivre,
Loin qu'à votre courroux sa naissance le livre,
Du plus illustre sang il a reçu le jour,
Et d'un sang respecté même dans cette cour;
De vos propres regrets sa mort seroit suivie;
Ce ravisseur, enfin, est l'époux d'Isménie....
C'est.....
PHARASMANE.
    Achève, imposteur; par de lâches détours
Crois-tu de ma fureur interrompre le cours?
ARSAME.
Ah! permettez du moins, seigneur, que je vous suive;
Je m'engage à vous rendre ici votre captive.
PHARASMANE.
Retire-toi, perfide, et ne réplique pas.
    (à une partie de sa garde.)
Mitrane, qu'on l'arrête. Et vous, suivez mes pas.

SCÈNE V.

ARSAME, MITRANE, GARDES.
ARSAME.

Dieux, témoins des fureurs que le cruel médite,
L'abandonnerez-vous au transport qui l'agite?
Par quel destin faut-il que ce funeste jour
Charge de tant d'horreurs la nature et l'amour?
Mais je devois parler; le nom de fils peut-être....
Hélas! que m'eût servi de le faire connoître?
Loin que ce nom si doux eût fléchi le cruel,
Il n'eût fait que le rendre encor plus criminel.
Que dis-je, malheureux! que me sert de me plaindre?
Dans l'état où je suis, eh! qu'ai-je encor à craindre?
Mourons; mais que ma mort soit utile en ces lieux
A des infortunés qu'abandonnent les dieux.
Cher ami, s'il est vrai que mon père inflexible
Aux malheurs de son fils te laisse un cœur sensible,
Dans mes derniers momens à toi seul j'ai recours.
Je ne demande point que tu sauves mes jours.
Ne crains pas que pour eux j'ose rien entreprendre;
Mais si tu connoissois le sang qu'on va répandre,

Au prix de tout le tien tu voudrois le sauver.
Suis-moi, que ta pitié m'aide à le conserver.
Désarmé, sans secours, suis-je assez redoutable
Pour alarmer encor ton cœur inexorable?
Pour toute grâce, enfin, je n'exige de toi
Que de guider mes pas sur les traces du roi.
MITRANE.
Je ne le ntrai point, votre vertu m'est chère;
Mais je dois obeir, seigneur, à votre père.
Vous prétendez en vain séduire mon devoir.
ARSAME.
Eh bien! puisque pour moi rien ne peut t'émouvoir...
Mais, hélas! c'en est fait, et je le vois paroître.
Justes dieux! de quel sang nous avez-vous fait naître!

SCÈNE VI.

PHARASMANE, ARSAME, MITRANE,
HIDASPE, GARDES.

ARSAME.

    (à part.)   (au roi.)
Ah! mon frère n'est plus? Seigneur, qu'avez-vous
    fait?
PHARASMANE.
J'ai vengé mon injure, et je suis satisfait.
Aux portes du palais j'ai trouvé le perfide,
Que son malheur rendoit encor plus intrépide.
Un long rempart des miens expirés sous ses coups,
Arrêtant les plus fiers, glaçoit les cœurs de tous.
J'ai vu deux fois le traître, au mépris de sa vie,
Tenter, même à mes yeux, de reprendre Isménie.
L'ardeur de recouvrer un bien si précieux
L'avoit déjà deux fois ramené dans ces lieux.
A la fin, indigné de son audace extrême,
Dans la foule des siens je l'ai cherché moi-même.
Ils en ont pâli tous; et, malgré sa valeur,
Ma main a dans son sein plongé ce fer vengeur.
Va le voir expirer dans les bras d'Isménie;
Va partager le prix de votre perfidie.
ARSAME.
Quoi! seigneur, il est mort? Après ce coup affreux,
Frappez, n'épargnez plus votre fils malheureux.
    (à part.)
Dieux! ne me rendiez-vous mon déplorable frère,
Que pour le voir périr par les mains de mon père!
Mitrane, soutiens-moi.
PHARASMANE.
            D'où vient donc que son cœur
Est si touché du sort d'un cruel ravisseur?
Le Romain dont ce fer vient de trancher la vie,
Si j'en crois ses discours, fut l'époux d'Isménie;
Et cependant mon fils, charmé de ses appas,
Quand son rival périt, gémit de son trépas!
Qui peut lui rendre encor cette perte si chère?
Des larmes de mon fils quel est donc le mystère?
Mais moi-même, d'où vient qu'après tant de fureur,
Je me sens malgré moi partager sa douleur?
Par quel charme, malgré le courroux qui m'en-
        flamme,
La pitié s'ouvre-t-elle un chemin dans mon ame?

Quelle plaintive voix trouble en secret mes sens ,
Et peut former en moi de si tristes accens ?
D'où vient que je frissonne ? Et quel est donc mon
    crime ?
Me serois-je mépris au choix de la victime ?
Ou le sang des Romains est-il si précieux ,
Qu'on n'en puisse verser sans offenser les dieux ?
Par mon ambition d'illustres destinées ,
Sans pitié , sans regrets , ont été terminées ;
Et lorsque je punis qui m'avoit outragé ,
Mon foible cœur craint-il de s'être trop vengé ?
D'où peut naitre le trouble où son trépas me jette ?
Je ne sais ; mais sa mort m'alarme et m'inquiète.
Quand j'ai versé le sang de ce fier ennemi ,
Tout le mien s'est ému , j'ai tremblé , j'ai frémi.
Il m'a même paru que ce Romain terrible ,
Devenu tout-à-coup à sa perte insensible ,
Avare de mon sang quand je versois le sien ,
Aux dépens de ses jours s'est abstenu du mien.
Je rappelle en tremblant ce que m'a dit Arsame.
Eclaircissez le trouble où vous jetez mon ame ;
Ecoutez-moi , mon fils , et reprenez vos sens.

ARSAME.

Que vous servent , hélas ! ces regrets impuissans ?
Puissiez-vous à jamais , ignorant ce mystère ,
Oublier avec lui de qui vous fûtes père !

PHARASMANE.

Ah ! c'est trop m'alarmer ; expliquez-vous , mon fils.
De quel effroi nouveau frappez-vous mes esprits ?

SCÈNE DERNIÈRE.

PHARASMANE , RHADAMISTHE
porté par des Soldats ; ZÉNOBIE, ARSAME,
HIÉRON, MITRANE, HIDASPE, PHÉNICE,
GARDES.

PHARASMANE *apercevant Rhadamisthe.*

Mais pour le redoubler dans mon ame éperdue ,
Dieux puissans , quel objet offrez-vous à ma vue ?
   (*à Rhadamisthe.*)
Malheureux , quel dessein te ramène en ces lieux ?
Que cherches-tu ?

RHADAMISTHE.
         Je viens expirer à vos yeux.

PHARASMANE.
Quel trouble me saisit !

RHADAMISTHE.
         Quoique ma mort approche,
N'en craignez pas , seigneur , un injuste reproche.
J'ai reçu par vos mains le prix de mes forfaits ;
Puissent les justes dieux en être satisfaits !
Je ne méritois pas de jouir de la vie.
   (*à Zénobie.*)
Sèche tes pleurs ; adieu , ma chère Zénobie ;
Mithridate est vengé.

PHARASMANE.
         Grands dieux ! qu'ai-je entendu ?
Mithridate ! Ah ! quel sang ai-je donc repandu ?
Malheureux que je suis , puis-je le méconvoitre ?
Au trouble que je sens , quel autre pourroit-ce être ?
Mais , hélas ! si c'est lui , quel crime ai-je commis !
Nature , ah ! venge-toi , c'est le sang de mon fils.

RHADAMISTHE.
La soif que votre cœur avoit de le répandre ,
N'a-t-elle pas suffi, seigneur, pour vous l'apprendre ?
Je vous l'ai vu poursuivre avec tant de courroux ,
Que j'ai cru qu'en effet j'étois connu de vous.

PHARASMANE.
Pourquoi me le cacher ? Ah ! père déplorable !

RHADAMISTHE.

Vous vous êtes toujours rendu si redoutable ,
Que jamais vos enfans proscrits et malheureux ,
N'ont pu vous regarder comme un père pour eux.
Heureux, quand votre main vous immoloit un traitre,
De n'avoir point versé le sang qui m'a fait naitre ,
Que la nature ait pu , trahissant ma fureur ,
Dans ce moment affreux s'emparer de mon cœur ,
Enfin , lorsque je perds une épouse si chère ,
Heureux, quoiqu'en mourant de retrouver mon père !
Votre cœur s'attendrit , je vois couler vos pleurs.
   (*à Arsame.*)
Mon frere , approchez-vous , embrassez-moi : je
    meurs.

ZÉNOBIE.
S'il faut par des forfaits que ta justice éclate ,
Ciel ! pourquoi vengeois-tu la mort de Mithridate ?
      (*Elle sort.*)

PHARASMANE.
O mon fils ! ô Romains ! êtes-vous satisfaits ?
   (*à Arsame.*)
Vous , que pour m'en venger j'implore désormais ,
Courez vous emparer du trône d'Arménie.
Avec mon amitié je vous rends Zénobie ;
Je dois ce sacrifice à mon fils malheureux.
De ces lieux cependant éloignez-vous tous deux.
De mes transports jaloux mon sang doit se défendre,
Fuyez , n'exposez plus un père à le répandre.

FIN.

XERXÈS,
TRAGÉDIE.

PERSONNAGES.

XERXÈS, roi de Perse.
DARIUS, fils aîné de Xerxès.
ARTAXERCE, frère de Darius, nommé à l'empire.
AMESTRIS, princesse du sang royal de Perse.
ARTABAN, capitaine des gardes, et ministre de Xerxès.
BARSINE, fille d'Artaban.
TISSAPHERNE, confident d'Artaban.
PHÉNICE, confidente d'Amestris.
CLÉONE, confidente de Barsine.
ARSACE, officier de l'armée de Darius.
MÉRODATE, confident de Darius.
SUITE DU ROI.

La scène est à Babylone, dans le palais des rois de Perse.

ACTE PREMIER.
SCÈNE I.
ARTABAN, TISSAPHERNE.

TISSAPHERNE.

C'EN est donc fait, seigneur, et l'heureux Artaxerce
Va faire désormais le destin de la Perse,
Tandis que Darius, au mépris de nos lois,
Sera sujet d'un trône où l'appeloient ses droits ?
Xerxès peut, à son gré, disposer de l'empire ;
Quelqu'injuste qu'il soit, son choix doit me suffire :
Mais, sans vouloir entrer dans le secret des rois,
Le grand cœur d'Artaban approuve-t-il ce choix ?
Verra-t-il, sans regret, priver du diadème....

ARTABAN.

Et si de son malheur j'étois auteur moi-même ?
Je suis près d'éclaircir tes doutes curieux :
Mais, avant que d'ouvrir cet abîme à tes yeux,
Dis-moi, d'un grand dessein te sens-tu bien capable ?
Ton ame au repentir est-elle inébranlable ?
Je connois ta valeur, j'ai besoin de ta foi ;
Tissapherne, en un mot, puis-je compter sur toi ?
Examine-toi bien, rien encor ne t'engage.

TISSAPHERNE.

D'où peut naître, seigneur, ce soupçon qui m'outrage ?
Tant de bienfaits, sur moi versés avec éclat,
Vous font-ils présumer que je sois un ingrat ?

ARTABAN.

Je ne fais point pour toi ce que je voudrois faire ;
Xerxès souvent, lui-même, a soin de m'en distraire ;
Il voit notre union avec quelque regret.
Je te dirai bien plus, il te hait en secret.

TISSAPHERNE.

Ah ! Seigneur, que Xerxès ou me haïsse ou m'aime,
Tissapherne pour vous sera toujours le même.

Vous pouvez disposer de mon cœur, de mon bras ;
J'affronterois pour vous le plus affreux trépas.

ARTABAN.

Ami, c'en est assez, ne crois pas que j'en doute.
Mais prends garde qu'ici quelqu'un ne nous écoute.

TISSAPHERNE.

Ces lieux furent toujours des Perses révérés ;
Nul autel n'a pour eux des titres plus sacrés.
Xerxès, par vos emplois, vous en a rendu maître ;
Quel mortel, sans votre ordre, oseroit y paroître ?

ARTABAN.

N'importe : craignons tout d'un perfide séjour ;
On n'observe que trop mes pareils à la cour.
Xerxès vient de nommer Artaxerce à l'empire ;
C'est moi qui l'ai forcé, malgré lui, de l'élire.
J'ai fait craindre à ce roi, facile à s'alarmer,
Cent périls pour un fils qui l'a trop su charmer ;
Et, jaloux d'un héros qu'idolâtre la Perse,
J'ai fait, par mes conseils, couronner Artaxerce.
Pour mieux y réussir, j'ai pris soin d'éloigner
Celui que tant de droits destinoient à régner.
Tandis que Darius, chez les peuples barbares,
Nous force d'admirer les exploits les plus rares,
Je ne peins à Xerxès ce fils si vertueux,
Qu'avide de régner, cruel, impétueux.
Du bruit de sa valeur, du prix de ses services,
D'un père qui le craint je nourris les caprices ;
Enfin, tous mes projets étoient évanouis,
Si jamais sa prudence eût couronné ce fils.
Moins Artaxerce est cru digne du diadème,
Plus j'ai cru le devoir placer au rang suprême.
Avec tant de secret ce projet s'est conduit,
Qu'aucun de cette cour n'en est encore instruit ;
Et je ne prétends pas qu'elle en soit éclaircie,
Que lorsque ma fureur en instruira l'Asie.
Tu vois ce qu'aujourd'hui je confie à ta foi ;
Garde bien un secret si dangereux pour toi.

Va trouver cependant , ramène à Babylone
Ce prince à qui mes soins ont ravi la couronne ;
Offre-lui de ma part trésors , armes , soldats ;
De ma fille , sur-tout , vante-lui les appas ;
Dis-lui qu'avec plaisir mon respect lui destine ,
Et le bras d'Artaban , et la main de Barsine.

TISSAPHERNE.

Darius, autrefois sensible à ses attraits,
M'a paru plein d'un feu qui flatte vos projets.

ARTABAN.

Non , je m'y connois mal, ou moins ardent pour elle,
Ce prince brûle ailleurs d'une flamme infidelle.
Même avant son départ , malgré les soins du roi,
Son mépris pour Barsine a passé jusqu'à moi ;
De ma feinte amitié l'adroite vigilance
N'en pouvoit plus surprendre accueil, ni confidence.
Trop heureux cependant de pouvoir aujourd'hui
D'un prétexte si vrai me parer envers lui.
Quoi qu'il en soit, pourvu qu'il soulève l'empire ,
Il ne m'importe pas pour qui son cœur soupire.
Ce n'est qu'en le portant aux plus noirs attentats ,
Que je puis à mes lois soumettre ces états.
Détruisons , pour remplir une place si chère,
Le père par les fils , et les fils par le père.
Je veux , à chacun d'eux me livrant à-la-fois ,
Paroître les servir , mais les perdre tous trois.
Voilà ce que mon cœur dès long-temps se propose.
Qu'en liberté le tien consulte ce qu'il ose.

TISSAPHERNE.

Seigneur , je l'avoûrai , ce dessein me surprend.
Le péril est certain , mais le projet est grand.
Cependant , sans compter ce qu'on appelle crime ,
Craignez de vous creuser vous-même un noir abîme.
Darius est chéri , sage , plein de valeur ;
Vous verrez l'univers partager son malheur.
Daignez de vos desseins peser la violence.
Non qu'à les soutenir mon amitié balance ,
N'en attendez pour vous que d'éclatans efforts ;
Je n'ai pas seulement écouté mes remords.
Cette foi des sermens parmi nous si sacrée ,
Cette fidélité ce jour même jurée ,
Tant de devoirs , enfin , deviennent superflus ;
Vous n'avez qu'à parler , rien ne m'arrête plus.

ARTABAN.

Laisse ces vains devoirs à des ames vulgaires ,
Laisse à de vils humains ces sermens mercénaires.
Malheur à qui l'ardeur de se faire obéir ,
En nous les arrachant , nous force à les trahir !
Quoi ! toujours enchaîné par une loi suprême ,
Un cœur ne pourra donc disposer de lui-même ?
Et du joug des sermens esclaves malheureux,
Notre honneur dépendra d'un vain respect pour eux !
Pour moi , que touche peu cet honneur chimérique ,
J'appelle à ma raison d'un joug si tyrannique.
Me venger et régner , voilà mes souverains :
Tout le reste pour moi n'a que des titres vains.
Le soin de m'élever est le seul qui me guide ,
Sans que rien , sur ce point , m'arrête ou m'intimide.
Il n'est lois ni sermens qui puissent retenir
Un cœur débarrassé du soin de l'avenir.

A peine eus-je connu le prix d'une couronne ,
Que mes yeux éblouis dévorèrent le trône ;
Et mon cœur , dépouillant toute autre passion ,
Fit son premier serment à son ambition.
De froids remords voudroient en vain y mettre
    obstacle ,
Je ne consulte plus que ce superbe oracle ;
Un cœur comme le mien est au-dessus des lois.
La crainte fit les dieux , l'audace a fait les rois.
Le moment est venu qu'il faut que son courage
Affranchisse Artaban d'un indigne esclavage.
Ce Darius si grand , qui cause ta frayeur ,
Deviendra le premier objet de ma fureur.
Je prétends que dans peu la Perse , qui l'adore,
Autant qu'il lui fut cher , le déteste et l'abhorre.
Mais Xerxès vient à nous : attends , pour me quitter,
Que je sache quels soins le peuvent agiter.

SCÈNE II.

XERXÈS, ARTABAN, TISSAPHERNE.

ARTABAN.

Dans un jour où Xerxès dispose de l'empire ,
Où son choix donne un maitre à tout ce qui respire ,
Quel malheur imprévu , quel déplaisir si prompt
De ce monarque heureux peut obscurcir le front ?

XERXÈS.

Quel jour ! Quel triste jour ! Et que viens-je de faire ?
Pourquoi t'ai-je écouté sur un choix téméraire ?

ARTABAN.

Seigneur , qui peut causer ce repentir soudain ?

XERXÈS.

Juge toi-même , ami , si je m'alarme en vain.
Tu sais , par une loi des Perses révérée ,
Que tant d'événemens n'ont que trop consacrée ,
Qu'un prince désigné pour régner en ces lieux ,
Du moment qu'il obtient ce titre glorieux ,
Peut du roi qui le nomme exiger une grâce ,
A laquelle , sans choix , il faut qu'il satisfasse.
Artaxerce , mon fils , trop instruit de ses droits ,
Vient de m'en imposer les tyranniques lois.
Il prétend , dès ce jour , obtenir de son père ,
Le seul bien que ma main réservoit à son frère ;
Il exige , en un mot , la princesse Amestris ,
Des exploits d'un héros unique et digne prix.

ARTABAN.

Quoi ! seigneur , Darius oseroit y prétendre ?

XERXÈS.

Jamais , si je l'en crois , amour ne fut plus tendre.
Je vais te découvrir un funeste secret ,
Qu'à ta fidélité je cachois à regret :
Darius , autrefois , soupira pour Barsine.

ARTABAN.

Pour ma fille !

XERXÈS.

              Je sais quelle est son origine ,
Ami ; mais je craignis , s'il s'allioit à toi ,
Qu'il ne s'en fît un jour un appui contre moi ,
Contre

Contre un fils qui m'est cher : enfin, dès leur naissance,
Je combattis ses feux de toute ma puissance.
Je priai, menaçai ; je fis plus, je feignis
Que j'étois devenu le rival de mon fils ;
A la fin, je forçai son amour à se taire,
Et le contraignis même à t'en faire un mystère.
Je fis venir alors la princesse Amestris :
A son aspect charmant mon fils parut surpris.
Soit qu'en effet son cœur brûlât pour la princesse,
Ou qu'il crût à ce prix regagner ma tendresse,
Soit qu'il fût rebuté d'un amour malheureux,
Je crus voir Darius brûler de nouveaux feux.
D'un si juste penchant bien loin de le distraire,
J'offris à son amour la fille de mon frère :
Mais de Barsine encore respectant les attraits,
Ses feux furent toujours inconnus et secrets ;
Artaxerce, lui-même, en ce moment ignore
Qu'Amestris soit l'objet que Darius adore.
Enfin, d'un prompt hymen je flattai son ardeur,
Si de nos ennemis il revenoit vainqueur.
Il en triomphe ; et moi, pour toute récompense,
Après l'avoir privé des droits de sa naissance,
Je lui ravis encor le prix de sa valeur !
Qui pourra triompher de sa juste fureur ?
Tu vois de quels soucis mon ame est accablée ;
Calme par tes conseils l'effroi qui l'a troublée.

(Tissapherne sort.)

SCÈNE III.

XERXÈS, ARTABAN.

ARTABAN.

QUELS conseils vous donner, seigneur, lorsque les lois
Sont le plus ferme appui de la grandeur des rois ?
Respectez un pouvoir au-dessus de tout autre,
Si vous voulez, seigneur, qu'on respecte le vôtre.
Si Darius se plaint, qu'il s'en prenne à la loi,
Qui seule vous contraint à lui manquer de foi.

XERXÈS.

Quand il pourroit céder à cette loi suprême,
Amestris voudra t-elle y souscrire de même ?
Elle aime Darius.

ARTABAN.

Eh bien ! feignez, seigneur,
Que Darius retourne à sa première ardeur,
Qu'épris plus que jamais il revient à ma fille.
A vos moindres desseins je livre ma famille ;
Disposez-en, seigneur ; dût Barsine en ce jour
Devenir le jouet d'une envieuse cour.
Pour prévenir les maux qui vous glacent de crainte,
On peut, sans s'abaisser, aller jusqu'à la feinte.
Arsace est dans ces lieux ; forcez-le à déclarer,
Pour ce nouvel hymen, qu'il vient tout préparer ;
Que, sûr de votre aveu, Darius qui l'envoie,
A l'amour de Barsine est tout entier en proie.
Dès qu'Amestris croira qu'épris de nouveaux feux,
Ce prince porte ailleurs ses desseins et ses vœux,

Vous la verrez bientôt, à vos lois moins rebelle,
Prévenir d'elle-même un amant infidelle.
Enfin, si ce projet ne peut vous réussir,
Contre de vains remords il faut vous endurcir,
Détruire ce rival de la grandeur suprême,
Peut-être dans ces lieux plus puissans que vous-même,
Dans le fond de son cœur de votre rang jaloux ;
Apprendre à vos sujets à n'adorer que vous,
Sacrifier ce fils trop chéri de la Perse,
Et forcer son amante à l'hymen d'Artaxerce.

SCÈNE IV.

TISSAPHERNE, XERXÈS, ARTABAN.

TISSAPHERNE à Xerxès.

MÉRODATE, seigneur, demande à vous parler.

XERXÈS.

Qu'il entre.

SCÈNE V.

XERXÈS, ARTABAN, TISSAPHERNE, MÉRODATE.

XERXÈS à part.

A SON aspect que je me sens troubler !
(haut.)
Mérodate, quel soin peut ici te conduire ?

MÉRODATE.

Du retour d'un héros chargé de vous instruire...

XERXÈS.

Quoi ! Darius...

MÉRODATE.

Seigneur, avant la fin du jour,
Ce fils victorieux va paroître à la cour.
Pour ne point retarder une si juste envie,
Permettez...

XERXÈS.

Non, demeure, il y va de ta vie.
Tissapherne, prends soin d'écarter du palais
Ce témoin qui pourroit traverser nos projets.

SCÈNE VI.

XERXÈS, ARTABAN.

XERXÈS.

POUR toi, cher Artaban, si ton devoir fidelle
Fit jamais éclater ton respect et ton zele,
Dans ce moment fatal ne m'abandonne pas ;
Au-devant de mon fils précipite tes pas,
Offre-lui de ma part et l'Egypte et Barsine ;
Fais-lui valoir ce prix que son roi lui destine ;
Mais qu'il se garde bien de paroître à mes yeux.
Dis-lui qu'il est perdu, s'il se montre en ces lieux.

K

A ce prince , sur-tout , fais un profond mystère
Du rang où mon amour vient d'élever son frère.
Va , cours , tandis qu'ici semant mille soupçons ,
De tes sages conseils je suivrai les leçons.
Pour en hâter l'effet , qu'on cherche la princesse.

SCENE VII.

X E R X È S seul.

O TOI ! dieu de la Perse, à qui seul je m'adresse,
Soleil ! daigne éclairer mon cœur et mes desseins ,
Et préserver ces lieux des malheurs que je crains !
Pardonne-moi , du moins , un honteux artifice
Dont mon cœur en secret déteste l'injustice.
Tu vois combien ce cœur , de remords agité,
Regrette de descendre à cette indignité.
Mais Artaxerce vient.

SCÈNE VIII.

ARTAXERCE, XERXÈS.

X E R X È S à part.

C IEL ! dans mon trouble extrême,
Ne pourrai-je jouir un moment de moi-même ?
(haut.)
Ah , mon fils ! laissez-moi ; pourquoi me cherchez-
vous ?

A R T A X E R C E.

Dût sur ce fils tremblant tomber votre courroux ,
Je ne puis résister à mon impatience ;
Chaque pas , chaque instant aigrit ma défiance.
A d'injustes soupçons Xerxès abandonné
Se repentiroit-il de m'avoir couronné ?
A peine ses bontés m'élèvent à l'empire,
Que son cœur inquiet en gemit , en soupire.
Privez-moi pour jamais d'un rang si glorieux,
Et me rendez , seigneur , un bien plus précieux ;
Rendez-moi ces bontés et cet amour de père ,
Qu'à tout autre bienfait Artaxerce préfere.
Mais quelle est mon erreur ! plût au ciel que mon roi
Ne fît que soupçonner mon respect et ma foi !
J'aurois bientôt calmé le souci qui m'accable.
Que je crains bien plutôt qu'Amestris trop aimable,
Avec une beauté qui l'égale à nos dieux,
N'ait peut-être trouvé grace devant vos yeux !
Car enfin , indigné de l'ardeur qui me presse ,
Je vous ai vu frémir au nom de la princesse.
Seigneur , que ce silence irrite encor mes maux !

X E R X È S.

Sans vous inquiéter du nom de vos rivaux,
Ne vous suffit-il pas qu'à son devoir soumise
Amestris à vos vœux soit désormais acquise ?
Elle ne dépend plus d'elle ni de moi;
Son sort est dans vos mains , je vous ai fait son roi.
Je vous crois cependant l'ame trop généreuse ,
Pour vouloir abuser d'une loi rigoureuse.

Consultez Amestris ; elle mérite bien
Que votre cœur soumis attende tout du sien.
Si je l'aimois , du moins , j'en userois de même ,
Et c'est ainsi qu'on doit disputer ce qu'on aime.
Voyez-la , j'y consens , c'est vous en dire assez.

A R T A X E R C E.

Non, seigneur....

X E R C È S.

C'en est trop : allez, et me laissez.
(Artaxerce sort.)

SCÈNE IX.

X E R X È S seul.

Q UE je viens à regret d'alarmer sa tendresse !
Que pour un fils si cher ma pitié s'intéresse !

SCÈNE X.

AMESTRIS, XERXÈS.

X E R X È S bas.

L A princesse paroit. Que de pleurs vont couler !
Qu'à son aspect mon cœur commence à se troubler !
(haut.)
Madame , quelqu'amour qui puisse vous séduire ,
D'un secret , sur ce point , j'ai voulu vous instruire.
L'orgueilleux Darius , dépouillé de ses droits ,
N'a plus rien à prétendre au rang de roi des rois.
Artaxerce aujourd'hui , paré de ce grand titre ,
Du sort de l'univers est devenu l'arbitre.
Je vois à ce discours votre cœur s'émouvoir :
Mais d'un profond respect écoutez le devoir ;
Et de quelque douleur que vous soyez atteinte,
J'interdis à vos feux le reproche et la plainte.
Sur-tout , si Darius vous est cher aujourd'hui ,
Cachez-lui des secrets qui ne sont pas pour lui.

A M E S T R I S.

Ah , seigneur ! pardonnez au transport qui m'agite.
En vain à mon amour la plainte est interdite ;
Après le coup affreux dont vous frappez mon cœur,
Rien ne peut plus ici contraindre ma douleur ;
Qu'elle éclate à vos yeux cette douleur mortelle ,
A qui vous imposez une loi si cruelle.
Juste ciel ! se peut-il qu'un fils victorieux,
Votre image , ou plutôt l'image de nos dieux,
Soit privé par vous seul de l'honneur de prétendre
A ces mêmes états qu'il sait si bien défendre ?
Pardonnez , je sais bien qu'il ne m'est pas permis
De prononcer , seigneur , entre vous et vos fils :
Mais si jamais des dieux la majesté suprême
Prenant soin sur un front de s'empreindre elle-même,
Si l'éclat des vertus , la gloire des hauts faits,
Le besoin de l'empire et les vœux des sujets ;
En un mot , si jamais la valeur , la naissance
Furent des droits, seigneur, pour la toute-puissance,
Qui mieux a mérité ce haut degré d'honneur
Que celui qu'on en prive avec tant de rigueur?

Je vois de mes discours que votre cœur s'offense;
Mais, seigneur, d'un héros j'entreprends la défense.
Il a tant fait pour vous, que Xerxès aujourd'hui
Ne doit pas s'offenser que je parle pour lui.
Heureuse si l'amour instruisoit la nature
A le dédommager d'une cruelle injure!

XERXÈS.

D'un choix qui pour ce fils vous semble injurieux,
Madame, je ne dois rendre compte qu'aux dieux:
Quand je ne tiendrois pas de la grandeur suprême
Le droit de disposer du sacré diadème,
Ma volonté suffit pour établir des lois,
Et la terre, en tremblant, doit souscrire à mon choix.
Et sur quoi jugez-vous que le prince Artaxerce
Soit si peu digne encor de regner sur la Perse?
Darius, je l'avoue, a quelques faits de plus;
Mais son frère a mon cœur, et n'est pas sans vertus.
Il sait aimer du moins, et c'est vous qu'il adore.

AMESTRIS.

Dieux! Qu'est-ce que j'entends?

XERXÈS.

    Ce n'est pas tout encore,
A son auguste hymen il faut vous préparer,
Et je me suis chargé de vous le declarer.

AMESTRIS.

Moi, seigneur?

XERXÈS.

    Oui, madame; il vous a demandée;
La loi veut qu'à ses feux vous soyez accordée.
Vous savez ce qu'impose une si dure loi.

AMESTRIS.

Ainsi, sans mon aveu, l'on dispose de moi;
On dispense à son gré la grandeur souveraine.
La parole des rois n'est plus qu'une ombre vaine.
Frein, par qui les tyrans sont même retenus,
Sermens sacrés des rois, qu'êtes-vous devenus?
Quoi, seigneur! Artaxerce à mon hymen aspire,
Peu content de priver Darius de l'empire;
Et c'est vous qui, pour prix de tant d'exploits fameux,
Accablez de ces coups un fils si généreux?
Mais, seigneur, c'est en vain qu'à vos ordres suprêmes
Vous joignez une loi qui commande aux rois mêmes.
Je n'ai pas oublié qu'au plus grand des héros
Vous promîtes ma main pour prix de ses travaux.
Vous reçûtes ma foi pour le don de la sienne;
La mort, la seule mort peut lui ravir la mienne.
Il n'est loi ni pouvoir que je craigne en ces lieux.
Les promesses des rois sont des décrets des dieux.
Ainsi, dans quelque rang qu'Artaxerce puisse être,
Darius de ma main sera toujours le maître.
Tout malheureux qu'il est, dépouillé, sans appui,
Jamais de tant d'amour je ne brûlai pour lui.
Hier sur ses vertus il fondoit sa victoire:
Mais aujourd'hui, seigneur, il y va de ma gloire;
Et plus vous ravissez d'états à ce vainqueur,
Plus l'amour indigné le couronne en mon cœur.
Eh! plût aux dieux, seigneur, lorsque tout l'abandonne,
Pouvoir lui tenir lieu de père et de couronne!

XERXÈS.

Que sert de vous flatter sur ce que j'ai promis,
Quand la loi me dégage envers vous et mon fils?
Ainsi, sans vous parer d'une vaine constance,
Méritez mes bontés par votre obéissance,
Et craignez qu'Amestris, avant la fin du jour,
Ne déteste peut-être et l'amant et l'amour.
Quel que soit Darius, madame, je souhaite
Qu'il puisse mériter une ardeur si parfaite.
Je ne sais cependant si ce héros fameux,
Pour qui vous témoignez des soins si généreux,
Est si digne en effet des transports de votre ame.
Eh! quel garant si sûr avez-vous de sa flamme?
Pour fixer un amant, quels que soient vos attraits,
Peut-être qu'en ces lieux il est d'autres objets
Qui pourroient bien encor partager sa tendresse.
Je ne dis rien de plus, madame; je vous laisse,
Sûr de vous voir bientôt m'obéir sans regret,

<hr>

SCÈNE XI.

AMESTRIS seule.

JUSTE ciel! Quel est donc ce terrible secret?
Quel orage nouveau contre moi se prépare?
Quelle horreur tout-à-coup de mon ame s'empare!
Je me sens accabler de trouble et de douleurs;
Et, malgré ma fierté, je sens couler mes pleurs.
Quoi! ce héros, l'objet d'une flamme si belle,
Ce Darius si cher seroit un infidelle!
Malheureuse Amestris, voilà donc ce retour
Pour qui de tant de vœux j'importunois l'amour!
Quoi! tandis que pour lui ma folle ardeur éclate,
Une autre à ses attraits soumet son ame ingrate!
Lui que j'ai toujours cru si grand, si généreux,
Que l'amour me peignoit au-dessus de mes vœux,
Que j'égalois aux dieux dans mon ame insensée,
Trahit donc tant d'amour! Ah! mortelle pensée!
Mais que dis-je? Où mon cœur va-t-il s'abandonner?
Et sur la foi de qui l'osé-je soupçonner?
Sur la foi d'un cruel qui cherche à me surprendre;
Qu'à des détours plus bas on vit cent fois descendre.
Darius me trahir! Je ne le puis penser;
Le croire un seul moment, ce seroit l'offenser.
Non, le ciel ne fit pas un cœur si magnanime,
Pour le laisser souiller de parjure et de crime.
Cependant Mérodate a paru dans ces lieux,
Sans nul empressement de s'offrir à mes yeux.
Tout parle du héros où mon cœur s'intéresse,
Mais rien ne m'entretient ici de sa tendresse.
D'où peut naître l'effroi dont je me sens saisir?
Ah! d'un mortel soupçon courons nous éclaircir;
Mourir pour Darius, si ma gloire l'ordonne,
Ou punir sans regret l'ingrat, s'il m'abandonne;
Et, quelqu'affreux tourment qu'il en coûte à mon
  cœur,
Mesurer ma vengeance au poids de ma douleur.

Fin du premier acte.

K 2

ACTE SECOND.
SCÈNE I.
BARSINE, ARSACE, CLÉONE.

BARSINE.

Qu'un si rare bonheur, si j'osois vous en croire,
Auroit de quoi flatter mes désirs et ma gloire !
Mais je ne puis penser qu'une si vive ardeur
Puisse encor pour Barsine occuper ce grand cœur,
Ni que de tant d'exploits que l'univers admire,
Ma main soit le seul prix où Darius aspire.
Et de ce même hymen, si doux à mes souhaits,
Xerxès vient, dites-vous, d'ordonner les apprêts ?
Arsace, à tant d'honneurs aurois-je osé prétendre ?

ARSACE.

C'est par ordre du roi que je viens vous l'apprendre.
Lui-même en un moment vous en instruira mieux.
Ce prince va bientôt se montrer en ces lieux.

SCÈNE II.
BARSINE, CLÉONE.

BARSINE.

Qu'a cet espoir flatteur j'ai de peine à me rendre !

CLÉONE.

Madame, qu'a-t-il donc qui doive vous surprendre ?
A quels charmes plus grands un héros si fameux
Pouvoit-il espérer d'offrir jamais ses vœux ?

BARSINE.

Cléone, la beauté, quelqu'amour qu'elle inspire,
Ne fait pas sur les cœurs notre plus sûr empire ;
Pour en fixer les vœux, il est d'autres attraits,
Malgré tout son éclat, plus doux et plus parfaits.
C'est d'un amour constant la vertu qui décide,
Et non la beauté seule avec un cœur perfide.
Et tu veux que le mien, méprisé sur l'écueil
Où l'a précipité son téméraire orgueil,
Puisse croire un moment que Darius m'adore !
Il faudroit que son cœur pût m'estimer encore,
Que le mien plus fidelle eût fait tout son bonheur
De l'honneur d'asservir cet illustre vainqueur :
Mais le frivole éclat qui sort du diadème
M'a fait porter mes vœux jusqu'à Xerxès lui-même ;
Sur quelques soins légers qu'il faisoit éclater,
Mon cœur d'un vain espoir crut pouvoir se flatter.
En vain à ce désir, qui séduisoit mon ame,
Darius opposoit ses vertus et sa flamme ;
Tout aimable qu'il est, dans l'ardeur de régner,
Ma folle ambition me le fit dédaigner.
Juge, après cet aveu, si son retour m'accable ;
Et plus il fait pour moi, plus je deviens coupable.
Prince trop généreux, quel malheur te poursuit !
Lorsque je puis t'aimer, d'un vain espoir séduit,
A de vaines grandeurs mon cœur te sacrifie ;
Quand je t'aime en effet, tout veut que je te fuie.
Mais si je puis jamais disposer de ta foi.....
J'entends du bruit. On vient.

SCÈNE III.
XERXÉS, BARSINE, TISSAPHERNE, CLÉONE.

BARSINE à part.

Juste ciel ! C'est le roi.

XERXÈS.

Madame, en ce moment, Arsace a dû vous dire
Quel est l'heureux hymen où Darius aspire.
Mon cœur en fit long-tems ses désirs les plus doux ;
Mais les ans m'ont ravi le bonheur d'être à vous.
Plus digne de jouir d'un si rare avantage,
Souffrez que Darius répare cet outrage,
Et que par votre main Xerxès puisse aujourd'hui
Du prix de ses exploits s'acquitter envers lui.
Dans les murs de Memphis où vous irez l'attendre,
Par mon ordre bientôt Darius doit se rendre.
Allez ; puisse le ciel, au gré de mes souhaits,
Vous y faire un bonheur digne de vos attraits !
Daignez-en quelquefois employer la puissance,
Pour retenir mon fils dans mon obéissance.
Fixez de ses désirs le cours ambitieux ;
Et s'il osoit jamais....

SCÈNE IV.
XERXÈS, DARIUS, BARSINE, TISSAPHERNE, CLÉONE.

XERXÈS à part.

Que vois-je ? Justes dieux !

DARIUS.

Enfin, libre des soins que m'imposoit la guerre,
Je puis à vos genoux, monarque de la terre,
Faire éclater d'un fils la joie et le respect.
Qu'il m'est doux.....

XERXÈS.

Porte ailleurs ton hommage suspect ;
Et, loin de me vanter le respect qui te guide,
A ma juste fureur dérobe-toi, perfide.
Eh ! comment oses-tu te montrer à mes yeux ?
Quel ordre de ma part te rappelle en ces lieux ?

DARIUS.

Et depuis quand, seigneur, indigne d'y paroître..

XERXÈS.

Depuis qu'à mes regards tu n'offres plus qu'un traître,
Que mes ordres sacrés ne peuvent retenir,
Et que tout mon courroux ne peut assez punir.
Mais, malgré tes complots, et malgré ton audace,
Avant qu'ici du jour la lumière s'efface,
Malgré les soins de ceux qui m'ont osé trahir,
Je te forcerai bien, perfide, à m'obéir.

(*Il sort ; Tissapherne le suit.*)

SCÈNE V.

DARIUS, BARSINE, CLÉONE.

DARIUS.

QUELS discours ! Quels transports ! Et que
  viens-je d'entendre ?
O ciel ! à cet accueil aurois-je dû m'attendre ?
Et depuis quand, chargé de noms injurieux,
Darius n'est-il plus qu'un objet odieux,
Madame ; et quel est donc ce funeste mystère ?
Déplorable jouet des caprices d'un père,
Oserois-je un moment, à l'objet de ses vœux,
Confier la douleur d'un prince malheureux ?
Quel que soit mon destin, vous pouvez me l'ap-
  prendre.
Je ne veux que savoir, je ne crains point d'entendre.
Vous vous taisez ! O ciel ! à l'exemple du roi,
Tous les cœurs aujourd'hui sont-ils glacés pour moi ?
Hé quoi ! Barsine aussi contre moi se déclare !

BARSINE.

Non ; je sais mieux le prix d'une vertu si rare.
Croyez, si je régnois sur le cœur de Xerxès,
Que son amour pour vous iroit jusqu'à l'excès ;
Que du moins à mes yeux, d'un odieux caprice,
Vous n'auriez pas, seigneur, éprouvé l'injustice ;
Et qu'enfin si son cœur se régloit sur le mien,
Darius même aux dieux pourroit n'envier rien.
Interdite et confuse encor plus que vous-même,
Je ne puis revenir de ma surprise extrême.
Tout confond à tel point mon esprit éperdu,
Que je ne sais, seigneur, si j'ai bien entendu :
Car enfin, ce Xerxès, si fier et si terrible,
Jamais à nos désirs n'a paru si sensible.
Hélas ! si vous saviez de quel espoir flatteur
En ce même moment il remplissoit mon cœur !
De la part d'un héros chéri de la victoire,
Aimable, généreux et tout brillant de gloire,
Il venoit m'assurer d'une constante foi.
Ah ! qu'un retour si tendre auroit d'attraits pour moi,
Si ce même héros, sensible à mes alarmes,
Touché de mes remords, attendri par mes larmes ;
Si Darius enfin, l'objet de tant d'ardeur,
De mes premiers dédains oubliant la rigueur,
Daignoit en ce moment me confirmer lui-même,
Qu'on ne m'abuse point, quand on me dit qu'il m'aime !
Mon cœur toujours tremblant sur un espoir si doux,
Ne veut tenir, seigneur, cet aveu que de vous.
Quoi ! vous baissez les yeux ! Dieux ! quel affreux
  silence !
Qu'ai-je dit ? Où m'emporte une vaine espérance ?

DARIUS.

Quelle fureur nouvelle, agitant tous les cœurs,
A donc pu les remplir de si tristes erreurs ?
Ai-je bien entendu, Barsine ? Est-ce vous-même
Qui méprisez pour moi l'éclat du diadème ?
Vous qui de tant d'amour dédaignant les transports...

BARSINE.

Ah ! ne redoublez point ma honte et mes remords.

Cessez de rappeler des injures passées
Que mes larmes, seigneur, n'ont que trop effacées.
Mais vous, qui m'accablez d'un reproche odieux,
Sans daigner seulement tourner sur moi les yeux,
Parlez : méritez-vous mon amour ou ma haine ?
Le Roi m'abuse-t-il d'une espérance vaine ?
Comme il me l'a promis, serez-vous mon époux ?
Dois-je enfin vous aimer, ou me venger de vous ?

DARIUS.

Grands dieux ! ce que j'ai vu, ce que je viens
  d'entendre
Pouvoit-il se prévoir, et peut-il se comprendre ?
Chaque mot, chaque instant redouble mon effroi.
Ah ! quel aveu, madame, exigez-vous de moi ?
Peu digne de vos feux et de votre vengeance,
Pourquoi me forcez-vous à vous faire une offense ?
Mais je fus trop long-tems soumis à vos attraits,
Pour vouloir vous tromper par d'indignes secrets ;
Darius, ennemi d'une injuste contrainte,
Ne sait point en esclave appuyer une feinte.
Contre un fils malheureux Xerxès peut éclater ;
Mais, si de notre hymen il a pu vous flatter,
Madame, il vous a fait une mortelle injure ;
Il ne peut nous unir sans devenir parjure.
Lui-même, à mon départ, confident d'autres feux,
Des sermens les plus saints a scellé tous mes vœux.
Enfin, c'est Amestris pour qui mon cœur soupire,
Qui daigna m'accepter sortant de votre empire......

SCÈNE VI.

AMESTRIS, PHÉNICE, DARIUS,
BARSINE, CLÉONE.

DARIUS.

JE la vois ; quel bonheur la présente à mes yeux !
        BARSINE bas à Darius.
Ah ! c'en est trop, cruel : je te laisse en ces lieux
Signaler de tes soins l'inconstance fatale.
Cependant tremble, ingrat ; je connois ma rivale,
        (Elle sort, Cléone la suit.)

SCÈNE VII.

DARIUS, AMESTRIS, PHÉNICE.

DARIUS.

QUOI ! madame, c'est vous ! Et le ciel irrité
Me laisse encor jouir de ma félicité !
Que mon cœur est touché ! Qu'une si chère vue
Calme le désespoir de mon ame éperdue !
Malgré tous mes malheurs.... Mais qu'est-ce que
  je vois !

AMESTRIS.

On disoit qu'en ces lieux je trouverois le roi ;
Le dessein de l'y voir est le seul qui me guide,
Et non l'indigne soin d'y chercher un perfide.

DARIUS.

Moi, perfide ! Qui ? moi ! Dieux ! qu'est-ce que
  j'entends ?

A M E S T R I S.

Cesse de feindre , ingrat ; tes vœux seront contens :
Mais n'attends pas ici que j'éclate en injures ;
Je laisse aux dieux le soin de punir les parjures.
Va , cours où te rappelle un plus doux entretien ,
Et songe pour jamais à renoncer au mien.

SCÈNE VIII.

DARIUS *seul.*

O MORT ! des malheureux triste et chère espérance,
J'implore désormais ta funeste assistance.
J'éprouve en ces momens , si douloureux pour moi ,
Des tourmens plus cruels et plus affreux que toi.
Dieux , qui semblez vous faire une loi rigoureuse
De rendre la vertu pesante et malheureuse ;
Qui , la foudre à la main , l'effrayez parmi nous ,
Pour ne nous rien laisser qui nous égale à vous ,
Contentez-vous d'avoir presqu'ébranlé la mienne ;
Souffrez qu'un saint respect dans mon cœur la retienne ;
Que je puisse du moins , malgré tout mon courroux ,
D'un reste de vertu vous rendre encor jaloux.

SCÈNE IX.

DARIUS, ARTAXERCE.

A R T A X E R C E.

ENFIN le ciel , sensible aux souhaits d'Artaxerce,
Nous ramène un héros adoré de la Perse ,
Le plus grand des mortels et le plus généreux.

D A R I U S.

Mais de tous les mortels , ciel ! le plus malheureux.
O mon cher Artaxerce ! est-ce vous que j'embrasse ?
Venez-vous partager mes maux et ma disgrâce ?
Si vous saviez quel prix on gardoit à ma foi !

A R T A X E R C E.

De vos regrets , seigneur , confident malgré moi ,
J'en ai le cœur frappé des plus rudes atteintes.
Que je crains d'avoir part à de si justes plaintes !

D A R I U S.

Vous, mon frère ? Eh ! pourquoi vous confondrois-je,
   hélas !
Avec tant de vertus , parmi des cœurs ingrats ?
J'éprouverai long-tems une injuste colère ,
Avant que je me plaigne un moment de mon frère ;
Trop heureux que le sort m'ait laissé la douceur
De pouvoir dans son sein déposer ma douleur.
Quelqu'amour que pour vous fasse éclater mon père ,
Il ne m'en rendra pas notre amitié moins chère.
Si je jouis jamais du pouvoir souverain ,
Vous verrez si mon cœur vous la juroit en vain.

A R T A X E R C E.

Ah , seigneur ! je vois bien que Darius ignore
Toute l'horreur des maux qui l'attendent encore.
Je me reprocherois de laisser son grand cœur
Plus long-tems le jouet d'une funeste erreur.
C'est trop de vos bontés vous même être victime ;
Il faut vous découvrir la main qui vous opprime.

Et quelle main , grands dieux ! mais qui , sans le
   vouloir ,
De toutes vos vertus vous a ravi l'espoir.
Coupable seulement par mon obéissance ,
Ne me soupçonnez pas d'avoir part à l'offense ;
Croyez que , malgré moi , l'on vous prive d'un rang
Où vous plaçoient mes vœux encor plus que le sang.
Croyez qu'en me parant de la grandeur suprême ,
Xerxès n'a sur son choix consulté que lui-même ,
Et qu'enfin je ne veux souscrire aux dons du roi
Qu'autant que vous voudrez en jouir avec moi.

D A R I U S.

Content par ma valeur d'en être jugé digne ,
Je renonce sans peine à cet honneur insigne ;
Et si je suis touché de quelque déplaisir ,
C'est de voir que mon frère ait osé s'en saisir ,
Souffrir que l'on me fît une mortelle injure.
Et vous ne voulez pas que mon cœur en murmure ?
Malheureux que je suis ! faut-il , en même jour ,
Voir s'armer contre moi la nature et l'amour ;
Et me voir , par des mains qui me furent si chères ,
Arracher sans honneur du trône de mes pères ?
O sort ! pour m'accabler te reste-t-il des traits ?

A R T A X E R C E.

Ah ! daignez , par pitié , m'épargner ces regrets.

D A R I U S.

Eh ! pourquoi voulez-vous que je m'en prive encore ,
Lorsque tout me trahit , quand on me déshonore ?
L'orsqu'au lieu des bienfaits que j'avois mérités ,
Je me vois accabler de mille indignités ;
L'orsqu'un père cruel ose , avec perfidie ,
Sous des prétextes vain m'éloigner de l'Asie ,
Troubler des nations qui ne l'offensoient pas ,
Bien moins dans le dessein d'aggrandir ses états ,
Que pour me dépouiller avec plus d'assurance
D'un sceptre dont mon bras est l'unique défense ;
D'autant plus irrité qu'à tout autre que vous
J'aurois déjà ravi l'espoir d'un bien si doux ;
Mais d'autant plus contraint dans ma fureur extrême ,
Que je ne puis frapper sans me percer moi-même.
Je ne m'étonne plus de voir de toutes parts
Mes amis éviter jusques à mes regards ;
Une amante en courroux me traiter d'infidelle :
Un prince sans états n'étoit plus digne d'elle.
Pour vous , je l'avoûrai , que parmi mes ingrats ,
Après ce que je sens , je ne vous comptois pas.
Cruel ! en dépouillant mon front du diadème ,
Il ne vous reste plus qu'à m'ôter ce que j'aime.
Libre de l'obtenir d'une superbe loi ,
Que ne m'arrachez-vous et son cœur et sa foi ?

A R T A X E R C E.

Eh ! comment voulez-vous que je vous la ravisse ?
Voyez de vos soupçons jusqu'où va l'injustice.
Je vous l'ai déjà dit , croyez que malgré moi
Je souscris aux bontés dont m'honore le roi ,
Que par mon malheur seul je vous ravis l'empire.
Ah , seigneur ! ce n'est pas au trône que j'aspire ,
Mais ce n'est pas non plus à l'objet de vos vœux ;
Je sais trop respecter vos désirs et vos feux.

Je sais que votre cœur soupire pour Barsine,
Qu'avec l'Egypte encor le roi vous la destine.
Ce n'est pas que l'objet dont mon cœur est charmé
Merite moins, seigneur, la gloire d'être aimé.
Ce jour doit éclairer notre auguste hymenée;
Daignez ne point troubler cette heureuse journée.
Sans offenser l'ardeur dont vous êtes épris,
Je crois, seigneur, pouvoir vous nommer Amestris.

DARIUS.

Dieux cruels, jouissez du transport qui m'anime!
C'en est fait, je sens bien que j'ai besoin d'un crime.
Perfide, plus que tous contre moi conjuré,
Je puis donc désormais vous haïr à mon gré!
O ciel! lorsque je crois, dans mon malheur extrême,
Pouvoir du moins compter sur un frère que j'aime,
Je viens, en imprudent, confier ma douleur
Au fatal ennemi qui me perce le cœur!

ARTAXERCE.

Ah! c'est trop m'alarmer: expliquez-vous, de grace.
D'un si dur entretien mon amitie se lasse.
Ou calmez les transports d'un injuste courroux,
Ou, si vous vous plaignez, du moins expliquez-vous.

DARIUS.

Avec ce fer, qui fait le destin de la Perse,
Je suis prêt, s'il le veut, d'éclaircir Artaxerce.
S'il est, autant que moi, blessé de vains discours,
Voilà le sûr moyen d'en terminer le cours;
De l'amour outragé c'est l'interprète unique.
Entre rivaux, du moins, c'est ainsi qu'on s'explique.
Tant que vous oserez vous déclarer le mien,
N'attendez pas de moi de plus doux entretien.

ARTAXERCE.

Vous, mon rival? O ciel!

DARIUS.

Mais un rival à craindre.

ARTAXERCE.

Hélas! que je vous plains!

DARIUS.

Je ne suis point à plaindre.
Plaindre un amant trahi, c'est s'avouer heureux.
La pitié d'un rival n'est pas ce que je veux;
Ainsi que mon amour, ma fierté la dédaigne;
Qui ne veut que haïr ne veut pas qu'on le plaigne.
Ce seroit sans danger faire des malheureux,
Dès qu'il leur suffiroit qu'on s'attendrît pour eux.
Pour moi, qui vois le but d'une pitié si vaine,
Je ne veux plus de vous que fureur et que haine.
L'amour, qui vous attache à l'objet de mes vœux,
Du sang qui nous unit a rompu tous les nœuds.
Dans l'état où je suis, opprimé par un père,
Méprisé d'une amante, et trahi par un frère,
Plus de leur amitié les soins me furent doux,
Et plus leur perfidie excite mon courroux.

ARTAXERCE.

Je pardonne au malheur dont le sort vous accable
Un transport que l'amour rend encor moins coupable;
Et, plus vous m'outragez, plus je sens ma pitié
D'un oubli généreux flatter mon amitié.
Qu'à mon exemple ici Darius se souvienne
Qu'Artaxerce n'est pas indigne de la sienne;

Mais, s'il veut l'oublier, en s'adressant à moi,
Qu'il apprenne du moins qu'il s'adresse à son roi!

DARIUS.

Vous, ingrat! vous, mon roi! Quelle audace est la
vôtre!
Songez....

SCÈNE X.

DARIUS, ARTAXERCE, ARTABAN, TISSAPHERNE.

ARTABAN.

SEIGNEURS, Xerxès vous mande l'un et l'autre.

ARTAXERCE.

Adieu, prince; bientôt nous verrons, à ses yeux....

DARIUS.

Qui de nous méritoit de réguer en ces lieux.

(*Artaxerce sort.*)

SCÈNE XI.

DARIUS, ARTABAN, TISSAPHERNE.

DARIUS à *Artaban.*

POUR vous, qui désormais, soignenx de me déplaire,
N'offrez à mes regards qu'un sujet téméraire;
Qui dans un foible cœur, par vos conseils seduit,
M'avez de mes exploits enlevé tout le fruit;
Enfin, qui, n'écoutant qu'un orgueil qui me brave,
De roi que j'étois né n'avez fait qu'un esclave;
Si les dieux et les lois ne vous retiennent pas,
Indigne favori, craignez du moins mon bras.

(*Il sort.*)

SCÈNE XII.

ARTABAN, TISSAPHERNE.

ARTABAN.

D'UNE vaine fureur je crains peu la menace;
Va, je saurai bientôt réprimer ton audace.

TISSAPHERNE.

Ah, seigneur! que pour vous aujourd'hui j'ai tremblé!
Du courroux de Xerxès je suis encor troublé.

ARTABAN.

Peux-tu craindre pour moi la colère d'un maître
Tremblant d'avoir parlé, dès qu'il me voit paroître?
Je n'ai pas dit un mot, que d'un si vain transport
J'ai fait sur son fils seul retomber tout l'effort.
Du chemin qu'il tenoit instruit par Mérodate,
Je me suis, à sa vue, écarté de l'Euphrate;
Résolu d'attirer ce prince dans ces lieux,
J'ai fait croire à Xerxès que cet ambitieux
Avec tant de secret n'avoit caché sa route,
Qu'avec quelque dessein de le trahir, sans doute.
Rien n'est moins apparent; cependant, sans raison,
Il a d'un vain rapport saisi tout le poison.
Darius est perdu, si, pour sauver sa vie,
Il n'arme en sa faveur la moitié de l'Asie.

J'acheverai bientôt d'ébranler la vertu
D'un cœur de ses malheurs plus aigri qu'abattu.
Tu vois comme il me hait ; mais , malgré sa colère,
Je prétends , dès ce jour, le voir , contre son père ,
Revenir de lui-même implorer mon secours ,
A ceux qu'il outrageoit avoir enfin recours.
Artaxerce le craint , son père le déteste ;
C'est où je les voulois ; je me charge du reste.
Viens , Tissapherne , viens , le moment est venu :
Laissons agir un cœur qui n'est plus retenu ;
Courons où nous entraine un espoir magnanime ;
Viens, je réponds de tout : il ne faut plus qu'un crime.

Fin du second acte.

ACTE TROISIÈME.

SCÈNE I.

AMESTRIS, PHENICE.

AMESTRIS.

Non , je veux voir Xerxès ; tu m'arrêtes en vain ,
Rien ne peut plus troubler un si juste dessein.

PHÉNICE.

Et quel soin si pressant à le voir vous invite ?

AMESTRIS.

Le soin de contenter le transport qui m'agite ;
De me venger , du moins , Phénice, avec éclat,
D'un amant odieux , d'un traître , d'un ingrat.

PHÉNICE.

Sur quelques vains apprêts , madame , osez-vous
    croire
Qu'un cœur qui fut toujours si sensible à la gloire ,
Après tant de sermens , ait pu sacrifier....

AMESTRIS.

Vois son empressement à se justifier.
Le perfide , enchanté d'une flamme nouvelle,
Pense-t-il seulement à ma douleur mortelle ?
Sait-il qu'il est d'ailleurs des cœurs infortunés ,
Aux plus affreux tourmens par lui seul condamnés ?
Hélas ! tandis qu'ici ma douleur se signale ,
Peut-être que l'ingrat , aux pieds de ma rivale ,
Aux dépens de ma gloire accréditant sa foi ,
Rougit d'être accusé d'avoir brûlé pour moi.
Pour mieux persuader , peut-être qu'à Barsine
Il offre en ce moment la main qui m'assassine.
Si son cœur à ce soin n'étoit abandonné ,
Ne suffiroit-il pas qu'il en fût soupçonné ,
Pour venir à mes pieds dissiper mes alarmes ,
Et m'offrir cette main pour essuyer mes larmes ?
Qu'un soin bien différent le soustrait à mes yeux !
Le perfide , occupé d'un amour odieux ,
Ne songe qu'aux apprêts d'un funeste hyménée ,
Qui peut-être sera ma dernière journée.
Que dis-je ? Où ma douleur me va-t-elle engager ?

SCÈNE II.

ARTAXERCE, AMESTRIS, PHÉNICE.

AMESTRIS.

Artaxerce paroit , songeons à nous venger.
Puisqu'avec lui les lois ordonnent que je règne,
Offrons-lui cette main qu'un parjure dédaigne ;
Profitons du moment ; peut-être que demain ,
Malgré tout mon courroux , je le voudrois en vain.

ARTAXERCE.

Le rival d'un héros si digne de vous plaire,
Un prince qué séduit un amour téméraire ,
Qui vient , sans votre aveu , de le faire éclater ,
Malgré le peu d'espoir dont il doit se flatter ,
Sans crainte d'offenser les charmes qu'il adore ,
Peut-il à vos regards se présenter encore ,
Madame ? Pardonnez ; non , je n'ignore pas
Tout le devoir d'un cœur épris de vos appas :
Mais aurois-je voulu sans vous offrir l'empire,
Apprendre à l'univers que pour vous je soupire ?
N'osant vous faire entendre une timide voix,
J'ai fait parler pour moi l'autorité des lois ;
Non que , fier du haut rang dont on me favorise ,
A contraindre vos vœux mon amour s'autorise.
Je ne voulois regner que pour me faire honneur
D'en être plus soumis au choix de votre cœur ;
D'autant plus résolu de ne le pas contraindre ,
Que mon amour tremblant semble avoir tout à
    craindre ;
Que je vous vois déjà détourner , malgré vous ,
Des yeux accoutumés à des objets plus doux ;
Qu'enfin je ne vois rien qui ne me désespère.
Que de maux, sans compter les vertus de mon frère !

AMESTRIS.

Seigneur , il me fut cher ; je ne veux point nier
Un feu que tant de gloire a dû justifier.
Tant que l'ingrat n'a point trahi sa renommée ;
J'ai fait tout mon bonheur, seigneur, d'en être aimée,
Je le ferois encor , si lui-même aujourd'hui
N'avoit forcé ma gloire à se venger de lui.
Arrachez-moi , seigneur , à ce penchant funeste ;
J'y consens , vos vertus vous répondent du reste,
Vous ne me verrez point opposer à vos feux
Le triste souvenir d'un amour malheureux ;
Nul retour vers l'ingrat ne vous sera contraire ,
Moi-même j'instruirai votre amour à me plaire.
Donnez-vous tout entier à ce généreux soin ;
Rendons de notre hymen un parjure témoin.
Vous pouvez assurer de mon obéissance
Un roi dont aujourd'hui j'ai bravé la puissance.
Allez tout préparer , je vous donne ma foi
De ne pas résister un moment à la loi.

ARTAXERCE.

Non , je ne reçois point ce serment téméraire.
En vain vous me flattez du bonheur de vous plaire,
En vain votre dépit me nomme votre époux ,
Lorsque l'amour, d'un autre, a fait le choix pour vous.
Je vous aime , Amestris ; et jamais dans une ame
La vertu ne fit naître une plus belle flamme.

J'aurois

J'aurois de tout mon sang acheté la douceur
De pouvoir un moment régner sur votre cœur ;
Mais , qu'oiqu'en obtenant le seul bien où j'aspire ,
Mon bonheur , quel qu'il soit , dût ici me suffire ,
J'estime trop ce cœur pour vouloir aujourd'hui
Obtenir notre hymen d'un autre que de lui.
Dût le funeste soin d'éclaircir ma princesse ,
Rallumer dans son cœur sa première tendresse ;
Dussé-je enfin la perdre , et voir évanouir
Ce bonheur si charmant dont je pouvois jouir ,
Je ne puis , sans remords , abandonner mon frère
Aux coupables transports d'une injuste colère.
S'il y va de mes feux à le sacrifier ,
Il y va de ma gloire à le justifier.
Je vous ai vu traiter Darius d'infidelle ;
Je conçois d'où vous vient une erreur si cruelle.
Mais , si vous aviez vu ses transports comme moi ,
Vous ne soupçonneriez ni son cœur , ni sa foi.
Adieu, madame, adieu: quelque soin qui le guide ,
Darius n'est ingrat , parjure , ni perfide.
Croyez-en un rival charmé de vos appas.
Il me haïroit moins , s'il ne vous aimoit pas.

SCÈNE III.

AMESTRIS, PHÉNICE.

AMESTRIS.

Je demeure interdite ; et mon ame abattue
Succombe au coup mortel dont ce discours me tue.
Quoi ! Darius m'aimoit , et par un sort fatal
Il faut que je l'apprenne encor de son rival ,
D'un rival qui le plaint , et qui le justifie ,
Tandis qu'à de faux bruits mon cœur le sacrifie !
Ai-je bien pu revoir ce prince si chéri ,
Sans que de ses malheurs mon cœur fût attendri ;
D'un mensonge odieux sans percer le nuage?
Le crime et la vertu n'ont-ils donc qu'un langage ?
Et des cœurs par l'amour unis si tendrement
Se doivent-ils , hélas! méconnoître un moment?
A sa vertu du moins j'aurois dû reconnoître
Le mortel le plus grand que le ciel ait fait naître ;
Et cependant , pour prix de sa fidélité ,
Je l'outrage moi-même avec indignité !
Je me joins au cruel dont la fureur l'opprime !
Je pare de mes mains l'autel et la victime !
J'achève d'accabler , au mépris de ma foi ,
Un cœur qui n'espéroit peut-être plus qu'en moi !
Ah ! j'en mourrai, Phénice;et ma douleur extrême...
On ouvre.....

SCÈNE IV.

DARIUS, AMESTRIS, PHÉNICE.

AMESTRIS.

Quel objet ! c'est Darius lui-même.
Fuyons , dérobons-nous de ces funestes lieux ;
Je ne mérite plus de paroître à ses yeux.

DARIUS.

Demeurez , Amestris , et d'une ame adoucie
Contemplez les horreurs dont mon ame est saisie ;
Non que ce triste objet de votre inimitié
Ose encore implorer un reste de pitié.
Ce n'étoit pas assez qu'on m'eût ravi l'empire ,
On me ravit encor le seul bien où j'aspire.
J'ai beau porter par-tout mes funestes regards ,
Je ne vois qu'ennemis , qu'horreurs de toutes parts.
Je ne veux point ici justifier ma flamme ,
Je sais par quels détours on a surpris votre ame ;
J'aimerois mieux mourir encor plus malheureux ,
Que de vous accabler d'un repentir affreux.
Pourvu que , dans l'éclat de la grandeur suprême ,
Vous ne méprisiez plus un prince qui vous aime ;
Qui , né pour commander un jour à l'univers ,
S'honoroit cependant de vivre dans vos fers ;
J'irai , sans murmurer de mon sort déplorable ,
Terminer loin de vous les jours d'un misérable.
Adieu, chère Amestris. Quoi! vous versez des pleurs!
Qu'une pitié si tendre adoucit mes malheurs !

AMESTRIS.

Ah ! prince infortuné , le destin qui t'accable ,
De tes persécuteurs n'est pas le plus coupable.
Pour prix de tant de soins, pour prix de tant d'ardeur,
C'est donc ton Amestris qui te perce le cœur !
Qu'ai-je fait , malheureuse ? Et par quel artifice
A-t-on de tant d'horreurs rendu mon cœur complice?
Ce cœur , à tes désirs si charmé de s'offrir ,
A tes moindres discours si prêt à s'attendrir ;
Ce cœur, qui , tout ingrat qu'il eût lieu de te croire ,
Te gardoit cependant la plus tendre mémoire :
Mais , hélas ! aujourd'hui plus coupable à tes yeux
Qu'un ministre insolent , un roi foible, et les dieux ,
C'est en vain que ton cœur absout le mien du crime;
Avec mon repentir ma fierté se ranime.
Ce n'est plus par des pleurs et par de vains transports,
Que je puis contenter mon cœur et mes remords.
Viens me voir toute en proie à ma juste colère ,
Braver la cruauté de ton barbare père ,
Te jurer à ses yeux les transports les plus doux ,
Malgré tout son pouvoir t'accepter pour époux ,
T'offrir de mon amour les plus précieux gages ,
Ou du moins par ma mort expier mes outrages.

DARIUS.

Arrêtez , ma princesse : ah ! c'en est trop pour moi.
Je ne crains plus le sort , mon frère , ni le roi.
Laissez-moi seul ici conjurer la tempête ;
Je vais à mon rival disputer sa conquête.
Ce cœur qui m'est rendu , décide de son sort ;
Son hymen désormais est moins sûr que sa mort.

AMESTRIS.

Garde-toi sur ses jours d'aller rien entreprendre ;
Souffre , sans t'alarmer , que j'ose le défendre.
Si les rivaux étoient tous aussi généreux ,
On ne verroit pas tant de criminels entr'eux.
C'est lui qui , dans l'aveu qu'il m'a fait de sa flamme,
Sur de cruels soupçons vient d'éclaircir mon ame ;
Qui , sensible à tes maux , bien loin d'en abuser ,
A l'offre de ma main vient de se refuser.

L.

Je crains trop les transports où ton amour se livre ;
Partons, si tu le veux ; je suis prête à te suivre.
Fuyons loin de Xerxès : mais, en quittant ces lieux,
Sortons-en, s'il se peut, encor plus vertueux.
Laissons à l'univers plaindre des misérables,
Qu'il abandonneroit, s'il les croyoit coupables.
J'aime mieux que Xerxès plaigne un jour nos
    malheurs,
Que de voir ses états en proie à nos fureurs.
Les dieux protégeront des amours légitimes,
Qui ne seront souillés ni d'horreurs, ni de crimes.
Contente, pour tout bien, de l'honneur d'être à toi,
Je ne demande plus que ton cœur et ta foi.
Xerxès vient : garde-toi d'un seul mot qui l'offense,
D'armer contre tes jours une juste vengeance ;
Il sera moins aigri d'entendre ici ma voix.
Feignons,....

SCÈNE V.

XERXÈS, DARIUS, AMESTRIS, ARTABAN, TISSAPHERNE, PHÉNICE.

XERXÈS à *Darius*.

C'est donc ainsi que, respectant mes lois,
Vous osez d'Amestris chercher ici la vue ?

AMESTRIS à *Xerxès*.

Depuis quand à ses feux est-elle défendue ?
Ah, seigneur ! se peut-il que ce fils malheureux
Vous éprouve toujours si contraire à ses vœux ?
Ne peut-il d'un adieu soulager sa misère ?
Et ses moindres regrets offensent-ils son père ?
Ne craignez point que, prêt à vous désobéir,
Il apprenne avec moi, seigneur, à vous trahir ;
D'un héros si soumis vous n'avez rien à craindre,
Et vous ne l'entendrez vous braver, ni se plaindre.
De vos cruels détours moi seule je gémis ;
Mais mes larmes n'ont point corrompu votre fils.
De la foi des sermens l'autorité blessée,
Des droits les plus sacrés la justice offensée,
De vos détours enfin l'exemple dangereux
N'ébranlera jamais un cœur si généreux.

XERXÈS.

Pour son propre intérêt je veux bien vous en croire ;
Je n'en soupçonne rien de honteux à sa gloire.
Qu'il parte cependant, et que la fin du jour
Le trouve, s'il se peut, déjà loin de ma cour.
Vous, suivez-moi, madame, où vous attend son frère.

AMESTRIS.

Où, seigneur ?

XERXÈS.

Aux autels.

AMESTRIS.

                          C'est en vain qu'il l'espère ;
Un autre hymen plus doux m'engage sous ses lois.
Regardez ce héros, et jugez de mon choix.

Adieu, cher Darius ; je mourrai ton épouse :
Crois-en de ses sermens une amante jalouse ;
Ou j'apprendrai du moins aux malheureux amans
Le moyen de braver la fureur des tyrans.

SCÈNE VI.

XERXÈS, DARIUS, ARTABAN, TISSAPHERNE.

XERXÈS.

Où suis-je ? De quel nom l'orgueilleuse m'outrage !
Quoi! dans ces mêmes lieux où tout me rend hommage,
Où je tiens dans mes mains le sort de tant de rois,
On m'ose faire entendre une insolente voix !

DARIUS.

Seigneur, qu'attendiez-vous d'une amante irritée,
De ses premiers transports encor toute agitée ?
Vous étiez-vous flatté de désunir deux cœurs
Qu'à s'aimer encor plus invitent leurs malheurs?
Du moins, pour m'accabler avec quelque justice,
Nommez-moi des forfaits dignes de mon supplice.
Si je suis criminel, et que n'immolez-vous
Ce fils infortuné qui se livre à vos coups ?
Oui, seigneur ; (car enfin, il n'est plus tems de feindre ;
Mon cœur au désespoir ne peut plus se contraindre.)
Avant que de m'ôter l'objet de mon amour,
Il faudra me priver de la clarté du jour.
Tant que d'un seul soupir j'aurai part à la vie,
Amestris à mes vœux ne peut être ravie ;
Je la disputerai de ce reste de sang
Que mes derniers exploits ont laissé dans mon flanc ;
A moins que votre bras, plus cruel que la guerre,
De ce malheureux sang n'arrose ici la terre ;
De ce sang toujours prêt à couler pour son roi,
Tant de fois hasardé pour lui prouver ma foi.
Eh ! qui de vos sujets, plus soumis, plus fidelle,
Jamais par plus de soins sut signaler son zèle ?
Eh ! qu'a donc fait, seigneur, ce rival si chéri,
Loin du bruit de la guerre et des tentes nourri,
Peut-être sans vertus que l'honneur de vous plaire,
Pour être de mes droits l'heureux dépositaire ?
Pour faire à vos soldats approuver votre choix,
Qu'il nomme les états conquis par ses exploits ;
Qu'il montre sur son sein ces nobles cicatrices,
Titres que pour régner m'ont acquis mes services.
Droits du sang, zèle, exploits, seigneur, j'ai tout
        pour moi ;
Et cependant c'est lui que vous faites mon roi.

XERXÈS.

Si vous eussiez moins fait, vous le seriez peut-être ;
Mais je n'ai pas voulu m'associer un maître.
Darius, pour régner, comptant pour rien ma voix,
A cru qu'il suffisoit que mon peuple en fît choix.
On ne vous voit jamais traverser Babylone,
Qu'aussi-tôt à grands flots il ne vous environne.
Vous semblez ne courir à de nouveaux exploits,
Que pour venir après nous imposer des lois.
Artaxerce, d'ailleurs, est issu d'une mère
Qu'un tendre souvenir me rendra toujours chères

La vôtre, de concert avec mes ennemis,
De mon sceptre, en naissant, déshérita son fils.
Non que de mon courroux la constance inhumaine
Vous ait fait après elle hériter de ma haine.
Je veux bien avouer qu'après tant de hauts faits
Vous ne méritez pas le sort que je vous fais.
Prince, quoi qu'il en soit, je veux qu'on m'obéisse;
J'exige encor de vous ce second sacrifice.
Partez.

DARIUS.
Qui? Moi, seigneur!

XERXÈS.
Oui, vous, audacieux.
Avant que le soleil disparoisse à nos yeux,
Si vous n'êtes parti, c'est fait de votre vie.
Artaban, c'est à toi que ton roi le confie;
De son sort désormais je te laisse le soin.

DARIUS.
Roi cruel, père injuste, il n'en est pas besoin;
Mon sort est dans mes mains.

(*Il porte la main sur son épée.*)

SCÈNE VII.

DARIUS, ARTABAN, TISSAPHERNE.

ARTABAN.
QUE prétendez-vous faire?
Gardez-vous d'écouter un transport téméraire:
Le roi n'est pas encore éloigné de ces lieux.

DARIUS.
Porte ailleurs tes conseils et tes soins odieux;
Remplis, sans discourir, les ordres de mon père,
Si tu ne veux toi-même éprouver ma colère.

ARTABAN
Seigneur, écoutez-moi, le cœur moins prévenu.
Je vois bien que le mien ne vous est pas connu.
De vos cruels soupçons l'injuste defiance,
Vos mépris pour Barsine et pour mon alliance,
Un roi que je pourrois nommer votre tyran,
N'ont point changé pour vous le respect d'Artaban.
Touché de vos vertus plus que de vos outrages,
Mon cœur à vos mépris répond par des hommages.
Heureux, si, dans l'ardeur de me venger de vous,
Ce cœur d'un vain honneur eût été moins jaloux!
C'est moi qui, par mes soins, ai porté votre père
A parer de vos droits un fils qui vous préfère:
Mais, hélas! qu'ai-je fait en y forçant son choix,
Que priver l'univers du plus grand de ses rois?
Je sens que contre vous un dessein si perfide
Est moins un attentat qu'un affreux parricide,
Que ne sauroit jamais réparer ma douleur,
Qu'en signalant pour vous une juste fureur.
Ce discours, je le vois, a de quoi vous surprendre,
Et ce n'est pas de moi que vous deviez l'attendre:
Mais votre père en vain me comble de bienfaits,
Lorsqu'il s'agit, seigneur, d'expier mes forfaits.
Dans la nécessité de me donner un maître,
J'en veux du moins prendre un qui soit digne de
l'être,

Qui de nos ennemis sache percer le flanc,
Et qui sache juger du prix de notre sang;
Non de ces foibles rois, dont la grandeur captive
S'entoure de flatteurs dans une cour oisive;
Mais un roi vertueux, connu par ses hauts faits,
Tel, enfin, que le ciel vous offre à nos souhaits.
Artaban désormais n'en reconnoît point d'autre,
Il ne tiendra qu'à vous d'être bientôt le nôtre.
Je vous offre, seigneur, mes trésors et mon bras.
Faisons sur votre choix prononcer les soldats;
Vous verrez quel secours vous en pouvez attendre.

DARIUS.
Quel étrange discours m'ose-t-on faire entendre!
Je n'ai que trop souffert ce coupable entretien.
Artaban juge-t-il de mon cœur par le sien?
S'il est assez ingrat, assez lâche, assez traître,
Pour oublier si-tôt tous les bienfaits d'un maître
Qui l'a de tant d'honneurs comblé jusqu'aujourd'hui,
Il peut chercher ailleurs des ingrats tels que lui.
Pour moi, soumis aux lois qu'impose la nature,
Je me reproche même un frivole murmure;
Je respecte en mon roi le maître des humains;
J'adore en lui du ciel les décrets souverains,
Dont les rois sont ici les seuls dépositaires,
Et non pas des sujets foibles et téméraires.
Qui? moi trahir Xerxès! Moi troubler ses états!
Ah! ne me parlez plus de pareils attentats.

ARTABAN.
C'est mal interpréter le zèle qui me guide.

DARIUS.
Ce zèle, quel qu'il soit, ne peut qu'être perfide.

ARTABAN.
Seigneur, dès que le ciel vous fit naître mon roi...

DARIUS.
Laissons là ce vain titre; il n'est plus fait pour moi.
Ce zèle est trop outré pour être exempt de piége;
Je ne puis estimer qui me veut sacrilége.

ARTABAN.
Et moi, seigneur, et moi, charmé de vos vertus,
J'admire Darius, et je l'en aime encor plus.
Je suis touché de voir un cœur si magnanime,
Avec tant de raisons de recourir au crime,
Conserver cependant pour son père et son roi,
Malgré son injustice, une si tendre foi.
Que je plains l'univers de perdre un si grand maître!
Ah, seigneur! c'est ainsi qu'on est digne de l'être;
C'est par des sentimens si grands, si généreux,
Qu'on mérite, en effet, notre encens et nos vœux.
Il n'est que Darius, seul semblable à lui-même,
Qui puisse renoncer à la grandeur suprême,—
A l'éclat, aux honneurs d'une pompeuse cour,
Et peut-être immoler jusques à son amour.

DARIUS.
Ah, cruel Artaban! quelle fureur vous guide!
Et que prétend de moi votre adresse perfide?
Laissez-moi mon respect, laissez-moi mes remords;
N'excitez point contr'eux de dangereux transports.
Je sens qu'au souvenir de ma chère princesse,
Toute ma vertu cède à l'ardeur qui me presse.
Pour conserver un bien qui fait tout mon bonheur,
Il n'est rien qu'en ces lieux ne tente ma fureur.

S'il est vrai qu'emon sort vous intéresse encore,
Sur ce point seulement Darius vous implore.

A R T A B A N.

Eh bien ! seigneur, eh bien ! pour vous la conserver,
De ces lieux, s'il le faut, je la vais enlever.
Je vous puis cependant offrir une retraite
Contre vos ennemis, sûre autant que secrette.

D A R I U S.

En quels lieux ?

A R T A B A N.

                        C'est ici dans ce même palais
Dont Xerxès prétendoit vous exclure à jamais.
Pour mieux vous y cacher, j'écarterai la garde ;
Le droit d'en disposer seul ici me regarde.
Du moment que la nuit aura voilé les cieux,
Nous pourrons enlever Amestris de ces lieux.
Quoi ! Darius balance ! Et quelle est son attente ?
Qu'on lui vienne ravir le jour et son amante ?
Acceptez le secours que j'ose vous offrir ;
A vos ordres, seigneur, ce palais va s'ouvrir.

D A R I U S.

Moi, dans ces lieux sacrés que j'ose m'introduire !

A R T A B A N.

Quel remords sur ce point peut encore vous séduire ?
Et dans quels lieux, seigneur, puis-je mieux vous
        cacher ?
Quel mortel osera jamais vous y chercher ?

D A R I U S.

C'en est fait, à vos soins Darius se confie.
Je ne hasarde rien en hasardant ma vie ;
Et, pour toutes faveurs, je ne demande aux dieux
Que de pouvoir sortir innocent de ces lieux.

Fin du troisième acte.

ACTE QUATRIÈME.

SCÈNE I.

A R T A B A N, T I S S A P H E R N E.

A R T A B A N.

Tout succède à mes vœux ; la nuit la plus obscure,
Au gré de mes désirs, a voilé la nature.
Du sort de Darius je puis donc disposer.
La nuit s'avance, ami, nous pouvons tous oser.
C'est ici que bientôt Amestris doit se rendre ;
Le prince impatient se lasse de l'attendre.
Cours informer de tout son rival avec soin :
D'un si rare entretien je veux qu'il soit témoin.
Dis-lui ce que j'ai fait pour trahir sa tendresse,
Nos desseins concertés d'enlever la princesse ;
Parle comme un ami peu satisfait de moi,
Indigné de me voir tromper ainsi son roi.
Cette précaution, étrange en apparence,
Plus que le reste encore importe à ma vengeance.
Le temps est précieux, ne perds pas un moment ;
J'attendrai ton retour dans cet appartement.

SCÈNE II.

A R T A B A N *seul.*

Amour d'un vain renom, foiblesse scrupuleuse,
Cessez de tourmenter une ame généreuse,
Digne de s'affranchir de vos soins odieux.
Chacun a ses vertus ainsi qu'il a ses dieux.
Dès que le sort nous garde un succès favorable,
Le sceptre absout toujours la main la plus coupable ;
Il fait du parricide un homme généreux.
Le crime n'est forfait que pour les malheureux.
Pâles divinités, qui tourmentez les ombres,
Et répandez l'effroi dans les royaumes sombres,
Venez voir un mortel plus terrible que vous,
Surpasser vos fureurs par de plus nobles coups.
Du plus illustre sang ma main bientôt fumante,
Va tout remplir ici d'horreur et d'épouvante ;
Tout va trembler, frémir ; et moi, je vais régner.
Vertu, c'est à ce prix qu'on peut te dédaigner.

SCÈNE III.

D A R I U S, A R T A B A N.

A R T A B A N, *à part.*

J'apperçois Darius : une affreuse tristesse
Semble occuper son cœur.

D A R I U S.

                        Où donc est la princesse ?
Ne viendra-t-elle point ?

A R T A B A N.

                        Dissipez ce souci.
Je vais dans le moment vous l'envoyer ici.
Pour vous livrer, seigneur, une amante si chère,
J'attendois de la nuit le sombre ministère.
J'ai moi-même avec soin fait le choix des soldats
Qui doivent en Égypte accompagner nos pas.
Je ne crains qu'Amestris : soit crainte ou pré-
        voyance,
Je n'ai trouvé qu'un cœur armé de défiance ;
Elle hésite à vous voir, je lui parois suspect.
Donnez-moi ce poignard, seigneur ; à son aspect,
Peut-être qu'Amestris, qui doutoit de mon zèle,
N'osera soupçonner un témoin si fidèle.
        (*Darius lui remet son poignard.*)

A R T A B A N.

Adieu : je vais presser un si doux entretien ;
Puisse-t-il vous unir d'un éternel lien !

D A R I U S.

Allez, le tems est cher ; mon ame impatiente
Commence à se lasser d'une si longue attente.

SCÈNE IV.

D A R I U S *seul.*

Où vais-je, malheureux ? Et quel est mon espoir ?
Qu'est devenu ce cœur si plein de son devoir ?
Quoi ! j'ose violer le palais de mon père.
Moi qui me reprochois une plainte légère,

Qui m'enorgueillissois d'une austère vertu,
Je me rends sans avoir seulement combattu !
D'amant infortuné, devenu fils perfide,
J'abandonne mon cœur au transport qui le guide!
C'est ainsi que, de nous disposant à son gré,
L'amour sait de nos cœurs s'emparer par degré ;
Et d'appas en appas conduisant la victime,
Il la fait à la fin passer de crime en crime.
Lieux où je prétendois un jour entrer en roi,
Où j'entre en malheureux qui viole sa foi ;
Puissent les soins cruels où mon amour m'engage
Vous épargner encore un plus sanglant outrage !
Je ne sais quel effroi vient ici me troubler :
Mais je sens qu'un grand cœur peut quelquefois
   trembler.
Je combats vainement un trouble si funeste,
En vain je vais savoir le seul bien qui me reste.
Loin de pouvoir goûter un espoir si charmant,
Je ne ressens qu'horreur et que saisissement.
Ce cœur, dans les hasards, fameux par son audace,
S'alarme sans savoir quel péril le menace.
On vient....

SCÈNE V.

AMESTRIS, DARIUS.

DARIUS.

C'est Amestris. Que, dans son désespoir,
Mon triste cœur avoit besoin de la revoir !
Je vous revois enfin, mon aimable princesse ;
A votre aspect charmant toute ma crainte cesse.
Je me plaignois de vous, et mon cœur éperdu,
Impatient, troublé d'avoir tant attendu,
Vous accusoit déjà....

AMESTRIS.

      Si je m'en étois crue,
Vous ne joüiriez pas de ma funeste vue.
Quel affreux confident vous êtes-vous choisi !
Avec un tel secours que cherchez-vous ici ?
A quoi destinez-vous des mains si criminelles?
De tant d'amis, pour vous autrefois si fidelles,
Ne vous reste-t-il plus que le seul Artaban,
Ce ministre odieux des fureurs d'un tyran,
De tous vos ennemis le plus cruel peut-être,
Caché sous des écueils familiers à ce traître?
Contre de vains détours ce grand cœur affermi,
Qui sait avec tant d'art surprendre un ennemi,
Avec tant de valeur, si plein de prévoyance,
A des amis de cour se livre sans prudence !
Je frémis : chaque instant, chaque pas que je fais,
Jusqu'au silence affreux qui règne en ce palais,
Tout me remplit d'effroi ; mille tristes présages
Semblent m'offrir la mort sous d'horribles images.
Vous ne la voyez pas, seigneur ; votre grand cœur
S'est fait un soin cruel d'en mépriser l'horreur.
Mais moi, de vos mépris instruite par les larmes
Qu'arrachent de mon cœur mes secrettes alarmes,
Je crois déjà vous voir, le couteau dans le flanc,
Expirer à mes pieds, noyé dans votre sang.

Fuyez, épargnez-moi le terrible spectacle
De vous voir dans mes bras égorger sans obstacle.
Fuyez, ne souillez point d'un plus long attentat
Ces lieux où vous devez n'entrer qu'avec éclat.
Je vous dirai bien plus ; quoique je la respecte,
Votre vertu commence à m'être ici suspecte,
Allez m'attendre ailleurs, laissez à mon amour
Le soin de vous rejoindre, et de fuir de la cour.
Sur-tout, n'exposez plus une si chère vie.

DARIUS.

Ma princesse, eh ! comment voulez-vous que je fuie?
De ce palais sacré j'ignore les détours ;
Et, quand je les saurois, quel odieux recours !
Dût le ciel irrité lancer sur moi la foudre,
A vous abandonner rien ne peut me résoudre.
C'est pour vous enlever de ces funestes lieux,
Qu'à mille affreux périls je ferme ici les yeux.
Dussé-je contre moi voir s'armer ma princesse,
J'attendrai qu'Artaban me tienne sa promesse.
Après ce qu'il a fait, et ce qu'il m'a promis,
Nul soupçon de sa foi ne peut m'être permis.

SCÈNE VI.

ARTAXERCE, DARIUS, AMESTRIS.

AMESTRIS.

MALHEUREUX! à l'objet que vous voyez paroître,
Reconnoissez les soins que vous gardoit le traître.

ARTAXERCE.

Sur des avis secrets, peu suspects à ma foi,
En vain je m'attendois à voir ce que je voi.
A milieu de la nuit, une telle entrevue,
En des lieux si sacrés, étoit si peu prévue,
Que, malgré le courroux dont mon cœur est saisi,
J'ai peine à croire encor ce que je vois ici.
Depuis quand aux humains ces lieux inaccessibles
Prêtent-ils aux amans des retraites paisibles ?
Ignore-t-on encor que ce lieu redouté
Est le séjour du trône et de la majesté ?
C'est pousser un peu loin l'audace et l'imprudence,
Que d'oser de vos feux lui faire confidence.
Qui jamais eût pensé qu'un prince vertueux,
Devenu moins soumis et moins respectueux,
N'écoutant désormais qu'un désespoir injuste,
Eût osé violer une retraite auguste,
Braver son père, avoir un odieux recours
A ceux qu'il a chargés de veiller sur ses jours ?
Avec un tel appui que prétendez-vous faire ?
Qui vous fait en ces lieux mettre un pied téméraire ?

DARIUS.

Cesse de t'informer où tendent mes projets,
Et ne pénètre point jusques dans mes secrets.
Crois-moi, loin d'abuser d'une injuste puissance,
Ingrat, ressouviens-toi des droits de ma naissance,
Qu'à moi seul appartient celui de commander.

ARTAXERCE.

Je crains bien qu'en effet l'espoir d'y succéder,
Déguisant dans ton cœur la fureur qui te guide,
Ici, moins qu'un amant, n'ait conduit un perfide.

Si tu n'avois cherché qu'à revoir Amestris,
Ce n'est pas dans ces lieux que je t'aurois surpris.
L'amour ne cherche pas un si terrible asile.
D'ailleurs, à ce mystère Artaban inutile
N'eût pas été choisi pour servir tes amours.
On a bien d'autres soins avec un tel secours.
D'où vient que ce palais, devenu solitaire,
Se trouve dépouillé de sa garde ordinaire?
Je n'entrevois ici que projets pleins d'horreur.

ＤＡＲＩＵＳ.

Ah! c'est trop m'outrager, il faut qu'à ma fureur....

ＡＭＥＳＴＲＬＳ.

Arrêtez, gardez-vous d'oser rien entreprendre;
Je ne sais quelle voix vient de se faire entendre:
Mais d'effroyables cris sont venus jusqu'à moi,
Tout mon sang dans mon cœur s'en est glacé d'effroi.

ＡＲＴＡＸＥＲＣＥ.

Tremble; c'est à ce bruit qui t'annonce mon père,
Qu'il faut.... Va, malheureux, évite sa colère.

SCÈNE VII.

ARTAXERCE, DARIUS, AMESTRIS, ARTABAN.

ＡＲＴＡＸＥＲＣＥ.

QUE vois-je? quel objet se présente à mes yeux!
Artaban, est-ce vous?

ＡＲＴＡＢＡＮ.

　　　　　　O dieux! injustes dieux!

ＡＲＴＡＸＥＲＣＥ.

Quel horrible transport! Expliquez-vous, de grâce;
Dans ces augustes lieux qu'est-ce donc qui se passe?

ＡＲＴＡＢＡＮ.

Grands dieux, qui connoissez les forfaits des humains,
A quoi sert désormais la foudre dans vos mains?
Souverain protecteur de ce superbe empire,
Ame de l'univers, par qui seul tout respire,
Ne dissipe jamais les ombres de la nuit,
Si tu ne veux souiller la clarté qui te suit.
Dès que de tels forfaits les mortels sont capables,
Ils ne méritent plus tes regards favorables.

ＡＲＴＡＸＥＲＣＥ.

D'où naît ce désespoir? Quel étrange malheur....

ＡＲＴＡＢＡＮ.

Ah, seigneur! est-ce vous! ô comble de douleur!
Hélas! mon roi n'est plus.

ＡＲＴＡＸＥＲＣＥ.

　　　　　　Il n'est plus!

ＤＡＲＩＵＳ.

　　　　　　　　　O mon père!

ＡＭＥＳＴＲＩＳ.

Qu'un trépas si soudain m'annonce un noir mystère!

ＡＲＴＡＢＡＮ.

Seigneur, Xerxès est mort; une barbare main
De trois coups de poignard vient de percer son sein.

ＡＲＴＡＸＥＲＣＥ.

Ah! qu'est-ce que j'entends, Darius!

ＤＡＲＩＵＳ.

　　　　　　　　　Artaxerce!

ＡＲＴＡＢＡＮ.

Grands dieux, réserviez-vous ce forfait à la Perse?

ＤＡＲＩＵＳ.

Laissez de ces transports le vain emportement,
Ou donnez leur du moins plus d'éclaircissement.
Est-ce ainsi que, chargé d'une tête si chère,
Artaban veille ici sur les jours de mon père?
De ce dépôt sacré qu'avez-vous fait? Parlez.

ＡＲＴＡＢＡＮ.

Moi, ce que j'en ai fait? Quelle audace! Tremblez.

ＤＡＲＩＵＳ.

Parlez, expliquez-vous.

ＡＲＴＡＢＡＮ.

　　　　　　Non, la même innocence
N'auroit pas un maintien plus rempli d'assurance.
Il faut avoir un cœur au crime bien formé,
Pour m'entendre sans trouble, et sans être alarmé.

ＤＡＲＩＵＳ.

Je ne puis plus souffrir cette insolence extrême.
A qui s'adresse donc ce discours?

ＡＲＴＡＢＡＮ.

　　　　　　　　　A vous-même.

ＤＡＲＩＵＳ.

A moi, perfide? A moi?

ＡＲＴＡＢＡＮ.

　　　　　　Barbare, à qui de nous,
Puisque ce coup affreux n'est parti que de vous?

ＤＡＲＩＵＳ.

Ah! monstre, imposteur!

ＡＲＴＡＢＡＮ.

　　　　　　Frappe, immole encor ton frère,
Joins notre sang au sang de ton malheureux père.

ＤＡＲＩＵＳ.

Quoi! prince, vous souffrez qu'il ose m'accuser?

ＡＲＴＡＸＥＲＣＥ.

Darius, c'est à toi de m'en désabuser.

ＤＡＲＩＵＳ.

Quoi! d'un esclave indigne appuyant l'imposture,
Vous-même à votre sang vous feriez cette injure?
J'avois cru que ce cœur qu'Artaxerce connoît....

ＡＲＴＡＢＡＮ.

Traître, on n'est pas toujours tout ce que l'on paroît.
Mais d'un crime si noir il est plus d'un complice;
Le cruel n'a pas seul mérité le supplice.
Seigneur, apprenez tout; c'est moi qui cette nuit
L'ai, dans ces lieux sacrés, en secret introduit.
Comme il ne demandoit qu'à revoir la princesse,
Touché de ses malheurs j'ai cru qu'à sa tendresse
Je pouvois accorder ce généreux secours;
Mais, tandis qu'à servir ses funestes amours,
Loin de ces tristes lieux m'occupoit le perfide,
Sa main les a souillés du plus noir parricide.
De mes soins pour l'ingrat j'allois voir le succès,
Quand, passant près des lieux, retraite de Xerxès,
Dont une lueur foible écartoit les ténèbres,
Votre nom, prononcé parmi des cris funèbres,
M'a rempli tout-à-coup et d'horreur et d'effroi.
J'entre: jugez seigneur, quel spectacle pour moi,
Quand ce prince, autrefois si grand, si redoutable,
Des pères malheureux exemple déplorable,

S'est offert à mes yeux sur son lit étendu,
Tout baigné dans son sang lâchement repandu,
Qui de ce même sang, mais d'une main tremblante,
Nous traçoit de sa mort une histoire sanglante ;
Puisant, dans les ruisseaux qui couloient de son flanc,
Le sang accusateur des crimes de son sang.
Monument effroyable à la race future !
Caractères affreux dont frémit la nature !
Ce prince, à mon aspect, rappelant ses esprits,
S'est fait voir dans l'état où ce traitre l'a mis.
» Tu frémis, m'a-t-il dit, à cet objet funeste ;
» Tu frémiras bien plus quand tu sauras le reste.
» Quelle barbare main a commis tant d'horreurs !
» Cher Artaban, approche, et lis par qui je meurs.
» Le fils cruel, que j'ai dépouillé de l'empire,
» Dans le sein paternel »…. A ces mots il expire.
Traitre, d'aucun remords si ton cœur n'est pressé,
Viens voir ces traits de sang où ton crime est tracé.

DARIUS.

Où tend de ce trépas la funeste peinture ?
Crois-tu par ce récit prouver ton imposture ?
Ne crois pas ebranler un cœur comme le mien ;
Je confondrai bientôt l'artifice du tien.
Dis-moi, traitre, dis-moi, puisque mon innocence
Est contre un tel témoin réduite à la défense,
Qui peut m'avoir conduit jusqu'à ce lit sacré,
Du reste des morts, hors toi seul, ignoré,
Dont n'auroit pu m'instruire une foible lumière ?

ARTABAN.

Que sais-je ? Le destin ennemi de ton père.

AMESTRIS à *Artaxerce.*

Ah, seigneur ! c'en est trop ; et mon cœur irrité
Ne peut, sans murmurer de cette indignité,
Voir le vôtre souffrir qu'avec tant d'insolence
Un traitre ose à mes yeux opprimer l'innocence ;
Que, la main teinte encore du sang qu'il fit couler,
De sa fausse douleur prêt à vous aveugler,
Il ose de son crime accabler votre frère,
Sans exciter en vous une juste colère.
Il ne vous reste plus, crédule et soupçonneux,
Que de nous partager un crime si honteux.

DARIUS.

Ah, madame ! souffrez que ma seule innocence
Se charge contre lui du soin de ma défense.
Pour convaincre de crime un prince tel que moi,
Malheureux, il faut bien d'autres témoins que toi.
Tu n'es que trop connu.

ARTABAN.

J'ai voulu voir, barbare,
Jusqu'où pourroit aller une audace si rare ;
Mais sous tes propres coups il te faut accabler.
Regarde, si tu peux, ce témoin sans trembler.

(Il lui montre son poignard.)

DARIUS.

Grands dieux !

ARTABAN.

Voyez, seigneur, voyez ce fer perfide,
Que du sang de son père a teint le parricide,

Encor tout dégouttant de ce sang précieux,
Dont l'aspect fait frémir la nature et les dieux.
Roi des rois, c'est à toi que ma douleur l'adresse,
Armes-en désormais une main vengeresse ;
Efface, en le plongeant dans son perfide sein,
Ce qui reste dessus du crime de sa main.

DARIUS.

Je demeure interdit. Dieux puissans ! Quoi ! la foudre
Ne sort pas de vos mains pour le réduire en poudre ?
Ah, traitre ! oses-tu bien employer contre moi
Ce fer que l'amour seul a commis à ta foi ?
Barbare, c'étoit donc à ce funeste usage
Que ta main réservoit un si précieux gage !
Prince, je n'ai besoin, pour me justifier,
Que de ce même fer qu'il s'est fait confier.
Il a feint qu'Amestris…

ARTAXERCE.

Ah, misérable frère !
Malheureux assassin de ton malheureux père,
Que peux-tu m'opposer qui puisse dans mon cœur
Balancer ce témoin de ta noire fureur ?
Juste ciel ! se peut-il que de tels sacrifices
De mon règne naissant consacrent les prémices ?

DARIUS.

C'en est fait, je succombe ; et mon cœur abattu,
Contre tant de malheurs, se trouve sans vertu.

AMESTRIS.

Défends-toi, Darius ; que ton cœur se rassure ;
L'innocence a toujours confondu l'imposture ;
C'est un droit qu'en naissant elle a reçu des dieux,
Qui partagent l'affront qu'on te fait en ces lieux.

DARIUS.

Je n'en ai que trop dit ; et la fière innocence
Souffre mal-aisément une longue défense.
Quoi ! vous voulez, madame, encor m'humilier
Au point de me forcer à me justifier ?
De quel droit mon sujet, paré d'un plus haut titre,
Du destin de son roi deviendra-t-il l'arbitre ?
Né le premier d'un sang souverain en ces lieux,
Je ne connois ici de juges que les dieux.

ARTAXERCE.

Ne crains point qu'abusant du pouvoir arbitraire,
Ton frère de ton sort décide en téméraire ;
Du sang de tes pareils on ne doit disposer,
Qu'au poids de la justice on ne l'ait su peser.
Tout parle contre toi ; mais telle est la victime,
Qu'il faut aux yeux de tous la convaincre de crime,
Pour en décider seul mon cœur est trop troublé.
(à Artaban.)
Allez ; que par vos soins le conseil rassemblé
Se joigne en ce moment aux mages de la Perse ;
C'est sur leurs voix que doit prononcer Artaxerce ;
Consultons sur ce point les hommes et les dieux.
(aux personnes de sa suite.)
Vous, observez le prince, et gardez-le en ces lieux.
Adieu ; puisse le ciel s'armer pour l'innocence,
Ou de ton crime affreux m'épargner la vengeance !

SCENE VIII.

DARIUS, AMESTRIS.

DARIUS.

Ce n'est donc plus qu'à vous, grands dieux, que
   j'ai recours!
Non pas dans le dessein de conserver mes jours;
Sauvez-moi seulement d'une indigne mémoire.
Que du moins ces lauriers fameux par tant de gloire,
Des honneurs souverains par le sort dépouillés,
D'un opprobre éternel ne soient jamais souillés.
Ah, ma chère Amestris! quelle horreur m'environne!
Quel sceptre! Quels honneurs! Quels titres pour le
   trône!
Faut-il que tant de gloire, et que des feux si beaux
Se trouvent terminés par la main des bourreaux? -

AMESTRIS.

Non, mon cher Darius, ne crains rien de funeste;
Les dieux seront pour toi, puisqu'Amestris te reste.
Je n'offre point de pleurs à ton sort malheureux;
L'amour attend de moi des soins plus généreux.
Je vais, dans tous les cœurs enchantes de ta gloire,
Te laver du soupçon d'une action si noire.
Tu verras ton triomphe éclater en ce jour,
Crois-en le ciel vengeur, tes vertus, mon amour.
J'armerai tant de bras, que ton barbare frère
Me rendra mon amant, ou rejoindra ton père.

Fin du quatrième acte.

ACTE CINQUIÈME.

SCÈNE I.

ARTABAN, *seul.*

Le soleil va bientôt d'ici chasser la nuit,
Et de mon crime heureux éclairer tout le fruit.
Darius est perdu; sa tête infortunée
Sous le couteau mortel va tomber condamnée.
De ma fureur sur lui rejetant les horreurs,
De la soif de son sang j'ai rempli tous les cœurs.
De leur amour pour lui je ne crains plus l'obstacle;
Sa tête, à ses sujets triste et nouveau spectacle,
Va me servir enfin, dans ce jour éclatant,
De degré pour monter au trône qui m'attend.
Il ne me reste plus qu'à frapper Artaxerce;
Il est si peu fameux, si peu cher à la Perse,
Que, parmi les frayeurs d'un peuple épouvanté,
A peine ce forfait me sera-t-il compté.
A travers tant de joie un seul souci me reste;
C'est de mes attentats le complice funeste,
Le lâche Tissapherne, indigne d'être admis
A l'honneur du forfait que ma main a commis.
Je l'ai vu, dans le temps que mon cœur magnanime
S'immoloit sans frémir une illustre victime,
Pâlir d'effroi, m'offrir d'une tremblante main
Le secours égaré d'un vulgaire assassin. -
On eût dit, à le voir, dans ce moment terrible
Où le sang et les cris me rendoient inflexible,

Considérer l'autel, la victime et le lieu,
Que sa main sacrilège alloit frapper un dieu.
Dès qu'à de tels forfaits l'ambition nous livre,
Tout complice un moment n'y doit jamais survivre;
C'est vouloir qu'un secret soit bientôt révélé.
Ou complice, ou témoin, tout doit être immolé.
Tandis qu'ici la nuit répand encor ses ombres,
Précipitons le mien dans les royaumes sombres.
Il faut que de ce fer, teint d'un si noble sang,
Pour prix de sa pitié, je lui perce le flanc.
Allons....

SCENE II.

ARTABAN, BARSINE.

ARTABAN.

Mais quel objet à mes yeux se présente?

BARSINE.

Seigneur, vous me voyez éperdue et tremblante;
Je vous cherche, le cœur plein d'horreur et d'effroi.
Quelle affreuse nouvelle a passé jusqu'à moi!
Tout se remplit ici de troubles et d'alarmes;
Vos gardes désolés versent par-tout des larmes;
On dit...,.

ARTABAN.

Et que dit-on?

BARSINE.

Qu'une perfide main
Du malheureux Xerxès vient de percer le sein.

ARTABAN.

Que peut vous importer cette affreuse nouvelle?
Et quel soin si pressant près de moi vous appelle?

BARSINE.

On dit que Darius, de ces barbares coups,
Peut-être injustement, est accusé par vous.
Je vois qu'ici pour lui tous les cœurs s'intéressent.

ARTABAN.

Je vois, en sa faveur, que trop de soins vous pressent.
C'est vous inquiéter du sort d'un malheureux,
Plus que vous ne devez, et plus que je ne veux.

BARSINE.

Je vois qu'ici l'envie attaque votre gloire;
Pour moi, je sais, seigneur, tout ce que j'en dois
   croire.
Mais si, malgré l'horreur d'un si noir attentat,
Vous pouviez conserver Darius à l'etat,
Les Perses, enchantés de sa valeur suprême,
Croiroient ne le devoir désormais qu'à vous-même;
En les satisfaisant, vous pourriez aujourd'hui
De ce prince, d'ailleurs, vous faire un sûr appui.
Rendez à l'univers ce héros magnanime,
Que, malgré vous, le peuple absout déjà du crime.

ARTABAN.

C'est-à-dire qu'il faut, pour contenter vos vœux,
Que je mette aujourd'hui le crime entre nous deux?
Et peut-être, bien plus, pour sauver le perfide,
Que je me charge ici moi seul du parricide?

Fille

Fille indigne de moi , qui crois m'en imposer ,
Ce n'est pas à mes yeux qu'il faut se deguiser.
Les cœurs me sont ouverts ; rien ne te sert de feindre;
Des foiblesses du tien parle sans te contraindre ;
Dis-moi que pour l'ingrat ton lâche cœur épris ,
Des transports les plus doux paye tous ses mepris;
Que ce cœur , démentant et sa gloire et ma haine ,
Le soin de le sauver est le seul qui t'amène :
Et je te répondrai ce qu'un cœur genereux
Doit repondre , indigné d'un amour si honteux.
Lâche , pour ton amant n'attends aucune grâce ;
La pitié dans mon cœur n'a jamais trouvé place ;
Pour peu qu'à l'émouvoir elle ose avoir recours ,
Barsine peut compter que c'est fait de ses jours.

BARSINE.

C'en est donc fait, seigneur, vous n'avez plus de fille.

ARTABAN.

Opprobre désormais d'une illustre famille , .
Et qu'importe à ton père ou ta vie ou ta mort ?
Va , fuis loin de mes yeux , crains un juste transport.
On vient ; éloigne-toi , si tu ne veux d'un père
Eprouver ce que peut une juste colère.

(*Barsine sort.*)

SCENE III.

ARTABAN *seul.*

Ce n'est point par des pleurs que l'on peut émou-
voir
Un cœur qui ne connoît amour , lois , ni devoir.
Artaxerce paroit , achevons notre ouvrage :
Mais , avant que ce coup signale mon courage ,
Je veux que par mes soins Darius immolé
Soulève contre lui le peuple désolé ;
Faisons-en sur lui seul tomber toute la haine.

SCÈNE IV.

ARTAXERCE, ARTABAN.

ARTABAN.

Vous soupirez , seigneur; un soin secret vous
gêne : .
Mais de votre pitié reconnoissez le fruit.
Par les pleurs d'Amestris tout le peuple est séduit.
L'ingrate , n'écoutant que l'amour qui la guide ,
Rejette sur vous seul un affreux parricide.
On l'a vue en fureur s'échapper de ces lieux ,
Porter de toutes parts ses pleurs séditieux.
A sauver Darius Babylone s'apprête ,
A moins que par sa mort votre main ne l'arrête.
De ses fausses vertus un vain peuple abusé ,
Malgré le crime affreux dont il est accusé ,
Non seulement, seigneur, le plaint et lui pardonne,
Mais va jusqu'à vouloir le placer sur le trône.
Si jamais Darius échappe de vos mains ,
Pour vous le conserver nos efforts seront vains ;
Les soldats éblouis , plus touchés de sa gloire
Qu'indignés d'un forfait si difficile à croire ,
Ardens à le servir , viendront de toutes parts ,
A flots impétueux grossir ses étendarts.

Jugez alors , jugez , si , bourreau de son père ,
Sa main balancera pour immoler un frère
Qui retient , en faveur d'un lâche meurtrier ,
Ce bras qui l'auroit dû déjà sacrifier.
Signalez , par les soins d'une prompte vengeance ,
Votre justice ainsi que votre prévoyance ;
Songez que vous avez plus à le prévenir ,
Que vous n'avez encor , seigneur , à le punir.

ARTAXERCE.

Vous ignorez , hélas ! combien je suis à plaindre ,
Non point par les perils que vous me faites craindre ,
Mais par le souvenir d'un frère trop chéri.
Que ne puis-je frapper sans en être attendri !
On l'a jugé coupable , et c'est fait de sa vie ;
Mais , avant qu'à Xerxès mon cœur le sacrifie ,
Je veux le voir encor dans ses derniers momens ;
Je n'en saurois vouloir trop d'eclaircissemens.

ARTABAN.

Sur quoi prétendez-vous que l'on vous éclaircisse?
Pourriez-vous de ma part craindre quelqu'artifice?

ARTAXERCE.

Non ; mais je veux enfin , quoiqu'il soit condamné ,
Voir encore un moment ce prince infortuné.
Qu'on se garde , sur-tout , de hâter son supplice.

SCÈNE V.

ARTAXERCE *seul.*

Toi , qui de ma douleur attends ce sacrifice ,
Ombre du plus grand roi qui fut dans l'univers ,
Qu'une barbare main fit descendre aux enfers ,
Dissipe les horreurs d'un doute qui m'accable ;
Le vengeur est tout prêt , montre moi le coupable.
N'expose point un cœur qu'irrite ton trepas ,
A des crimes certains , pour un qui ne l'est pas.
Prends pitié de ton sang ; fais que ma main funeste ,
En croyant le venger , n'en verse pas le reste.
Je ne sais quelle voix me parle en sa faveur ;
Mais jamais la pitié n'attendrit tant un cœur.
Dieux vengeurs des forfaits , appuis de l'innocence ,
Vous sur qui nous osons usurper la vengeance ,
Grands dieux ! épargnez-moi le reproche fatal
De n'avoir immolé peut-être qu'un rival.

SCÈNE VI.

ARTAXERCE, AMESTRIS.

AMESTRIS.

C'en est donc fait, cruel , sans que rien vous
arrête ,
A le sacrifier votre fureur s'apprête ?
Barbare , pouvez-vous , sans mourir de douleur ,
Prononcer un arrêt qui fait frémir d'horreur ?
Quoi ! d'aucune pitié votre ame n'est emue ?
Quel funeste appareil vient de frapper ma vue ?
Ah , seigneur! se peut-il qu'un cœur si généreux ,
Altéré désormais du sang d'un malheureux ,
Sur la foi d'un cruel, bourreau de votre père ,
De ses propres forfaits puisse punir un frère ?

M

Et quel frère, grands dieux! Le plus grand des
    mortels,
Moins digne de soupçons, que d'en cens et d'autels.
Est-ce à moi de venir dans votre ame attendrie,
De cette infortune solliciter la vie?
Si rien en sa faveur ne peut vous émouvoir,
Craignez du moins, craignez mon juste désespoir;
Et ne presumez pas qu'au sein de Babylone,
A de lâches complots le peuple l'abandonne.
O désir de régner! que ne peut ta fureur,
Puisqu'elle a pu si-tôt corrompre un si grand cœur!
Car ne vous flattez pas que d'un tel sacrifice
On puisse à d'autres soins imputer l'injustice.
Dites du moins, cruel, à quel prix, en ces lieux,
Vous pretendez donc mettre un sang si précieux.
Est-ce au prix de ma main? Est-ce au prix de ma vie?
Barbare, vous pouvez contenter votre envie.
Prononcez: j'en attends l'arrêt à vos genoux,
Et l'attends sans trembler, s'il est digne de vous.

SCÈNE VII.

ARTAXERCE, DARIUS, AMESTRIS.

DARIUS.

AH! madame, cessez de prendre ma défense;
Laissez aux dieux le soin d'appuyer l'innocence.
C'est rendre en ce moment mon rival trop heureux,
Que de vous abaisser à des soins si honteux.
Solliciter pour moi, c'est m'avouer coupable.
Laissez, sans le flétrir, périr un misérable;
Quand vous triompheriez de son inimitié,
Ma vertu ne veut rien devoir à sa pitié.
Puisqu'on m'a prononcé ma sentence mortelle,
Parle, d'où vient qu'ici ta cruauté m'appelle?
Que pretends-tu de moi dans ces momens affreux?
Est-ce pour insulter au sort d'un malheureux?
Va, cruel, sois content; le ciel impitoyable
Ne peut rien ajouter au destin qui m'accable.
Jouis d'un sceptre acquis au mépris de mes droits;
Soumets, si tu le peux, Amestris à tes lois.
Pour combler de ton cœur toute la barbarie,
Achève de m'ôter et l'honneur et la vie;
Mais laisse-moi mourir, sans m'offrir des objets
Qui ne font qu'irriter mes maux et mes regrets.
Je ne veux point, ingrat, dans ton ame cruelle
Te rappeler pour toi mon amitié fidelle;
Rien ne me serviroit de t'en entretenir,
Puisqu'il t'en reste à peine un triste souvenir.
Rappelle seulement mes premières années,
Glorieuses pour moi, quoique peu fortunées;
Cet amour scrupuleux et des dieux et des lois,
Cet austère devoir signalé tant de fois,
Ces transports de vertu, cette ardeur pour la gloire,
Dont nul autre penchant n'a flétri la mémoire;
Ce respect pour mon roi, que rien n'a pu m'ôter:
C'est avec ces témoins qu'il me faut confronter;
Non avec Artaban, souillé de trop de crimes
Pour donner de sa foi des garans légitimes;
Qui, pour t'en imposer, ne produit contre moi
Qu'un poignard désormais peu digne de ta foi.

« Amestris (m'a-t-il dit) doute encor de mon zèle;
» Ce fer peut me servir de garant auprès d'elle,
» Un moment à mes soins daignez le confier ».
Mais c'est trop m'abaisser à me justifier.
Tout est prêt, m'a-t-on dit: adieu, barbare frère,
Plus injuste pour moi que ne le fut mon père;
Les dieux te puniront un jour de mes malheurs.
Tu detournes les yeux. Je vois couler tes pleurs.
Hélas! et que me sert que ton cœur s'attendrisse,
Tandis que ta fureur me condamne au supplice?
Quel opprobre, grands dieux! et quelle indignité!
Au supplice! Qui? moi! L'avois-je mérité?
De tant de noms fameux, en ce moment funeste,
Le nom de parricide est le seul qui me reste!
Je me sens à ce nom agité de fureur.
Ah! cruel, s'il se peut, épargne-m'en l'horreur.

ARTAXERCE.

Ah! frère infortuné, plus cruel que moi-même!
Eh! que puis-je pour toi dans ce malheur extrême?
Est-ce moi qui t'ai seul chargé d'un crime affreux?
Ai-je prononcé seul un arrêt rigoureux?
Que n'ai-je point ici tenté pour ta défense?
J'aurois de tout mon sang payé ton innocence;
Et si je n'avois craint que d'un si noir forfait
Ma pitié ne m'eût fait soupçonner en secret,
J'aurois, pour conserver une tête si chère,
Trahi les lois, trahi jusqu'au sang de mon père.
Plains-toi, si tu le veux, d'un devoir trop fatal;
Accuses-en le juge, et non pas le rival.
Quels que soient ses appas, quelqu'ardeur qui me
    presse,
Je te donne ma foi, que jamais la princesse,
Libre par ton trépas d'obéir à la loi,
Ne me verra tenter un cœur qui fut à toi.
L'instant fatal approche: adieu, malheureux frère,
Victime qu'à regret je dévoue à mon père;
Dans ces momens affreux, si terribles pour toi,
Victime cependant moins à plaindre que moi.
Adieu; malgré les coups dont le destin t'accable,
Va mourir en héros, et non pas en coupable.

DARIUS.

Va, je n'ai pas besoin de conseils pour mourir.
La mort, sans m'effrayer, à mes yeux peut s'offrir:
C'est le supplice, et non le trépas qui m'offense;
C'est de te voir, cruel, braver mon innocence,
Te plaire en ton erreur, chercher à t'abuser.

ARTAXERCE.

Ingrat, qui veux-tu donc que je puisse accuser?
Croirai-je qu'Artaban, qui perd tout en mon père,
Ait porté sur son prince une main meurtrière?
Quel espoir sous mon règne auroit flatté son cœur,
Moi qui ne l'ai jamais pu voir qu'avec horreur?
Rien ne peut désormais retarder ton supplice.

DARIUS.

Et le ciel peut souffrir cette horrible injustice!
Ah! misérable honneur! malheureuse vertu!
Hélas! que m'a servi d'en être revêtu?
Quoi! je meurs accusé du meurtre de mon père,
Et, pour comble d'horreurs, condamné par mon frère!

Allons, c'est trop se plaindre, il faut remplir mon
   sort,
Et subir, sans frémir, la honte de ma mort.
Adieu, chère Amestris; ne versez plus de larmes;
Contre cet inhumain ce sont de foibles armes.
Les cœurs ne sont pas faits ici pour s'attendrir;
Il faut nous séparer, madame; il faut mourir.

AMESTRIS.

Vous, mourir! Ah, seigneur! c'est en vain qu'un
   barbare....

ARTAXERCE.

Otez-moi ces objets; gardes, qu'on les sépare.

SCÈNE VIII.

DARIUS, ARTAXERCE, AMESTRIS,
BARSINE, GARDES.

BARSINE.

ARRÊTE, Darius; arrête, roi des rois,
Et sois, en frémissant, atten:if à ma voix.
La justice du ciel, lente, mais toujours sûre,
S'est lassée, à la fin, d'appuyer l'imposture.
Apprends un crime affreux qui te fera trembler....
Mais ce n'est pas à moi de te le réveler;
Tu n'apprendras que trop une action si noire.
C'est pour m'en epargner l'odieuse memoire,
Pour n'en point partager et l'horreur, et l'affront,
Que ma main a fait choix du poison le plus prompt.
Tout ce qu'en ce moment Barsine te peut dire,
C'est qu'elle est innocente, et qu'Artaban expire.
Tissapherne qui vit, quoique prêt à mourir,
Complice du forfait, peut seul le decouvrir.

(à Darius.)

Adieu, prince; je meurs à plaindre, mais contente
D'avoir pu conserver une tête innocente;
Heureuse d'effacer, dans ces tristes momens,
Ce qu'un père cruel t'a causé de tourmens.

SCÈNE IX.

DARIUS, ARTAXERCE, AMESTRIS,
GARDES.

DARIUS.

ACHEVEZ, justes dieux, d'éclairer l'innocence;
Mais ne vous chargez point du soin de ma vengeance.

ARTAXERCE.

Qu'ai-je entendu, mon frère? A quoi dois-je penser?

DARIUS.

A m'aimer, à me plaindre, et ne plus m'offenser.

SCÈNE X.

DARIUS, ARTAXERCE, AMESTRIS,
TISSAPHERNE, GARDES.

DARIUS.

ET si quelque soupçon peut encor te séduire,
Tissapherne paroit qui pourra le détruire.
Daigne l'interroger.

TISSAPHERNE *aux gardes.*

      Vos soins sont superflus:
Barbares, laissez-moi; je ne me connois plus.
Que vois-je? Darius! Ah! prince magnanime,
Que j'ai craint de vous voir succomber sous le crime!
Quoi! vous vivez encor! mes vœux sont satisfaits;
Le ciel, sans m'effrayer, peut frapper désormais.
Je ne craignois, seigneur, que de voir l'imposture
Triompher aujourd'hui d'une vertu si pure;
Mais, puisque vous vivez, quel que soit mon forfait,
Je vais en ce moment l'avouer sans regret.
C'est Artaban et moi, dont la fureur impie
Du malheureux Xerxes vient de trancher la vie.
Seduit par les projets d'un odieux ami,
Contre la majeste par l'ingrat affermi;
Sur quelque vain espoir aux forfaits enhardie,
Ma main a seule ici servi sa perfidie.
Il pretendoit regner, et vous perdre tous deux:
Mais, craignant de ma part des remords dangereux,
Il en a cru devoir prevenir l'injustice,
Et le traître n'a fait que hâter son supplice.
Je viens de l'immoler aux mânes de mon roi.

ARTAXERCE.

Penses-tu par sa mort t'acquitter envers moi?

TISSAPHERNE.

Je ne sais si son sang pourra vous satisfaire;
Mais je puis sans peril braver votre colère.
Dans l'etat où je suis je ne crains que les dieux.

(*On emporte Tissapherne.*)

SCÈNE DERNIÈRE.

DARIUS, ARTAXERCE, AMESTRIS,
GARDES.

ARTAXERCE.

QUE je dois desormais te paroître odieux!
Ah! mon cher Darius! par quels soins, quels
   hommages,
Pourrai-je dans ton cœur réparer tant d'outrages?

DARIUS.

Seigneur, vous le pouvez; rendez-moi le seul bien
Qui puisse désarmer un cœur comme le mien.

ARTAXERCE.

Si, sur le moindre espoir, je pouvois y prétendre,
Ce bien n'est pas celui que je voudrois te rendre.
J'en connois trop le prix; mais, malgré mon ardeur,
Prince, je ne sais pas tyranniser un cœur.
Dès qu'on a pu porter l'amour de la justice
Jusqu'à vouloir livrer son sang même au supplice,
Tout doit dans notre cœur ceder à l'équité.
Reçois-en donc ce prix de ta fidélité.
Afin qu'à mes bienfaits tout le reste réponde,
Je te rends la moitié de l'empire du monde.

FIN.

SÉMIRAMIS,
TRAGÉDIE.

PERSONNAGES.

SÉMIRAMIS.
NINIAS, fils de Sémiramis, élevé sous le nom
   d'Agénor.
BÉLUS, frère de Sémiramis.
TÉNÉSIS, fille de Bélus.
MERMÉCIDE, gouverneur de Ninias.

MADATE, confident de Bélus.
MIRAME, confident de Ninias.
ARBAS, capitaine des gardes.
PHÉNICE, confidente de Sémiramis.
GARDES.

La scène est à Babylone, dans le palais de Sémiramis.

ACTE PREMIER.
SCÈNE I.
BÉLUS seul.

HÉ quoi ! toujours du sort la barbare constance
De mes ju tes desseins trahira la prudence,
Tandis que de ma sœur appuyant les forfaits,
Il semble chaque jour prévenir se souhaits !
O justice du ciel que j ai peine à comprendre,
Quel crime faut-il donc pour te faire descendre ?
Quels forfaits aux mortels ne seront pas permis,
Si tu vois sans courroux ceux de Sémiramis ?
Mère dénaturée, epouse parricide,
Moins reine que tyran dans un sexe timide,
Idole d'une cour sans honneur et sans foi ;
Voilà ce que le ciel protège contre moi.
En ain à son de oir Bélus toujours fidelle,
Implore le secours d'une main immortelle ;
Loin de me seconder dans mon juste transport,
Avec Semiramis tout semble ici d'accord ;
Elle triomphe, et moi je suis seul sans défense.
Et depuis quand les dieux sont-ils donc sans ven-
   geance ?
Mais que dis-je ? Eh ! les dieux ne me laissent ils pas,
Pour tout oser, un cœur ; et, pour frapper, un bras ?
Le crime est a éré ; pour lui livrer la guerre,
Ma vertu me suffit au défaut du tonnerre.
Puisque les noms de fils, et de mère, et d'époux,
Sont désormais des noms peu sacrés parmi nous,
Qui peut me retenir ? Est-ce le nom de frère
Qui puisse être un ob tacle à ma juste colère ?
Ombre du grand Ninus, Bélus te fera voir
Qu'il ne connoit de nom que celui du devoir.
Eh ! ne suffit-il pas au courroux qui m'anime,
Que ton sang m'ait tracé le nom de la victime ?

SCÈNE II.
MADATE, BÉLUS.
BÉLUS.

MAIS que vois-je ? Déjà Madate de retour
Devance dans ces lieux la lumière du jour ?

Qu'il m'est doux de revoir un ami si fidelle !
Je n'eus jamais ici plus besoin de ton zèle.
MADATE.
Et quel secours encor vous en promettez-vous,
Quand le ciel en fureur éclate contre nous ?
Seigneur, ne comptez plus, si voisin du naufrage,
Que sur les immortels, ou sur votre courage.
Sémiramis triomphe ; Agénor est vainqueur ;
Rien n'a pu soutenir sa funeste valeur.
Ce héros que le ciel, jaloux de votre gloire,
Forma pour vous ravir tant de fois la victoire,
Chéri d'elle, encor plus que de Sémiramis,
Inonde nos sillons du sang de nos amis.
Mais ce n'est pas pour vous le sort le plus à craindre ;
Si j'en crois mes soupçons, que vous êtes à plaindre !
Vous êtes découvert, Mégabise a parlé.
BÉLUS.
Mégabise !
MADATE.
Sans doute il a tout révélé.
Seigneur, il vous souvient que de notre entreprise
Vous aviez nommé chef le traître Mégabise ;
Cet infidelle et moi nous nous étions promis
De faire sous nos coups tomber Sémiramis.
Déjà, le bras levé, sa mort étoit certaine ;
Nous nous étions tous deux placés près de la reine ;
Tout prêts, en l'immolant, à vous proclamer roi.
Mégabise un instant s'est approché de moi :
« Gardons-nous d'achever (m'a-t-il dit), cher Madate.
» Il faut qu'en lieux plus sûrs notre courage éclate.
» Tu sais que nous verrons bientôt Sémiramis
» Voler avec fureur parmi ses ennemis.
» Laissons-la s'y porter, sans nous éloigner d'elle ;
» Observons cependant cette reine cruelle ».
Je ne sais quel soupçon tout-à-coup m'a saisi.
Je l'observois, seigneur, et Mégabise aussi.
Le combat cependant de toutes parts s'engage,
Et n'offre à nos regards qu'une effroyable image.
Mégabise, ai-je dit, il est tems de frapper :
La victime à nos coups ne sauroit échapper ;
On ne se connoît plus, le desordre est extrême......
Je réserve, a-t-il dit, cet honneur pour moi-même ;
Et le lâche a tant fait, que, par mille détours,
Il a de nos malheurs éternisé le cours.

Seigneur, j'ai vu périr tous ceux que votre haine
Avec tant de prudence armoient contre la reine.
Au retour du combat, jugez de ma douleur,
Quand j'ai vu, l'œil terrible et rempli de fureur,
Votre sœur en secret parler à Mégabise.
A ce cruel aspect, peignez-vous ma surprise.
Le perfide, à son tour, surpris, déconcerté,
De la reine à l'instant vers moi s'est écarté.
Je l'attire aussi-tôt dans la forêt prochaine ;
Et là, sans consulter qu'une rage soudaine,
Furieux, j'ai perce le sein où trop de fois
Vous avoit fait verser vos secrets malgre moi.
J'ai mieux aimé porter trop loin ma prévoyance,
Que de risquer vos jours par trop de confiance.

BÉLUS.

Tout est perdu, Madate ; il n'en faut plus douter.
Si tu pouvois savoir ce qu'il m'en va coûter.....
Mais ce seroit te faire une injure nouvelle,
Que de cacher encor ce secret à ton zèle.
Cher ami, ne crois pas qu'un soin ambitieux
Arme contre sa sœur un frère furieux.
Ce n'est pas qu'à regret la fierté de mon ame
N'ait ployé jusqu'ici sous les lois d'une femme ;
Mais je suis peu jaloux du pouvoir souverain ;
Jamais sceptre sanglant ne souillera ma main.
Tu ne me verras point, quelque gloire où j'aspire,
Du sang des malheureux acheter un empire.
De soins plus généreux mon esprit agité,
N'aime que du devoir l'âpre sévérité.
Ce n'en est pas l'éclat, c'est la vertu que j'aime ;
Je fais la guerre au crime et non au diadème ;
Je veux venger Ninus, et couronner son fils :
Voilà ce qui m'a fait soulever tant d'amis ;
Et d'une sœur enfin qui souille ici ma gloire,
Je ne veux plus laisser qu'une triste mémoire.

MADATE.

Que parlez-vous, seigneur, d'un fils du grand Ninus ?
Toute la cour prétend que ce fils ne vit plus.

BÉLUS.

Depuis dix ans entiers qu'une fuite imprudente
Le dérobe à mes vœux et trompe mon attente,
Je commence en effet à douter, à mon tour,
S'il vit, et si je dois compter sur son retour.
Les malheurs de son père ont trop rempli l'Asie,
Pour retracer ici l'histoire de sa vie.
L'univers, jusqu'à lui, n'avoit point vu ses rois
Couronner une femme et s'imposer ses lois.
Tu sais comme ce prince, autrefois si terrible,
Devenu foible amant, de monarque invincible,
Perdu d'un fol amour pour mon indigne sœur,
Osa, de son vivant, s'en faire un successeur.
Rien ne put me contraindre à céler ma pensée
Sur ce coupable excès d'une flamme insensée.
Mais je voulus en vain déchirer le bandeau ;
L'amour avoit juré ce prodige nouveau.
Tu sais quel prix suivit le don du diadème,
Et l'essai que ma sœur fit du pouvoir suprême.
Ninus fut égorgé sans secours, sans amis,

Au pied du même trône où Ninus fut assis ;
Et, pour comble d'horreurs, je vis la cour souscrire
Aux noirs commencemens de ce nouvel empire.
Pour moi, je renfermai mon courroux dans mon cœur,
Où les dieux l'ont laissé vivre de ma douleur.
Mais redoutant toujours, après son parricide,
De nouveaux attentats d'une reine perfide,
Je lui ravis son fils, ce dépôt précieux
Que me cache à son tour la colère des dieux.
Je m'etois aperçu que sa cruelle mère
Craignoit de voir en lui croître un vengeur sévère ;
J'engagai Mermécide à sauver de la cour
Ce gage malheureux d'un trop funeste amour.
Tu dois avoir connu ce fameux Mermécide,
Sa farouche vertu, son courage intrépide.
Il fit passer long-tems Ninias pour son fils ;
Mais ce secret parvint jusqu'à Sémiramis.

MADATE.

Seigneur, et par quel sort, dévoilant ce mystère,
N'a-t-elle point porté ses soupçons sur son frère ?

BÉLUS.

J'employai tant de soins à calmer sa fureur,
Que je ne fus jamais moins suspect à son cœur ;
Mais, craignant le courroux dont elle étoit saisie,
Mermécide courut jusqu'au fond de l'Asie
Cacher dans les déserts ce pupille sacré,
Qu'à ses fidelles mains la mienne avoit livré.
Cependant, pour tromper une mère cruelle,
De la mort de son fils je semai la nouvelle ;
On la crut, et bientôt j'eus la douceur de voir
Mes projets réussir au gré de mon espoir.
Ninias qui croissoit, héros dès son enfance,
Réchauffoit chaque jour le soin de ma vengeance.
Tu sais, pour occuper mon odieuse sœur,
Tout ce que j'ai tenté dans ma juste fureur ;
Par combien de détours, armé contre sa vie,
J'ai de fois en dix ans soulevé l'Assyrie.
Je fis plus : tu connois ma fille Ténésis,
Délices de Bélus et de Sémiramis,
Qui, l'entraînant par-tout où l'entraînent ses armes,
L'élève malgré moi dans le sein des alarmes,
Et que rien jusqu'ici n'en a pu séparer,
Mes dégoûts sur ce point n'osant se déclarer.
D'elle et de Ninias, par un saint hyménée,
Je formai le dessein d'unir la destinée,
Pour rendre encor mon cœur, par un lien si doux,
Plus avide du sang qu'exige mon courroux.
Près de Sinope enfin je conduisis ma fille,
Ce reste précieux d'une illustre famille ;
Là, dans un bois aux dieux consacré dès long-tems,
J'unis par de saints nœuds ces augustes enfans.
L'un et l'autre touchoient à peine au premier lustre,
Quand je serrai les nœuds de cet hymen illustre ;
Avec tant de mystère on les unit tous deux,
Que tout, jusqu'à leur nom, fut un secret pour eux.
Depuis vingt ans mes yeux n'ont point revu le prince ;
On le cherche, sans fruit, de province en province.
Depuis dix ans en vain Mermécide a couru
Après ce fils si cher tout-à-coup disparu.

SCÈNE III.

MERMÉCIDE, BÉLUS, MADATE.

BÉLUS.

Mais qui vient nous troubler? Quelle indiscrete
  audace!
Que vois-je? Mermécide, est-ce toi que j'embrasse?
Ah, cher ami! le jour qui te rend à mes vœux,
Ne sauroit plus pour nous être qu'un jour heureux.
Du sort de Ninias ton retour va m'instruire....

MERMÉCIDE.

Plaise au ciel que ce jour qui commence à nous luire,
N'éclaire pas du moins le sort le plus affreux
Qui puisse menacer un cœur si généreux!
Seigneur, n'attendez plus d'une recherche vaine
Un prince dont la vie est assez incertaine.
Depuis dix ans entiers je parcours ces climats,
J'ai fait deux fois le tour de ces vastes états.
J'eusse dû mieux veiller, depuis cette journée
Où par vous Tenesis à Sinope amenée,
A la face des dieux, dans un bois consacré,
Au roi de l'univers vit son hymen juré.
Je crus que sa beauté, qui devançoit son âge,
Fléchiroit vers l'amour ce jeune et fier courage:
Mais je ne vis en lui qu'une bouillante ardeur.
Déjà sa destinée entraînoit ce grand cœur.
Je fis pendant dix ans des efforts inutiles
Pour remplir Ninias de désirs plus tranquilles.
Son cœur ne respiroit que l'horreur des combats;
Il rougissoit souvent de me voir sans états.
Déjà, peu satisfait de n'avoir qu'un tel père,
Il sembloit de son sort penetrer le mystère.
Enfin il disparut, et je le cherche en vain.
Mais, seigneur, de Bélus quel sera le destin?
Hier, sans me fixer une route certaine,
En attendant la nuit dans la forêt prochaine,
Je vis un corps sanglant, etendu sous mes pas,
Qu'un reste de chaleur deroboit au trépas.
J'en approche aussitôt; jugez de ma surprise,
Lorsque dans ce mourant je trouvai Mégabise.
Il méconnut long-tems ma secourable main;
Mais ses regards sur moi s'arrêtant à la fin:
« Que vois-je, me dit-il? est-ce vous, Mermécide,
» Qui, le cœur indigné des fureurs d'un perfide,
» Venez pour conserver les restes de ce sang
» Que le cruel Madate a tire de mon flanc?
» C'est ainsi que Bélus traite un ami fidelle.
A ces mots, peu content du succès de mon zèle,
Peut-être que la main qui prolongeoit ses jours,
Plus prudente, bientôt en eût tranché le cours,
Si de quelques soldats la troupe survenue
Ne m'eût forcé de fuir leur importune vue.
Si Mégabise vit nous sommes decouverts.

BÉLUS à *Madate*.

Trop prévoyant ami, qu'as-tu fait? tu nous perds.

MERMÉCIDE.

Non, seigneur, il ne faut que prévenir la reine;
C'est à nous désormais à servir votre haine.
Si Ninias n'est plus, c'est à vous de regner;
Vous me voyez tout prêt à ne rien épargner,
A vous immoler même un guerrier redoutable,
Imprudent defenseur d'une reine coupable.
Vous n'avez qu'à parler, seigneur, et cette main
Va percer, dès ce jour, et l'un et l'autre sein
J'entends du bruit, on vient: c'est la reine elle-
  même.

BÉLUS.

Fuis, Mermécide, fuis; le péril est extrême.
Sa haine trop avant t'a gravé dans son cœur,
Pour abuser des yeux qu'instruiroit sa fureur.

SCÈNE IV.

SÉMIRAMIS, BÉLUS. TÉNÈSIS, MADATE,
GARDES.

SÉMIRAMIS.

Je triomphe, Bélus: une heureuse victoire
Combleroit aujourd'hui mes désirs et ma gloire,
Si le sort dangereux, même dans ses bienfaits,
Ne m'eût fait triompher de mes propres sujets.
Verrai-je encor long-tems la rebelle Assyrie
Attaquer en fureur et mon sceptre et ma vie?
Vous, de qui la vertu soutenant le devoir,
Contre mes ennemis fut toujours mon espoir;
A qui j'ai confie les murs de Babylone,
Ou plutôt partagé le poids de ma couronne,
Mon frère, je ne sais, malgré ce nom si doux,
Si mon cœur n'auroit pas à se plaindre de vous.

BÉLUS.

De moi!

SÉMIRAMIS.

Je sais, Bélus, que de vos soins fidelles
Je dois mieux présumer; mais enfin, les rebelles
De mes desseins contr'eux sont si bien informés,
Qu'il sont tous prevenus aussitôt que formés.

BÉLUS.

Suis-je de vos secrets le seul dépositaire?
Et sur quoi fondez-vous un soupçon téméraire?
Sur quelle conjecture, ou sur quelle action?
Vous savez que mon cœur est sans ambition.

SÉMIRAMIS.

On me trahit: c'est tout ce que je puis vous dire.
Allez, c'en est assez.

(*à ses gardes.*)

Et vous, qu'on se retire.

(*à Ténésis.*)

Princesse, demeurez. L'aimable Ténésis
Sait qu'elle fut toujours chère à Sémiramis.

SCÈNE V.

SÉMIRAMIS, TÉNÉSIS.

SÉMIRAMIS.

Je vois qu'on me trahit, et je crains votre père.
Mais sans le soupçonner d'un odieux mystère;
Et quand même il auroit mérite mon courroux,
Mon injuste rigueur n'iroit point jusqu'à vous.

TÉNÉSIS.

Au grand cœur de Bélus rendez plus de justice ;
Sa vertu n'admet point un si noir artifice.

SÉMIRAMIS.

C'est de cette vertu que je crains les transports.
Bélus ne me tient point compte de mes remords.
Quelque tendre amitié que m'inspire mon frère,
Je crois toujours en lui voir un juge sévère,
Dont les troubles cruels qui déchirent mon cœur,
Me font plus que jamais redouter la rigueur.
De quel œil verra-t-il une superbe reine
Le front humilié d'une honteuse chaine ?
Ninus, que de ta mort le ciel s'est bien vengé !
Ma chère Ténésis, que mon cœur est changé !
Cette Semiramis si fière et si hautaine,
Du sort de l'univers arbitre et souveraine,
Rivale des héros dont on vante les faits,
Qui de son sexe enfin n'avoit que les attraits ;
Vile esclave au milieu de la grandeur suprême,
Maitresse des humains, ne l'est plus d'elle-même.
Je ne triomphe pas de tous mes ennemis.
Qu'il en est que mon cœur voudroit avoir soumis !
Je vois que Ténésis, indignée et surprise,
Condamne de transports que sa vertu méprise ;
Mais de notre amitié les liens sont trop doux,
Pour me permettre encor quelques secrets pour vous.
Je vous en dis assez pour vous faire comprendre
Tout ce que ma fierté craint de vous faire entendre.

TÉNÉSIS.

Je conçois aisément qu'une cruelle ardeur
De vos jours, malgré vous, a troublé la douceur.
Le reste est un secret que mon respect, madame,
Me défend de chercher jusqu'au fond de votre ame.
Votre défaite en vain me suppose un vainqueur ;
J'ignore qui s'est pu soumettre un si grand cœur.
Je n'ose le chercher dans la foule importune
Qu'attire sur vos pas votre auguste fortune.
J'avois cru jusqu'ici que, pour plaire à vos yeux,
Il falloit ou des rois ou des enfans des dieux.

SÉMIRAMIS.

Et voilà ce qui met le trouble dans mon ame,
Et qui me fait rougir d'une honteuse flamme.
Agénor inconnu ne compte point d'aïeux,
Pour me justifier d'un amour odieux.

TÉNÉSIS.

Agénor !

SÉMIRAMIS.

Le voilà ce vainqueur redoutable,
Qu'un front sans ornement ne rend pas moins aimable ;
Plus terrible lui seul que tous mes ennemis,
Et plus cruel pour moi que ceux qu'il m'a soumis.
Ma raison s'arme en vain de quelques étincelles,
Mon cœur semble grossir le nombre des rebelles.

TÉNÉSIS.

Madame, et quel dessein a-t-il donc pu former ?
En aimant Agénor, que prétend-il ?

SÉMIRAMIS.

L'aimer ;
Et, si ce n'est assez, lui partager encore
Un sceptre qu'aussi-bien mon amour déshonore,

TÉNÉSIS.

Ah ciel ! et que dira l'univers étonné ?
A quels soins ce grand cœur s'est-il abandonné ?

SÉMIRAMIS.

J'ai fait taire ma gloire, et tu veux que je craigne
Les discours importuns de ceux sur qui je regne !
Ténésis, plût aux dieux que mon funeste amour
N'eût d'autres ennemis à combattre en ce jour !
Je braverois bientôt ce que dira l'Asie ;
Ce n'est pas-là l'effroi dont mon ame est saisie.
Qu'aux mortels indignes le ciel se joigne encor,
De l'univers entier je ne crains qu'Agénor.....
C'est ce rebelle cœur que je voudrois soumettre,
Et c'est ce que le mien n'oseroit se promettre.
Des Medes aujourd'hui je l'ai déclaré roi,
Mais je l'éleve en vain pour l'approcher de moi ;
En vain, dans les transports de mon amour extrême,
Sur son front dépouillé j'attache un diadême.
Pour toucher ce héros, mes bienfaits superflus
Echauffent sa valeur, et ne font rien de plus.
De tant d'amour, hélas ! foible reconnoissance ;
Ses exploits font encor toute ma récompense.
Ténésis, c'est à toi que ma flamme a recours ;
Souffre que de tes soins j'implore le secours.
C'est sur eux désormais que mon cœur se repose.
Tu sais ce que pour moi notre amitié t'impose ;
J'en exige aujourd'hui des efforts généreux....

TÉNÉSIS.

He ! que puis-je pour vous qui réponde à vos vœux ?

SÉMIRAMIS.

Il faut faire approuver mon amour à mon frère,
Fléchir en sa faveur sa vertu trop austère,
Retenir dans son cœur des leçons que je crains.
Pour relever le mien tous reproches sont vains.
Ce n'est pas tout ; il faut de l'amour le plus tendre
Informer un héros qui le voit sans l'entendre ;
Soulager sur ce point mon courage abattu,
Quand ma timidité fait toute ma vertu.
J'ai détrôné des rois, porté par-tout la guerre,
Nul héros plus que moi n'a fait trembler la terre,
Tout respecte ma voix, et je crains de parler.
Le seul nom d'Agénor suffit pour me troubler ;
Je ne sais quoi dans lui me fait sentir un maitre.
C'est ainsi que l'amour en ordonne peut-être.
Peins-lui si bien le feu qui dévore mon cœur,
Qu'à son tour ce héros reconnoisse un vainqueur ;
Et si l'amour pour moi n'avoit rien à lui dire,
Tente du moins son cœur par l'offre d'un empire.
Ce guerrier va bientôt se montrer à nos yeux.
Pour moi, que mille soins rappellent dans ces lieux,
Adieu, pour un moment souffre que je te laisse.
Ma chère Ténésis, pardonne à ma foiblesse.
Des soins dont sur ta foi mon amour s'est remis,
Juge par ses transports quel en sera le prix.

SCÈNE VI.

TÉNÉSIS *seule.*

Est-ce à moi, juste ciel ! que ce discours s'adresse ?
Qu'oses-tu m'avouer, téméraire princesse ?

Que je plains ton amour, foible Sémiramis,
Si son espoir dépend des soins de Ténésis!
Pour t'en remettre à moi du succès de ta flamme,
Je vois bien que tu n'as consulté que ton ame.
Tu m'aurois mieux caché ses secrets odieux,
Si l'amour d'un bandeau n'avoit couvert tes yeux.
Et toi, cruel amour, qui me poursuis sans cesse,
Est-ce pour éprouver une triste princesse
Qui t'ose disputer l'empire de son cœur,
Que tu m'as confié les soins d'une autre ardeur?
Tu ne peux mieux combler ta vengeance fatale,
Qu'en me faisant servir les feux de ma rivale;
Et, pour comble de maux, quelle rivale encor!
Quel triomphe pour toi, redoutable Agénor!
J'ai dédaigné tes soins; ma fierté trop farouche
A vingt fois étouffé tes soupirs dans ta bouche;
Et l'amour jusques-là vient de m'humilier,
Que peut-être à mon tour il faudra supplier.
Entre une reine et moi, sur quoi puis-je prétendre
Que ton cœur un moment balance pour se rendre?
S'il se laisse éblouir par les offres du sien,
Que de mépris suivront la défaite du mien!
Hé, que m'importe, hélas! qu'Agénor me méprise?
Est-ce assez pour l'aimer qu'une autre m'autorise?
Un cœur né sans vertu, sans honneur et sans foi,
Peut-il être en effet un exemple pour moi?
Que dis-je? Quoi! déjà ma prompte jalousie
Joint l'outrage aux transports dont mon ame est saisie!
Ténésis, pour te faire un généreux effort,
Songe que tu n'es plus maitresse de ton sort.
Ah, Bélus! plût aux dieux qu'en mon triste hyménée
Mon cœur eût de ma main subi la destinée!
Vains regrets! c'est assez, égaremens jaloux,
Mon austère vertu n'est point faite pour vous.
Parlons, n'exposons pas la tête de mon père
Aux noirs ressentimens d'une reine en colère.
Que de malheurs suivroient son amour outragé!
Puisqu'à servir ses feux mon cœur est engagé,
Instruisons Agénor de cet amour funeste;
A mes foibles attraits laissons le soin du reste.
Vains désirs, taisez-vous pour la dernière fois;
C'est à d'autres que vous qu'il faut prêter ma voix.

Fin du premier acte.

ACTE SECOND.

SCÈNE I.

AGÉNOR, MIRAME.

AGÉNOR.

Où suis-je? Dans quels lieux la fortune me guide!
Dieux, que réservez-vous au fils de Mermécide?
Vains honneurs, qu'Agénor n'a que trop recherchés,
Sous vos appas flatteurs que de soins sont cachés!
Depuis dix ans entiers éloigné de mon père,
Loin de me rapprocher d'une tête si chère,
Je transporte mes dieux en ce fatal séjour,
Pour n'y sacrifier qu'au seul dieu de l'amour.

Mais que j'en suis puni! Que l'hymen, cher Mirame,
Se venge avec rigueur d'une coupable flamme!
Moi, qui long-tems porté de climats en climats,
Fis le destin des rois, subjuguai tant d'états,
Qui semblois, pour me faire une gloire immortelle,
N'avoir plus à dompter qu'une reine cruelle;
Quand l'univers en moi croit trouver un vengeur,
Mon bras de son tyran devient le défenseur!
Enchante malgré moi des exploits d'une reine
Qui ne devroit peut-être exciter que ma haine,
Je viens en imprudent grossir des étendards
Sous qui l'amour m'a fait tenter tant de hasards.
Pourrois-je, sans rougir, imputer à la gloire
Des faits où Ténésis attache la victoire?
J'ai tout fait pour lui plaire; et mon cœur jusqu'ici
N'a, dans ce triste soin, que trop mal réussi.

MIRAME.

Eh quoi! seigneur, l'éclat d'un nouveau diadème
Ne pourra dissiper votre douleur extrême!
Voulez-vous, trop sensible aux peines de l'amour,
Le front chargé d'ennuis, vous montrer à la cour?
Songez que ce vain peuple, attentif à vous plaire,
En volant sur vos pas, de plus près vous éclaire.
Après ce que pour vous a fait Sémiramis....

AGÉNOR.

Laissons là ses bienfaits: parle de Ténésis.
Dans ces superbes lieux voilà ce qui m'amène;
Tout autre soin ne fait que redoubler ma peine.

MIRAME.

Seigneur, vous n'êtes plus dans ces camps où vos pas
N'avoient d'autres témoins que les yeux des soldats.
Agénor y voyoit Ténésis sans contrainte;
Le courtisan oisif n'y causoit nulle crainte;
La reine, dont la guerre occupoit tous les jours,
A vos amours d'ailleurs laissoit un libre cours:
Mais c'est ici qu'il faut dans le fond de votre ame
Renfermer les transports d'une indiscrette flamme.
Sémiramis en proie à la plus vive ardeur,
Laisse trop voir le feu qui dévore son cœur,
Pour oser vous flatter de tromper sa tendresse;
Songez à quels périls vous livrez la princesse.

AGÉNOR.

Je ne le sais que trop, et c'est le seul effroi
Qui de tant de dangers soit venu jusqu'à moi;
D'autant plus alarmé, que déjà las de feindre,
Mon cœur n'est point nourri dans l'art de se con-
    traindre.
Mirame, tu connois jusqu'où va mon malheur,
Et tu peux condamner l'excès de ma douleur!
Dieux cruels! falloit-il prendre tant de vengeance
De l'oubli d'un serment juré dans mon enfance?
Mais qu'ai-je à redouter? Et qu'importe à mes feux
Que la reine en courroux se déclare contr'eux?
Ce n'est pas sous ses lois que le ciel m'a vu naître;
Et l'amour jusqu'ici n'a point connu de maître.
J'avouerai cependant que l'éclat de ces lieux
A plus ému mon cœur qu'il n'a frappé mes yeux.
Je ne sais, mais l'aspect des murs de Babylone
M'a rempli tout-à-coup d'un trouble qui m'étonne.
Quoi que m'inspire enfin leur redoutable aspect,
Ces lieux ont rien qui doive exciter mon respect,

A

A la reine, en un mot, nul devoir ne m'engage ;
Ses bienfaits, quels qu'ils soient, sont dûs à mon
     courage.
C'est assez que ce jour m'ait vu déclarer roi,
Pour ne vouloir ici dépendre que de moi.
Souffre que j'en excepte une princesse aimable,
Qui soumit d'un coup-d'œil un courage indomptable,
Qui peut-être auroit moins fait pour Semiramis,
Si le sort à mes yeux n'eût offert Ténésis.
Mais je la vois ; vers nous c'est elle qui s'avance.
Laisse-moi seul ici jouir de sa présence.
Prends garde cependant que la reine en ces lieux
Ne trouble un entretien qui m'est si précieux.

SCÈNE II.

AGÉNOR, TÉNÉSIS.

TÉNÉSIS.

Je vous cherche, seigneur.
          AGÉNOR.
          Moi, madame ?
          TÉNÉSIS.
                    Oui, vous-même ;
Et vous cherche de plus par un ordre suprême.
Pour remplir votre espoir par des soins éclatans,
Je viens vous révéler des secrets importans.

          AGÉNOR.

Quel que soit le dessein qui vers moi vous adresse,
Madame, plût au ciel, dans le soin qui vous presse,
Que de tous les secrets qu'on veut me révéler,
A quelques-uns des miens un seul pût ressembler !
Que, las de les garder, mon cœur souffre à les taire !

          TÉNÉSIS.

Je n'en viens point, seigneur, pénétrer le mystère ;
Je n'ai pas prétendu vous déclarer les miens,
Et votre cœur pour lui peut réserver les siens.
Le soin de les savoir n'est pas ce qui m'amène ;
Je ne m'empresse ici que pour ceux de la reine.

          AGÉNOR.

Ah ! madame, daignez vous épargner ce soin.
Votre zèle pour elle iroit en vain plus loin ;
Je ne veux rien savoir des secrets de la reine,
Que lorsqu'il faut servir sa justice ou sa haine.
Ministre à son courroux malgré moi dévoué,
Combien de fois mon cœur m'en a désavoué !
S'il s'agissoit ici de dompter les rebelles,
Ou de tenter encor des conquêtes nouvelles,
On ne vous auroit pas confié ces secrets.
Quoique tout soit sur moi possible à vos attraits,
La reine, dont l'Asie admire la prudence,
A-t-elle pu si mal placer sa confidence ?
Et quel est son espoir, ou plutôt son erreur ?
Que vous pénétrez peu l'une et l'autre en mon cœur !

          TÉNÉSIS.

Qu'elle s'abuse, ou non, sur ce qu'elle en espère,
Vous pourrez avec elle éclaircir ce mystère.
Je ne me charge ici que de vous informer
Qu'Agénor de la reine a su se faire aimer ;

Que l'unique bonheur où son grand cœur aspire,
Seigneur, c'est de vous voir partager cet empire.
Sa tendresse et sa main sont d'un assez grand prix
Pour ne pas s'attirer un injuste mépris.

          AGÉNOR.

Les dieux, pour ajouter à sa grandeur suprême,
Eussent-ils dans ses mains mis leur puissance même,
Il est pour Agénor un bien plus précieux,
Que toutes les grandeurs de la reine et des dieux.
Mais, puisque, malgré moi, vous avez pu m'ap-
          prendre
Ce dangereux secret que je craignois d'entendre,
Madame, permettez que mon cœur, à son tour,
Entre la reine et vous s'explique sans détour.
J'aime, je l'avoûrai ; mon courage inflexible
N'a pu me préserver d'un penchant invincible ;
Un regard a suffi pour mettre dans les fers
Celui qui prétendoit y mettre l'univers.
J'aime ; le digne objet pour qui mon cœur soupire,
Quoiqu'il ne brille point par l'éclat d'un empire,
N'en mérite pas moins, par sa seule beauté,
Tout l'hommage qu'on rend à la divinité.
Le ciel mit dans son cœur la vertu la plus pure
Dont il puisse enrichir les dons de la nature.
Jugez à ce portrait, que je n'ai point flatté,
Si le nom de la reine y peut être ajouté.
Vous me vantez en vain son rang et sa tendresse ;
En vain à la servir votre bouche s'empresse ;
Que pourroit-elle, hélas ! me dire en sa faveur,
Que vos yeux aussitôt n'effacent de mon cœur ?
Ah ! ne les armez point d'une injuste colère,
Princesse ; mon dessein n'est pas de leur déplaire ;
Les miens ne sont ouverts que pour les admirer,
Et mon cœur n'étoit fait que pour les adorer.

          TÉNÉSIS.

Je n'ai que trop prévu que l'amour de la reine
Exciteroit en vous une audace si vaine ;
Et mesurant bientôt tous les cœurs sur le sien,
Que parmi les vaincus vous compteriez le mien.
Fier de tant de hauts faits, vous avez cru peut-être
Que la seule valeur vous en rendroit le maître ;
Mais, si jamais l'amour le soumet à vos lois,
Ce sera le plus grand de vos fameux exploits.
Vingt royaumes conquis, l'Égypte subjuguée,
L'Afrique en ses déserts par vous seul reléguée,
N'ont que trop signalé votre invincible cœur,
Sans enchaîner le mien au char de leur vainqueur.
Seigneur, et quel espoir a donc pu vous promettre
Qu'à vos désirs un jour vous pourriez le soumettre ?
Car, si vous n'en eussiez jamais rien attendu,
Vous auriez mieux gardé le respect qui m'est dû.
J'estimois vos vertus, et ce n'est pas sans peine
Que je vous vois chercher à mériter ma haine.
Je ne vous parle point du péril où vos feux
Exposent tous les miens, et moi-même avec eux.
Vous l'auriez dû prévoir : une plus belle flamme
De ce soin généreux eût occupé votre ame.
Je veux bien vous cacher d'autres secrets encor
Plus terribles cent fois pour l'amour d'Agénor :
Mais, si vous en voulez pénétrer le mystère,
Daignez, si vous l'osez, interroger mon père ;

                              N

Il vient : vous en pourrez mieux apprendre aujourd-
d'hui
Ce qu'il faut espérer de sa fille et de lui.
(Elle sort.)

SCÈNE III.

AGÉNOR seul.

QU'ENTENDS-JE? Quel mépris! Ah! c'en est trop,
ingrate ;
Vous n'abuserez plus d'un amour qui vous flatte.

SCÈNE IV.

BÉLUS, AGÉNOR.

AGÉNOR.

MAIS j'apperçois Bélus ; fuyons un entretien
Qui ne peut plus qu'aigrir et son cœur et le mien.
BÉLUS.
Arrêtez un moment : j'ai deux mots à vous dire,
Qui me regardent, vous, la reine, et tout l'empire.
Au mépris de son sang, plus encor de nos lois,
Qui n'ont jamais admis d'étrangers pour nos rois,
De ma sœur et de vous on dit que l'hyménée,
Seigneur, doit dès ce jour unir la destinée.
L'esprit avec justice indigné de ce bruit,
J'ai voulu par vous-même en être mieux instruit.
AGÉNOR.
Si ce bruit, quel qu'il soit, a de quoi vous surprendre,
De la reine, seigneur, ne pouviez-vous l'apprendre?
BÉLUS.
Ah! je ne sais que trop ses projets insensés.
AGÉNOR.
Et moi de vos secrets plus que vous ne pensez.
BÉLUS.
Si jamais votre cœur fut vraiment magnanime,
Vous n'aurez donc pour moi conçu que de l'estime.
AGÉNOR.
Je ne démêle point les divers intérêts
Qui vous font en ces lieux former tant de projets.
Il m'a suffi, savant dans l'art de les détruire,
D'en préserver l'état, mais sans vouloir vous nuire.
Ce discours vous surpend; mais, prince, poursuivez,
Et ne regardez point ce que vous me devez.
BÉLUS.
Je vous devrois beaucoup pour tant de retenue,
Si la cause, seigneur, m'en étoit mieux connue.
Mon cœur n'est point ingrat; cependant je sens bien
Qu'il voudroit vous haïr, et ne vous devoir rien.
AGÉNOR.
Je vais donc aujourd'hui, par un aveu sincère,
Justifier ici cette haine si chère.
Vous avez cru sans doute, en votre vain courroux,
Qu'un étranger sans nom fléchiroit devant vous,
Et sur-tout au milieu d'une cour ennemie,
Où l'on voit sa puissance encor mal affermie ;
Que vous n'aviez, seigneur, qu'à venir m'annoncer
Qu'à l'hymen de la reine il falloit renoncer,

Pour me voir, au dessein de conserver ma vie,
Sacrifier l'espoir de régner sur l'Asie :
Mais de mes ennemis je brave les projets.
Je crains peu la menace, encor moins les effets ;
Et si jamais l'amour m'entrainoit vers la reine,
Je ne consulterois ni Bélus ni sa haine.
Mais, pour un autre objet dès long-tems prévenu,
Dans des liens plus doux mon cœur fut retenu.
Votre fille, seigneur, est celle que j'adore
Ou que, sans ses mépris, j'adorerois encore.
BÉLUS.
Ma fille! Ténésis?
AGÉNOR.
Un captif tel que moi
Honoreroit ses fers, même sans qu'il fût roi.
BÉLUS.
Seigneur, si mes secrets ont besoin de silence,
Les vôtres n'avoient pas besoin de confidence.
Quoi! d'aïeux sans éclat Agénor descendu,
A l'hymen de ma fille auroit-il prétendu?
AGÉNOR.
On vante peu le sang dont je reçus la vie,
Mais je n'en connois point à qui je porte envie;
D'aucun soin sur ce point mon cœur n'est combattu.
Le destin m'a fait naître au sein de la vertu ;
C'est elle qui prit soin d'élever mon enfance,
Et ma gloire a depuis passé mon espérance.
Quiconque peut avoir un cœur tel que le mien,
Ne connoit point de sang plus digne que le sien ;
Et quand j'ai recherché votre auguste alliance,
J'ai compté vos vertus, et non votre naissance.
BÉLUS.
C'est elle cependant qui décide entre nous.
Il est plus d'un mortel aussi vaillant que vous ;
Mais je n'en connois point, quelque grand qu'il
puisse être,
Dont le sang d'où je sors ne doive être le maître.
La valeur ne fait point les princes et les rois ;
Ils sont enfans des dieux, du destin et des lois.
La valeur, quels que soient ses droits et ses maximes,
Fait plus d'usurpateurs que de rois légitimes.
Si la valeur, plutôt que la splendeur du sang,
Au-dessus des humains pouvoit nous faire un rang,
Il n'est point de soldat qu'un peu de gloire inspire,
Qui ne pût à son tour aspirer à l'empire.
En vain sur vos exploits vous fondez votre espoir.
Vous voilà revêtu de l'absolu pouvoir ;
Mais comment, et par qui? Seigneur, une couronne
N'est jamais bien à nous, si le sang ne la donne.
La reine, comme moi, sort de celui des dieux;
Elle règne : est-ce assez pour oser autant qu'eux?
Imitons leur justice, et non pas leur puissance.
L'équité doit régler et peine et récompense.
Quoi qu'il en soit, parmi de peu dignes aïeux,
Ma fille n'ira point mêler le sang des dieux.
Sur un sang aussi beau si votre amour se fonde,
Venez la disputer au souverain du monde.
AGÉNOR.
L'orgueil de ces grands noms n'éblouit point mes
yeux :
Le mien, sans ce secours, est assez glorieux

Pour ne rien voir ici dont ma fierté s'étonne.
Un guerrier généreux que la vertu couronne,
Vaut bien un roi formé par le secours des lois ;
Le premier qui le fut n'eut pour lui que sa voix.
Quiconque est élevé par un si beau suffrage,
Ne croit pas du destin déshonorer l'ouvrage.
Seigneur, à Ténésis je réservois ma foi,
Parce que mon amour la crut digne de moi.
J'ai voulu vous l'offrir, dans la crainte peut-être
De me voir obligé de vous donner un maître.
La reine m'offre ici l'empire avec sa main ;
Puisque vous m'y forcez, ce sera dès demain ;
Ne fût-ce qu'à dessein, seigneur, de vous instruire
Qu'un soldat n'en est pas moins digne de l'empire.

BÉLUS.

Hé bien ! poursuivez donc, tâchez de l'obtenir ;
Mais songez aux moyens de vous y maintenir.

(*Il sort.*)

SCÈNE V.

AGÉNOR *seul.*

Ah ! dût-il m'en coûter le repos de ma vie,
Je veux de leur mépris punir l'ignominie.
La reine vient : parlons, irritons son ardeur,
Associons ma haine aux transports de son cœur ;
Employons, s'il se peut, à flatter sa tendresse,
Le moment de raison que mon dépit me laisse.

SCÈNE VI.

SÉMIRAMIS, AGÉNOR.

SÉMIRAMIS.

Invincible héros, seul appui de mes jours,
A quel autre aujourd'hui pourrois-je avoir recours ?
Je viens de pénétrer le plus affreux mystère.
On me trahit, seigneur, et le traître est mon frère.
Cette austère vertu dont se paroit l'ingrat,
Ne servoit que de voile au plus noir attentat.
Comblé de tant d'honneurs, ce perfide que j'aime,
De mes propres bienfaits s'arme contre moi-même ;
C'est lui dont la fureur, séduisant mes sujets,
M'en fait des ennemis déclarés ou secrets.
L'auriez-vous soupçonné d'une action si noire ?

AGÉNOR.

D'un prince tel que lui vous devez peu la croire.

SÉMIRAMIS.

Seigneur, il n'est plus tems de le justifier ;
Il ne faut plus songer qu'à le sacrifier.
Ma tendresse pour lui ne fut que trop sincère ;
Je n'ai que trop fait pour cet indigne frère,
Malgré moi ; car enfin, ce n'est pas d'aujourd'hui
Que mon cœur en secret s'élève contre lui.
Si vous saviez quelle est la fureur qui le guide,
Et tout ce qu'en ces lieux méditoit le perfide !
Il en veut à vous-même, à mon trône, à mes jours,
Si de tant de complots vous n'arrêtez le cours.
Mourant, percé de coups par l'ordre de ce traître,

Mégabise, seigneur, dans ces murs va paroître ;
Je le fais en secret apporter en ces lieux.

AGÉNOR.

Madame, devez-vous en croire un furieux ?
Il est vrai qu'il accuse et Bélus et Madate.

SÉMIRAMIS.

Vous voyez s'il est tems que ma vengeance éclate.

AGÉNOR.

Il faut dissimuler un si juste courroux ;
Bélus est dans ces lieux aussi puissant que vous.
Gardez-vous d'éclater : plus que jamais, madame,
Vous devez renfermer vos transports dans votre âme,
Tout un peuple, pour lui prêt à se déclarer....

SÉMIRAMIS.

Eh bien ! pendant la nuit il faut s'en assurer.
C'est de vous que j'attends cet important service,
Vous, pour qui seul ici j'ordonne son supplice.
Seigneur, vous vous troublez ! Je ne sais quels trans-
    ports
Eclatent dans vos yeux, malgré tous vos efforts.

AGÉNOR.

Reine, je l'avoûrai, qu'à regret contre un frère
Mon bras vous prêteroit ici son ministère ;
Non que de vous servir il néglige l'emploi,
Mais daignez le commettre à quelqu'autre que moi.
Vous ne m'en verrez pas moins prompt à vous dé-
    fendre,
Contre des jours si chers si l'on ose entreprendre.

SÉMIRAMIS.

Ah, seigneur ! ce n'est pas l'intérêt de mes jours
Qui me fait d'un héros implorer le secours.
Plût au ciel que Bélus n'en voulût qu'à ma vie !
D'un courroux moins ardent on me verroit saisie :
Mais, hélas ! le cruel attaque en sa fureur
Tout ce qui fut jamais de plus cher à mon cœur.
Ce n'est qu'à le sauver que ma tendresse aspire,
Et ce n'est pas pour moi que je défends l'empire.
Seigneur, si Ténésis eût rempli mon espoir,
Mon cœur n'auroit plus rien à vous faire savoir ;
Et le vôtre du moins, plein de reconnoissance,
Rassureroit du mien la timide espérance.

AGÉNOR.

La princesse a daigné dans un long entretien....

SÉMIRAMIS.

Hé quoi ! vous l'avez vue, et ne m'en dites rien !
On sait tout, cependant on garde un froid silence !
On se trouble, on soupire, et même en ma présence !
Quels regards ! quel accueil ! et qu'est-ce que je vois ?
Sans doute on vous aura prévenu contre moi.
Ah, seigneur ! pardonnez ces pleurs à mes alarmes,
Et n'accusez que vous de mes premières larmes.

AGÉNOR.

Quand on est, comme vous, si ressemblante aux
    dieux,
Dans le cœur des mortels on devroit lire mieux.
Que n'en doit point attendre une reine si belle ?
Quel cœur à ses désirs pourroit être rebelle ?
Sans vous offrir ici des soupirs ni des soins,
Peut-être qu'Agénor n'en aimera pas moins.
Son cœur, né pour la guerre et non pour la tendresse,
Des camps qui l'ont nourri garde encor la rudesse,

Et je crois qu'en effet vous n'en attendez pas
Des vulgaires amans les frivoles éclats :
Mais tel qu'il est enfin, si ce cœur peut vous plaire,
J'accepte tous les dons que vous voulez me faire.

SÉMIRAMIS.

Que vous me rassurez par un aveu si doux !
Qu'avec crainte, seigneur, j'ai paru devant vous !
Hélas ! sans se flatter, une reine coupable
Pouvoit-elle espérer de vous paroître aimable ?
Pour toucher votre cœur je n'ai que mes transports ;
Pour me justifier, je n'ai que mes remords.
Mais que dis-je ? Et pourquoi me reprocher un crime
Que mon amour pour vous va rendre légitime ?
Si jamais dans le sang mes mains n'eussent trempé,
Si quelqu'heureux forfait ne me fût échappé,
Je ne goûterois pas la douceur infinie
De pouvoir vous aimer le reste de ma vie.
Venez, seigneur, venez donner à l'univers,
Qui me vit si long-tems lui préparer des fers,
Un spectacle pompeux qu'il n'osoit se promettre,
C'est de voir à son tour un mortel me soumettre.
Venez, par un hymen si cher à mes souhaits,
Du perfide Bélus confondre les projets.
Par ces nœuds, dont je cours hâter l'auguste fête,
Venez de l'univers m'annoncer la conquête.
Hélas ! je l'ai privé du plus grand de ses rois ;
Mais je lui rends en vous plus que je ne lui dois.

Fin du second acte.

ACTE TROISIÈME.

SCÈNE I.

BÉLUS, MADATE.

BÉLUS.

Madate, c'en est fait ; la fortune cruelle
A juré que ma sœur l'éprouveroit fidelle.
Le traître Mégabise, à tes coups échappé,
Nous vend cher à tous deux le trait qui l'a frappé.
Il a de nos complots fair avertir la reine,
Et je sais que près d'elle en secret on l'amène.
Il ne nous reste plus, dans un si triste sort,
D'autre espoir que celui d'illustrer notre mort.
Mourons : mais, s'il se peut, avant qu'on nous op-
    prime,
Honorons mon trépas de plus d'une victime.
Seul espoir dont mon cœur s'est trop entretenu,
Imprudent Ninias, qu'êtes-vous devenu ?

MADATE.

Seigneur, dès que le sort contre nous se déclare,
Que pourroit contre lui la vertu la plus rare ?
Et quel espoir encor peut vous être permis
Dans ces perfides lieux à la reine soumis ?
C'est loin d'ici qu'il faut conjurer un orage
Que prétendroit en vain braver votre courage.

BÉLUS.

Qui ? moi ! qu'en fugitif j'abandonne ces lieux !
Mes ennemis y sont, et je ne cherche qu'eux.

Le ciel même dût-il m'accabler sous sa chûte,
Mon cœur n'est pas de ceux que le péril rebute ;
Il n'a jamais formé que d'illustres desseins,
Et ma perte aujourd'hui n'est pas ce que je crains.
As-tu fait de ma part avertir Mermécide ?
C'est de lui que j'attends un conseil moins timide.
Il vient ; cours cependant informer Agénor
Qu'un moment sans témoins je veux le voir encor.
Je conçois un projet qui flatte ma vengeance,
Et rend à mon courroux sa plus chère espérance.

SCÈNE II.

BÉLUS, MERMÉCIDE.

BÉLUS.

Mermécide, sais-tu jusqu'où vont nos malheurs ?
Que ce funeste jour nous prépare d'horreurs !
Nous sommes découverts ; et bientôt de la reine
Nous allons voir sur nous tomber toute la haine.

MERMÉCIDE.

Je vous ai déjà dit, seigneur, que cette main
N'attend qu'un mot de vous pour lui percer le sein.
Malgré le faix des ans, l'âge enfin qui tout glace,
Je sens par vos périls réchauffer mon audace.
Prononcez son arrêt, condamnez votre sœur ;
J'immole avant la nuit elle et son défenseur.
Il semble qu'avec nous le sort d'intelligence
Livre à tous vos desseins ce guerrier sans défense.

BÉLUS.

Non, Mermécide, non, je n'y puis consentir ;
Epargne à ma vertu l'horreur d'un repentir.
Mon bras ne s'est armé que pour punir des crimes,
Et non pour immoler d'innocentes victimes.
Je l'ai vu ce héros ; tremblant à son aspect,
Je n'ai senti pour lui qu'amour et que respect.
De quel crime, en effet, ce guerrier redoutable
Envers les miens et moi peut-il être coupable ?
On n'est point criminel pour être ambitieux.
On offre à ses désirs un trône glorieux :
A ses vœux les plus doux moi seul ici contraire,
Je dédaigne un héros qui m'est si nécessaire ;
Cependant je l'estime, et je sens dans mon cœur
Je ne sais quel penchant parler en sa faveur.
Je n'ai peut-être ici qu'avec trop d'imprudence
Laissé d'un vain mépris éclater l'apparence.
Perdons ma sœur ; pour lui, consens à l'épargner ;
Loin de le perdre, il faut tâcher de le gagner.
Je sais un sûr moyen de l'armer pour moi-même ;
Que te dirai-je enfin ? C'est Ténésis qu'il aime.

MERMÉCIDE.

Mais pour en disposer, seigneur, est-elle à vous ?
Ninias, engagé dans des liens si doux,
En a gardé peut-être une tendre mémoire.

BÉLUS.

Cette union n'étoit que trop chère à ma gloire.
Qui doit plus que Bélus en regretter les nœuds ?
Cet hymen auroit mis le comble à tous mes vœux.
Mais un plus digne soin veut qu'on lui sacrifie
L'espoir qu'eut Ténésis au trône de l'Asie ;

Il faut à Ninias conserver désormais
Un sceptre qui doit seul attirer ses souhaits.
Ma fille fut à lui ; mais ce n'est pas un gage
Qui lui puisse assurer un si noble avantage.
A son premier hymen arrachons Tenésis,
Si je veux d'un second priver Sémiramis.
Ninias n'auroit plus qu'une espérance vaine,
Si jamais Agénor s'unissoit à la reine.
Enfin, puisque le sort m'y contraint aujourd'hui,
Il faut sans murmurer descendre jusqu'à lui,
En de honteux liens engager ma famille,
Aux vœux d'un inconnu sacrifier ma fille.

MERMÉCIDE.

Mais si de son hymen il dédaignoit l'honneur ?

BÉLUS.

Je l'abandonne alors à toute ta fureur.
Adieu. Bientôt ici ce guerrier doit se rendre ;
En ces lieux cependant songeons à nous défendre ;
Disperse nos amis autour de ce palais ;
Qu'aux troupes de la reine ils en ferment l'accès.
Il faut des plus hardis, commandés par moi-même,
Placer ici l'élite en ce péril extrême ;
Semer de toutes parts des bruits séditieux,
Qui puissent ranimer les moins audacieux ;
Dire que Ninias voit encor la lumière,
Qu'il revient pour venger le meurtre de son père.
Je veux de ce faux bruit faire trembler ma sœur,
Porter le désespoir jusqu'au fond de son cœur.
Tandis qu'ici tu vas signaler ton courage,
Que ma vertu du mien va faire un triste usage !

SCÈNE III.

BÉLUS seul.

Enfin, c'en est donc fait : me voilà parvenu
Au point de m'abaisser aux pieds d'un inconnu ;
De flatter une ardeur que j'ai tant méprisée,
Mais que le sort injuste a trop favorisée.
De l'espoir le plus doux il faut me dépouiller,
Et du sang de ma sœur peut-être me souiller.
Telle est donc de ces lieux l'influence cruelle
Que même la vertu s'y rendra criminelle ;
Et lorsque de ses soins la justice est l'objet,
Elle y doit emprunter les secours du forfait.
Dieux jaloux, dont j'ai tant imploré la vengeance,
Confiez-m'en du moins l'invincible puissance.
Si tel est de mon sang le malheureux destin
Qu'il y faille ajouter un crime de ma main,
Que l'astre injurieux qui sur ce sang préside,
Lui doive un assassin après un parricide.
Grands dieux, si vous n'osez vous joindre à mon
        courroux,
Daignez pour un moment m'associer à vous.
On vient....

SCÈNE IV.

BÉLUS, AGÉNOR.

BÉLUS.

C'est l'étranger. Que de trouble à sa vue
S'élève tout-à-coup dans mon ame éperdue !

(à *Agénor*.)

N'est-ce point abuser des momens d'Agénor,
Que de vouloir ici l'entretenir encor ?
Seigneur, sans me flatter d'une vaine espérance,
Puis-je attendre de vous un peu de confiance ?
Après un entretien mêlé de tant d'aigreur,
Puis-je en espérer un plus conforme à mon cœur ?

AGÉNOR.

Dès qu'il en bannira l'orgueil et la menace,
Qu'il n'ira point lui-même exciter mon audace,
Bélus peut-il penser qu'Agénor aujourd'hui
Manque de confiance ou de respect pour lui ?

BÉLUS.

Je vais donc avec vous employer un langage
Dont jamais ma fierté ne me permit l'usage.
Je vois sur votre front une auguste candeur,
Don du ciel, que n'a point démenti votre cœur ;
Qui semble m'inviter à vous ouvrir sans crainte
Celui d'un prince né sans détour et sans feinte.
Mais avant qu'à vos yeux de mes desseins secrets
Je développe ici les sacrés intérêts,
Il m'importe, seigneur, de regagner l'estime
D'un cœur que je ne puis croire que magnanime.
Vous avez cru, sans doute, instruit de mes desseins,
Que l'ambition seule avoit armé mes mains.
En effet, à me voir appliqué sans relâche
Aux malheureux complots où mon courroux m'at-
        tache,
Qui ne croiroit, seigneur, du moins sans m'offenser,
A de honteux soupçons pouvoir se dispenser ?
Mais ce n'est pas sur moi, qu'aucun désir n'enflamme,
C'est sur les dieux qu'il faut en rejeter le blâme.
La fureur de régner ne m'a point corrompu ;
Je régnerois, seigneur, si je l'avois voulu.
Si ma sœur elle-même avoit régné sans crime,
Si sur moi son pouvoir eût été légitime,
Ou, si pour la punir d'un parricide affreux,
Les dieux avoient été plus prompts, plus rigoureux,
Vous ne me verriez point attaquer sa puissance,
Ou sur ces dieux trop lents usurper la vengeance :
Mais ils m'ont de leurs soins dénié la faveur,
Comme si c'étoit moi qu'eût offensé ma sœur ;
Ou que je dusse seul embrasser leur querelle.
Je ne suis que pour eux, ils ne sont que pour elle.
Mais vous, qu'à mes desseins j'éprouve si fatal
Lorsque vous devriez en être le rival,
Avec une vertu que l'univers révère,
Qui devroit d'elle-même épouser ma colère,
Je ne vois qu'un héros protecteur des forfaits,
Qui se laisse entraîner au torrent des bienfaits.
Car ne vous flattez point qu'avec quelqu'innocence
Vous puissiez de ma sœur embrasser la défense.
Eh ! comment se peut-il qu'épris de Ténésis,
Vous ayez pu, seigneur, servir Sémiramis ?
Quel étoit donc l'espoir du feu qui vous anime ?
Vous saviez mes projets ; ignorez-vous son crime ?

AGÉNOR.

Et que m'importe à moi ce forfait odieux ?
Est-ce à moi sur ce point de prévenir les dieux ?
Pour vous charger ici du soin de son supplice,
Est-ce à vous que le ciel a commis sa justice ?

Seigneur, dans ses desseins votre cœur trop ardent
Ne cache point assez le piège qu'il me tend.
De vos divers complots la trame découverte
Vous fait de votre sœur vouloir hâter la perte;
Dans le desseiu affreux d'attenter à ses jours,
Vous voulez lui ravir son unique secours.
Cessez de me flatter que l'univers m'admire,
Pour m'en faire un devoir de refuser l'empire,
De rejeter l'honneur d'un hymen glorieux.....

BÉLUS.

Dites plutôt, seigneur, d'un hymen odieux.
Oui, je veux vous ravir ce honteux diadème,
Vous ôter à la reine, et vous rendre à vous-même;
Retenir la vertu qui fuit de votre sein,
De ma fille et de moi vous rendre digne enfin.
Je vois où malgré vous le dépit vous entraîne;
Mais je veux qu'en héros la raison vous ramène,
Dussé-je en suppliant embrasser vos genoux.
Je ne vous nirai point que j'ai besoin de vous;
C'est en dire beaucoup pour une ame assez fière,
Que l'on ne vit jamais descendre à la prière;
Et si je m'en rapporte aux bruits de vos vertus,
C'est en dire encor plus pour vous que pour Bélus.
Croyez que le désir de sauver une vie
Qui malgré tous vos soins pourroit m'être ravie;
N'est pas ce qui m'a fait vous rappeler ici;
Ne me soupçonnez point d'un si lâche souci;
Foibles raisons pour moi, mon cœur en a bien d'autres,
Que je veux essayer de rendre aussi les vôtres.
Dussiez-vous révéler mes secrets à ma sœur,
Je vais vous découvrir jusqu'au fond de mon cœur.
Quelque soin qui pour elle ici vous intéresse,
Je n'exige de vous ni serment ni promesse.
Quel péril trouverois-je encore à m'expliquer?
Je n'ai plus rien à perdre et j'ai tout à risquer.
De mon indigne sœur la mort est assurée;
Malgré les dieux et vous, mon courroux l'a jurée;
Oui, seigneur, et ce jour terminera les siens,
Deviendra le plus grand ou le dernier des miens.
Les conjurés sont prêts; leur troupe audacieuse
Portoit jusques sur vous une main furieuse,
Si je n'eusse arrêté leurs complots inhumains.
Quoique vous seul ici traversiez mes desseins,
La vertu sur mon cœur fut toujours trop puissante,
Pour pouvoir immoler une tête innocente:
Mais je ne puis souffrir qu'avec tant de valeur
Vous vous déshonoriez à protéger ma sœur.
Si je vous haïssois, votre mort est certaine;
Je n'ai qu'à vous livrer à l'hymen de la reine.
Mais je veux vous ravir ce honteux lien;
Et pour y parvenir, je n'épargnerai rien.
Abandonnez la sœur, je vous réponds du frère.
Dites-moi, Ténésis vous est-elle encor chère?

AGÉNOR.

Cruel! n'achevez pas, j'entrevois vos desseins:
Offrez à d'autres vœux vos présens inhumains.
Laissez-moi ma vertu; la vôtre trop farouche
A mon cœur affligé n'offre rien qui le touche;
Et j'aime mieux encore essuyer vos mépris,
Que de vous voir tenter de m'avoir à ce prix.

Si vous l'aviez pensé, je tiendrois votre estime
Plus honteuse pour moi que ne seroit un crime.
Votre fille m'est chère, et jamais dans mon cœur
Je ne sentis pour elle une plus vive ardeur;
Je l'aime, je l'adore, et mon ame ravie
Eût préféré sa main au trône de l'Asie.
Je conçois tout le prix d'un bonheur si charmant;
Mais je le conçois plus en héros qu'en amant.
Vous remplissez mon cœur de douleur et de rage,
Sans remporter sur lui que ce foible avantage.
Triste et désespéré de vos premiers refus,
Et d'un illustre hymen moins touché que confus,
J'allois quitter ces lieux malgré ma foi promise,
Honteux qu'à mon dépit la reine l'eût surprise:
Mais, seigneur, c'est assez pour m'attacher ici,
Que de tous vos complots vous m'ayez éclairci.
Votre sœur en moi seul a mis son espérance;
Fallût-il de mon sang payer sa confiance,
Aux plus affreux dangers vous me verrez courir,
Sans donner à l'amour seulement un soupir.

BÉLUS.

Courez donc immoler Ténésis elle-même,
Une princesse encor qui peut-être vous aime;
Car enfin, à juger de son cœur par le mien,
Mon penchant doit assez vous répondre du sien.
Mais votre cœur se fait une gloire sauvage
De refuser du mien un si précieux gage.
Mon fils, d'un nom si doux laissez-moi vous nommer,
Et dans ses soins pour vous mon cœur se confirmer,
Une fausse vertu vous flatte et vous abuse,
Au véritable honneur votre cœur se refuse.
Fait-il donc consister sa gloire à protéger
Des crimes dont déjà vous m'auriez dû venger?

AGÉNOR.

Voyez où vous emporte une aveugle colère.
Eh! qui défends-je ici? La sœur contre le frère.
Votre cœur croit en vain l'emporter sur le mien;
Malgré tout mon amour, je n'écoute plus rien.
Mais si l'on en vouloit à votre illustre tête,
Ma main à la sauver n'en sera pas moins prête.
Entre la reine et vous, juste, mais généreux,
Je me déclarerai pour les plus malheureux.
Adieu, seigneur: je sens que ma vertu chancelle;
Et j'en dois à ma gloire un compte plus fidelle.
Je ne vous cache point ma foiblesse et mes pleurs,
Mon cœur est déchiré des plus vives douleurs;
Mais il faut mériter, par un effort sublime,
S'il ne m'aime, du moins que le vôtre m'estime.
Vous pouvez vous flatter, malgré votre courroux,
Que vous m'avez rendu plus à plaindre que vous.

SCÈNE V.

BÉLUS *seul.*

Esclave des bienfaits, moins grand que téméraire,
Puisque tu veux mourir, il faut te satisfaire.
Après t'avoir rendu maître de mes secrets,
Il faut que de tes jours je le sois désormais.

Grands dieux, qui ne m'offrez que de chères victimes,
Ne me les rendrez-vous jamais plus légitimes?
Mais puisque vous voulez un crime de ma main,
Dieux cruels, il faut bien s'y résoudre à la fin.

SCÈNE VI.

BÉLUS, TÉNÉSIS.

TÉNÉSIS.

Ah, seigneur! est-ce vous? Que mon ame éperdue
Avoit besoin ici d'une si chère vue!
Je ne sais quels projets on médite en ces lieux,
Mais je ne vois par-tout que soldats furieux,
Que des fronts menaçans, qu'épouvante, que trouble.
La garde du palais à grands flots se redouble.
La reine frémissante erre de toutes parts,
Et je n'en ai reçu que de tristes regards,
Quoiqu'elle m'ait appris que son hymen s'apprête.
Mais quels apprêts, grands dieux, pour une telle fête!
Que mon cœur, alarmé de tout ce que je voi,
En conçoit de douleur, et de trouble, et d'effroi!
D'un son tumultueux tout ce palais résonne,
Et je sais qu'en secret la reine vous soupçonne.

BÉLUS.

Ma fille, elle fait plus que de me soupçonner,
Et de bien d'autres cris ces lieux vont résonner.
Que ces tristes apprêts qui causent vos alarmes,
Vont vous coûter encor de soupirs et de larmes,
Ma chère Ténésis! On sait tous mes projets,
Et c'est contre moi seul que se font tant d'apprêts.

TÉNÉSIS.

Pourquoi donc en ces lieux vous arrêter encore?
Souffrez que pour vous-même ici je vous implore;
Fuyez, daignez du moins tenter quelque secours
Qui d'un père si cher me conserve les jours.
Mais un reste d'espoir me flatte et vient me luire;
Je crois même, seigneur, devoir vous en instruire,
Agénor a pour moi témoigné quelqu'ardeur
Que n'aura point peut-être étouffé ma rigueur.
Ainsi que son pouvoir, sa valeur est extrême.
Que ne fera-t-il point pour plaire à ce qu'il aime?

BÉLUS.

Agénor! Ah! ma fille, il n'y faut plus penser.
L'insolent! à quel point il vient de m'offenser!
Ténésis, si c'est là votre unique espérance,
Vous me verrez bientôt immoler sans défense.
Je veux à votre gloire épargner un récit
Qui ne vous causeroit que honte et que dépit.
Au maître des humains je vous avois unie.
Après m'être flatté d'une gloire infinie,
Il m'a fallu descendre à des nœuds sans éclat,
Et d'un soin si honteux je n'ai fait qu'un ingrat.
Ma fille, on vous préfère une reine barbare;
Contre vous, contre moi, pour elle on se déclare.
Je me suis abaissé jusques à supplier;
Mais qu'un vil étranger vient de m'humilier!

TÉNÉSIS.

Je vous connois tous deux; violens l'un et l'autre,
Son cœur fier n'aura pas voulu céder au vôtre.

Une timide voix saura mieux le fléchir.
Je n'examine rien, s'il peut vous secourir.
Souffrez pour un moment que je m'offre à sa vue.

BÉLUS.

Ma fille, il n'est plus tems, sa perte est résolue.
Plus que les miens ici ses jours sont en danger;
De ses lâches refus son sang va me venger.
Adieu. De ce palais, où bientôt le carnage
Va n'offrir à vos yeux qu'une effroyable image,
Fuyez; derobez-vous de ce funeste lieu,
Où je vous dis peut-être un éternel adieu.

SCÈNE VII.

TÉNÉSIS seule.

O sort! si notre sang te doit quelques victimes,
La reine à ton courroux n'offre que trop de crimes.
Hélas! c'en est donc fait, et je touche au moment
Où je verrai perir mon père, ou mon amant,
L'un par l'autre; et tous deux, soit l'amant, soit le père,
Il n'armeront contr'eux qu'une main qui m'est chère,
Et ne me laisseront, pour essuyer mes pleurs,
Que celle qui viendra de combler mes malheurs.
Mais, en est-ce un pour moi que la mort d'un perfide
Qui préfère à ma main une main parricide?
Dès qu'un lâche intérêt le jette en d'autres bras,
Que m'importe son sort? Ce qu'il m'importe? hélas!
Malheureuse, malgré ta tendresse trahie,
Dis qu'il t'importe encor plus que ta propre vie,
Et que l'ingrat lui seul occupe plus ton cœur
Qu'un père infortuné n'excite ta douleur.
Non, non, malgré Bélus, il faut que je le voie;
De leur hymen du moins je veux troubler la joie,
M'offrir à leurs regards, l'œil ardent de courroux;
Les immoler tous deux à mes transports jaloux.
Hélas! que ma douleur tromperoit mon attente!
L'ingrat ne me verroit qu'affligée et mourante,
Loin de les immoler, me trainer à l'autel,
Et moi-même en mon sein porter le coup mortel;
De leur hymen offrir pour première victime
Un cœur qui, sans amour, auroit eté sans crime.
Ah, lâche! si tu veux t'immoler en ce jour,
Que ce soit à ta gloire, et non à ton amour.
N'importe, il faut le voir: un repentir peut-être
A mes pieds, malgré lui, ramenera le traître.
Pour mon père du moins implorons son secours;
Lui seul peut m'assurer de si precieux jours.
Heureuse que ce soin puisse aux yeux d'un parjure
Voiler ceux que l'amour dérobe à la nature!

Fin du troisième acte.

ACTE QUATRIÈME.

SCÈNE I.

AGÉNOR seul.

Où vais-je, malheureux, et quel est mon espoir?
Indomptable fierté, chimérique devoir,

Si tu veux qu'à tes lois la gloire encor m'enchaîne,
Cache donc mieux l'abîme où mon dépit m'entraîne,
Ou ne me réduis point à te sacrifier
Un bien à qui mon cœur se promit tout entier.
Ah! fuyons de ces lieux, ou laissons dans mon ame
Renaî re les transports de ma première flamme.
Allons chercher ailleurs des lauriers dont l'honneur
Flatte plus ma vertu, coûte moins à mon cœur.
Il ne me reste plus, pour l'ébranler encore,
Que de m'offrir aux yeux de celle que j'adore.
Qu'à regret je combats ce funeste désir!

<hr>

SCÈNE II.

TÉNÉSIS, AGÉNOR.

AGÉNOR.

Mais je la vois; grands dieux, que vais-je
        devenir?
Fuyons, n'attendons pas que mon ame éperdue
S'abandonne aux transports d'une si chère vue.

TÉNÉSIS.

Ne fuyez point, seigneur; un cœur si généreux
Ne doit point éviter l'abord des malheureux
Hélas! je ne viens point pour troubler par mes larmes
Un hymen qui pour vous doit avoir tant de charmes.
Vous ne me verrez point, contraire à vos désirs,
A des transports si doux mêler mes déplaisirs.
Je viens, seigneur, je viens, tremblante pour un père,
Confier à vos soins une tête si chère,
Embrasser vos genoux, et d'un si ferme appui
Implorer le secours moins pour moi que pour lui.
Je ne demande point qu'à la reine infidelle,
Pour sauver des ingrats, vous vous armiez contr'elle;
Tant d'espoir n'entre point au cœur des malheureux;
Ils ne savent former que de timides vœux.
Non, d'un amour juré sous de si noirs auspices,
Je n'attends plus, seigneur, de si grands sacrifices.
Hélas! qui m'auroit dit qu'après des soins si doux,
Je viendrois sans succès tomber à vos genoux,
Qu'on ne me répondroit que par un froid silence?
Ah! d'un regard du moins rendez-moi l'espérance.
Ne suffisoit-il pas du refus de ma main,
Sans me plonger encor le poignard dans le sein?
Daignez prendre pitié d'une triste famille.
N'immolez pas du moins le père avec la fille.

AGÉNOR.

Ah! ne m'outragez point par cet indigne effroi;
Si j'immole quelqu'un, ce ne sera que moi.
N'accablez point vous-même un amant déplorable,
Plus malheureux que vous, peut-être moins coupable.
Hélas! où malgré moi m'avez-vous engagé!
Dans quel abîme affreux vos rigueurs m'ont plongé!
Il est vrai qu'au dépit mon ame abandonnée
A voulu se venger par un prompt hyménée.
J'ai fait plus; un devoir sacré, quoiqu'inhumain,
M'a fait avec fierté rejeter votre main.
Mais on en exigeoit pour prix un sacrifice
Dont jamais ma vertu n'admettra l'injustice;

Et si je vous avois acceptée à ce prix,
Vous-même ne m'eussiez reçu qu'avec mépris.
Ce n'est pas que mon cœur, rebuté de sa chaine,
Se soit un seul moment écarté vers la reine.
J'aurois trop à rougir si pour Sémiramis
J'avois abandonné l'aimable Ténésis.
Je la perds cependant, si je lui suis fidelle.
Si je lui sacrifie une reine cruelle,
Je ne suis plus qu'un cœur sans honneur et sans foi;
Sceptre, maîtresse, honneur, tout est perdu pour moi.
Adieu, madame, adieu; je vais loin de l'Asie
Signaler la fureur dont mon ame est saisie:
Mais avant mon départ je sauverai Bélus,
Je sauverai la reine, et ne vous verrai plus.
A des périls trop sûrs c'est exposer ma gloire,
Que d'oser à vos yeux disputer la victoire.

TÉNÉSIS.

Hélas! malgré les soins de ce que je me doi,
Que la mienne, seigneur, sera triste pour moi!
Qu'Agénor frémiroit de mon destin barbare,
S'il savoit comme moi tout ce qui nous sépare,
Et de combien d'horreurs nos cœurs sont menacés!
Mais sans vous informer de mes malheurs passés,
Je ne souffrirai point qu'une flamme si belle,
Dont je mérite peu l'attachement fidelle,
Pour tout prix des secours que j'implore de vous,
Vous fasse renoncer à l'espoir le plus doux.
Quoi qu'il m'en coûte, il faut vous donner à la reine;
Je veux former moi-même une si belle chaine,
Ne pouvant vous payer que du don de sa foi:
Mais croyez, si ma main eût dépendu de moi,
Que j'aurois fait, seigneur, le bonheur de ma vie
De voir à vos vertus ma destinée unie;
Et si jamais le sort pouvoit nous rapprocher,
Que votre cœur n'auroit rien à me reprocher.
Je ne vous pirai pas, seigneur, que je vous aime;
Je trouve à vous le dire une douceur extrême,
Et l'amour n'a point cru déshonorer mon cœur,
En y faisant pour vous naître une vive ardeur.
Mais, hélas! cet aveu, si doux en apparence,
N'en doit pas plus, seigneur, flatter votre espérance.
Je ne sais point former de parjures liens.
Quoiqu'un âge bien tendre ait vu serrer les miens,
Il n'en est pas moins vrai qu'un funeste hyménée
Aux lois d'un autre époux soumet ma destinée.

AGÉNOR.

Vous, madame?

TÉNÉSIS.

            Et j'ai cru devoir vous révéler
Ce qu'ici vainement je voudrois vous céler.
Ce seroit vous trahir....

AGÉNOR.

            Ah! cruelle princesse,
De quel barbare prix payez-vous ma tendresse!
Et puisqu'enfin j'allois abandonner ces lieux,
Pourquoi me dévoiler ces secrets odieux?

TÉNÉSIS.

Trop d'espoir eût séduit votre âme généreuse.

AGÉNOR.

Mais il en eût rendu la douleur moins affreuse.
                                Helas!

Hélas ! que le destin , en unissant nos cœurs ,
S'est bien fait un plaisir d'égaler nos malheurs !
Comme vous à l'hymen engagé dès l'enfance ,
Cependant de ses nœuds j'ai bravé la puissance ;
Et de tous les sermens dont j'attestai les dieux ,
Je n'ai gardé que ceux que je fis à vos yeux.
Quelle étoit cependant celle à qui l'hyménée
Du parjure Agénor joignit la destinée ?
J'ignore encor son nom : mais je sais que jamais
La jeunesse ne vit briller autant d'attraits.
S'ils ont pu se former , qu'elle doit être belle !
La seule Ténésis l'emporteroit sur elle.
Que vous plaindrez mon sort à ce fatal récit !
Près de Sinope....

ТÉNÉSIS.

                O ciel ! quel trouble me saisit !
Ne fut-ce point , seigneur , près d'un antre terrible ,
Des décrets du destin interprète invisible ?

AGÉNOR.

C'est-là , pour la première et la dernière fois ,
Que je vis la beauté qu'on soumit à mes lois.
Du pyrope éclatant sa tête étoit ornée ;
Sans pompe cependant elle fut amenée.
Un mortel vénérable , et dont l'auguste aspect
Inspiroit à la fois la crainte et le respect ,
Conduisoit à l'autel cette jeune merveille ;
Age peu différent , suite toute pareille ,
Un prêtre , deux vieillards , nul esclave près d'eux.
De la pourpre des rois on nous orna tous deux.

ТÉNÉSIS.

Mais , seigneur , à l'autel ne vit-on point vos mères ?

AGÉNOR.

L'un et l'autre avec nous , nous n'avions que nos pères.

ТÉNÉSIS.

Achevez.

AGÉNOR.

        J'ai tout dit.

ТÉNÉSIS.

                Hélas ! c'étoit donc vous !

AGÉNOR.

Quoi , madame ?

ТÉNÉSIS.

            Ah ! seigneur , vous êtes mon époux ;

AGÉNOR.

Moi , votre époux ! Qui ? moi ! le fils de Mermécide !

ТÉNÉSIS.

Ah , seigneur ! ce nom seul de notre hymen décide ;
Bélus m'en a parlé cent fois avec transport ,
De ce fils disparu plaignant toujours le sort.
De celui des humains ce fils doit être arbitre.

AGÉNOR.

Mon cœur est moins touché d'un si superbe titre ,
Que d'un bien....

        ТÉNÉSIS.

            Terminons des transports superflus.
Adieu , seigneur , adieu ; je cours chercher Bélus.
Les momens nous sont chers ; il faut que je vous laisse.

SCÈNE III.

AGÉNOR seul.

QU'AI-JE entendu ? Qui ? moi , l'époux de la prin-
cesse !
Et comment ce Bélus , si jaloux de son rang ,
A-t-il pu se choisir un gendre de mon sang ?
Mais quel est donc celui dont le ciel m'a fait naître ,
Si l'univers en moi doit adorer un maître ?

SCÈNE IV.

MIRAME, AGÉNOR.

MIRAME.

SEIGNEUR , un étranger , qui se cache avec soin ;
Demande à vous parler un moment sans témoin.

AGÉNOR.

Qu'il entre.

SCÈNE V.

AGÉNOR seul.

CEPENDANT , que mon ame agitée ,
Toute entière aux plaisirs dont elle est transportée ,
Auroit ici besoin d'un peu de liberté !

SCÈNE VI.

MERMÉCIDE, AGÉNOR, MIRAME.

AGÉNOR.

APPROCHEZ , vous pouvez parler en sûreté.

MERMÉCIDE.

D'un secret important chargé de vous instruire....
Mais daignez ordonner , seigneur , qu'on se retire.

AGÉNOR à Mirame.

Sortez.

SCÈNE VII.

AGÉNOR, MERMÉCIDE.

AGÉNOR.

HÉ bien ! quel est ce secret important ?
Hâtez-vous , tout m'appelle ailleurs en cet instant.

MERMÉCIDE.

Seigneur , dans ce billet que j'ose ici vous rendre....

AGÉNOR.

De quelle main ?

MERMÉCIDE.

        Lisez , et vous allez l'apprendre.

O

AGÉNOR.

C'est de Bélus, sans doute; et son cœur généreux
Daigne encor.... Mais lisons.

Mermécide tire un poignard, et le lève pour frapper
Agénor.

AGÉNOR, *arrêtant le bras de Mermécide.*
         Arrête, malheureux.

D'une si foible main, qu'espères-tu, perfide?
Mais qu'est-ce que je vois? Grands dieux, c'est
    Mermécide !

MERMÉCIDE.

Ciel! que vois-je à mon tour? Merodate, mon fils!
Et, pour comble d'horreurs, parmi mes ennemis !

AGÉNOR.

Seigneur, ne mêlez point d'amertume à ma joie;
Penetre du bonheur que le ciel me renvoie,
Mon cœur ne ressentit jamais tant de douceur.

MERMÉCIDE.

Et le mien n'a jamais ressenti tant d'horreur.
En quels lieux m'offrez-vous une tête si chere!

AGÉNOR.

O ciel ! à quels transports reconnois-je mon père!

MERMÉCIDE.

Dieux! ne m'a-t-il coûte tant de soins, tant de pleurs,
Que pour le voir lui seul combler tous mes malheurs?
De l'eclat qui vous suit que mon ame alarmee,
Cruel, en d'autres lieux auroit ete charmee !
Ah ! fils trop imprudent, que faites-vous ici?
De votre sort affreux tremblez d'être éclairci.
Mais j'apperçois la reine, ingrat, et je vous laisse.

AGÉNOR.

Ah ! de noms moins cruels honorez ma tendresse.
Du plaisir de vous voir ne privez point mes yeux.
Vous n'avez près de moi rien à craindre en ces lieux.

SCÈNE VIII.

SÉMIRAMIS, AGÉNOR, MERMÉCIDE.

SÉMIRAMIS.

QUE dites-vous, seigneur? Et quel soin vous arrête,
Lorsque mille périls menacent notre tête ?
Babylone en fureur s'arme de toutes parts;
On a deja chassé nos soldats des remparts;
De ce palais bientôt les mutins sont les maîtres,
Si ce bras triomphant n'en ecarte les traitres.
Venez, seigneur, venez, accompagné de moi,
Leur montrer leur vainqueur, mon époux et leur roi.
Et quoi ! loin de voler où ma voix vous appelle,
De nos périls communs négligeant la nouvelle,
A peine vous daignez.... Mais qui vois-je avec vous?
Mon ennemi, seigneur, et le plus grand de tous.
Ah, traitre! enfin le ciel te livre à ma vengeance.

AGÉNOR.

Daignez de ces transports calmer la violence.
De quels crimes s'est donc noirci cet étranger,
Pour forcer une reine à vouloir s'en venger?

SÉMIRAMIS.

De quels crimes, seigneur? Le perfide, le lâche !
Mais en vain à la mort votre pitié l'arrache;
Le ciel même dût-il s'armer en sa faveur,
Rien ne peut le soustraire à ma juste fureur.

AGÉNOR.

Je vous ai déjà dit que j'ignore son crime;
Quel qu'il soit cependant, j'adopte la victime;
Cet étranger m'est cher; j'ose même aujourd'hui
Ici, comme de moi, vous répondre de lui.
Dès mes plus jeunes ans je connois Mermécide.

SÉMIRAMIS.

Vous n'avez donc connu qu'un rebelle, un perfide,
Indigne de la vie et de votre pitié;
Que, loin de dérober à mon inimitié,
Vous devriez livrer vous-même à ma justice,
Ou m'en laisser du moins ordonner le supplice.
Pour le priver, seigneur, d'un si puissant secours,
Faut-il vous dire encor qu'il y va de mes jours ?
Mais, ingrat. ce n'est pas ce qui vous intéresse.
En vain je fais pour vous éclater ma tendresse :
Ce généreux secours qu'on m'avoit tant promis
Se termine à sauver mes plus grands ennemis.

AGÉNOR.

Madame, si le ciel ne vous en fit point d'autres,
Vous me verrez long-tems le protecteur des vôtres.
Si celui-ci sur tout a besoin de secours,
Jusqu'au dernier soupir je défendrai ses jours.
Il n'est empire, honneur que je ne sacrifie
Au soin de conserver une si chère vie.

SÉMIRAMIS.

Ah! qu'est-ce que j'entends? Je ne sais quelle horreur
Se repand tout-à-coup jusqu'au fond de mon cœur.
Je ne vois dans leurs yeux qu'un trouble qui me glace.
Seigneur, entre vous deux qu'est-ce donc qui se passe?
Quel intérêt si grand prenez-vous à ses jours ?

AGÉNOR.

Est-il besoin encor d'éclaircir ce discours ?
Voulez-vous qu'à vos coups j'abandonne mon père?

MERMÉCIDE.

Non, je ne le suis pas; mais voilà votre mère.

AGÉNOR.

Ma mère !

SÉMIRAMIS.

Lui, mon fils! Grands dieux, qu'ai-je entendu?
Cher Agénor, hélas ! je vous ai donc perdu.

MERMÉCIDE.

Heureuse bien plutôt qu'en cette horrible flamme
Un mystère plus long n'ait point nourri votre ame !
Je n'ai laissé que trop Ninias dans l'erreur;
Je frémis des périls où j'ai livré son cœur.
Eh ! qui pouvoit prévoir qu'une ardeur criminelle
Relégueroit au loin la nature infidelle ?
Revenez tous les deux de votre étonnement,
Et vous, reine, encor plus de votre égarement.
Voilà ce Ninias si digne de son père,
Mais à qui les destins devoient une autre mère.

NINIAS.

Mermécide, arrêtez : c'est ma mère, et je veux
Qu'on la respecte autant qu'on respecte les dieux.
Je n'oublirai jamais que je lui dois la vie,
Et je ne prétends pas qu'aucun autre l'oublie.

SÉMIRAMIS.

Non, tu n'es point mon fils : en vain cet imposteur
Prétend de mon amour démentir la fureur;

Si tu l'étois, déjà la voix de la nature
Eût détruit de l'amour la première imposture.
Il n'est qu'un seul moyen de me montrer mon fils,
C'est par un prompt secours contre mes ennemis.
Qu'à mon courroux sa main prête son ministère,
Qu'il t'immole, à ce prix je deviendrai sa mère.
Mais je ne la suis pas ; je n'en ressens du moins
Les entrailles, l'amour, les remords, ni les soins.
Cruel, pour me forcer à te céder l'empire,
Il suffisoit de ceux que mon amour m'inspire ;
Tu n'avois pas besoin d'emprunter contre lui
D'un redoutable nom l'inscestueux appui.
Va te joindre à Bélus, cœur ingrat et perfide,
Rends-toi digne de moi par un noir parricide ;
Viens toi-même chercher dans mon malheureux flanc
Les traces de Ninus et le sceau de ton sang.
Mais soit fils, soit amant, n'attends de moi, barbare,
Que les mêmes horreurs que ton cœur me prépare.
Comme fils, n'attends rien d'un cœur ambitieux ;
Comme amant, encor moins d'un amour furieux.
Je périrai le front orné du diadème ;
Et, s'il faut le céder, tu périras toi-même.
Ingrat, je t'aime encore avec trop de fureur,
Pour te sacrifier les transports de mon cœur.
Garde-toi cependant d'une amante outragée,
Garde-toi d'une mère à ta perte engagée.
Adieu : fuis, sans tarder, de ces funestes lieux ;
Respectes-y du moins mère, amante, ou les dieux.

NINIAS.

Oui, je vais vous prouver, par mon obéissance,
Combien le nom de mère a sur moi de puissance.
Puisse à votre grand cœur, ce nom qui m'est si doux,
N'inspirer que des soins qui soient dignes de vous !

SCÈNE IX.
SÉMIRAMIS, PHÉNICE.
SÉMIRAMIS.

INGRAT, quels soins veux-tu que la nature inspire
A ce cœur qui jamais n'en reconnut l'empire ?
Ce cœur infortuné, que l'amour a séduit,
A t'aimer comme un fils fut-il jamais instruit ?
Un moment suffit-il pour éteindre une flamme
Que le courroux du ciel irrite dans mon ame ?
Penses-tu qu'en un cœur si sensible à l'amour,
L'effort d'en triompher soit l'ouvrage d'un jour ?
Parce que tu me hais, tu le trouves facile ;
Ta vertu contre moi te sert du moins d'asyle.
Nature trop muette, et vous, dieux ennemis,
Instruisez-moi du moins à l'aimer comme un fils.
Ou prêtez-moi contr'elle un secours favorable,
Ou laissez-moi sans trouble une flamme coupable.
Mais, pourquoi m'alarmer de ce fils imposteur,
Supposé par Bélus, démenti par mon cœur ?
Quelle foi près de lui doit trouver Mermécide ?
Puis-je en croire un moment un témoin si perfide ?
Ninias ne vit plus, un frivole souci....

PHÉNICE.

Mégabise en mourant n'a que trop éclairci
Ce doute malheureux où votre cœur se livre,
Madame ; Ninias n'a point cessé de vivre.
Avez-vous oublié tout ce que de son sort
Vient de vous révéler un fidelle rapport ?
Et quel funeste espoir peut vous flatter encore,
Puisqu'enfin Ténésis est celle qu'il adore ?
Vous seul l'ignorez, lorsque toute la cour
Retentit dès long-tems du bruit de son amour.
Loin d'en croire aux transports qui séduisent votre
　　ame,
Dans ce péril pressant, songez à vous, madame.

SÉMIRAMIS.

Qu'espères-tu de moi dans l'état où je suis ?
Détester mes forfaits est tout ce que je puis.
Toute en proie aux horreurs dont mon ame est trou-
　　blée,
Je cède au coup affreux dont je suis accablée.
Je succombe, Phénice, et mon cœur abattu
Contre tant de malheurs se trouve sans vertu.
Mais quoi ! seule à gémir de mon sort déplorable,
J'en laisserois jouir le cruel qui m'accable !
Mon sceptre et mon amour m'ont coûté trop d'hor-
　　reurs,
Pour n'y pas ajouter de nouvelles fureurs.
Quelque destin pour eux que mon cœur ait à craindre,
Le vainqueur plus que moi sera peut-être à plaindre.
Non, je ne verrai point triompher Ténésis
Des malheurs où le sort réduit Sémiramis.
Sur l'objet que sans doute un ingrat me préfère,
Il faut que je me venge et d'un fils et d'un frère.
Elle est entre mes mains, et le fidelle Arbas,
Au gré de mon courroux, a juré son trépas.
Rentrons, c'est dans le sang d'une indigne rivale
Qu'il faut que ma fureur désormais se signale.
Embrásons ce palais par mes soins élevé ;
Sa cendre est le tombeau qui m'étoit réservé.
C'est là que je prétends du sang de son amante
Offrir à Ninias la cendre encor fumante.
L'ingrat, qui croit peut-être insulter à mon sort,
Donnera malgré lui des larmes à ma mort.

Fin du quatrième acte.

ACTE CINQUIÈME.
SCÈNE I.
SÉMIRAMIS *seule.*

QUE deviens-je ? Où fuirai-je ? Amante déplorable,
Epouse sans vertu, mère encor plus coupable,
Où t'iras-tu cacher ? Quel gouffre assez affreux
Est digne d'enfermer ton amour malheureux ?
Tu n'en fis pas assez, reine de sang avide,
Il falloit joindre encor l'inceste au parricide ;
Tes vœux n'auroient été qu'à demi-satisfaits.
Grands dieux, devois-je craindre, après tant de
　　forfaits,
Après que mon époux m'a servi de victime,
Que vous puissiez encor me réserver un crime ?

O 2

Terre , ouvre-moi ton sein , et redonne aux enfers
Ce monstre dont ils ont effrayé l'univers ;
Dérobe à la clarté l'abominable flamme
Dont les feux du Ténare ont embrásé mon ame.
Dieux , qui m'abandonnez à ces honteux transports,
N'en attendez , cruels , ni douleurs , ni remords.
Je ne tiens mon amour que de votre colère :
Mais , pour vous en punir , mon cœur veut s'y
     complaire ;
Je veux du moins aimer comme ces mêmes dieux ,
Chez qui seuls j'ai trouvé l'exemple de mes feux.
Cesse de t'en flatter , malheureuse mortelle ;
Où crois-tu de tes feux trouver l'affreux modèle ?
Et quel indigne espoir vient t'agiter encor ?
Crois-tu dans Ninias retrouver Agénor ?
Contente-toi d'avoir sacrifié le père ,
Et reprends pour le fils des entrailles de mère.
Dangereux Ninias , ne t'avois-je formé
Si grand , si généreux , si digne d'être aimé ,
Que pour me voir moi-même adorer mon ouvrage ,
Et trahir la nature , à qui j'en dois l'hommage ?
Mais de quel bruit affreux ?....

SCÈNE II.
SÉMIRAMIS, PHÉNICE, ARBAS.
SÉMIRAMIS.

Ciel ! qu'est-ce que je voi ?
Phénice , où courez-vous ? Et d'où nait votre effroi ?
PHÉNICE.
Fuyez , reine , fuyez ; vos soldats vous trahissent ;
Du nom de Ninias tous ces lieux retentissent.
A peine a-t-il paru , qu'à son terrible aspect
Vos gardes n'ont fait voir que crainte et que respect.
La fierté dans les yeux , et bouillant de colère ,
J'ai vu lui-même encor votre perfide frère ,
Des soldats mutinés échauffant la fureur ,
Ordonner à grands cris le trépas de sa sœur.
Où sera votre asyle en ce moment funeste ?
SÉMIRAMIS.
Va , ne crains rien pour moi , tant qu'un soupir me
     reste.
Au gré de son courroux le ciel peut m'accabler ;
Mais ce sera du moins sans me faire trembler.
Arbas , je sais pour moi jusqu'où va votre zèle ,
Et vous êtes le seul qui me restez fidèle.
En remettant ici la princesse en vos mains ,
Je vous ai déclaré quels éeoient mes desseins.
Allez , et vous rendez , par votre obéissance ,
Digne de mes bienfaits et de ma confiance.
Songez dans quels périls vous vous précipitez
Si ces ordres bientôt ne sont exécutés.

SCÈNE III.
SÉMIRAMIS, PHÉNICE.
SÉMIRAMIS.

Et nous, allons, Phénice. au-devant d'un barbare,
Nous exposer sans crainte à ce qu'il nous prépare ;

Viens me voir terminer mon déplorable sort.
Suis-moi ; je vais t'apprendre à mépriser la mort.

SCÈNE IV.
NINIAS, SÉMIRAMIS, PHÉNICE.
SÉMIRAMIS.

Mais , qu'est-ce que je vois !... Ah ? courroux si
     terrible ,
Qu'à cet aspect si cher vous devenez flexible !
Traître , que cherches-tu dans ces augustes lieux ?
NINIAS.
La mort , ou le seul bien qui me fut précieux.
Ce que j'y cherche ? Hélas ! j'y viens chercher ma
     mère ,
J'y viens livrer un fils à toute sa colère.
SÉMIRAMIS.
Toi , mon fils ? toi , cruel ! l'objet de ma fureur ,
Que je ne puis plus voir sans en frémir d'horreur !
Tandis que devant moi ton orgueil s'humilie ,
Je vois que tu voudrois pouvoir m'ôter la vie.
Mais Ténésis retient un si noble courroux ,
Incertain de son sort on tremble devant nous ;
On vient livrer un fils à toute ma colère ,
Tandis qu'au fond de l'ame on déteste sa mère.
Tu m'as plainte un moment, perfide ! mais ton cœur
S'est bientôt rebuté de ce soin imposteur.
Juge si je puis voir , sans un excès de joie ,
Les douloureux transports où ton ame est en proie.
Regarde en quel état un déplorable amour
Réduit l'infortunée à qui tu dois le jour.
Prive-moi de celui qu'à regret je respire ;
Ne t'en tiens point au soin de me ravir l'empire ;
Arrache-moi du moins aux horribles transports
Qui s'emparent de moi malgré tous mes efforts.
Quoiqu'il ne fût jamais mère plus malheureuse ,
Mon sort doit peu toucher ton ame généreuse.
Dès que le crime seul cause tous nos malheurs,
On ne doit plus trouver de pitié dans les cœurs.
NINIAS.
Que le mien cependant est sensible à vos larmes !
Que ce sont contre un fils de redoutables armes !
Quel que soit le dessein qui m'ait conduit ici ,
Avez-vous pu penser que ce fils endurci ,
Déshérité des soins que la nature inspire ,
Ait voulu vous priver du jour ou de l'empire ?
Ah , ma mère ! souffrez , malgré votre courroux ,
Que d'un nom si sacré je m'arme contre vous.
Votre fureur en vain me le rend redoutable ;
En vain on vous reproche un crime épouvantable :
Les dieux en ont semblé perdre le souvenir ;
Je dois les imiter , loin de vous en punir.
Rendez-moi votre cœur , mais tel que la nature
Le demande pour moi par un secret murmure ;
Ou je vais à vos pieds répandre tout ce sang
Que mon malheur m'a fait puiser dans votre flanc.
Rendez-moi Ténésis , rendez-moi mon épouse.
Est-ce à moi d'éprouver votre fureur jalouse ?

SÉMIRAMIS.

Maître de l'univers, c'en est trop, levez-vous;
Ce n'est pas au vainqueur à fléchir les genoux.
Arbitre souverain de ce superbe empire,
Quels cœurs à vos souhaits ne doivent point souscrire?
Jugez si c'est à moi d'en retarder l'espoir.
Puisque c'est le seul bien qui reste en mon pouvoir,
Je vais, sans différer, contenter votre envie,
Vous rendre Ténésis, mais ce sera sans vie.

NINIAS.

Ah! si je le croyois....

SÉMIRAMIS.

                          Je brave ta fureur,
Fils ingrat; mon supplice est au fond de mon cœur.
Menace, tonne, éclate, et m'arrache une vie
Que déjà tant d'horreurs m'ont à demi-ravie.
Ose de mon trépas rendre ces lieux temoins;
Te voilà dans l'état où je te crains le moins.
Tes soins et ta pitié me rendoient trop coupable,
Et mon dessein n'est pas de te trouver aimable.
Je fais ce que je puis pour exciter ta main
A me plonger, barbare, un poignard dans le sein.
Et qu'ai-je à perdre encore en ce moment funeste?
La lumière du ciel, que mon ame déteste?
La mort de mon époux, grâces à mes transports,
N'est plus un attentat digne de mes remords.
Et tu crois m'effrayer par des menaces vaines!
Cruel! un seul regret vient accroître mes peines,
C'est de ne pouvoir pas, au gré de ma fureur,
Immoler à tes yeux l'objet de ton ardeur.

NINIAS.

O ciel! vit-on jamais dans le cœur d'une mère
D'aussi coupables feux éclater sans mystère?
Dieux, qui l'aviez prévu, falloit-il en son flanc
Permettre que Ninus me formât de son sang?
Que vous humiliez l'orgueil de ma naissance!

SCÈNE V.

NINIAS; SÉMIRAMIS, PHÉNICE,
BÉLUS, MERMÉCIDE, MADATE,
MIRAME, GARDES.

NINIAS à *Bélus*

Ah, seigneur! est-ce vous? Que de votre présence
Mon cœur avoit besoin dans ces momens affreux!
Qu'ils ont été pour moi tristes et rigoureux!
Mais quoi! sans Ténésis?

BÉLUS.

                        La douleur qui me presse
Annonce assez, mon fils, le sort de la princesse.

SÉMIRAMIS à *part.*

L'auroit-on immolée au gré de mes souhaits?

BÉLUS.

Seigneur, j'ai vainement parcouru ce palais;
En vain dans ses détours ma voix s'est fait entendre;
De son triste destin je n'ai pu rien apprendre.
C'en est fait, pour jamais vous perdez Ténésis.
Mais que vois-je? Avec vous, seigneur, Sémiramis!

Eh quoi! cette inhumaine est en votre puissance,
Et ma fille et Ninus sont encor sans vengeance!
Sourd à la voix du sang qui s'élève en ces lieux,
Dans leur foible courroux, imitez-vous les dieux?
Et toi dont la fureur désole ma famille,
Barbare! réponds-moi, qu'as-tu fait de ma fille?

SÉMIRAMIS.

Ce que ton lâche cœur vouloit faire de moi,
Et ce que je voudrois pouvoir faire de toi.

SCÈNE DERNIÈRE.

TÉNÉSIS, NINIAS, SÉMIRAMIS,
BÉLUS, MERMÉCIDE, MIRAME,
MADATE, PHÉNICE, GARDES.

SÉMIRAMIS.

Mais qu'est-ce que je vois? O ciel! je suis trahie.

NINIAS à *Ténésis.*

Quoi! madame, c'est vous? Une si chère vie....

TÉNÉSIS.

Seigneur, si c'est un bien pour vous si précieux,
Rendez grace à la main qui nous rejoint tous deux.

(*en montrant Mermécide.*)

Vous voyez devant vous l'étranger intrépide
Par qui j'échappe aux coups d'une main parricide.
Reine, rassurez-vous; Ténésis ne vient pas
Vous reprocher ici l'ordre de son trépas.
Je viens pour implorer, et d'un fils, et d'un frère,
La grace d'une sœur et celle d'une mère,
Ou me livrer moi-même à leur juste courroux.
C'est ainsi que mon cœur veut se venger de vous.

(*à Ninias.*)

Seigneur, si ma prière a sur vous quelqu'empire,
C'est l'unique faveur que de vous je désire;
L'un et l'autre, daignez l'accorder à mes vœux.

SÉMIRAMIS.

Madame, je dois trop à ces soins généreux;
Cette noble pitié, quoique peu désirée,
N'en est pas moins ici digne d'être admirée.
Je ne m'attendois pas à vous voir aujourd'hui
Dans mon propre palais devenir mon appui.
Jouissez du bonheur que le ciel vous renvoie,
Je n'en troublerai plus la douceur ni la joie.
Je rends graces au sort qui nous rassemble ici.
Vous voilà satisfaits, et je le suis aussi.

(*Elle se tue.*)

NINIAS.

Ah, juste ciel! -

SÉMIRAMIS.

                  Ingrat, cesse de te contraindre;
Après ce que j'ai fait, est-ce à toi de me plaindre?
Que ne me plongeois-tu le poignard dans le sein!
J'aurois trouvé la mort plus douce de ta main.
Trop heureux cependant qu'une reine perfide
Epargne à ta vertu l'horreur d'un parricide.
Adieu, puisse ton cœur, content de Ténésis,
Mon fils, n'y pas trouver une Sémiramis!

(*Elle meurt.*

FIN.

PYRRHUS,
TRAGÉDIE.

PERSONNAGES.

PYRRHUS, roi d'Épire, élevé sous le nom d'Helénus, fils de Glaucias.
GLAUCIAS, roi d'Illyrie.
NÉOPTOLÈME, usurpateur de l'Épire, prince du sang de Pyrrhus.
ILLYRUS, fils de Glaucias.
ÉRICIE, fille de Néoptolème.

ANDROCLIDE, officier des armées de Glaucias, et sujet de Pyrrhus.
CINÉAS, confident de Pyrrhus.
ISMÈNE, confidente d'Éricie.
GARDES.
SUITE.

La scène est à Byzance, dans le palais de Lysimachus.

ACTE PREMIER.

SCÈNE I.

GLAUCIAS *seul.*

Vous, à qui j'offre ici tant de vœux inutiles,
Dieux vengeurs des forfaits, protecteurs des asyles,
Que le soin de vous plaire et de vous imiter,
Contre un roi généreux semble encore irriter;
Si les pleurs que j'oppose à vos décrets terribles,
Si ma juste douleur vous éprouve inflexibles,
Du moins ne laissez pas succomber ma vertu
Sous les divers transports dont je suis combattu.
Glaucias ne peut-il, sans cesser d'être père,
Soutenir de son rang l'auguste caractère?
O mon fils! cher espoir, malheureux Illyrus,
Faut-il livrer ta tête, ou celle de Pyrrhus?
Voici le jour fatal qui veut que je décide
Entre l'ami parjure, et le père homicide.
Il ne m'est plus permis d'accorder dans mon cœur
Les droits de la nature avec ceux de l'honneur.
L'une attend tout de moi, ma foi doit tout à l'autre.
J'ai rempli mon devoir; dieux, remplissez le vôtre.
Vous fûtes les garans des sermens que je fis;
Sauvez-moi du parjure, ou me rendez mon fils.
Barbare Cassander, traître Néoptolème,
Est-ce à vous que je dois livrer la vertu même?
Frappez, dieux tout-puissans; c'est assez protéger
Deux tyrans dont la foudre auroit dû me venger.
Laisserez-vous Pyrrhus, votre plus digne ouvrage,
En proie aux noirs projets de leur jalouse rage!
Est-ce un crime pour lui que d'avoir mérité
De jouir comme vous de l'immortalité?
Et n'est-ce point assez qu'une main parricide
Ait terminé les jours de l'illustre Æacide?
Abandonnerez-vous son fils infortuné
Au malheur qui poursuit le sang dont il est né?

Non, il ne mourra point; le mien en vain l'ordonne.
Je dois tout à Pyrrhus, ma gloire, ma couronne,
Et la vie : et, pour dire encor plus pour un roi,
Je lui dois d'un ami le secours et la foi;
Il ne l'éprouvera légère, ni perfide.

SCENE II.

ANDROCLIDE, GLAUCIAS.

GLAUCIAS.

Mais qu'est-ce que je vois? N'est-ce point
Androclide?
Et que viens-tu chercher dans ces funestes lieux,
Près d'un roi le jouet du sort injurieux?

ANDROCLIDE.

Seigneur, un sort plus doux n'a pas servi le zèle
D'un sujet malheureux, et cependant fidèle;
Peu digne des honneurs dont il fut revêtu,
Capitaine sans gloire, et soldat sans vertu,
Que l'Illyrie a vu de retraite en retraite
Mendier des secours garans de sa défaite,
Réduit à déclarer la honte et le malheur
D'un combat dont un autre a remporté l'honneur.
Cassander m'a vaincu; sa fureur et ma fuite
N'ont laissé qu'un bûcher dans l'Epire détruite.
Tout ce qu'avoit conquis la valeur d'Helénus,
Tout ce que j'avois fait en faveur de Pyrrhus,
A suivi le succès d'une lâche victoire,
Que le tyran obtint et poursuivit sans gloire;
Et, pour comble de maux, seigneur, je vous revoi
Parmi des ennemis sans honneur et sans foi.
Puis-je, sans succomber à ma frayeur extrême,
Voir le roi d'Illyrie avec Néoptolème?

GLAUCIAS.

Calme le vain effroi dont ton cœur est saisi;
Un intérêt plus grand doit le toucher ici.

Mes pertes , mes périls n'ont rien d'assez terrible
Pour un roi que l'honneur éprouve seul sensible.
Tu ne sais pas encor jusqu'où va mon malheur ;
Apprends tout. Mais , avant que de t'ouvrir mon
    cœur ,
Prends garde si quelqu'un ne pourroit nous entendre.
Pyrrhus avec le jour près de moi doit se rendre.
Le soleil va bientôt se montrer à nos yeux ,
Et c'est Pyrrhus , sur-tout , que je crains en ces lieux.

ANDROCLIDE.

Vous me parlez toujours d'un roi que je révère.
Vous savez à quel point je fus chéri du père.
Lorsque Neoptolème , armé contre ses jours ,
Par un noir parricide en eut tranche le cours ,
Vous savez que c'est moi qui , trompant le perfide ,
Sauvai de sa fureur les enfans d'Æacide.
Je vous remis Pyrrhus encor dans le berceau ,
Qui , pour lui , sans vos soins , eût eté son tombeau.
Pénétré des malheurs qui l'avoient poursuivie ,
Vous jurâtes , seigneur , de défendre sa vie :
Mais , depuis que Pyrrhus est en votre pouvoir ,
Il ne m'a pas ete permis de le revoir ;
Et c'est des immortels le seul bien que j'implore.

GLAUCIAS.

Tu l'as vu mille fois , tu vas le voir encore.
Tes yeux peuvent-ils bien se méprendre à Pyrrhus ?
Quoi ! tu peux méconnoître , en voyant Helénus ,
La majesté des traits du redoutable Achille ,
Sa fierté , sa valeur , son courage indocile ,
Un héros , en un mot , si digne de celui
Dont le nom seul encor fait trembler aujourd'hui ,
Qui n'a point démenti le sang qui l'a fait naitre ;
(Il en est digne autant qu'un mortel le peut-être :)
Qui reçut dans son cœur , avec le sang des dieux ,
Tout l'éclat des vertus que l'on adore en eux ;
Qui fit à l'univers , dès l'âge le plus tendre ,
Par un nouvel Achille oublier Alexandre !
Du nom de ses aïeux s'il n'est pas informé ,
Son grand cœur se sent bien du sang qui l'a formé ;
Il passe pour mon fils , et ma tendresse extrême
Redouble chaque jour pour cet autre moi-même.
Mais , hélas ! que lui sert ma funeste amitié ,
Quand les dieux et le sort sont pour lui sans pitié ?

ANDROCLIDE.

J'ai toujours soupçonné , malgré votre silence ,
Que Pyrrhus , en secret élevé dès l'enfance ,
Sous le nom d'Helénus cachoit dans votre fils
Le précieux dépôt que je vous ai remis.
Mais , seigneur , quel péril si pressant le menace ,
Lui , dont tout l'univers craint le bras et l'audace ?
Pyrrhus est-il de ceux pour qui l'on doit trembler ?

GLAUCIAS.

Le coup est cependant tout prêt à l'accabler.
Tu sais , lorsqu'Helénus eut reconquis l'Epire ,
Qui fut de ses aïeux le légitime empire ,
Que je te confiai le soin de conserver
Ces états qu'en secret j'avois fait soulever ,
Et dont enfin je fis sortir Neoptolème.
Helénus , n'écoutant que son ardeur extrême ,
Poursuivit l'inhumain qui fuyoit devant lui.
Cassander le reçut , et devint son appui ;

Cassander , de tout temps ennemi d'Æacide ,
Arma pour soutenir son ami parricide.
Mais ils crurent en vain arrêter le vainqueur ;
Helénus remplit tout de carnage et d'horreur ,
Les atteignit enfin vers les murs d'Ambracie ;
Lieu fatal ! jour funeste au repos de ma vie !
Helénus , plein d'ardeur et l'œil étincelant ,
N'avoit jamais paru ni plus fier , ni plus grand.
Mais , s'il fit voir alors Achille formidable ,
Il ne nous fit pas voir Achille invulnérable ;
Il fut blessé. Mon fils , jaloux de sa valeur ,
Crut pouvoir par lui seul réparer ce malheur ,
Et poursuivre sans crainte une sûre victoire ,
Dont Helenus devoit s'attribuer la gloire ;
Mais ce fut pour servir de triomphe au vainqueur ;
Il fut défait et pris. Juge de ma douleur ,
Quand je vis Illyrus tomber en la puissance
De ceux qu'au désespoir réduisoit ma vengeance.
A peine je rendis un reste de combat.
Helénus languissoit , et manquoit au soldat ,
Qui , l'ayant vu couvert de sang et de poussière ,
Et croyant qu'il touchoit à son heure dernière ,
Malgré mes vains efforts plia de toutes parts ;
Et je me crus enfin , après mille hazards ,
Trop heureux de pouvoir r gagner l'Illyrie ,
Moi qui me préparois à conquérir l'Asie.

ANDROCLIDE.

L'état où j'ai trouvé votre peuple réduit ,
De ce cruel revers ne m'a que trop instruit.
Mais quel que soit ici le sort qui le menace ,
Vous pouvez d'Illyrus réparer la disgrace.
Seigneur , dés qu'Helénus survit à ce malheur ,
Quelle perte pourroit étonner votre cœur ?
Je ne vois point encor ce que vous devez craindre.

GLAUCIAS.

Ecoute , et tu verras si mon sort est à plaindre.
Néoptolème , enflé de ses heureux succès ,
Prétend s'en assurer le fruit par une paix.
Il sait que Pyrrhus vit , et que j'en suis le maitre ,
Que son intérêt seul m'arme contre le traitre ;
Il m'a fait proposer de lui livrer Pyrrhus ,
Qu'il mettoit à ce prix le salut d'Illyrus ;
Mais que , pour épargner mon honneur et ma gloire ,
Et ne me point souiller d'une action si noire ,
Qui decréditeroit et mon nom et ma foi ,
Cet article seroit entre lui seul et moi.
Dans ce cruel séjour voilà ce qui m'amène.
Lysimachus , qui veut terminer notre haine ,
S'est de lui-même offert pour garant du traité.
Néoptolème et moi nous l'avons accepté.
Tous deux depuis huit jours dans les murs de Byzance ,
Nous nous sommes tous deux remis en sa puissance.
Enfin Lysimachus , garant de notre paix ,
A de soldats sans nombre investi ce palais.
Nul n'en sauroit sortir sans un ordre suprême
Qui vienne de ma part , ou de Néoptolème ,
Qu'on laisse cependant disposer de mon fils :
Mais le barbare y met un trop indigne prix.
Il veut plus , il pretend s'unir à ma famille ;
Fier du penchant qu'il voit en mon fils pour sa fille ,

Il prétend qu'elle soit le lien d'une paix
Qu'aux dépens de Pyrrhus on ne verra jamais.
Non, je ne puis souffrir qu'une si belle vie
serre les nœuds sanglans de l'hymen d'Ericie.
Et ce même Pyrrhus met au rang de ses dieux
L'objet qui de son sang est le prix odieux.

ANDROCLIDE.

Pourquoi l'ameniez-vous en ce séjour funeste?
Quels sont donc vos desseins, et quel espoir vous reste?

GLAUCIAS.

Que veux-tu que je fasse? On me retient mon fils,
Et Pyrrhus a trop fait trembler mes ennemis.
Néoptolème a craint que, fier de mon absence,
Ce héros n'entreprit de surprendre Byzance;
Enfin il a voulu qu'il me suivit ici.
Mais je mourrois plutôt.... Taisons-nous, le voici.
Garde-toi bien, sur-tout, de lui faire connoître
Quel péril le menace, et quel sang l'a fait naître.
Va, ne t'éloigne point de cet appartement.

SCÈNE III.

GLAUCIAS, HÉLÉNUS, CYNÉAS.

HÉLÉNUS à Cynéas.

ALLEZ, cher Cynéas; laissez-nous un moment.

SCÈNE IV.

HÉLÉNUS, GLAUCIAS.

GLAUCIAS.

APPROCHEZ, Hélénus; venez, fils magnanime,
Unique espoir d'un roi que le destin opprime.
Voici le jour cruel marqué par sa fureur
Pour éclairer ma honte, ou me percer le cœur.
Il faut livrer Pyrrhus, ou perdre votre frère,
Et je ne puis livrer qu'une tête bien chère.

HÉLÉNUS.

Je ne dois point parler en faveur de Pyrrhus,
Ni prononcer, seigneur, sur le sort d'Illyrus.
Je vois que tous les deux vous tiennent en balance,
Et je dois sur tous deux observer le silence.
L'un ne m'est pas connu, mais il a votre foi;
L'autre doit m'être cher; mais doit être mon roi;
Et je ne puis servir ni perdre l'un ou l'autre,
Sans trahir mon honneur, ou sans blesser le vôtre;
Sans me rendre, seigneur, suspect d'ambition,
Ou sans vous conseiller une indigne action.
Un roi né généreux, un père né sensible
Peut lui seul prononcer sur un choix si terrible,
Où l'honneur et le sang doivent seuls vous guider,
Où le père et l'ami doivent seuls décider.
Daignez me dispenser d'en dire davantage
Sur ces combats affreux où votre cœur s'engage.
Seigneur, dès qu'il s'agit de si grands intérêts,
Hélénus craint sur-tout les reproches secrets.
J'avoûrai cependant que ce Pyrrhus m'étonne;
Est-il digne des soins qu'un si grand roi se donne?

Vous faites tout pour lui, que fait-il donc pour vous?
Et quel déguisement le cache parmi nous?
Peut-il être, en ces lieux, si voisin d'un perfide,
Sans le sacrifier aux mânes d'Æacide,
Sans faire pour mon frère un généreux effort?
Un descendant d'Achille a-t-il peur de la mort?

GLAUCIAS.

Mon fils, n'insultez point au malheur qui l'opprime;
Pyrrhus n'en est pas moins digne de notre estime.
Dans l'état où je suis, pourroit-il me venger,
Sans mettre mon honneur et mes jours en danger?
Le fier Lysimachus nous tient tous pour ôtages,
Mais ma foi suffisoit sans ces précieux gages;
Mon ennemi lui-même ose s'y confier,
Sûr qu'à sa foi mon cœur sait tout sacrifier.
Adieu; je vais revoir ce tyran que j'abhorre,
Le fléchir, s'il se peut, ou le tenter encore.
Que n'offrirai-je point pour Pyrrhus et mon fils!
Mon cœur pour les sauver ne connoît point de prix.

SCÈNE V.

HÉLÉNUS seul.

O ROI trop vertueux! un exemple si rare
Puisse-t-il désarmer un ennemi barbare,
Et servir de leçon aux rois peu généreux,
A ne pas délaisser leurs amis malheureux!
Hélas! que je vous plains, et que je vous admire,
Sentimens de vertu que la pitié m'inspire!
Mon frère peut périr, mon frère est mon rival,
Ne vous devrois-je point à mon amour fatal?
Ah! n'est-ce point à lui que l'honneur sacrifie?
Mon frère ainsi que moi brûle pour Ericie.
Prends garde qu'en ton cœur, trop sensible Hélénus,
Éricie aujourd'hui ne parle pour Pyrrhus.
Fais-toi d'autres vertus dont le choix légitime
N'offre point avec lui l'apparence du crime.
Quand du moindre intérêt le cœur est combattu,
Sa générosité n'est plus une vertu.
Mon frère est dans les fers d'un ennemi perfide,
Monstre nourri de sang, et de meurtres avide;
Voilà ce qui me doit parler pour Illyrus.
Laissons aux dieux le soin du malheureux Pyrrhus.
Trop de pitié pour lui me touche et m'intéresse,
J'entends du bruit; on vient.

SCÈNE VI.

HÉLÉNUS, ÉRICIE, ISMÈNE.

HÉLÉNUS.

O CIEL! c'est la princesse.

(à Éricie.)

Madame, eh! quel bonheur vous présente à mes yeux,
Lorsqu'à peine le jour vient d'éclairer ces lieux?
Puisse cet heureux jour confirmer l'avantage
Que me fait espérer un si charmant présage!

ÉRICIE.

S'il dépendoit de moi de le rendre plus doux,
Seigneur, bientôt la paix régneroit entre nous.

J'allois

J'allois offrir aux dieux les vœux les plus sincères,
Les prier de fléchir la haine de nos pères.

HÉLÉNUS.

Le vôtre avec la paix m'offre ici votre main ;
Mais, hélas ! qu'il en fait un présent inhumain !
Juste ciel ! se peut-il que d'un objet si rare
Une aveugle fureur fasse un présent barbare,
Et que ce même hymen qui combleroit nos vœux,
Soit devenu le prix du sang d'un malheureux ?

ÉRICIE.

Seigneur, de ce présent j'ignore le mystère,
Et ne me charge point des secrets de mon père ;
Mais, s'il faut sans détour s'expliquer avec vous,
La paix n'est pas l'objet de vos vœux les plus doux.
Votre cœur élevé dans le sein des alarmes,
N'interrompt qu'à regret le tumulte des armes ;
Le sang, les cris, les pleurs ; cent peuples gémissans,
Voilà pour vos pareils les objets ravissans.
Votre nom n'a-t-il pas assez rempli la terre ?
Qu'a-t-il besoin encor des horreurs de la guerre ?
Mon père offre la paix, votre frère y consent ;
Elle trouve en vous seul un obstacle puissant ;
Votre haine pour nous éclate en ma présence,
Sans daigner un moment se contraindre au silence.
Je vois qu'en vain mon père espéroit aujourd'hui
Vous trouver pour la paix de concert avec lui ;
Ne me déguisez point ce qu'il en doit attendre,
Du moins accordez-lui la grace de l'entendre.
Ce prince vous demande un moment d'entretien,
J'ose vous en prier.... Vous ne répondez rien ;
Seigneur ; vous frémissez au seul nom de mon père !
Ah ! je n'exigeois pas un aveu plus sincère.

HÉLÉNUS.

D'un reproche cruel accablez moins mon cœur,
Madame ; je sens trop à qui j'en dois l'aigreur.
Je vois que pour la paix le vôtre s'intéresse,
Et je crois entrevoir le motif qui le presse.
Illyrus, avec vous de concert pour la paix,
A remis en vos mains de si chers intérêts ;
Mais la guerre pour moi peut seule avoir des charmes,
Et je ne me nourris que de sang et de larmes ;
Je suis un furieux que rien ne peut toucher.
Ah, madame ! est-ce à vous de me le reprocher ?
Si j'étois moins suspect de traverser mon frère,
Vous m'accuseriez moins de haïr votre père.
Je ne vous nirai pas que, peut-être sans vous,
Rien n'eût pu le soustraire à mon juste courroux ;
Que ce même palais, notre commun asile,
N'auroit été pour lui qu'un rempart inutile :
Mais peut-il avec vous craindre des ennemis ?
Les plus fiers ne sont pas ici les moins soumis.
Les cœurs nourris de sang et de projets terribles
N'ont pas toujours été les cœurs les moins sensibles.
Le mien éprouve enfin que les plus grands hasards
Ne se trouvent pas tous sur les traces de Mars.
Dès mes plus jeunes ans enchaîné par la gloire,
Je n'ai connu d'autels que ceux de la victoire :
Mais vous m'avez appris qu'il n'étoit point de cœur
Qui ne dût à la fin redouter un vainqueur.

ÉRICIE.

A cet aveu si prompt j'ai dû si peu m'attendre,
Que l'étonnement seul m'a forcée à l'entendre.
Mon père est en ces lieux, seigneur ; c'est avec lui
Qu'il falloit sur ce point s'expliquer aujourd'hui.
Je sais pour vos vertus jusqu'où va son estime,
Et la mienne jamais ne fut plus légitime.
Ainsi, loin d'affecter cet orgueil éclatant
Dont la fierté s'honore et le cœur se repent,
J'avoûrai sans détour que j'ai craint votre haine,
Et ne vous ai point vu notre ennemi sans peine ;
Vous qui nous apprenez par cent faits glorieux
Qu'on peut voir des mortels aussi grands que les dieux,
Tels enfin qu'à l'amour un grand cœur inflexible
Pourroit les souhaiter pour devenir sensible.
Mais, malgré cet aveu que j'ai cru vous devoir,
L'estime est le seul bien qui soit en mon pouvoir.
Si votre amour ne peut se soumettre au silence,
Songez qu'il doit ailleurs porter sa confidence.
Mon père veut vous voir : quels que soient ses desseins,
Vous savez peu fléchir, seigneur, et je vous crains.
Daignez vous souvenir que ce prince est mon père,
Qu'il m'est cher encor plus que je ne lui suis chère,
Que jamais de son rang on ne fut plus jaloux.
Tout dépend de l'accueil qu'il recevra de vous.
Je crois, après ce mot, n'avoir rien à vous dire ;
J'en ai même trop dit, s'il ne peut vous suffire.

SCÈNE VII.
HÉLÉNUS seul.

O ciel ! en quel état me trouvé-je réduit !
Cher espoir d'un amour qui m'avez trop séduit,
Vous m'offrez vainement la princesse que j'aime ;
Mon cœur oubliera tout devant Néoptolème.
Qui ? lui m'entretenir ! Et que veut-il de moi ?
Je ne sentis jamais tant d'horreur ni d'effroi.
J'abhorre ce tyran, et son aspect farouche
L'emporte dans mon cœur sur l'amour qui le touche.
N'importe, il faut le voir ; n'allons point en un jour
Hasarder le succès d'un malheureux amour.
Quels que soient les transports dont mon ame est
    saisie,
Je sens que les plus grands sont tous pour Éricie.
Mais Illyrus paroît, sortons.

SCÈNE VIII.
ILLYRUS, HÉLÉNUS, GARDES.
ILLYRUS.

Prince, un moment ;
J'ai besoin avec vous d'un éclaircissement.
(à ses gardes.)
Gardes, éloignez vous. Répondez-moi, mon frère.
Puis-je avec vous ici m'expliquer sans mystère ?

HÉLÉNUS.

Oui, seigneur, vous pouvez parler en liberté,

P

ILLYRUS.

Calmez donc les soupçons dont je suis agité.
Avec empressement vous cherchez Ericie,
Et je ne puis souffrir vos soins sans jalousie.
Vous savez que je l'aime, et vous n'ignorez pas
Que l'hymen à mon sort doit unir tant d'appas.
Avec elle en ces lieux que faisiez-vous encore?
Parlez.

HÉLÉNUS.

Je lui disois, seigneur, que je l'adore.

ILLYRUS.

Hélénus, songez-vous que vous parlez à moi,
Et qu'Illyrus un jour doit être votre roi?

HÉLÉNUS.

Je vous obéirai quand vous serez mon maître,
Si le destin m'abaisse au point d'en reconnoître;
Jusques-là, mon amour craint peu votre pouvoir.
Je sais jusqu'où s'étend la règle du devoir;
Mais j'ignore, seigneur, ces tristes sacrifices
Qui font gémir un cœur en d'éternels supplices.
Le mien qui ne connoît ni crainte, ni détour,
Regarde d'un même œil, et la guerre, et l'amour.
Sans le péril affreux dont le sort vous menace,
Vous verriez sur ce point jusqu'où va mon audace.
Mais Hélénus, sensible autant que généreux,
N'a jamais su, seigneur, braver les malheureux.
Si l'amour vous livroit le cœur de la princesse,
Ma fierté suffiroit pour bannir ma tendresse:
Mais si l'amour aussi daigne me l'accorder,
Jusqu'au dernier soupir je saurai le garder.
Adieu, seigneur.

SCÈNE IX.

ILLYRUS, GARDES.

ILLYRUS.

INGRAT, d'un orgueil qui m'offense,
Je te ferai sentir jusqu'où va l'impuissance.
Illyrus, tu le vois, ce n'est plus un secret;
On ose t'avouer un amour indiscret,
Et l'on te brave encore! Ah! ma perte est jurée,
Mon rival m'a fait voir qu'elle étoit assurée;
Glaucias abandonne un fils infortuné,
Qu'on ne braveroit pas, s'il n'étoit condamné.
On me voit dans les fers avec indifférence,
On n'a pour mon rival que de la deference;
Glaucias à mes yeux le nomme son appui,
C'est son dieu tutélaire, enfin c'est tout pour lui.
Cependant, si j'en crois ma juste défiance,
Mon père a de ce fils supposé la naissance.
Le mystère profond qu'il me fait de Pyrrhus,
Un respect qu'il ne peut cacher pour Hélénus,
Et sur ce point, malgré sa prévoyance extrême,
Quelques mots échappés à Glaucias lui-même,
N'éclaircissent que trop ses funestes secrets.
Hélénus, tu n'es pas ce que tu nous parois.
Je vois que c'est à toi que l'on me sacrifie,
Et je pourrois d'un mot mettre au hasard ta vie:
Mais un trait si perfide est indigne de moi,
Et je veux être encor plus généreux que toi.

Puisqu'on me l'a permis, allons trouver mon père.
De ses délais enfin je perce le mystère;
Mais, sans nous prévaloir de son secret fatal,
Montrons-nous aujourd'hui plus grand que mon
    rival;
Humilions son cœur, en lui faisant connoître
Des sentimens d'honneur qu'il n'auroit pas peut-être.

Fin du premier acte.

ACTE SECOND.

SCÈNE I.

NÉOPTOLÈME, ÉRICIE.

NÉOPTOLÈME.

VOUS ne m'apprenez rien de cette vive ardeur,
Que je n'eusse déjà pénétré dans son cœur.
Je n'ai vu qu'une fois ce guerrier invincible,
Qu'on dit par-tout ailleurs si fier et si terrible;
Mais à votre aspect seul, ma fille, aussi soumis
Qu'il paroit redoutable à tous ses ennemis.
Ainsi, sur cet amour, que je prevois sincère,
Je vais vous découvrir mon ame toute entière.
Je règne; mais combien m'a coûté ce haut rang!
Et qu'est-ce enfin qu'un sceptre encor souillé de sang?
Prétexte à mes sujets de recourir aux armes,
Source pour moi d'ennuis, de remords et d'alarmes.
Illyrus est vaillant, mais il n'est que soldat,
Et la seule valeur défend mal un état;
Héritier d'un grand roi, trop puissant, qui peut-être
Au lieu d'un défenseur, me donneroit un maître.
J'ai besoin d'un héros qui, tenant tout de moi,
Trouve en mes intérêts de quoi veiller pour soi.
Hélénus, à la fois soldat et capitaine,
N'attend que du destin la grandeur souveraine.
En l'unissant à vous par un sacré lien,
Je m'en fais pour moi-même un éternel soutien.
Il est né généreux, et sa reconnoissance
Ne m'envira jamais la suprême puissance.
Voilà le successeur que je me suis choisi,
Et c'est pour l'en presser que je l'attends ici.
D'ailleurs, qui mieux que lui peut engager son père,
A sacrifier tout à ma juste colère?
Chéri de Glaucias, c'est le seul Hélénus
Qui pourra le forcer à me livrer Pyrrhus.

ÉRICIE.

Seigneur, sur ses projets, qu'un grand roi lui confie,
Daignera-t-il entendre un moment Éricie?
Je n'examine point quel sera mon époux;
Son choix, vous le savez, ne dépend que de vous.
Ainsi j'obéirai. Ce qui me reste à dire,
C'est votre gloire ici qui seule me l'inspire.
D'un cœur rempli pour vous d'amour et de respect,
Quel sentiment, seigneur, pourroit être suspect?
Souffrez que, m'élevant jusqu'à Neoptolème,
J'aille, sans l'offenser, le chercher dans lui-même.

C'est l'univers entier qui parle par ma voix ;
J'ose l'interpréter pour la première fois.
Vous vous êtes vengé ; le meurtre d'Æacide ,
Pour tout autre qu'un roi , seroit un parricide :
Mais , si vous répandez le reste infortuné
De ce sang que les dieux vous ont abandonné ,
Les intérêts d'état , le trône et ses maximes ,
La politique enfin , voile de tant de crimes ,
Ne seront désormais que de foibles garans
Pour vous sauver des noms qu'on prodigue aux
    tyrans.
Quand même à vos désirs son fils pourroit souscrire ,
Glaucias voudra-t-il qu'il règne sur l'Epire ;
Que du sang de Pyrrhus il achète ma main ,
D'un sang que deux grands rois redemandent en vain ;
Lui qui , pour conserver une tête si chère ,
Semble avoir étouffé les sentimens d'un père ?
Si vous vous attachez le grand cœur d'Hélenus ,
Que peut vous importer le trépas de Pyrrhus ?
Laissez vivre , seigneur , un prince , dont la vie
D'aucun malheur pour vous ne peut être suivie.
Æacide , ennemi des princes de son sang ,
Vous força , malgré vous , de lui percer le flanc.
Si sa mort fut pour vous un crime involontaire ,
Que son inimitié vous rendit nécessaire ,
Le salut de son fils , qui peut seul l'expier ,
Plus nécessaire encor , doit vous justifier.
Et vous vous attachez à la seule victime
Qui pouvoit expier ou consommer le crime !

        NÉOPTOLÈME.
Tant que Pyrrhus vivra , mes sujets ennemis ,
A ce funeste nom , se croiront tout permis ;
Et le fier Hélénus , fût-il plus grand encore ,
Ne me sauveroit point d'un peuple qui m'abhorre.
Les dieux , en me livrant le superbe Illyrus ,
Ont prononcé l'arrêt du malheureux Pyrrhus ;
Il m'a trop fait trembler , il est tems qu'il périsse.
Glaucias m'en refuse en vain le sacrifice ;
Je ne peux qu'à ce prix arrêter ses projets ,
Et fixer entre nous une constante paix.
Son cœur en gémira ; mais votre hymen , ma fille ,
Unissant pour jamais l'une et l'autre famille ,
Calmera la douleur d'un roi trop généreux ,
Qui peut , par cet hymen , rendre Hélénus heureux.
Que Glaucias y soit favorable ou contraire ,
Du trépas de Pyrrhus rien ne peut me distraire.
Que l'univers alors éclate contre moi ;
Un crime nécessaire est pour nous une loi.
Voulez-vous qu'écoutant un discours téméraire ,
J'asservisse le sceptre aux erreurs du vulgaire ?
Heureux , qu'à notre égard son imbécillité
Nous assure du moins de sa docilité.
A tout ce qui nous plaît , c'est à lui de souscrire.
Dès que , sans le troubler , il nous laisse l'empire ,
Laissons-lui des discours dont il est si jaloux.
Ce qui fait ses vertus seroit vice pour nous.
Le peuple , en ce qui flatte ou choque sa manie ,
Trouve de la justice , ou de la tyrannie.
Nous ne nous réglons point au gré de ses erreurs.
Les Dieux ont leur justice , et le trône a ses mœurs.
Mais Glaucias paroît ; ma fille , allez m'attendre.

SCÈNE II.

NÉOPTOLÈME seul.

QUEL dessein le conduit ? Et que vient-il m'apprendre ?

SCÈNE III.

GLAUCIAS, NÉOPTOLÈME.

GLAUCIAS.

SEIGNEUR , vous triomphez ; Androclide est défait.
Je ne sais si sa honte est pour vous un secret ;
Mais sous vos lois l'Epire est désormais réduite ;
Cassander l'a soumise , ou plutôt l'a détruite.
Je ne vous cache point les pertes que je fais ,
Et je vous viens moi-même annoncer vos succès.
Le destin vous élève , et le ciel m'humilie ;
J'ai commandé long-tems , aujourd'hui je supplie.
Voyons l'usage , enfin , qu'en nos succès divers ,
Vous ferez du triomphe , et moi de mes revers.
L'infortuné Pyrrhus n'est plus pour vous à craindre ;
Sans être trop humain, je crois qu'on peut le plaindre :
La pitié , sur ce point , dans un cœur irrité ,
N'a pas même besoin de générosité.
J'ai protégé sans fruit ce prince déplorable.
Tout s'arme contre lui , tout vous est favorable ;
Mais vous connoissez trop ma constance et ma foi ,
Pour croire que le sort soit au-dessus de moi.
Je ne vous parle point d'une vaste puissance
Qui vous fit si long-tems éprouver ma vengeance ;
A peine votre cœur se seroit satisfait ,
Que vous savez assez quel en seroit l'effet.
Régnez donc , puisqu'ainsi le destin en ordonne ;
Sans remords et sans droit , gardez une couronne
Qu'un autre nommeroit le prix de vos forfaits ,
Que je vais cependant consacrer par la paix.
Je rends à Cassander la Macédoine entière ;
Tout ce que j'ai conquis sera votre frontière ;
Je n'armerai jamais en faveur de Pyrrhus ,
Et je consens enfin à l'hymen d'Illyrus.
Je fais plus , je promets , seigneur , que votre vie
Jamais , de mon aveu , ne sera poursuivie ;
Qu'à Pyrrhus je tairai son nom et ses aïeux ;
J'en jure par ce fer , j'en jure par les dieux.
J'ai tout dit , répondez.

        NÉOPTOLÈME.
              Où donc est l'avantage
D'une paix dont Pyrrhus ne seroit pas le gage ?
Il est vrai que mon sort , seigneur , a bien changé ;
Mais , pour vous craindre moins , en suis-je plus
    vengé ?
L'Epire en sera-t-elle à mes lois plus soumise ,
Mes jours plus à couvert d'une lâche entreprise ?
Si Pyrrhus se connoît , pourra-t-il oublier
Que son père fut roi , qu'il eut un meurtrier ,
Qu'il vit , et qu'entre nous un coup irréparable
Doit opposer sans cesse un vengeur au coupable ?

Malgré les nœuds du sang dont nous sortions tous
　　deux,
Il fallut m'immoler un roi trop soupçonneux,
Je ne m'en cache point : si c'est un parricide,
On ne doit l'imputer qu'aux rigueurs d'Æacide.
Son trône, après sa mort, étoit le seul abri
Que je passe choisir à mon honneur flétri.
Je ne vis qu'un bandeau qui pût sauver ma tête :
La force en fit le droit, un meurtre la conquête,
Il est vrai ; mais combien de trônes sont remplis
Par les usurpateurs qui s'y sont établis ?
Votre aïeul en fut un ; j'en nommerois mille autres
Qui n'eurent pour régner d'autres droits qué les nôtres.
Quoi qu'il en soit, seigneur, je demande Pyrrhus,
Et ne peux qu'à ce prix relâcher Illyrus.
De vos soins vertueux outrez moins la chimère,
Et ressouvenez-vous que vous êtes son père ;
Que, s'il périt, c'est vous qui le voulez ainsi ;
Que c'est vous, plus que moi, qui l'immolez ici ;
Enfin que c'est vous seul qui m'imposez un crime
Que la nécessité va rendre légitime.
Vous m'entendez, seigneur ; adieu. Point de traités,
Si du sang de Pyrrhus vous ne les cimentez.

G L A U C I A S.

Ah, cruel ! arrêtez : puisqu'il vous faut un gage,
Si c'est peu de ma foi, prenez-moi pour otage ;
Je suis prêt à vous suivre en ces mêmes climats
Où j'ai porté cent fois la flamme et le trépas.
Si ce n'est pas assez de vous céder un trône,
Prenez encor le mien, et je vous l'abandonne :
Mais ne réduisez point un prince vertueux
A trahir en Pyrrhus son honneur et ses dieux.
Quand je reçus ce prince échappé de vos armes,
Son berceau fut long-tems arrosé de mes larmes.
Je regardai Pyrrhus comme un présent divin
Que le ciel m'ordonnoit de cacher dans mon sein.
Enfin, Pyrrhus m'est plus que si j'étois son père ;
Je répondrois aux dieux d'une tête si chère.
Les sermens les plus saints ont répondu de moi,
Et je mourrois plutôt que de trahir ma foi.
Il n'est fils ni sujets que je ne sacrifie
Au soin de conserver sa déplorable vie.

N É O P T O L È M E.

Hé bien ! vous pouvez donc au sortir de ce lieu,
Aller dire à ce fils un éternel adieu.

G L A U C I A S.

Pour dérober ce fils à ta main meurtrière,
Je me suis abaissé jusques à la prière ;
Mais c'est trop honorer un lâche tel que toi,
Que de lui témoigner le plus léger effroi.
Je brave ta fureur, si tu braves ma plainte.
Un monstre doit causer plus d'horreur que de crainte.
Délivre, ou perds mon fils, je le laisse à ton choix,
Et je cours l'embrasser pour la dernière fois.
Oui, barbare, je vole à cet adieu funeste :
Mais toi, tremble, en songeant au vengeur qui me
　　reste.

S C È N E　I V.

N É O P T O L È M E　seul.

Dans quel étonnement laisse-t-il mes esprits !
Peut-on jusqu'à ce point abandonner un fils ?
Est-ce férocité, vertu, devoir, courage ?
De quel nom appeler ce bisarre assemblage ?
Quel oubli de soi-même ! Et quel mélange affreux
De père sans tendresse, et d'ami généreux !
Dépouille-t-on ainsi des entrailles de père ?
Quelles sauvages mœurs ! ou plutôt quel mystère !
Je l'ai trop admiré sur sa fausse vertu.
De soins bien différens un père est combattu.
Glaucias m'abusoit ; et son indifférence
Pour un fils sur qui va retomber ma vengeance,
Me fait voir où mon bras doit adresser ses coups.
Je reconnois enfin l'objet de mon courroux ;
Il est entre mes mains : le prince d'Illyrie
N'est autre que Pyrrhus que l'on me sacrifie,
Puis-je en douter encor ?

S C È N E　V.

H É L É N U S, N É O P T O L È M E.

N É O P T O L È M E　à part.

Mais je vois Hélénus.
J'éclaircirai bientôt mes soupçons sur Pyrrhus.
　(à Hélénus.)
Héros dont les exploits font revivre Alexandre,
Ou plutôt qui semblez renaître de sa cendre ;
Qui, jeune encor, osez faire voir aux humains
Qu'on peut même prétendre à de plus hauts destins,
Souffrez qu'un ennemi sorti du sang d'Achille,
Sang qui n'offrit jamais un hommage servile,
S'acquitte cependant des innocens tributs
Que tout cœur généreux doit rendre à vos vertus.
Le mien, quoiqu'irrité d'une guerre inhumaine,
Vous partagea long-tems son estime et sa haine :
Mais l'estime eut toujours de quoi la surpasser ;
Et ce que l'une a fait, l'autre veut l'effacer.
J'ai proposé la paix et la main d'Éricie ;
Je l'ai moi-même offerte au prince d'Illyrie.
Pouvois-je présumer que ses foibles attraits,
D'un triomphe plus beau comblant tous mes souhaits,
Subjugueroient, seigneur, un guerrier intrépide
Qui de nouveaux lauriers paroît toujours avide ?
C'est à lui que je parle, et je n'ai pas besoin
De rappeler ses traits et son nom de plus loin.
Daignez me confier un amour qui me flatte.
Les momens nous sont chers ; que cet amour éclate,
Seigneur : c'est un aveu que j'exige de vous,
Et je n'en puis entendre un qui me soit plus doux.

H É L É N U S.

Les charmes d'Éricie et tout ce qu'elle inspire
En disent plus, seigneur, que je n'en pourrois dire ;
Heureux, si les vertus dont vous m'avez flatté
Lui paroissoient d'un prix digne de sa beauté.
Il est vrai que je l'aime, et n'en fais point mystère ;
J'ai cru même devoir l'avouer à mon frère :

Mais Glaucias l'ignore, et du don de ma foi
Je ne puis disposer sans l'aveu de mon roi.
Mon cœur, indépendant du pouvoir arbitraire,
Se livre sans contrainte à ce qui peut lui plaire;
Mais cette liberté n'étend pas son pouvoir
Jusqu'à braver les lois d'un trop juste devoir.
Je fais gloire du mien, et jamais pour un père
Amour ne fut plus grand, ni respect plus sincère;
Mais c'est moins en sujet que je lui suis soumis,
Que par des sentimens qui sont plus que d'un fils.

NÉOPTOLÈME.

S'il est vrai qu'Hélénus brûle pour Éricie,
Prince, je réponds d'elle et du roi d'Illyrie.
Glaucias vous chérit, et verra sans regret
Le choix que mon estime et votre amour ont fait.
Quel successeur plus grand et plus digne d'Achille
Pouvois-je présenter à l'Épire indocile?
Qu'il m'est doux de pouvoir, en couronnant vos feux,
Rendre à-la-fois ma fille et mes sujets heureux!

HÉLÉNUS.

Cessez de vous flatter d'une espérance vaine;
Glaucias à la paix peut immoler sa haine,
Mais ne souffrira point que je sois possesseur
D'un trône dont Pyrrhus est le seul successeur.
Nos malheurs, il est vrai, vous en ont rendu maître,
Et tant que vous vivrez vous pourrez toujours l'être.
Je doute cependant qu'on vous laisse jamais
Le droit d'en disposer au gré de vos souhaits.
Mon hymen, ou celui de prince d'Illyrie,
Pourra vous garantir et le sceptre et la vie;
Mais Pyrrhus, après vous reprenant tous ses droits,
A l'Épire, seigneur, doit seul donner des lois.
Qui peut lui disputer alors ce diadème?
Et malgré mon amour, savez-vous si moi-même
Je pourrois consentir à l'en voir dépouiller,
Et d'un trône usurpé ma gloire se souiller?

NÉOPTOLÈME.

Et quel est donc le but de la paix qu'on demande,
S'il faut que de Pyrrhus ma couronne dépende?
Je n'aurai donc vaincu que pour être soumis,
Et que pour voir sur moi régner mes ennemis;
Que pour voir un hymen qui dépouille ma fille,
Comme une grace encor qu'on fait à ma famille?
Le sort, en remettant la victoire en nos mains,
Nous a fait concevoir de plus nobles desseins.

HÉLÉNUS.

Oui, vous avez vaincu; mais l'honneur et la gloire
Ne suivent pas toujours le char de la victoire.
Il en est qu'on ne doit imputer qu'au hasard.
La vôtre est de ce rang, le sort vous en fit part,
Et l'arracha des mains d'un ennemi terrible,
Dont vous n'aviez pas cru la défaite possible.
Si mon sang répandu vous a fait triompher,
Ce n'est pas vous du moins qui le fîtes couler.
Le sort à mes pareils peut garder un outrage:
Mais l'on n'obtient sur eux de parfait avantage
Qu'on ne les ait privés de la clarté du jour,
Ou l'on n'en peut trop craindre un funeste retour.
Seigneur, je vous ai dit que j'aimois la princesse;
Ses charmes peuvent seuls égaler ma tendresse:

Mais je n'ai désiré que son cœur et sa main.
Ma valeur peut lui faire un assez haut destin,
Sans que j'aille à Pyrrhus ravir un diadème,
Qui déshonoreroit votre fille elle-même.
Pour vous, qui vous osez déclarer mon vainqueur,
Montrez des sentimens dignes de tant d'honneur.

NÉOPTOLÈME.

Je vois bien qu'il est tems que je me fasse entendre,
Et que vous sachiez, vous, ce que j'ose prétendre.
Je ne sais de quel prix Éricie est pour vous;
Mais, si de l'obtenir votre amour est jaloux,
Si sa main est un bien qui vous semble si rare,
Il faut qu'à me servir votre cœur se prepare.
Je demande Pyrrhus, ma fille est à ce prix.
Tout autre n'est pour moi que refus ou mépris.
Voilà ce que de vous exige ma vengeance.
Vous, qui sur Glaucias avez tant de puissance,
Portez-le dès ce jour à remplir mes souhaits,
Ou determinez-vous à ne nous voir jamais.

HÉLÉNUS.

Vous-même eussiez en vain tenté cette entrevue,
Sans les soins d'Éricie, à qui seule elle est due:
Mais sur cet entretien si l'on m'eût pressenti,
Un mépris éternel m'en auroit garanti.
Barbare, voilà donc le prix de votre estime,
Un hymen, qui pour dot m'apporteroit un crime!
Dès qu'il faut s'allier à vous par un forfait,
Gardez à Cassander ce funeste bienfait,
Et ne vous vantez plus d'être du sang d'Achille.
Ce sang qui fut toujours en héros si fertile,
Ne pourroit inspirer des sentimens si bas.
Vous en êtes souillé, mais vous n'en sortez pas.
Si je pouvois penser que la jeune Éricie
Eût reçu vos penchans de vous avec la vie,
Ce ne seroit pour moi qu'un objet plein d'horreur.
Cruel, si vous voulez lui conserver mon cœur,
Déguisez mieux du moins cet affreux caractère
Qui me feroit rougir de vous nommer mon père.
Montrez-moi des vertus qui vous fassent aimer,
Et qui dans mon amour puissent me confirmer.
Ce n'est pas votre rang, c'est la vertu que j'aime;
Sans elle vous m'offrez en vain un diadème.
Dussiez-vous m'elever à des honneurs divins,
Je vous prefererois le plus vil des humains.
Je me vois à regret forcé de vous confondre,
Mais vous deviez prévoir ce que j'ai dû répondre.

NÉOPTOLÈME.

Hé bien, prince, suivez ces transports généreux;
Mais ressouvenez-vous que, pour vous rendre heu-
    reux,
J'ai voulu pénétrer jusqu'au fond de votre ame,
Et voir ce que pour nous oseroit votre flamme;
Car sans votre secours je serai satisfait.
Vous m'avez de Pyrrhus fait en vain un secret.
Il est en mon pouvoir; c'est Illyrus lui-même,
Que son triste destin livre à Néoptolème.

HÉLÉNUS.

Qui? lui, Pyrrhus, seigneur! Mais non, pensez-y
    bien.....

NÉOPTOLÈME.

Adieu: vous-même ici pesez notre entretien.

Je n'oublîrai jamais un refus qui me blesse,
Et j'en vais de ce pas instruire la princesse.

SCÈNE VI.

HÉLÉNUS seul.

Ah, tyran ! de quel trait viens-tu frapper mon
　　cœur ?·.
Vertu, dont les transports me coûtent mon bonheur,
Pour le prix de t'avoir sacrifié ma flamme,
Sauve-moi des regrets qui déchirent mon ame ;
Tourne vers mon rival mes soins et ma pitié,
Et ranime pour lui ma première amitié.
Illyrus est Pyrrhus ! Mais d'où vient que mon père
M'en a fait si long-tems un barbare mystère ?
M'auroit-il soupçonné d'être moins généreux,
Et moins touché que lui du sort d'un malheureux ?
Hélas ! quoi qu'il ait fait pour défendre sa vie,
Tout ce qu'il a perdu valoit-il Éricie ?
C'est Pyrrhus qui me l'ôte, et par un sort fatal
Je suis réduit encore à pleurer mon rival !
Allons trouver mon père, et cessons de nous plaindre ;
Etouffons sans regret des feux qu'il faut éteindre.
Voilà des ennemis dignes de mon courroux ;
Le triomphe du moins en est beau, s'il n'est doux.
Héros, qui pour tout bien recherchez la victoire,
Qu'un peu de sang perdu couvrit souvent de gloire,
Pour en savoir le prix, c'est peu d'être guerrier ;
Il faut avoir un cœur à lui sacrifier.

Fin du second acte.

ACTE TROISIÈME.

SCÈNE I.

ÉRICIE, ISMÈNE.

ÉRICIE.

Tu combats vainement mon désespoir funeste ;
La plainte, chère Ismène, est tout ce qui me reste.
Laisse-moi le seul bien des cœurs infortunés,
Que sous d'indignes lois l'amour tient enchaînés.
Lieux, témoins de ma honte et d'un perfide hommage,
Payé de tout mon cœur, et suivi d'un outrage ;
Lieux où j'ai cru soumettre un héros à mes lois,
Hélas ! je vous vois donc pour la dernière fois.
Pardonne ces transports à mon ame éperdue ;
On me méprise, Ismène, et la paix est rompue.
Nous reverrons bientôt, l'acier cruel en main,
Fondre dans nos états un guerrier inhumain ;
Et, pour comble de maux, il faut partir, Ismène,
Sans pouvoir contre lui faire éclater ma haine.
Je fais pour le trouver des souhaits superflus ;
Inutiles transports ! Je ne reverrai plus
Ce cruel Hélénus que ma raison abhorre,
Que ma gloire déteste, et que mon cœur adore.

SCENE II.

HÉLÉNUS, ÉRICIE, ISMÈNE.

ÉRICIE.

Ismène, je le vois. Ah ! mortelles douleurs !
Je succombe, et n'ai plus que l'usage des pleurs.
Fuyons, n'exposons point au mépris d'un barbare
Les foiblesses d'un cœur où la raison s'égare.

HÉLÉNUS.

Près de voir succéder, peut-être pour jamais,
Les horreurs de la guerre aux douceurs de la paix,
Dans ce triste moment, où votre ame irritée
Contre un infortuné n'est que trop excitée
M'est-il encor permis d'offrir à vos beaux yeux
Un amant qui ne peut que vous être odieux ?
Si je ne vous croyois généreuse, équitable,
Madame, je craindrois de paroître coupable ;
Mais que peut craindre un cœur qui remplit son
　　devoir ?
Et qu'ai-je à redouter que de ne vous plus voir ?
Je ne vous dirai point que je vous aime encore ;
Malgré ce que j'ai fait mon ame vous adore.
Mes refus m'ont privé de l'espoir le plus doux,
Mais n'ont point étouffé ma tendresse pour vous.
D'un rigoureux honneur déplorable victime,
Tendre amant sans foiblesse, et coupable sans crime,
D'un vertueux effort touché sans repentir,
Mon cœur sent cependant tout ce qu'il peut sentir ;
Et si, pour exciter le vôtre à la vengeance,
Ma générosité lui parut une offense,
S'il a pu souhaiter de me voir malheureux,
Non, jamais le destin n'a mieux rempli vos vœux.

ÉRICIE.

Que parlez-vous ici de haine et de vengeance ?
Non, ne redoutez rien de mon indifférence.
Quel désespoir éclate ? ou que soupçonnez-vous,
Pour oser vous flatter d'un instant de courroux ?
Cessez de vous troubler d'une frayeur si vaine ;
C'est supposer l'amour que de craindre la haine :
Mais jusques-là mon cœur ne sait point s'enflammer ;
C'est aux amans chéris, seigneur, à s'alarmer.

HÉLÉNUS.

Je sais que je dois peu ressentir leurs alarmes.
Je craignois d'avoir fait une injure à vos charmes :
Mais au ressentiment si mon cœur s'est mépris,
C'est qu'il se crut toujours au-dessus du mépris.
Ce n'est pas se flatter que de craindre, madame.
Jamais un faux orgueil n'a corrompu mon ame ;
La vertu seule y mit une noble fierté,
Que l'amour laisse agir, même avec dignité ;
Qui n'a fait aujourd'hui que ce qu'elle a dû faire.
Heureux d'être un objet peu digne de colère,
Qui, n'osant me flatter de l'honneur d'être aimé,
Croit mériter du moins celui d'être estimé.
Madame, je vois trop qu'un récit peu fidelle
M'a fait de mon devoir une lâche querelle.
Mais si votre courroux vous paroît trop pour moi,
Songez qu'ici le mien doit causer de l'effroi.
Ceux qui de mes refus ont noirci l'innocence,
En recevroient bientôt la juste récompense,

Si mon amour pour vous ne daignoit retenir
Un bras qui n'est souvent que trop prompt à punir.
Malgré tous vos mépris, je sens que je vous aime;
Mais je n'ai jamais tant haï Néoptolème.
Si jamais votre cœur a pu trembler pour lui,
Dans les murs de Bysance arrêtez-le aujourd'hui.
Je souscris à la paix, qu'on me rende mon frère.
Osez le demander vous-même à votre père;
Prévenez sur ce point un amant furieux,
Qui, hors vous, n'aura rien de sacré dans ces lieux.

ÉRICIE.

Cruel ! c'est donc ainsi que votre amour s'exprime !
Voilà ce feu si beau qui pour moi vous anime,
Et l'hommage d'un cœur qui ne se donne à moi,
Que pour remplir le mien de douleur et d'effroi !
On m'aime, et cependant il faut que je flechisse;
On m'adore, et c'est moi qui dois le sacrifice.
Il faut de mon devoir que j'étouffe la voix,
Et que de mon amant je subisse les lois.
De l'amour suppliant l'orgueil a pris la place,
Et je vois à ses soins succéder la menace,
Les refus, les mépris, la fierté, la terreur.
Vos transports les plus doux ne sont que de fureur;
Impétueux amant, dout l'ardeur téméraire
Ne déclare ses feux qu'en déclarant la guerre.
Inspira-t-on jamais l'amour par la frayeur?
C'est ainsi qu'Hélénus se rend maitre d'un cœur !
Il ordonne en tyran, il faut le satisfaire.
Barbare, ma fierté vous devroit le contraire;
Je devrois n'écouter que mon juste courroux;
Mais je veux me venger plus nôblement de vous.
Je veux qu'en gemissant Hélénus me regrette,
Et qu'il sente du moins la perte qu'il a faite.
Il ne tenoit qu'à vous de faire mon bonheur;
L'amour à cet espoir ouvroit dejà mon cœur;
Heureuse de pouvoir offrir un diadême,
Sans rechercher en vous d'autre bien que vous-même.
Je ne me vengerai de vos refus honteux,
Qu'en vous faisant rougir de mes soins généreux.
Puisque vous le voulez, je vais trouver mon père,
Tenter, pour le fléchir, les pleurs et la prière;
Je vais pour vous, ingrat, tomber à ses genoux,
Et faire ce qu'en vain j'attends ici de vous.

SCÈNE III.
HÉLÉNUS seul.

O DEVOIR ! ta rigueur est-elle satisfaite ?
Vois ce qui m'est offert, et ce que je rejette.
Quels bienfaits de ta part me feront oublier
Ce que tu m'as forcé de te sacrifier ?
Ah, Pyrrhus! que le soin de défendre ta vie
Sera d'un prix cruel, s'il m'en coûte Éricie!

SCÈNE IV.
ILLYRUS, HÉLÉNUS, GARDES.
HÉLÉNUS.

Mais on vient : c'est lui-même. Hélas! pour
    m'attendrir,
Que d'objets à la fois viennent ici s'offrir !

ILLYRUS.

Seigneur, car je ne sais si je parle à mon frère,
Tant le sort entre nous a jeté de mystère;
Quoi qu'il en soit, avant que de quitter ce lieu,
J'ai cru devoir vous dire un éternel adieu,
Après avoir reçu ceux du roi d'Illyrie,
Dont je suis plus touché que de sa barbarie.
Quel autre nom donner à sa rigueur pour moi,
Quand je n'y trouve plus mon père ni mon roi ?
Par quel malheur son fils a-t-il cessé de l'être ?
Ai-je déshonoré celui qui m'a fait naitre ?
Quel est donc ce Pyrrhus, pour lui d'un si haut prix ?
Encor si c'etoit vous, j'en serois moins surpris.
Seigneur, vous soupirez; je vois couler vos larmes;
Ces pleurs me causeroient de mortelles alarmes,
Si mon cœur étoit fait pour sentir de l'effroi.
Il s'émeut cependant de tout ce que je voi;
Une douleur si noble a de quoi me surprendre.
Ce n'est pas d'un rival que j'eusse osé l'attendre,
Ni me flatter qu'il dût être si généreux,
Lorsque tout abandonne un prince malheureux.
Non qu'à votre vertu j'eusse fait l'injustice
De croire votre amour de ma perte complice;
Mais si je n'ai rien craint de votre inimité,
Je n'en attendois pas non plus tant de pitié.

HÉLÉNUS.

Seigneur, quelques transports qu'une maîtresse ins-
    pire,
La gloire et le devoir ont aussi leur empire.
Entre ce qui me plait, et ce que je me dois,
L'honneur seul a toujours déterminé mon choix.
Je n'ai pas, dans les soins d'une ardeur qui m'est chère,
Perdu le souvenir de mon malheureux frère;
Et dût-il me haïr, même sans m'estimer,
Ses malheurs suffiroient pour me le faire aimer.
Je vois avec douleur le sort qu'on vous prépare,
Sans oser cependant immoler un barbare.
Ce palais est rempli de chefs et de soldats
Qu'un ordre redoutable attache sur mes pas.
Le fier Lysimachus, jaloux de sa puissance,
Ne laisse à mon courroux nul espoir de vengeance;
Et si je n'en craignois un funeste succès,
J'aurois bientôt troublé l'asyle de la paix :
Mais la peur d'exposer la tête de mon père,
Me fait, en frémissant, étouffer ma colère;
Et l'horreur de vous voir dans des fers odieux
La porte à des accès quelquefois furieux.
J'ose tout, je crains tout, sans savoir qu'entreprendre.
Je plains même Pyrrhus, et voudrois le défendre;
Heureux, si son secret fût resté dans l'oubli.

ILLYRUS.

Vous n'êtes pas le seul qui le sachiez ici,
A qui ce Pyrrhus doit encor plus qu'il ne pense :
Mais on veut lui garder un généreux silence;
Et pour sauver ses jours on fait plus aujourd'hui,
Que jamais Glaucias n'osa faire pour lui,
Lorsque tout engageoit à le faire connoître.

HÉLÉNUS.

Ah ! laissons ce Pyrrhus, seigneur, quel qu'il puisse
    être.

Pénétré de son sort jusqu'au saisissement,
Mon cœur n'a pas besoin d'autre éclaircissement,
Je ne connois que vous en ce moment funeste
Où le rival s'oublie, et l'ami seul vous reste.
Mais Glaucias paroit ; retirez-vous, seigneur ;
Votre aspect ne feroit qu'irriter sa douleur.
Daignez la respecter dans un malheureux père,
Et me laisser le soin d'une tête si chère.

I L L Y R U S.

Non, non, ce seroit trop en exiger de vous.
Je vous exposerois, seigneur, à son courroux.
Pour la dernière fois souffrez que je le voie.

S C È N E V.

GLAUCIAS, ILLYRUS, HÉLÉNUS, GARDES.

G L A U C I A S *dans le fond du théâtre.*

Dieux cruels, dont sur moi la rigueur se déploie,
Si rien à la pitié ne vous peut émouvoir,
Jouissez de mes pleurs et de mon désespoir.
Que vois-je? Quels objets! les deux princes ensemble!
Ah! que d'infortunés le sort ici rassemble!
(*à Illyrus.*)
Que cherchez-vous, mon fils, en ces funestes lieux,
Où tout doit désormais vous paroitre odieux,
Où vous devez me fuir et m'abhorrer moi-même?

I L L Y R U S.

Vous n'en êtes pas moins, seigneur, tout ce que j'aime.
A mon frère, il est vrai, je me plaignois de vous,
Et j'en eusse attendu des sentimens plus doux.
Je suis touché de voir, en ce moment terrible,
Qe mon rival soit seul à ma perte sensible.
Hélas! qui fut jamais plus à plaindre que moi?
Méprisé d'Éricie, et peu cher à mon roi,
C'est un prince sorti d'une race étrangère,
Qui l'emporte sur moi dans le cœur de mon père.
Je ne condamne point sa générosité,
Mais l'effort en devroit être plus limité ;
La gloire n'admet point de si grands sacrifices,
Et ce n'est point à moi d'illustrer ses caprices,
Victime des transports d'un chimerique honneur,
Sans avoir d'autre crime ici que mon malheur.
Ce reproche cruel dont votre cœur s'offense,
Ne regarde, seigneur, que votre indifférence ;
Je ne puis voir mon père abandonner son fils,
Sans soupçonner pour moi d'injurieux mépris.
Voilà les seuls regrets dont mon âme est saisie,
Et j'en suis plus touché que de perdre la vie ;
Mais je n'en ai pas moins souhaité vous revoir.

G L A U C I A S.

Illyrus, mon seul bien et mon unique espoir,
Ah! si c'est ton amour qui vers moi te rappelle,
Ne m'en refuse point une preuve nouvelle.
Viens, mon fils, dans les bras d'un père infortuné,
Dont le cœur ne t'a point encore abandonné ;
Viens te baigner de pleurs qui couleront sans cesse,
Et ne m'accuse point de manquer de tendresse.

Mon fils, je t'aime encor tout ce qu'on peut aimer,
Et je te connois trop pour ne pas t'estimer.
Tes reproches honteux, dont ma gloire murmure,
Outragent plus que moi le sang et la nature.
Mon cœur de ses retours n'est que trop combattu,
Et je n'ai plus d'espoir qu'en ta propre vertu.
Loin de déshonorer mon auguste vieillesse,
Aide-moi de mon sang à dompter la foiblesse.
Le malheureux Pyrrhus est maitre de ma foi,
Je ne suis pas le sien, et ta vie est à moi.
Fais voir, par les efforts d'une vertu suprême,
La victime au-dessus du sacrifice même.
Adieu ; sois généreux autant que je le suis.
Te pleurer et mourir, est tout ce que je puis.

I L L Y R U S.

Oui, je vous ferai voir par un effort insigne,
De quel amour, seigneur, Illyrus étoit digne ;
Que ce fils malheureux, sans le faire éclater,
Des plus rares vertus auroit pu se flatter ;
Qu'il sait du moins mourir et garder le silence,
Quand son propre intérêt peut-être l'en dispense.
Je pourrois d'un seul mot éviter mon malheur,
Mais ce mot échappé vous perceroit le cœur.
C'est dans le fond du mien qu'enfermant ce mystère,
Je vais sauver Pyrrhus, votre gloire, et me taire.
Adieu, cher Hélénus ; vous apprendrez un jour
Si j'avois mérité de vous quelque retour.

S C È N E V I.

GLAUCIAS, HÉLÉNUS.

H É L É N U S.

Seigneur, de ce discours que faut-il que je pense?
Sur quoi le prince ici vante-t-il son silence?

G L A U C I A S.

Ah! mon fils, ce secret ne regarde que moi :
Mais il a d'un seul mot glacé mon cœur d'effroi.
Hélas! que de son sort mon ame est attendrie!
Pyrrhus, que de vertus ma foi te sacrifie!

H É L É N U S.

Le prince va, dit-il, se perdre pour Pyrrhus ;
Et c'est lui cependant sous le nom d'Illyrus,
Si j'en crois les soupçons du tyran de l'Épire.
Seigneur, de ce secret, vous pouvez seul m'instruire.
Mon respect m'a forcé de cacher jusqu'ici
Les désirs que j'avois de m'en voir éclairci ;
Mais, s'il a triomphé de mon impatience,
Je rougis à la fin de votre défiance.
Si jamais votre cœur fut sensible pour moi,
Si mon amour pour vous a signalé ma foi,
Si j'ai pu m'illustrer en marchant sur vos traces,
Et par quelques exploits su mériter des grâces,
Du sang que j'ai perdu je n'exige qu'un prix.
Est-il vrai qu'Illyrus ne soit point votre fils?

G L A U C I A S.

Je ne suis point surpris qu'un lâche cœur soupçonne
Qu'Illyrus soit Pyrrhus, dès que je l'abandonne :
Mais vous, jusqu'à ce jour élevé dans mon sein,
Vous, à qui des vertus j'applanis le chemin,

Que

Que j'instruisis d'exemple, auriez-vous osé croire
Que d'une lâcheté j'eusse souillé ma gloire ?
Non, mon cher Hélénus, ce fils abandonné
N'en est pas moins celui que les dieux m'ont donné ;
Et plât au sort cruel qu'il eût un autre père !

HÉLÉNUS.

Vous n'éclaircissez pas, seigneur, tout le mystère.

GLAUCIAS.

Prince, c'est trop vouloir pénétrer un secret ;
Offrez à ma douleur un zèle plus discret,
Et n'en exigez pas plus que je n'en veux dire.

HÉLÉNUS.

C'en est assez pour moi, seigneur, je me retire,
Satisfait qu'Illyrus soit toujours votre fils ;
Et je vais de ce pas trouver ses ennemis.

GLAUCIAS.

Ah, cruel ! arrêtez. Qu'allez-vous entreprendre ?

HÉLÉNUS.

Ce que de ma vertu mon frère doit attendre.
Je cours le dérober à son sort inhumain,
Ou mourir avec lui les armes à la main ;
Et je n'écoute plus, dans l'ardeur qui me guide,
Que la soif de verser le sang d'un parricide.

GLAUCIAS.

Barbare, immole donc le mien à ta fureur,
Cours exposer ma vie et me perdre d'honneur.

HÉLÉNUS.

Ah ! vous ne craignez pas, seigneur, pour votre vie ;
Ce n'est pas-là l'effroi dont votre ame est saisie ;
Elle est trop au-dessus d'une lâche frayeur ;
Pyrrhus, le seul Pyrrhus occupe votre cœur.
Indifférent pour nous, pour lui plein de tendresse,
Voilà, pour m'arrêter, le motif qui vous presse,
Et l'unique frayeur qui vous trouble aujourd'hui.
N'avons-nous pas assez versé de sang pour lui ?
S'il est reconnoissant, que veut-il davantage ?
Je sais qu'à le sauver votre foi vous engage,
Que vous lui devez même une sainte amitié ;
Mais que lui dois-je moi, qu'une simple pitié,
Qui doit céder aux soins de conserver mon frère ?
Hé bien ! qu'à vos deux fils votre honneur le préfère ;
Consacrez à jamais ces transports vertueux,
Et me laissez le soin de nous sauver tous deux.
Que Pyrrhus avec nous vienne aussi se défendre,
S'il est digne du sang que vous laissez répandre.
Eh ! de quelle vertu l'ont enrichi les dieux,
Pour vous rendre, seigneur, le sien si précieux ?
Je ne sais, mais je crains que le grand nom d'Achille
Ne soit pour lui d'un poids plus onéreux qu'utile ;
Que sans honneur ses jours ne se soient écoulés.

GLAUCIAS.

Ah ! si vous connoissiez celui dont vous parlez,
Vous changeriez bientôt de soins et de langage,
Et je verrois mollir ce suberbe courage.

HÉLÉNUS.

Seigneur, à ce discours, c'est trop me le cacher.
Je dois de votre sein désormais l'arracher.

GLAUCIAS.

Quoi ! ce même Hélénus que l'univers admire,
Et dont les dieux sembloient lui désigner l'empire,

L'ennemi des tyrans, l'ami des malheureux,
Flétrit en un seul jour tant de jours si fameux,
Et me demande à moi le sang d'un misérable !

HÉLÉNUS.

Ah, dieux ! de ces horreurs me croyez-vous capable ?
Non ; vous ne m'imputez ces lâches mouvemeus,
Que pour vous délivrer de mes empressemens.
C'est le droit d'un refus acquis par une offense,
Et dont à vos remords je laisse la vengeance.
Ce jour, qu'on croit des miens avoir flétri le cours,
Est peut-être, seigneur, le plus beau de mes jours.
A ce même Pyrrhus j'ai fait un sacrifice,
Qui sera pour mon cœur un éternel supplice,
Et dont mon amour seul connoissoit tout le prix.
Mais en vain aux refus vous joignez le mépris.
Si vous voulez calmer la fureur qui m'agite,
Cessez de retenir un secret qui m'irrite,
Ou de sang et d'horreurs je vais remplir ces lieux.

GLAUCIAS.

Ah, mon fils ! étouffez ces désirs curieux,
Et Pyrrhus puisse-t-il pour jamais disparoître !

HÉLÉNUS.

Je commence, seigneur, à ne me plus connoître.
(*Il embrasse avec violence les genoux de Glaucias.*)
Pour la dernière fois j'embrasse vos genoux.

GLAUCIAS.

Ah ! quel emportement ! C'en est trop, levez-vous.
Reconnoissez Pyrrhus à ma douleur extrême.

HÉLÉNUS.

Achevez.....

GLAUCIAS.

Je me meurs.... malheureux ! c'est vous-même,

PYRRHUS.

Seigneur, c'en est assez, et je suis satisfait.

(*Il veut se retirer.*)

GLAUCIAS *l'arrêtant.*

Arrêtez, prince ingrat : quel est donc le projet
Qu'en ce triste moment votre fureur médite ?
Non, ce n'est pas ainsi, seigneur, que l'on me quitte
Je n'en conçois que trop, à vos veux enflammés....
Mais je verrai bientôt, cruel, si vous m'aimez.

Fin du troisième acte.

ACTE QUATRIÈME.

SCÈNE I.

PYRRHUS, ANDROCLIDE, CYNÉAS.

ANDROCLIDE.

ENFIN il m'est permis, seigneur, de vous connoître,
Et d'oser embrasser les genoux de mon maitre.
Dieux ! quel ravissement ! Quelle douceur pour moi
De trouver un héros dans le fils de mon roi !
Mais de ce bien si doux que vous troublez la joie,
Par les transports secrets où je vous vois en proie !
Glaucias, à son tour accablé de douleur,
Semble plus que jamais ressentir son malheur.

Q

Seigneur , daignez calmer cette douleur cruelle,
Songez qu'un seul instant peut la rendre mortelle ;
Ne l'abandonnez point en ces tristes momens.

PYRRHUS.

Je puis avoir pour lui d'autres empressemens.
Androclide , je sais que je vous dois la vie,
Que sans vous , en naissant , on me l'auroit ravie ;
Allez , de ce bienfait je saurai m'acquitter.

ANDROCLIDE.

Le roi m'a commandé de ne vous point quitter.

PYRRHUS.

Glaucias est un roi que j'estime et que j'aime ;
Mais je ne dépends plus ici que de moi-même.
Pour vous , que le destin a soumis à mes lois,
Respectez-les du moins une première fois,
Et cessez d'écouter un crainte frivole.
Glaucias me connoît , j'ai donné ma parole,
J'ai juré d'épargner un tyran odieux,
Et de ne point troubler l'asile de ces lieux.
Que pouvois-je de plus pour le roi d'Illyrie ?
Allez , si vous m'aimez , prenez soin de sa vie.

ANDROCLIDE.

Seigneur....

PYRRHUS.

Obéissez. Profitons des instans
Que j'ai pu dérober à leurs soins vigilans.

SCÈNE II.

PYRRHUS, CYNÉAS.

PYRRHUS.

Cynéas , approchez ; l'heure fatale presse.
Puis-je encore espérer de revoir la princesse ?
Sait-elle qu'Hélénus doit se trouver ici ?

CYNÉAS.

Oui , seigneur , et bientôt vons l'y verrez aussi.
J'ai laissé la princesse avec Néoptolème ,
Qui m'a paru frappé d'une surprise extrême ,
Lorsque je l'ai flatté de l'espoir d'une paix ,
Qu'il devoit regarder comme un de vos bienfaits.
Au seul nom de Pyrrhus j'ai vu sa defiance
Balancer ses desirs et son impatience.
« Je douterois , dit-il , qu'on voulût le livrer ,
» Si d'autres qu'Hélénus osoient m'en assurer :
» Mais dès que ce héros souscrit à ma demande... »

PYRRHUS.

Ami , c'en est assez ; dites-lui qu'il m'attende.

SCÈNE III.

PYRRHUS seul.

Désirs impétueux que je ne puis dompter,
Et qu'en vain mon devoir s'attache à surmonter ,
Redoutables momens d'une trop chère vue,
Que vous allez coûter à mon ame eperdue !
Pyrrhus , à quels transports oses-tu te livrer ?
Est-ce l'amour ici qui doit t'en inspirer ?
Néoptolème vit , et le sang d'Æacide
S'enflamme pour le sang d'un lâche parricide !

Mais pour lui mon amour eût en vain combattu ,
Si de plus hauts desseins n'occupoient ma vertu.
Infortuné Pyrrhus , il est tems qu'elle éclate.
Non , de quelque valeur que l'univers te flatte ,
Quels que soient tes exploits et tes honneurs passés,
Illyrus en un jour les a tous effacés ;
Et telle est aujourd'hui ta triste destinée,
Qu'il faut que par toi seul elle soit terminée.
C'est vainement qu'au ciel tu comptes des aïeux ,
Si ta propre vertu ne t'y place avec eux.
Le sang d'Achille est beau ; mais l'honneur d'en descendre
Ne vaut pas désormais celui de le répandre.
Un rival généreux qui s'immoloit pour toi ,
T'en a tracé l'exemple et prononcé la loi.
Ah ! que tant de grandeur me touche et m'humilie !
Père et fils vertueux , que je vous porte envie !
Comment vous surpasser ? Dieux , voilà des mortels
Dignes de partager avec vous les autels ;
Non des barbares nés pour l'effroi de la terre ,
Ces idoles de sang , fiers rivaux du tonnerre ,
Qui font de leur valeur un horrible métier ,
Et dont je n'ai que trop suivi l'affreux sentier.
Cherchons au-dessus d'eux une gloire nouvelle ,
Plus digne des transports que j'eus toujours pour elle.
Heureux si mon devoir pouvoit les redoubler ,
A l'aspect d'un objet qui peut seul les troubler !

SCÈNE IV.

PYRRHUS, ÉRICIE.

ÉRICIE.

Je sors en ce moment d'avec le roi d'Epire ;
En croirai-je , seigneur , ce qu'il vient de me dire ?
Est-ce bien Hélénus qui nous donne une paix ,
Qu'on croit même devoir à mes foibles attraits ?
Mais , loin de rappeler le souvenir funeste
D'un sacrifice affreux que ma vertu deteste ,
Je ne veux m'occuper que du soin généreux
De pleurer avec vous un prince malheureux.
Que n'ai-je point tenté près de Néoptolème !
J'ai regardé Pyrrhus comme un autre vous-même.
Non , l'horreur de son sort n'égalera jamais
Mes regrets de l'avoir défendu sans succès.
Je sais trop à quel point Pyrrhus vous intéresse ,
Pour ne point partager la douleur qui vous presse ;
Jugez combien mon cœur s'est senti pénétrer
De vous voir désormais réduit à le livrer.
Et plût aux dieux , seigneur , pour comble d'injustice ,
Qu'on ne m'imputât point ce cruel sacrifice ,
Et qu'au bien de la paix l'amour trop indulgent
N'eût point pris sur lui-même un si triste présent !
Hélénus eût moins fait pour désarmer ma haine ,
S'il savoit qu'un remords en triomphe sans peine.
Mais quoi ! vous rougissez , et ne répondez rien !
Pourquoi me demander un secret entretien ?

PYRRHUS.

Je rougis , il est vrai , d'un discours qui m'offense ;
Et jamais mon courroux n'eut plus de violence.

Puis-je voir , sans frémir , qu'avec un si beau feu ,
Ce cœur où j'aspirois m'ait estimé si peu ?
Pui je voir , sans rougir de honte et de colère ,
Qu'Ericie ait de moi pensé comme son père ,
Et qu'elle ose imputer aux transports d'Hélénus
Le funeste présent qu'il vous fait de Pyrrhus?
Je ne sais si l'amour peut nous rendre excusables ;
Mais il ne doit jamais nous rendre méprisables.
Le crime est toujours crime , et jamais la beauté
N'a pu servir de voile à sa difformité.
Peut-être que mon cœur , dans l'ardeur qui l'en-
    flamme ,
Tout vertueuxqu'il est, n'est point exempt de blâme;
Mais ce qu'à mon devoir je vais sacrifier ,
Aux yeux de l'univers va me justifier ,
Eterniser mon nom , expier ma tendresse ,
Et venger ma vertu d'un soupçon qui la blesse.

ÉRICIE.

Seigneur , daignez calmer un si noble courroux.
Je sais ce que je dois attendre ici de vous.

PYRRHUS.

Dans un moment du moins vous pourrez le connoître,
Et , loin de me haïr , vous me plaindrez peut-être.
Connoissez-mieux, madame, un cœur où vous régnez,
Et ne l'outragez point , si vous le dédaignez.
Belle Ericie , enfin , croyez que je vous aime;
Mais ne le croyez point comme Néoptolème.
Mon amour n'a jamais soumis à vos beaux yeux
Qu'un cœur digne de vous , et peut-être des dieux;
Qui ne sait point offrir pour sacrifice un crime
Qui déshonoreroit l'autel et la victime.
Je vais à son destin livrer un malheureux ,
Mais ce ne sera point par un traité honteux.
Ma vertu n'admet point de si lâche injustice ,
Et mon cœur vous devoit un autre sacrifice.
Trop heureux . si ce cœur , facile à s'enflammer ,
Au gré de mon devoir , l'avoit pu consommer :
Mais dans l'état cruel où mon malheur me laisse ,
On peut me pardonner un instant de foiblesse ;
Et vous m'avez offert des soins si généreux ,
Qu'ils m'ont fait oublier qui nous étions tous deux.
Votre père m'attend : adieu , belle Ericie.
J'ai voulu vous revoir ; mais mon ame attendrie
Ne pourroit soutenir vos pleurs près de couler ,
Et qu'un fatal instant va bientôt redoubler.

ÉRICIE

Ah , seigneur! arrêtez ; et , si je vous suis chère ,
Daignez de vos adieux m'expliquer le mystère.
Je sens un froid mortel qui me glace le cœur ,
Et la mort n'a jamais causé plus de frayeur.
Hélas ! au trouble dont mon ame est saisie ,
Puis-je encor souhaiter de me voir éclaircie ?
Vous allez , dites-vous , livrer un malheureux ,
Sans cesser d'être grand , ni d'être généreux.
Ah ! je vous reconnois à cet effort suprême.
Justes dieux ! c'est Pyrrhus qui se livre lui-même.

PYRRHUS.

Oni , madame , c'est lui ; c'est ainsi qu'Hélénus
Pouvoit du moins livrer l'infortuné Pyrrhus ,
Qui sous ce triste nom ne craint plus de paroitre ,
Dès qu'à de nobles traits on veut le reconnoitre.

ÉRICIE.

Dites plutôt , seigneur , qu'à ce cœur sans pitié ,
Dont je n'ai jamais pu fléchir l'inimitié ,
J'aurois dû reconnoitre une race ennemie
Qui ne s'immole ici que pour m'ôter la vie.
Inhumain , consommez vos généreux projets ;
De votre haine , enfin , voilà les derniers traits.
Quel ennemi. grands dieux! offrez-vous à la mienne!
Quel dessein venez-vous d'inspirer à la sienne!
Ah ! si c'est à ce prix que vous donnez la paix ,
Barbare , faites-nous la guerre pour jamais.
Vous ne démentez point le sang qui vous fit naître ;
Ingrat , vous ne pouviez mieux vous faire connoitre
Que par un noir projet qui n'est fait que pour vous ;
Je reconnois Pyrrhus à ces funestes coups.
Quand par des soins trompeurs il a seduit mon ame,
Des plus cruels refus je vois payer ma flamme ;
Et quand je crois jouir d'un destin plus heureux ,
Je retrouve Pyrrhus dans l'objet de mes vœux.
Qui vous a dévoilé , seigneur , votre naissance ?
Glaucias n'a-t-il plus ni vertu ni prudence ?
Devoit-il un moment douter de vos desseins ,
Et méconnoitre en vous le plus grand des humains ?
Il faut pour mon malheur , que le roi d'Illyrie
Vous ait moins estimé que ne fait Ericie.
Cruel , songez du moins , en courant à la mort ,
Qu'un amour malheureux me garde un même sort.
Ne croyez point en moi trouver Neoptolème.
Vous ne voyez que trop à quel point je vous aime.

PYRRHUS.

Ah ! voilà les transports que j'aurois du prévoir ,
Si l'amour m'eût laissé maitre de mon devoir.
J'ai voulu consacrer à l'objet que j'adore
Quelques tristes momens qui me restoient encore.
Je bravois le trépas ; mais je sens à vos pleurs
Qu'il a pour les amans son trouble et ses horreurs.
Ne m'offrez-vous les soins d'une ardeur mutuelle ,
Que pour me rendre encor ma perte plus cruelle ?
Quel bien à notre amour peut s'offrir désormais ?
Un parricide affreux nous sépare à jamais.
Songez , si je ne meurs , qu'il faut que je punisse ;
Qu'un coupable, avec moi, n'est pas loin du supplice;
Songez enfin , madame , à ce que je me doi ,
A ce que mon honneur m'impose envers un roi
A qui je dois un fils , son unique espérance ,
Et le plus digne effort de ma reconnoissance.

ÉRICIE.

Glaucias vous doit-il être plus cher que moi ,
Seigneur ? Ne pouvez-vous récompenser sa foi
Qu'aux depens de vos jours et de ma propre vie ,
Que vous sacrifiez au prince d'Illyrie ?
Ah ! laissez-moi le soin de vous la conserver ,
Et , par pitié pour moi , songez à vous sauver.
C'est Ericie en pleurs qui vous demande grace ;
Verrez-vous sans pitie le sort qui la menace ?
Est-ce par vous , cruel , qu'elle doit expirer ?
Ah ! du moins attendez qu'on ose vous livrer.

PYRRHUS.

Non, non, au sang d'Achille épargnez cet outrage.
Je dois d'un si beau sang faire un plus noble usage ;

La mort pour mes pareils n'est qu'un léger instant,
Dont la crainte aux humains a fait seule un tour-
　　　ment.
Je vous perds pour jamais, adorable Ericie;
C'est-là pour un amant perdre plus que la vie:
Mais ne présumez pas qu'en lâche criminel,
Je souffre que Pyrrhus soit conduit à l'autel.
D'ailleurs, pour Glaucias j'eus toujours trop d'estime,
Pour lui laisser jamais la honte d'un tel crime.

É R I C I E.

C'est-à-dire, seigneur, qu'il vous paroît plus doux
D'en rejeter ainsi l'indigni.é sur nous;
Et que vous aimez mieux deshonorer mon père,
Pour m'en laisser à moi la douleur toute entière,
Et me faire haïr qui m'a donné le jour.
Voilà ce que Pyrrhus gardoit à tant d'amour!
Hé bien, cruel, allez trouver Neoptolème;
Puisque vous le voulez, je vous rends à vous-même:
Mais, dans tous vos transports de générosité,
Je vois moins de vertu que de férocité.

P Y R R H U S.

Ne me reprochez point une vertu farouche;
L'honneur ainsi le veut et l'honneur seul me touche.
S'il se pouvoit trouver d'accord avec mes jours,
Vous ne m'eu verriez point précipiter le cours.
Comme mortel, je sens tout le prix de la vie;
Comme amant, tout le prix d'être aimé d'Ericie:
Mais Pyrrhus, en héros épris de vos appas,
Se met, en immortel, au-dessus du trépas.

É R I C I E.

Vous prétendez en vain qu'au gré de votre envie
Je vous laisse, seigneur, maître de votre vie.
Si vous ne rejetez vos projets inhumains,
Je cours à Glaucias découvrir vos desseins.

P Y R R H U S.

Si vous m'aimez encor, gardez de l'entreprendre;
Belle Éricie, au nom de l'amour le plus tendre,
N'abusez point ici des secrets d'un amant
Qui pourroit de dessein changer en un moment.
Considérez sur qui tomberoit ma colère;
Vous pleurez un amant, vous pleureriez un père.
En faveur de Pyrrhus tâchez de le fléchir,
J'y consens: mais daignez ne le point découvrir,
Et ne lui faites point mériter votre haine.
Qu'espérez-vous, enfin, d'une pitié si vaine?
Songez que dans l'état où m'a réduit le sort,
Il ne me reste plus que l'honneur de ma mort.
Ne me l'enviez point, et respectez ma gloire;
Vivez pour en garder une tendre mémoire,
Et cessez de vouloir partager mes malheurs;
Laissez mourir Pyrrhus digne enfin de vos pleurs.
Adieu, madame; allez trouver Neoptolème;
J'irai dans un moment le rejoindre moi-même.
M'exposer plus long-tems à tout ce que je vois,
C'est moins braver la mort que mourir mille fois.
　　　　　　　　　　(Il sort.)

S C E N E V.
É R I C I E seule.

Quoi! seigneur, vous iriez vous livrer à mon père!
Ah! puisqu'en vos fureurs votre cœur persevère,
L'inflexible Pyrrhus, qui dechire le mien,
Va le voir surpasser la fermeté du sien.

S C È N E V I.
G L A U C I A S, É R I C I E.
É R I C I E à part.

Mais Glaucias paroit. Quel soin ici l'appelle?
Eclatez, vains transports de ma douleur mortelle,
Et laissez dans mes pleurs lire un triste secret.

G L A U C I A S.

Princesse, un ennemi qui ne l'est qu'à regret,
Et qui touche peut-être à son heure dernière,
Osera-t-il ici vous faire une prière?
S'il fut long-tems l'objet de votre inimitié,
Il ne doit plus, hélas! l'être que de pitié.
Les dieux viennent sur moi d'épuiser leur colère.
Je n'ai rien oublié pour fléchir votre père;
Mais le cruel qu'il est me redemande un bien
Que ma pitié protége, et qui n'est pas le mien.
Il veut Pyrrhus, il veut que je lui sacrifie
Le malheureux dépôt que le ciel me confie;
Il veut, à mon honneur portant le coup mortel,
Couvrir mes cheveux blancs d'un affront éternel,
Et plonger dans l'horreur le reste de ma vie.
Plaignez mon triste sort, généreuse Éricie;
Vous êtes désormais mon unique recours.
A des infortunés prêtez votre secours.
Je sais, dans les faveurs dont le ciel vous partage,
Que la beauté n'est pas votre seul avantage,
Et que les dieux, sur vous épuisant leurs bienfaits,
Ont de mille vertus enrichi vos attraits.
Mon cœur près de vous voir unie à ma famille,
Vous prodiguoit déjà le tendre nom de fille;
Mais, puisque le destin me ravit la douceur.
D'un bien qui m'eût comblé de joie et de bonheur,
Je veux traiter pour vous un plus noble hyménée,
De vous et de Pyrrhus unir la destinée.
Je sais que je ne puis former ces tristes nœuds,
Sans outrager les lois, la nature et les dieux;
Mais la paix ne veut pas un moindre sacrifice.
Rendez à cet hymen votre père propice.
S'il soupçonne ma foi, qu'il emmène Illyrus,
Et confie à mes soins Éricie et Pyrrhus.
Vous vous serez tous trois un mutuel ôtage.
Néoptolème aura l'Épire pour partage;
Et je l'en laisserai paisible possesseur,
Pourvu que votre époux en soit le successeur.

É R I C I E.

Ah! seigneur, plût aux dieux, et pour l'un et pour
　　　l'autre,
Que tous les cœurs ici fussent tels que le vôtre,
Et sussent comme vous régler sur l'équité
La vengeance des rois et leur avidité!

Qui ne seroit touché de l'état déplorable
Où vous réduit le soin du sort d'un misérable ?
Les dieux, tout grands qu'ils sont, en ont-ils autant
     fait ?
Qu'un père tel que vous est digne de regret !
Jugez, à ma douleur, si le cœur d Ericie
A pu garder pour vous une haine endurcie.
Seigneur, tant de vertu trouve peu d'ennemis.
Hélas ! pour conserver Pyrrhus et votre fils,
Vous n'aviez pas besoin d'employer la prière.
Que n'ai-je point déja tente pres de mon père ?
Rien ne peut desarmer sa haine et sa rigueur ;
Je ne vous dirai point quelle en est ma douleur,
Mais Pyrrhus aujourd hui m'a coûte plus de larmes
Que le soin de ses jours ne vous causa d'alarmes.
Plût au ciel que celui de nous mourir tous deux
Pût rendre à vos souhaits ce prince malheureux,
Et que de notre hymen les funestes auspices
Ne fussent point suivis de plus noirs sacrifices !
Adieu : puisse le ciel, attendri par mes pleurs,
Les faire avec succès parler dans tous les cœurs !
Vous ne connoissez pas le plus inexorable.
Mais, si je n'obtiens point un aveu favorable,
Seigneur, au même instant fuyez avec Pyrrhus ;
Et me laissez le soin du destin l'Illyrus.
Emparez-vous sur-tout d'un guerrier invincible,
Dont rien ne peut dompter le courage inflexible.
Que dis-je ?. où mon amour se va-t-il egarer !

GLAUCIAS.

O ciel ! à quels malheurs faut-il me préparer ?
Dans l'état où m'a mis la fortune cruelle,
En ai-je à redouter quelque atteinte nouvelle ?
Ah ! madame, daignez ne me le point cacher,
Si d'un infortuné le sort peut vous toucher.
Vous avez vu mon fils, je sais qu'il vous adore,
Et j'ai cru près de vous le retrouver encore.
Je venois m'emparer d'un ingrat qui me fuit,
Et que par-tout en vain ma tendresse poursuit.
Ma vie à ce cruel devoit être assez chère,
Pour ne point l'arracher à son malheureux père ;
Mais je vois qu'Hélénus ne s'eloigne de moi,
Que pour mieux me manquer de parole et de foi.
Il a par ses sermens surpris ma vigilance,
Dissipé mes soupçons, et trompé la prudence
D'un père en sa faveur toujours trop prévenu.
Apprenez-moi du moins ce qu'il est devenu.
Veut-il nous perdre tous, ou se perdre lui-même ?
Grands dieux ! faudra-t-il voir périr tout ce que
     j'aime ?
Madame, ayez pitié de l'état où je suis.

ÉRICIE.

Ah ! que demandez-vous ? Et qu'est-ce que je puis ?
N'ajoutez rien vous-même au trouble qui m'agite.
Les momens nous sont chers, souffrez que je vous
     quitte.
Seigneur, il n'est pas tems d'interroger mes pleurs,
Lorsqu'il faut prévenir le plus grand des malheurs.

Fin du quatrième acte.

ACTE CINQUIÈME.

SCÈNE I.

ISMÈNE, ÉRICIE.

ÉRICIE.

Si je ne n'ai pu toucher un amant qui m'adore,
Que pourrai-je obtenir d un père qui l'abhorre ?
Malheureuse ! les dieux ont-il doué tes pleurs
De ces charmes puissans qui fléchissent les cœurs ?
Et tu crois attendrir un prince inexorable,
Que la soif de régner va rendre impitoyable ;
Qui, maitre du plus fier de tous ses ennemis,
Pour ne le craindre plus, se croira tout permis !
Funeste ambition, détestable manie,
Mère de l'injustice et de la tyrannie,
Qui de sang la première a rempli l'univers,
Et jeté les humains dans l'opprobre et les fers ;
C'est toi dont les fureurs, toujours illégitimes,
Firent naitre à-la-fois les sceptres et les crimes.
Sans toi, rien n'eût borné ma gloire et mon bonheur.
Quel sort plus beau pouvoit jamais flatter un cœur ?
Et mes yeux effrayés verront fumer la terre
D'un sang qui doit sa source au maitre du tonnerre !
Grand dieu, ne souffre point qu'un père furieux
S'immole, sans pitié, le plus pur sang des dieux ;
Daigne, loin d'employer la foudre à sa vengeance,
Tonner au fond des cœurs, et prévenir l'offense.

ISMÈNE.

Madame, il faut cacher ce mortel désespoir.
Glaucias, disiez-vous, demandoit à vous voir ?

ÉRICIE.

Je ne l'ai que trop vu ce prince déplorable,
Des rois les plus vantés modèle inimitable,
Qui n'a que l'honneur seul pour guide et pour objet,
Père moins malheureux encor qu'ami parfait.
Que de son sort cruel mon ame est attendrie !
Qu'il redouble les maux de la triste Ericie !
Et ce roi généreux, si digne de pitié,
De ses malheurs encore ignore la moitié..
Hélas ! que je le plains ! Que de vertus, Ismène !
Est-ce donc-là, grands dieux, l'objet de votre haine ?
Que mon père n'a-t-il un cœur tel que le sien !
Qu'il auroit épargné de désespoir au mien !
Ismène, il ne vient point ; et mon impatience
Commence à soupçonner une si longue absence.
Quel autre qu'Hélénus pourroit le retenir ?
Sans doute le cruel m'a voulu prévenir ;
Et, si j'en crois mes pleurs, sa triste destinée
Dans les flots de son sang est déjà terminée.
Je ne sais quelle horreur me saisit malgré moi,
Je sens, à chaque instant, redoubler mon effroi.
Je demande mon père, et mon ame éperdue
N'a peut-être jamais tant redouté sa vue.

SCÈNE II.

NÉOPTOLÈME, ÉRICIE, ISMÈNE.

ÉRICIE.

Enfin, je l'aperçois. Soutenez-moi, grands
   dieux !

NÉOPTOLÈME.

Hélénus, que j'attends, va paroître en ces lieux,
Ma filie ; c'en est fait, ce guerrier rédoutable,
Loin d'offrir à Pyrrhus une main secourable,
Lui-même doit bientôt le livrer à mes coups,
Et ce spectacle affreux n'a pas besoin de vous.
Sortez Quoi ! vous pleurez ! Qui fait couler vos larmes ?
D'où peut naître à la fois tant de trouble et d'alarmes ?
Parlez, c'est trop se taire, après ce que je voi :
Avez-vous des secrets qui ne soient pas pour moi ?

ÉRICIE, *se jetant aux genoux de Néoptolème.*

Non, seigneur : mais ce n'est qu'aux genoux de mon
   père
Que je puis éclaicir ce funeste mystère.

NÉOPTOLÈME *la relevant.*

Ma fille, en cet etat que me demandez-vous ?
Et qui peut vous forcer d'embrasser mes genoux ?
Que craignez-vous enfin d'un père qui vous aime ?

ÉRICIE.

Ah, seigneur ! pardonnez à ma douleur extrême.
Je sais que vous m'aimez, et ce n'est pas pour moi
Que je viens implorer les bontés de mon roi.
Ne vous offensez point, si les pleurs d'Ericie
Osent d'un malheureux vous demander la vie.
L'infortuné Pyrrhus va vous être remis.....

NÉOPTOLÈME.

Quoi ! c'est du plus cruel de tous mes ennemis,
Que vous osez, ma fille, embrasser la defense !
Et ne craignez-vous point vous-même ma vengeance ?
D'où naissent pour Pyrrhus des sentimens si vains ?
Est-ce à vous que je dois compte de mes desseins ;
Vous que je dois sur eux ou consulter ou croire ?

ÉRICIE.

Non, mais vous me devez compte de votre gloire ;
Elle est à moi, seigneur, autant qu'elle est à vous ;
Et ce qui la flétrit, se partage entre nous.
Si rien ne peut fléchir votre haine endurcie,
Songez de quels malheurs elle sera suivie.
Vous verrez contre vous armer tout l'univers,
Et Pyrrhus, chaque jour, renaître des enfers.
Quoi ! pour faire oublier le meurtre d'Æacide,
Vous meditez encore un double parricide !
Faudra-t-il vous compter au rang des assassins,
Et vous voir devenir l'opprobre des humains,
Lorsque vous en pouviez devenir le modèle,
Si votre ambition eût été moins cruelle ?
Le ciel vous a comblé de ses dons précieux,
Et vos vertus pouvoient vous égaler aux dieux,
La noblesse du sang, la valeur, la prudence ;
En faudra-t-il seigneur, excepter la clémence ?
Malgré mille revers, vous avez vu cent fois
L'univers vous placer parmi ses plus grands rois ;

Et de tant de vertus le parfait assemblage
Deviendroit d'un tyran l'inutile partage !

NÉOPTOLÈME.

Ma fille, quels discours !

ÉRICIE.

          Je m'égare, seigneur ;
Mais daignez pardonner ces transports à mon cœur.
Mon respect a toujours egalé ma tendresse :
Loin de me reprocher un discours qui vous blesse,
A mes larmes, seigneur, laissez-vous attendrir,
Ou du moins ecoutez ce qu'on vient vous offrir.
Glaucias est tout prêt à vous céder l'Epire ;
Pour vous en assurer le legitime empire,
Ce prince pour Pyrrhus vous demande ma main.

NÉOPTOLÈME.

Pour Pyrrhus ! Glaucias croit m'éblouir en vain.
Je connois mieux que lui le sang des Æacides ;
Rien ne peut arrêter leurs vengeances perfides.
Loin que cette union dût assurer mon sort,
Votre hymen ne seroit que l'arrêt de ma mort.
C'est mettre sous Pyrrhus ma couronne en tutelle,
Et nourrir entre nous une guerre éternelle.
Ce n'est point ma fureur qui demande son sang.
Je règne, et je dois tout à ce superbe rang.
Si de Pyrrhus, enfin, je m'immole la vie,
C'est au bien de la paix que je le sacrifie.

ÉRICIE.

Si jamais vous osiez lui donner le trépas,
Quelle guerre, seigneur, n'allumeriez-vous pas !

NÉOPTOLÈME.

Hélénus est le seul dont je crains le courage,
Et son amour pour vous dissipera l'orage ;
Mais son courroux bientôt retomberoit sur moi,
Si j'osois à Pyrrhus engager votre foi.
Vous voyez qu'Hélénus me le livre lui-même ;
Jugez par ce présent à quel point il vous aime.

ÉRICIE.

Ah ! ne vous fiez point au present qu'il vous fait,
C'est peut-être, seigneur, quelque piège secret.
Ce palais vous met-il à convert de surprise ?
Je ne sais ; mais sur vous je crains quelqu'entreprise·
Ne vous exposez point à revoir Hélénus ;
Et, si vous m'en croyez, emmenez Illyrus.

NÉOPTOLÈME.

Qu'aurois-je à redouter d'une âme généreuse ?
Votre crainte, ma fille, est trop ingénieuse.

ÉRICIE.

Votre haine, seigneur, l'est plus que mon effroi,
Et vous ferme les yeux sur tout ce que je voi.
L'ardeur de vous venger vous rend tout légitime,
Et la soif de régner vous déguise le crime :
Mais, si mes pleurs en vain combattent vos fureurs,
Vous allez voir ma mort prévenir tant d'horreurs.

NÉOPTOLÈME.

Ah ! c'en est trop, ma fille, et ce discours m'outrage.
Pyrrhus n'auroit osé m'en dire davantage.
Mais Hélénus paroit.

ÉRICIE.

Justes dieux !

NÉOPTOLÈME.

          Laissez-nous.

ÉRICIE.

Ah, seigneur ! par pitie, souffrez-moi près de vous;
Je ne vous quitte point.

NÉOPTOLÈME.

Quels transports !

ÉRICIE.

Ah, mon père !

Si jamais votre fille a pu vous être chère,
Daignez à ma douleur accorder un moment.

NÉOPTOLÈME.

Fuyez , dérobez-vous à mon ressentiment;
Je me lasse à la fin d'une douleur si vaine.

ÉRICIE.

De ces funestes lieux ôte-moi, chère Ismène.
Si d'un infortuné je veux sauver les jours ,
C'est à d'autres que lui qu'il faut avoir recours.

SCENE III.

PYRRHUS, NÉOPTOLÈME, GARDES.

NÉOPTOLÈME *à part*

QUE de trouble s'élève en mon ame éperdue !

(*à Pyrrhus.*)

Seigneur , enfin la paix, si long-tems attendue ,
M'est redonnée ici par ce même héros
Dont la seule valeur nous causa tant de maux.
Heureux si cette paix qui tous deux nous rapproche,
Pouvoit être entre nous exempte de reproche !
Mais on doit pardonner aux soins de ma grandeur
Ce que semble de vous exiger ma fureur.
Je sais ce qu'il en coûte à des cœurs magnanimes ,
Lorsqu'il faut immoler d'innocentes victimes.

PYRRHUS.

Ne te sied-il pas bien de t'en justifier ,
Toi qui nous as contraints à les sacrifier ?
Epargne à ton honneur un discours inutile ,
Qui doit faire rougir un descendant d'Achille;
Et ne nous fais pas voir pour la seconde fois
Un sujet altéré du meurtre de ses rois.

NÉOPTOLÈME.

Ai-je bien entendu ? Quel sinistre langage !
A me l'oser tenir qu'est-ce donc qui t'engage ?
Pourquoi par Cynéas me faire pressentir
Sur un espoir trompeur que tu viens démentir ?
Est-ce en me préparant des injures nouvelles ,
Que l'on croit terminer de si grandes querelles ?
Tu declares la guerre en demandant la paix.

PYRRHUS.

Non , cruel , avec moi tu ne l'auras jamais,
Quoique je vienne ici remettre en ta puissance
Celui dont tu devrois éprouver la vengeance,
Cet innocent objet de tes noires fureurs ,
Ce Pyrrhus que ta haine accable de malheurs.

NÉOPTOLÈME.

Hé bien ! puisque c'est toi qui dois me le remettre ,
Ne diffère donc point, ou cesse de promettre.

PYRRHUS.

Tu me connois , tu peux t'en reposer sur moi ,
Et , de plus , relâcher Illyrus sur ma foi.

NÉOPTOLÈME.

Hélénus, tu vas voir combien je m'y confie.

(*à ses gardes.*)

Gardes , faites venir le prince d'Illyrie.

(*à Pyrrhus.*)

Je vais , dans un moment , te le remettre ici ;
Mais commande, à ton tour, que Pyrrhus vienne
aussi.

PYRRHUS.

Inhumain, ne crains point qu'on te le fasse attendre
Crains plutôt un aspect qui pourra te surprendre :
Mais daigne auparavant m'instruire de son sort;
Sois sincère sur-tout : quel sera-t-il ?

NÉOPTOLÈME.

La mort.

PYRRHUS.

S'il ne craignoit que toi , tyran , ta barbarie
Te coûteroit bientôt et le trône et la vie.
Voyons donc jusqu'où peut aller ta fermeté.
Mais , pour laisser ta haine agir en liberté ,
Je vais te rassurer contre un fer redoutable ,
Qui rendroit dans mes mains ta perte inévitable.

(*Il jete son épée aux pieds de Néoptolème.*)

Frappe , voici Pyrrhus.

SCÈNE IV.

PYRRHUS, NÉOPTOLÈME, ILLYRUS,
GARDES.

ILLYRUS *entrant.*

DIEUX! qu'est-ce que je vois?

PYRRHUS.

Je m'acquitte , Illyrus , de ce que je vous dois,

NÉOPTOLÈME.

Où suis-je ? Quel transports de mon ame s'empare !
Quel soudain mouvement tout-à-coup s'y déclare ,
A l'aspect imprévu de cet audacieux !

SCÈNE DERNIÈRE.

GLAUCIAS , PYRRHUS , NÉOPTOLÈME ,
ILLYRUS , ERICIE , ANDROCLIDE ,
CYNÉAS , ISMENE , GARDES.

GLAUCIAS *entrant avec Éricie.*

QUE vois-je ? Quel objet se présente à mes yeux ?
Hélénus désarmé devant Neoptolème !

NÉOPTOLÈME.

Tu vois un ennemi qui se livre lui-même ,
Et qui , loin d'essayer de fléchir ma rigueur,
Ose par sa fierté defier ma fureur ,
Qui me brave, me hait , me méprise et m'offense.

GLAUCIAS.

De quoi va s'occuper ton injuste vengeance ?
Sont-ce les mouvemens qu'il te doit inspirer ?
Il se livre à tes coups ; que veux-tu ?

NÉOPTOLÈME.
                              L'admirer.

Ne juge pas de moi par ce que j'ai pu faire.
Le malheur rend souvent le crime necessaire ;
Et le penchant des cœurs ne dépend non plus d'eux,
Qu'il en depend de naître heureux ou malheureux.
C'est dans le sang des rois que j'ai puisé la vie ;
Mais quand je serois né des monstres d'Hyrcanie,
J'aurois été touché d'un trait si généreux.
Pyrrhus, un même sang nous a formés tous deux ;
Mais les mêmes vertus n'ont point fait mon partage.
Si j'ai troublé des jours que t'envioit ma rage,
Je te laisse aujourd'hui maître absolu des miens,
Et je prodiguerois tout mon sang pour les tiens.
Je t'ai ravi le sceptre, et j te l'abandonne.
Un ami tel que toi vaut mieux qu'une couronne ;
Et je préférerois à l'eclat de mon rang
L'honneur d'être avoué pour prince de ton sang.

PYRRHUS.

Si j'osois me flatter, malgré la mort d'un père,
Qu'un repentir si grand fût durable et sincère....

NÉOPTOLÈME.

C'est à vous que je dois ce retour vertueux,
Qui me rend à moi-même, à mon prince, à mes dieux,

Seigneur. Je n'ose encor prétendre à votre estime.
Un bien si glorieux n'est pas le prix d'un crime.
Trop heureux que Pyrrhus ne m'en punisse pas,
Et veuille de ma main recevoir ses états.

PYRRHUS.

A ce noble retour je sens que ma justice,
Malgré la voix du sang, doit plus d'un sacrifice.
Puisqu'un remords suffit pour appaiser les dieux,
Les rois ne doivent pas en exiger plus qu'eux.
Dès qu'il leur plaît ainsi, jouissez de la vie ;
Moi, je vous rends le sceptre en faveur d'Éricie.

NÉOPTOLÈME *lui présente Éricie.*

Daignez donc accepter ce gage de ma foi,
Seigneur ; c'est le seul bien qui soit encore à moi.
        (*à Illyrus.*)
Prince, sur cet hymen je n'ai rien à vous dire ;
Votre cœur est trop grand pour ne point y souscrire.
        (*à Glaucias.*)
Et, vous digne mortel, dont les dieux firent choix
Pour être le vengeur et l'exemple des rois,
Généreux Glaucias, à qui je dois la gloire
De pouvoir effacer l'action la plus noire,
Recevez votre fils pour prix d'un si grand bien,
Et vous, mon cher Pyrrhus, daignez être le mien.

FIN.

CATILINA,

CATILINA,
TRAGÉDIE.

PERSONNAGES.

CATILINA.
CICÉRON, consul.
CATON.
PROBUS, grand-prêtre du temple de Tellus.
TULLIE, fille de Cicéron.
FULVIE.
LENTULUS.

CRASSUS.
CÉTHÉGUS.
LUCIUS.
SUNNON, ambassadeur des Gaules.
GONTRAN.
LICTEURS.

La scène est dans le temple de Tellus.

ACTE PREMIER.
SCÈNE I.
CATILINA, LENTULUS.
CATILINA.

Cesse de t'effrayer du sort qui me menace.
Plus j'y vois de périls, plus je me sens d'audace;
Et l'approche du coup qui vous fait tous trembler,
Loin de la ralentir, sert à la redoubler.
Crois-moi, sois sans détour pour un ami qui t'aime.
Dans le fond de ton cœur je lis mieux que toi-même,
Lentulus; et le mien ne peut voir sans pitié
Ce qu'un ambitieux coûte à ton amitié.
Ce tyran des Romains, l'amour de la patrie,
Te trompe, et se déguise en frayeur pour ma vie.
Est-ce à moi d'abuser du penchant malheureux
Qui te fait une loi de tout ce que je veux?
Issu des Scipions, tu crains qu'à ta mémoire
On ne refuse un jour place dans leur histoire;
Et le rang de préteur qui te lie au sénat,
Trouble en un conjuré le cœur du magistrat.
Tu crains pour Rome enfin; voilà ce qui t'arrête,
Quand tu ne crois ici craindre que pour ma tête.
Va, de trop de remords je te vois combattu,
Pour te ravir l'honneur d'un retour de vertu.

LENTULUS.

Catilina, laissons un discours qui m'offense;
Tes soupçons sont toujours trop près de ta prudence.
A force de vouloir approfondir un cœur,
Un faux jour a souvent produit plus d'une erreur;
Et les plus éclairés ont peine à s'en défendre:
Mais un chef de parti ne doit point s'y méprendre.
D'entre les conjurés distingue tes amis,
Et qu'un discours sans fard leur soit du moins permis.
De toutes les grandeurs qui feront ton partage,
Je ne t'ai demandé que ce seul avantage;
Laisse-m'en donc jouir : mon amitié pour toi
N'a que trop signalé sa constance et sa foi.

Dis-moi, si ta fierté jusques-là peut descendre,
De tant d'excès affreux ce que tu peux prétendre.
Pourquoi faire égorger Nonnius cette nuit?
Et de ce meurtre enfin quel peut être le fruit?

CATILINA.

Celui d'épouvanter le premier téméraire
Qui, de mes volontés secret dépositaire,
Osera, comme lui, balancer un moment,
Et s'exposer aux traits de mon ressentiment.
Lentulus, dans le fond, doit assez me connoître,
Pour croire que je n'ai sacrifié qu'un traître;
Et que ces cruautés, qui lui font tant d'horreur,
Sont de ma politique, et non pas de mon cœur.
Ce qui semble forfait dans un homme ordinaire,
En un chef de parti prend un aspect contraire.
Vertueux ou méchant, au gré de son projet,
Il doit tout rapporter à cet unique objet.
Qu'il soit cru fourbe, ingrat, parjure, impitoyable,
Il sera toujours grand, s'il est impénétrable;
S'il est prompt à plier, ainsi qu'à tout oser,
Et qu'aux yeux du public il sache en imposer.
Il doit se conformer aux mœurs de ses complices,
Porter jusqu'à l'excès les vertus et les vices,
Laisser de son renom le soin à ses succès.
Tel on déteste avant, que l'on adore après.
Je ne vois sous mes lois qu'un parti redoutable,
A qui je dois me rendre encor plus formidable.
S'il ne se fût rempli que d'hommes vertueux,
Je n'aurois pas de peine à l'être encor plus qu'eux.
Hors Céthégus et toi, dignes de mon estime,
Le reste est un amas élevé dans le crime,
Qu'on ne peut contenir sans les faire trembler,
Et qui n'aiment qu'autant qu'on sait leur ressembler.
Un chef autorisé d'une juste puissance
Soumet tout, d'un coup-d'œil, à son obéissance;
Mais, dès qu'il est armé pour troubler un état,
Il trouve un compagnon dans le moindre soldat;
Et l'art de le soumettre exige un art suprême,
Plus difficile encor que la victoire même.

R

LENTULUS.

Songe à les subjuguer sans te rendre odieux.
Mais, avant que le jour nous surprenne en ces lieux,
Au temple de Tellus dis-moi ce qui t'appelle.
Son grand-prêtre Probus te sera-t-il fidelle ?
Quoique rien en ce lieu ne borne son pouvoir,
Je ne sais si Probus remplira notre espoir.
Il est vrai qu'à ses soins nous devons cet aslye,
Dont il nous rend l'accès aussi sûr que facile ;
Mais au nouveau consul le grand prêtre est lié
Par l'interêt, le sang, l'orgueil, ou l'amitié.
Lorsqu'à des conjurés ses pareils s'associent,
C'est par des trahisons que tous se justifient.
Aujourd'hui le sénat doit s'assembler ici ;
Ce n'est pas cependant mon plus cruel souci.
Je crains, je l'avoûrai, les fureurs de Fulvie,
Et je crains encor plus ton amour pour Tullie,
Fille d'un ennemi dangereux et jaloux,
De Cicéron enfin, l'objet de ton courroux.
Eh ! comment, dans un cœur qu'un si grand soin
    entraine,
Peux-tu concilier tant d'amour et de haine ?
L'amour pour tes pareils auroit-il des appas ?

CATILINA.

Ah ! si je le ressens, je n'y succombe pas.
Qu'un grand cœur soit épris d'une amoureuse flamme,
C'est l'ouvrage des sens, non le foible de l'ame ;
Mais dès que par la gloire il peut être excité,
Cette ardeur n'a sur lui qu'un pouvoir limité.
C'est ainsi que le mien est épris de Tullie.
Ses graces, sa beauté, sa fière modestie,
Tout m'en plait, Lentulus ; mais cette passion
Est moins amour en moi, qu'excès d'ambition.
Malgré tous les objets dont son orgueil se pare,
Tullie est ce que Rome eut jamais de plus rare.
Je vois à son aspect tout un peuple enchanté,
Et c'est de tant d'attraits le seul qui m'ait tenté.
Sans la foule des cœurs qui s'empressent pour elle,
Tullie à mes regards n'eût point paru si belle ;
Mais je n'ai pu souffrir que quelqu'audacieux
Vint m'enlever un bien qu'on croit si précieux.
Enfin, je l'ai conquis ; et, sans cette victoire,
Je croirois aujourd'hui que tout manque à ma gloire.
Ce n'est pas que l'amour en soit le seul objet.
Loin que de mes desseins il suspende l'effet,
Cette flamme, où tu crois que tout mon cœur s'ap-
    plique,
Est un fruit de ma haine et de ma politique.
Si je rends Cicéron favorable à mes feux,
Rien ne peut désormais s'opposer à mes vœux.
Je tiendrai sous mes lois et la fille et le père,
Et j'y verrai bientôt la république entière.
Je sais que ce consul me hait au fond du cœur,
Sans oser d'un refus insulter ma faveur ;
Il craint en moi le peuple, et garde le silence :
Mais, tandis qu'entre nous Rome tient la balance,
J'ai cru devoir toujours poursuivre avec éclat
Un hymen qui le perd dans l'esprit du sénat.
Au temple de Tellus voilà ce qui m'appelle.
Probus qu'à Cicéron je veux rendre infidelle,

M'y sert à ménager des traités captieux,
Où, sans rien terminer, je les trompe tous deux.
Mais, loin de confier nos desseins au grand-prêtre,
De ses propres secrets je suis déjà le maitre.
J'ai flatté son orgueil par le pontificat ;
J'ai parlé pour lui seul en public, au sénat,
Tandis que pour César, aidé de Servilie,
J'engageois Cicéron trompé par Césonie.
Enfin, Probus sait trop que, s'il m'osoit trahir,
Il ne me faut qu'un mot pour le faire périr.
Même ici, par ses soins, je dois revoir Tullie.
Ne crains point cependant le courroux de Fulvie.
Son cœur fut trop à moi pour en redouter rien.

LENTULUS.

Elle a trop pénétré l'artifice du tien,
Pour ne se point venger de tant de perfidie.
Elle est femme, jalouse, imprudente, hardie ;
Elle sait tout, bientôt nous serons découverts,
Et je n'entrevois plus que de tristes revers.
Que foisons nous dans Rome ? Et sur quelle espé-
    rance ;
Parmi tant d'ennemis, avoir tant d'assurance ?
Contre César et toi les clameurs de Caton
Ne cessent d'irriter Antoine et Cicéron.
Ces deux consuls, tous deux amis de la patrie,
Brûlant de cet amour que tu nommes manie,
Peut-être trop instruits de nos desseins secrets,
Préviendront d'un seul coup ta haine et tes projets.
Déjà, de toutes parts, je vois grossir l'orage.
Crassus devient suspect, t'en faut-il davantage ?
Et tu n'ignores pas que, depuis plus d'un jour,
Les lettres de Pompée annoncent son retour ;
Que Pétréius, suivi de nombreuses cohortes,
Bientôt de Rome même occupera les portes. .
César, dont le génie égale le grand cœur,
T'accuse d'imprudence, et de trop de lenteur.

CATILINA.

Oui, je sais que César désire ma retraite,
Pour briguer au sénat l'honneur de ma défaite,
Pour voir nos légions marcher sous ses drapeaux,
Et pour profiter seul du fruit de mes travaux :
Mais, si le sort répond à l'espoir qui m'anime,
Je ferai de César ma première victime.
Il est trop jeune encor pour me donner la loi,
Et je n'en veux ici recevoir que de moi.
Qu'ai-je à craindre dans Rome, où le peuple m'adore,
Où je veux immoler ce sénat que j'abhorre ?
Le péril est égal, ainsi que la fureur :
Et j'ai, de plus sur eux, ma gloire et ma valeur.
L'exemple de Sylla n'a que trop fait connoître
Combien il est aisé de leur donner un maître ;
Et ce Pompée enfin, si fameux aujourd'hui,
Tremblera devant moi, comme il fit devant lui.
Manlius, avec nous toujours d'intelligence,
Aussi prompt que toi-même à servir ma vengeance,
Avec sa légion doit joindre Célius,
Et Céson avec lui rejoindre Manlius.
Surnon, des fiers Gaulois le ministre fidelle,
Qui les voit menacés d'une guerre nouvelle,
Habile à profiter de celle des Romains,
Doit de tout son pouvoir appuyer nos desseins.

Cesse de m'opposer une crainte frivole ;
Dès demain je serai maître du capitole.
C'est du haut de ces lieux que , tenant Rome aux fers,
Je veux avec les dieux partager l'univers.
Rome , je n'ai que trop fléchi sous ta puissance ;
Mais je te punirai de mon obéissance.
Pardonne ce courroux à la noble fierté
D'un cœur né pour l'empire , ou pour la liberté.

L E N T U L U S.

Ah ! je te reconnois à ce noble langage ;
Rome même est trop peu pour un si grand courage.
Remplis ton sort , fais voir à l'univers jaloux ,
Qu'il ne devoit avoir d'autres maîtres que nous.
Adieu , Catilina. Probus vient : je te laisse.

C A T I L I N A.

Va ; dis à Céthégus qu'il tienne sa promesse.
L'un et l'autre , en secret, daignez voir Manlius ,
Et faites observer Fulvie et Curius.

SCÈNE II.
CATILINA, PROBUS.

P R O B U S.

Eh quof ! seigneur, c'est vous que votre vigilance
A conduit le premier aux autels que j'encense !
Saviez-vous que Tullie y dût porter ses pas ?

C A T I L I N A.

Je le sais ; cependant je ne l'y cherche pas ;
Votre intérêt , Probus est tout ce qui m'amène ,
Et mon cœur à vous seul veut confier sa peine.
César , que Cicéron appuyoit au sénat,
César est desormais sûr du pontificat ;
Il l'emporte sur vous , et son audace extrême
Veut soumettre à ses lois la religion même.
J'ai cru , de Cicéron qui vous est allié ,
Que mon parti pour vous seroit fortifié ,
Ou qu'il choisiroit mieux du moins votre adversaire;
Mais ses tresors ont fait ce que je n'ai pu faire.
C'est ainsi qu'aujourd'hui se gouvernent les lois.
Ce sénat , le modèle et le tuteur des rois ,
Qui fit à l'univers admirer sa justice ,
Qui punissoit de mort un soupçon d'avarice ,
Qui puisoit ses décrets dans le conseil des dieux ,
Vend ce qu'à la vertu réservoient nos aïeux.
Je vois avec douleur que cet affront vous blesse.

P R O B U S.

Eh ! ce n'est pas moi seul , seigneur , qu'il intéresse;
Il réjaillit sur vous encor plus que sur moi ;
Vous , qu'un vil orateur fait plier sous sa loi ;
Vous, qui, jusqu'à ce jour, armé d'un front terrible,
Des cœurs audacieux fûtes le moins flexible;
Qui, d'un sénat tremblant à votre fier aspect,
Forciez d'un seul regard l'insolence au respect :
A sa voix aujourd'hui plus soumis qu'un esclave,
Enfin , à votre tour, vous souffrez qu'on vous brave,
Et vous abandonnez le soin de l'univers
A des hommes sans nom, qui mettent Rome aux fers.
Eh ! que m'importe à moi que le sénat m'outrage ,
Que la corruption mette à prix son suffrage ?

L'univers ne perd rien à mon abaissement ;
Mon nom ni mes vertus n'en font pas l'ornement.
Les dieux ne m'ont point fait pour le régir en maître ;
Vous seul…. Mais désormais meritez-vous de l'être ,
Avec une valeur qui n'oseroit agir ,
Et ce front outragé qui ne sait que rougir ?
Quoi ! pour vous engager à sauver la patrie ,
Faudra-t-il qu'avec moi tout un peuple s'écrie :
« La mort nous a ravi Marius et Sylla ;
« Qu'ils revivent en toi ; règne, Catilina » ?

C A T I L I N A.

Probus , ne tentez point une indigne victoire.
Les crimes du sénat ne souillent point ma gloire ;
Je frémis comme vous de tout ce que j'y vois ,
De l'abus du pouvoir , et du mépris des lois.
J'admire en vous sur-tout cette ame bienfaisante,
Que l'approche des dieux rend si compatissante :
Mais , parmi tant d'objets cités pour m'émouvoir ,
Vous en oubliez un.

P R O B U S.
Quel est-il ?
C A T I L I N A.
Mon devoir.

A combien de désirs il faut que l'on s'arrache,
Si l'on veut conserver une vertu sans tache !
L'outrage n'est suivi d'aucun ressentiment ,
Dès que le bien public s'oppose au châtiment ;
Ses intérêts sacres sont notre loi suprême ,
Et s'immoler pour eux , c'est vivre pour soi-même.
Considerez ce temple orné de mes aïeux ,
Que Rome a cru devoir placer parmi vos dieux.
Le sang qu'ils prodiguoient pour cette auguste mère
N'a laissé dans son sein qu'un fils qui la revère ;
Et , tout muets qu'ils sont , ces marbre généreux
Ne m'en disent pas moins qu'il faut l'être autant
        qu'eux.
Rome ne me doit rien , et je lui dois la vie.

P R O B U S.

Ainsi vous souffrirez qu'elle soit asservie;
Qu'un peuple qui vous a nommé son protecteur,
Soit reduit à chercher un autre défenseur.
En vain , fondant sur vous sa plus chère espérance,
Rome vous élevoit à la toute-puissance.
J'entrevois dans le cœur d'un fier patricien
Les foiblesses de cœur d'un obscur plébéien
Et c'est Catilina qui seul ici protège
Un reste de sénat impur et sacrilège ,
Un tas d'hommes nouveaux proscrits par cent dé-
        crets ,
Que l'orgueilleux Sylla dédaigna pour sujets.
Disparu dans l'abime où son orgueil le plonge ,
Les grandeurs du sénat ont passé comme un songe.
Non , ce n'est plus ce corps digne de nos autels ,
Où les dieux opinoient à côté des mortels ;
De ce corps avili Minerve s'est bannie ,
A l'aspect de leur luxe et de leur tyrannie.
On ne voit que l'or seul présider au sénat ,
Et de profanes voix fixer le consulat.
Enfin , Rome n'est plus sans le secours d'un maître.
Et qui d'eux , plus que vous , seroit digne de l'être ?

César semble promettre un heureux avenir,
Que peut-être moins jeune il osera tenir.
Lucullus n'est plus rien, et son rival Pompée
N'a pour lui qu'un honneur où Rome s'est trompée.
Crassus, plein de désirs indignes d'un grand cœur,
Borne à de vils trésors les soins de sa grandeur.
Cicéron, ébloui du feu de son génie....
Mais je veux respecter le père de Tullie.
Pour Caton, je n'y vois qu'un courage insensé,
Un faste de vertu, qu'on a trop encensé.
Le reste n'est point fait pour prétendre à l'empire ;
C'est à vous seul, seigneur, que j'ose le prédire.
Quelle gloire pour vous, en domptant les Romains,
De pouvoir vous vanter au reste des humains,
Que, sans avoir des dieux emprunté le tonnerre,
Un seul homme a changé la face de la terre !

CATILINA.

Ministre des autels, que me proposez-vous ?

PROBUS.

La gloire de bien faire, et le salut de tous ;
Ce qu'un grand cœur, flatté de cet honneur suprême,
Auroit dû dès long-tems se proposer lui-même.

CATILINA.

Ah ! Probus, je l'avoue, une si noble ardeur
Porte des traits de feu jusqu'au fond de mon cœur ;
Je sens que, malgré moi, mes scrupules vous cèdent.

PROBUS.

Hé bien ! qu'à ce remords de prompts effets succèdent.
D'armes et de soldats remplissons tous ces lieux,
Où le sénat impie ose troubler mes dieux.
Dans un sang ennemi....

SCÈNE III.

TULLIE, CATILINA, PROBUS.

PROBUS.

Mais j'aperçois Tullie.

CATILINA.

Ne vous éloignez point, cher Probus, je vous prie.
J'ai besoin de conseil dans le trouble où je suis ;
Et je vous rejoindrai bientôt, si je le puis.
(*Probus se retire dans le fond du théâtre.*)

SCÈNE IV.

CATILINA, TULLIE.

CATILINA.

Quoi ! madame, aux autels vous devancez l'aurore !
Eh ! quel soin si pressant vous y conduit encore ?
Qu'il m'est doux cependant de revoir vos beaux yeux,
Et de pouvoir ici rassembler tous mes dieux !

TULLIE.

Si ce sont-là les dieux à qui tu sacrifies,
Apprends qu'ils ont toujours abhorré les impies,
Et que, si leur pouvoir égaloit leur courroux,
La foudre deviendroit le moindre de leurs coups.

CATILINA.

Tullie, expliquez-moi ce que je viens d'entendre,
Ma gloire et mon amour craignent de s'y méprendre ;
Et si nous n'étions seuls, malgré ce que je voi,
Je ne croirois jamais que l'on s'adresse à moi.

TULLIE.

Ah ! ce n'est qu'à vous seuls, grands Dieux ! que je
m'adresse,
Et non à des cruels qu'aucun remords ne presse ;
Monstres, dont la fureur brave les immortels,
Et que le crime suit jusqu'au pied des autels ;
Qui, tout baignés d'un sang qui demande vengeance,
Osent des dieux vengeurs insulter la présence.
Le sang de Nonnius, versé près de ces lieux,
Fume encore, et voilà l'encens qu'on offre aux dieux !
La sacrilège main qui vient de le répandre
N'attend plus qu'un flambeau pour mettre Rome en
cendre.
Ce n'est point Mithridate, ennemi des Romains,
Ni le Gaulois altier qui forme ces desseins ;
Grands dieux ! c'est une main plus fatale et plus chère,
Qui menace à la fois la patrie et mon père.
Ces excès de fureur, inconnus à Sylla,
N'étoient faits que pour toi, traître Catilina.

CATILINA.

D'un reproche odieux réprimez la licence,
Madame, ou contraignez vos soupçons au silence.
Songez, pour violer le respect qui m'est dû,
Qu'il faut auparavant que je sois convaincu ;
Qu'il faut l'être soi-même, avant que d'oser croire
La moindre lâcheté qui peut flétrir ma gloire ;
Que l'amour est déchu de son autorité,
Dès qu'il veut de l'honneur blesser la dignité.
Souvenez-vous enfin qu'un généreux courage
Pardonne à qui le hait, mais point à qui l'outrage.

TULLIE.

Et qu'ai-je à redouter de ton inimitié ?
Tu ne me verras point implorer ta pitié,
Cruel ! tu peux porter à la triste Tullie
Tous les coups que ta main réserve à la patrie.
Borne tes cruautés à déchirer un cœur
Qui s'est déshonnoré par une lâche ardeur ;
Ce cœur, que trop long-tems a souillé ton image,
N'est plus digne aujourd'hui que d'opprobre et d'ou-
trage ;
Rien ne peut expier la honte de mes feux ;
Mais ne présume pas que ce cœur malheureux,
Que tes fausses vertus t'ont rendu favorable,
T'épargne un seul moment, dès qu'il te sait coupable.
Tu le verras plus prompt à s'armer contre toi,
Qu'il ne le fut jamais à t'engager sa foi.
Grands dieux ! n'ai-je brûlé d'une flamme si pure,
Que pour un assassin, un rebelle, un parjure !
Et le barbare encore insulte à ma douleur !
Il veut que mon devoir respecte sa fureur !
Mais, cruel ! mon amour n'en sera point complice ;
Dût-on charger ma main du soin de ton supplice,
Je n'hésiterai point à te sacrifier.
Tu n'as plus qu'un moment à te justifier.

CATILINA.

Et de quoi voulez-vous que je me justifie ?

TULLIE.

D'un complot qui bientôt te coûtera la vie.
Mais, puisque ton orgueil s'obstine à le nier,
Et que tu me réduis, traître, à t'humilier,
Esclave, paroissez.

SCÈNE V.

CATILINA, TULLIE, FULVIE
déguisée en esclave.

CATILINA *à part.*

Que vois-je ? c'est Fulvie !

TULLIE *à Fulvie.*

Parlez ; je vous l'ordonne au nom de la patrie.

FULVIE.

Qui ? moi, parler, madame ! A quel péril affreux
Exposez-vous ici les jours d'un malheureux !
D'un Romain, quel qu'en soit le rang et la naissance,
Je sais combien je dois respecter la présence.
De celui-ci, sur-tout, je redoute l'aspect.

TULLIE.

Parlez, et dépouillez ce frivole respect.
Un esclave enhardi par le salut de Rome,
Doit-il tant s'effrayer à l'aspect d'un seul homme ?
Connoissez-vous celui qui paroît à vos yeux ?
Répondez : quel est-il ?

FULVIE.

C'est un séditieux.
Je ne connois que trop ce mortel redoutable,
Et, le plus grand de tous, s'il étoit moins coupable.
Oui, madame, c'est lui ; voilà le furieux,
Qui veut souiller de sang sa patrie et ses dieux,
Egorger le sénat, immoler votre père,
Et, la flamme à la main, désoler Rome entière.

CATILINA *feignant de ne pas reconnoître Fulvie.*

Quoi ! vous osez commettre un homme tel que moi
Avec des malheureux si peu dignes de foi !
Et vous me réduisez à souffrir qu'un esclave,
Au mépris de mon rang, me flétrisse et me brave !
Ah ! c'est pousser l'injure et l'audace trop loin.

TULLIE.

Ingrat, rougis du crime, et non pas du témoin :
Mais en vain ton orgueil s'attache à le confondre ;
Vanter ta dignité, ce n'est pas me répondre.
Adieu.
   (*à Fulvie.*)
    Vous, suivez-moi.

CATILINA *arrêtant Fulvie.*

Non, non, il n'est plus tems :
Cet esclave est chargé d'avis trop importans.
D'ailleurs, dès qu'avec lui vous osez me commettre,
Souffrez qu'en d'autres mains je puisse le remettre.
Probus, venez à nous.

SCÈNE VI.

CATILINA, TULLIE, FULVIE, PROBUS.

TULLIE.

Quel est donc ton dessein ?

CATILINA.

C'est au nom du sénat et du peuple romain,
Qui de ces lieux sacrés vous fit dépositaire,
Probus, qu'entre vos mains je mets ce téméraire.

TULLIE.

En vain par ce dépôt tu crois m'en imposer,
Je vois à quel dessein tu veux en disposer.

CATILINA.

Non ; loin que ma fierté désormais le recuse,
C'est devant le sénat que je veux qu'il m'accuse.
Puisqu'il doit en ces lieux s'assembler aujourd'hui,
C'est à Probus, madame, à répondre de lui.

TULLIE.

Songe, Catilina, qu'il y va de ta vie.

CATILINA.

Allez, songez, madame, à sauver la patrie.
C'est des jours d'un ingrat prendre trop de souci,
Et l'amour n'a plus rien à démêler ici.

SCÈNE VII.

CATILINA *seul.*

Qu'aurois-je à redouter d'une femme infidelle ?
Où seront ses garans ? Et, d'ailleurs, que sait-elle ?
Quelques vagues projets dont l'imprudent Caton
Nourrit depuis long-tems la peur de Cicéron ;
Projets abandonnés, mais dont ma politique,
Par leur illusion, trompe la république,
Sait de ce vain fantôme occuper le sénat,
L'effrayer d'un faux bruit, ou d'un assassinat,
Et ne lui laisser voir que des mains meurtrières,
Tandis qu'un grand dessein échappe à ses lumières.
Maître de mes secrets j'ai pénétré les siens ;
Et Lentulus lui-même ignore tous les miens.
De cent mille Romains armés pour ma querelle,
Aucun ne se connoît, tous combattront pour elle.
De l'un des deux consuls je me suis assuré ;
Plus que moi, contre l'autre Antoine est conjuré ;
César ne doit qu'à moi sa dignité nouvelle,
Et je sais qu'à ce prix il me sera fidelle.
Voilà comme un consul qui pense tout prévoir,
Souvent pour mes desseins agit sans le savoir.
L'Africain peu soumis, le Gaulois indomptable,
Tout l'univers enfin, las d'un joug qui l'accable,
N'attend pour éclater que mes ordres secrets ;
Et Cicéron n'est point instruit de mes projets.
Ce n'est pas dans tes murs, Rome, que je m'arrête ;
Des cris du monde entier j'ai grossi la tempête.
Mon cœur n'étoit point fait pour un simple parti
Que le premier revers eût bientôt ralenti.

J'ai séduit tes vieillards, ainsi que ta jeunesse,
César, Sylla, Crassus, et toute ta noblesse.
Mais il faut retourner à Probus qui m'attend;
Menageons avec lui ce précieux instant,
Pour rendre sans effet le courroux de Tullie,
Et pour mettre à profit les fureurs de Fulvie.
Soutiens, Catilina, tes glorieux desseins:
Maître de l'univers, si tu l'es des Romains,
C'est aujourd'hui qu'il faut que ton sort s'accom-
　　　plisse,
Que Rome à tes genoux tombe, ou qu'elle périsse.

Fin du premier acte.

ACTE SECOND.
SCÈNE I.
FULVIE, PROBUS.
FULVIE.

N'ABUSEZ point, Probus, de l'état où je suis;
Je vous perdrai: du moins, songez que je le puis.
Vous croyez, à l'abri de votre caractère,
Pouvoir impunément defier ma colère,
Et que mon cœur, tremblant à l'aspect de ce lieu,
Va mettre au même rang le ministre et le dieu.
Et quel ministre encore! un sacrilège, un traître,
Qui, de Catilina devenu le grand-prêtre,
Des Tarquins, sur son front, veut ceindre le bandeau,
Et du sang des Romains nourrir ce dieu nouveau;
Lâche, qui se dévoue aux amours de Tullie,
Qui, de ses propres dieux profanateur impie,
Prête leur sanctuaire à des feux criminels,
Déshonore le prêtre, et souille les autels.

PROBUS.

Cédez moins au torrent de votre jalousie,
Et, loin de m'offenser, écoutez-moi, Fulvie.
Considérez l'abime où va vous engager
Une folle habitude à ne rien ménager.
Vous croyez vous venger, vous vous perdez vous-
　　　même,
Et, de plus, un amant qui peut-être vous aime.
Le dépit n'a jamais satisfait ses transports,
Qu'il n'ait livré notre ame à d'éternels remords.
L'amour le mieux venge, quelle que soit l'offense,
Est souvent le premier à pleurer sa vengeance.
On punit l'inconstant; mais on perd en un jour
L'objet de sa tendresse, et l'espoir d'un retour.
Enfin, que savez-vous si l'on aime Tullie?
A travers les fureurs dont votre ame est saisie,
Croyez-vous que l'amour éclaire assez vos yeux
Pour percer les replis d'un cœur ambitieux?
Vous savez les projets que votre amant médite.
En pénetrez-vous bien le détail et la suite?
Un homme tel que lui doit-il à découvert
Se montrer sans prudence au grand jour qui le perd?
Peut-il porter trop loin l'artifice et la feinte?
Non; il faut que son cœur ne soit qu'un labyrinthe,
Que l'amour même en vain y cherche des secrets
Que pour lui la raison et l'honneur n'ont point faits.

L'usage qu'aujourd'hui vous avez osé faire
Des secrets dont l'amour vous fit dépositaire,
Ne vous prouve que trop, malgré votre dépit,
Pour peu qu'il ait parlé, qu'il n'en a que trop dit.
L'impétueux Caton murmure, tonne, éclate,
Trouble tout, pour servir un consul qui le flatte,
Devenu du sénat et l'idole et l'espoir,
Cicéron est armé du souverain pouvoir.
Le sénat qui sur lui redoute une entreprise,
Pour mettre son héros à couvert de surprise,
De l'ordre équestre entier le fait accompagner.
Puisqu'on ne peut le perdre, il faut donc le gagner.
Pour le faire périr, il faut la force ouverte;
Mais ce seroit sans fruit travailler à sa perte.
Un hymen prétendu peut calmer ses frayeurs;
Et cet hymen devient l'objet de vos fureurs!
Plus de raison alors; et la fière Fulvie
Expose un nom célèbre aux mépris de Tullie,
Se couvre sans rougir d'un vil déguisement.
Pourquoi ce déshonneur? Pour perdre son amant.
Ah, madame! ce cœur, dont j'ai plaint la tendresse,
De l'habit qui vous cache a-t-il pris la bassesse?
Dans quel sein deposer des secrets dangereux,
Si le cœur d'une amante est un écueil pour eux?
Vit-on jamais l'amour, dans sa plus noire ivresse,
Emprunter du dépit une langue traitresse?

FULVIE.

Qui donc ai-je trahi, ministre ambitieux?
Et quelle foi doit-on à des séditieux?
La garder aux mechans, c'est partager leurs crimes.
Mais je vois que Probus connoît peu ces maximes;
Et je suis, quand la haine enflamme vos pareils,
Jusqu'où va la noirceur de leurs lâches conseils,
Sur-tout dès qu'il s'agit de venger leurs injures.
Cesar est designé souverain des augures;
Cicéron a brigué pour ce rival heureux,
Et le place en un rang dont on flattoit vos vœux;
Catilina d'ailleurs vous etoit favorable.
Le moyen qu'à vos yeux je ne sois point coupable,
Moi, qui viens de sauver un consul odieux,
Qui s'est osé jouer d'un ministre des dieux;
Qui, de sa dignité dépositaire habile,
Plein de faste aux autels, et près des grands servile,
Sur l'espoir de leurs dons mesure sa ferveur,
Et n'adore en effet que la seule faveur.
Mon devoir m'ordonnoit de sauver la patrie.
Imitez-le, ou gardez vos conseils pour Tullie.
Croyez-moi, terminez d'imprudentes leçons,
Qui ne font qu'irriter ma haine et mes soupçons.
Cessez de me flatter qu'on peut m'aimer encore:
J'ai trop vu la beauté que l'infidelle adore;
Mes yeux avant ce jour ne la connoissoient pas,
Mais vous me payerez ses funestes appas.
C'est vous qui leur gagnez sur moi la préférence,
Moi, que déshonoroit la seule concurrence.
Pourquoi de cet hymen m'a-t-on fait un secret?
Et pourquoi, s'il est feint, m'en cacher le projet?
Traitre, ce n'est pas vous qui deviez me l'apprendre!
Mais on croit n'avoir rien à craindre d'un cœur
　　　tendre.

Sachez que d'un secret à demi confié ,
Dès qu'on peut une fois percer l'autre moitié ,
On est toujours en droit d'en trahir le mystère ,
Et qu'on ne doit plus rien à qui nous l'ose faire.

PROBUS.

Hé bien ! perdez , madame , un homme généreux
Qui veut briser les fers de tant de malheureux.
Vengez votre beauté d'un amant infidèle ,
Et votre orgueil blessé des projets qu'il vous cèle ;
D'un long embrâsement devenez le flambeau ,
Et nous ouvrez à tous les portes du tombeau.
Mais Catilina vient , évitez sa présence ,
Ou du moins gardez-vous d'irriter sa vengeance.

SCÈNE II.

CITILINA, FULVIE, PROBUS.

CATILINA.

Probus, où sommes-nous ? Et qu'est-ce que je vois ?
Quel opprobre pour Rome ! et quel affront pour moi !
C'est aux yeux du sénat, aux miens, qu'une Romaine,
Au mépris des devoirs où son sexe l'enchaîne ,
Sous un déguisement fait pour de vils humains ,
S'en va déshonorer le premier des Romains ,
De ses folles erreurs le rendre la victime ,
Sans daigner seulement s'éclaircir de son crime !
Et, lorsque tout conspire à me justifier ,
Sa jalouse fureur veut me sacrifier !
Eh ! quel étoit le but où ma valeur aspire ?
Pour qui voulois-je ici conquérir un empire ?
Est-ce pour Cicéron , l'objet de mon courroux ,
Lui que je voudrois voir expirer sous mes coups ?
Non ; c'est pour une ingrate à qui je sacrifie
Ma gloire , mon devoir , et le soin de ma vie.

FULVIE.

Poursuis , Catilina : le reproche sied bien
A des cœurs innocens et purs comme le tien ;
Mais dans l'art de tromper , ta science suprême,
Tu m'en as trop appris pour me tromper moi-même.
Va , cesse d'éclater sur mon déguisement ,
Tout , jusqu'à ton courroux , est faux en ce moment.
Egorge Cicéron aux yeux de sa famille ,
Je ne t'en croirai pas moins épris de sa fille.
Ce n'est pas d'aujourd'hui que tu sais allier
La vertu , les forfaits , l'amant , le meurtrier ;
Et , Tullie à tes yeux fût-elle encor plus chère ,
Rien ne garantiroit la tête de son père.
Mais de quoi te plains-tu ? Quel est mon attentat ?
Est-ce moi qui prétends t'accuser au sénat ?
De l'espoir d'être à toi ma tendresse enivrée ,
A tes lâches complots ne m'a que trop livrée.
Songe que tu me dois et César , et Crassus ,
Les enfans de Sylla , Cépion , Lentulus.
Cruel ! j'aurois voulu que tout ce qui respire
Eût été , comme moi , soumis à ton empire.
Mais , tandis que pour toi je séduisois les cœurs ,
Tu préparois au mien le comble des horreurs ;
Et le tien , trop épris des charmes de Tullie ,
A bientôt oublié ce qu'il doit à Fulvie.

Cependant, qui de nous s'arme ici contre toi ?
C'est elle qui te perd , ingrat ; ce n'est pas moi.
Il est vrai qu'en son cœur j'ai voulu te detruire ;
Mais c'est- là seulement qu'attachée à te nuire ,
Contente de pouvoir vous désunir tous deux ,
Je n'ai rien oublié pour te rendre odieux.
Eh ! pouvois-je prévoir que l'honneur chimérique
De sauver les debris d'un nom de république ,
Porteroit une amante à perdre son amant ?
Mais , pour t'en garantir , je ne veux qu'un moment.
Abandonne à mon cœur le soin de ta défense.
Je ne sais s'il te doit ou tendresse , ou vengeance ;
Je ne veux sur ce point nul éclaircissement
Qui puisse triompher d'un plus doux mouvement.
Mais , par un désaveu , souffre que j'humilie ,
A l'aspect du sénat , l'orgueilleuse Tullie.
Son cœur est désormais indigne de ta foi.

CATILINA.

Tullie , en me perdant , se rend digne de moi ;
Et vous , qui prétendez me sauver par un crime ,
Vous ne méritez plus mes vœux , ni mon estime.
C'est au sénat qu'il faut m'accuser aujourd'hui ;
Je ne redoute rien , ni de vous , ni de lui.
Si jamais vous osiez y démentir Tullie ,
Un affront si sanglant vous coûteroit la vie.
Ainsi déclarez tout , c'est l'unique moyen
De regagner un cœur qui ne vous doit plus rien.
Vos fureurs n'ont que trop épuisé ma constance.

SCÈNE III.

CATILINA, FULVIE, PROBUS,
LES LICTEURS.

CATILINA.

Mais je vois les licteurs , et le consul s'avance ;
Éloignez-vous d'ici.

FULVIE.

Tu me braves , ingrat.
Adieu : tu me verras ce jour même au sénat.

(*Elle sort.*)

SCÈNE IV.

CATILINA, PROBUS, LES LICTEURS.

CATILINA.

Probus, suivez pas : allez tous deux m'attendre,
Et cachez Manlius qui doit ici se rendre.

SCÈNE V.

CICÉRON, CATILINA , LES LICTEURS.

CICÉRON *fait signe aux licteurs de s'éloigner.*

C'est vous, Catilina , que je cherche en ces lieux,
Non comme un sénateur jaloux et furieux ,
Mais comme un ennemi qui sait régler sa haine
Sur ce qu'en peut permettre une vertu romaine.

Enfin , depuis le jour que le sort des Romains ,
Par le choix des tribuns , fut remis en mes mains ,
Vous ne m'avez point vu, soigneux de vous déplaire,
Braver l'inimitié d'un si noble adversaire.
Je remportai sur vous l'honneur du consulat ,
Sans acheter les voix du peuple et du sénat;
Et vous savez assez que cette préférence ,
Qui flattoit vos désirs , passoit mon espérance :
Mais le sénat , toujours en butte à vos mépris ,
Réunit en moi seul les vœux et les esprits.
Encor, si quelquefois vous daigniez vous contraindre;
Que , fait pour être aimé , vous vous fissiez moins
  craindre ;
Que , mettant à profit tant de dons précieux ,
Vous affectassiez moins un orgueil odieux !
Mais , bravant le sénat et les consuls ensemble ,
A vos moindres chagrins vous voulez que tout
  tremble.
Regardez ces autels , voyez parmi nos dieux
Ces marbres consacrés aux noms de vos aïeux.
Leurs grands cœurs ont toujours haï la tyrannie ,
Et Rome n'a jamais tremblé que pour leur vie.
Si , moins ambitieux , votre haute valeur
Ne nous eût inspiré que la même terreur ,
Qui d'entre nous pouvoit refuser son suffrage
Aux vertus dont le ciel a fait votre partage ?
Politique, orateur , capitaine , soldat ,
Vos défauts , des vertus ont même encor l'éclat.
Quel citoyen pour nous , et le plus grand peut-être ,
S'il nous menaçoit moins de nous donner un maître !
On dit... mais je crois peu des bruits mal assurés ,
Qui vous osent nommer parmi des conjurés.
Tout défiant qu'il est , Caton ne l'ose croire ;
Cependant le sénat , jaloux de votre gloire ,
Pour étouffer des bruits qui dans un sénateur ,
Pourroient, en vous blessant , blesser son propre
  honneur ,
Dès hier vous nomma gouverneur de l'Asie.
Pompée et Pétréius descendus vers Ostie ,
L'un et l'autre chargés de vous y recevoir ,
Remettront dans vos mains leur souverain pouvoir.
Partez donc ; et songez que votre obéissance
Peut seule être le prix de notre confiance.

C A T I L I N A .

Ainsi donc le sénat veut , sans me consulter ,
Me charger d'un emploi que je puis rejeter.
Je ne sais s'il a cru me forcer à le prendre;
Mais j'ignore comment vous osez me l'apprendre ,
Et croire m'éblouir jusqu'à me déguiser
Tout l'affront d'un honneur que je dois mépriser.
On me hait , on me craint, on conspire dans Rome ;
Parmi des conjurés , c'est moi seul que l'on nomme :
Cependant le sénat , peu certain de ma foi,
Daigne , malgré ces bruits, m'honorer d'un emploi.
Le farouche Caton , devenu plus flexible ,
D'aucun soupçon encor ne paroît susceptible ;
Et Cicéron ne vient armé que de bienfaits ,
Lorsqu'il peut, par la foudre , arrêter mes projets.
Mais d'un consul jaloux la politique habile
Devroit mieux me cacher que c'est lui qui m'exile ,

Et ne point abuser de la crédulité
D'un sénat trop jaloux de son autorité ;
Car enfin tous ces bruits , enfans de sa foiblesse ,
N'ont d'autres fondemens qu'un soupçon qui vous
  blesse.

C I C É R O N .

N'est-ce rien , selon vous , que d'être soupçonné ?
A votre ambition sans cesse abandonné ,
Vous causez tant de trouble et tant d'inquiétude ,
Que le moindre soupçon tient lieu de certitude.
Dès qu'on ose alarmer le pouvoir souverain ,
On est toujours suspect d'un coupable dessein.
Peut-on trop sur ce point rassurer la patrie ?
Acceptez-vous l'emploi que Rome vous confie ?
C'est pour m'en éclaircir que je viens vous trouver.

C A T I L I N A .

J'entends : c'est sur ce point que l'on veut m'é-
  prouver.
Si j'accepte l'emploi , c'est à tort qu'on m'accuse ;
Et je suis criminel dès que je le refuse :
Mais , malgré l'appareil d'un frivole discours ,
Je perce en ce moment à travers vos détours.
L'intérêt des Romains n'est pas ce qui vous guide ;
C'est le seul mouvement d'une haine perfide ,
Que le fiel de Caton sut toujours enflammer ,
Et que mes soins en vain ont tenté de calmer.
J'ai fait plus : j'ai brigué jusqu'à votre alliance ;
Et , lorsque Rome attend avec impatience
Un hymen qui pourroit rassurer les esprits ,
Vous osez le premier signaler des mépris !
Et depuis quand , seigneur , l'intérêt de ma gloire
Vous fait-il craindre un bruit que Caton n'ose croire;
Quand ce même Caton , citoyen furieux ,
Répand seul contre moi ces bruits injurieux ,
Que vous autorisez avec trop d'imprudence ,
Vous qui , de son orgueil nourrissant l'insolence ,
Consacrez chaque jour ses transports insensés?
Je vous connois tous deux mieux que vous ne pensez.
Timide , soupçonneux , et prodigue de plaintes ,
Cicéron lit toujours l'avenir dans ses craintes ;
Et Caton , d'un génie ardent , mais limité ,
Ne connoît de vertu que la férocité.
Prompt à se courroucer , enclin à contredire ,
La haine est le seul dieu qui le meut et l'inspire.
Mais c'est perdre le tems en discours superflus ,
Et je reviens aux soins qui vous touchent le plus.
Alarmé d'un pouvoir dont la grandeur vous blesse ,
L'ardeur d'en triompher vous occupe sans cesse :
Et comme il vous falloit le secours d'un emploi
Pour éloigner de Rome un homme tel que moi,
Vous m'avez fait nommer gouverneur de l'Asie ,
Bienfait que je tiendrois de votre jalousie :
Mais mon nom seul ici vous faisant tous trembler ,
Vous vous flattez qu'ailleurs vous pourrez m'accabler.
Déjà par Manlius l'Italie occupée ,
Va bientôt se remplir des troupes de Pompée ;
Et ce fameux vainqueur de tant de nations
Vous offre son épée avec ses légions.
Que d'inutiles soins , dans le tems que Tullie
Pourroit à votre gré disposer de ma vie !

Car

Car de ces noirs complots qui causent tant d'effroi,
Elle a dû déclarer que le chef c'étoit moi.
Je ne présume pas qu'à son devoir soumise,
Elle ait pu vous céler le chef de l'entreprise?
Pourquoi donc au sénat ne pas me déférer?
J'entrevois les raisons qui vous font différer :
C'est que mon sang demande une preuve plus grave
Que les rapports suspects d'un malheureux esclave :
Mais mon honneur m'engage à vous désabuser.
Avec ce seul témoin vous pouvez m'accuser;
Son nom garantit tout. Cet esclave est Fulvie,
Qui, jalouse en secret des charmes de Tullie,
A cru devoir troubler quelques soins innocens
Qu'exigeoient d'un grand cœur des charmes si tou-
                                      chans.
Qui croiroit qu'un consul si prudent et si sage,
Eût été le jouet d'une femme volage?
Vous rougissez, seigneur; mais c'est avec éclat
Que je veux aujourd'hui me venger au sénat :
Car c'est-là qu'en consul vous devez me répondre,
Et c'est-là qu'en héros je saurai vous confondre.
Adieu.

SCÈNE VII.

CICÉRON seul.

Dans quel désordre il laisse mes esprits!
Quelle honte pour moi, si je m'étois mépris!
Catilina pourroit ne pas être coupable;
Mais qu'il est dangereux, et qu'il est redoutable!
Quel ennemi le sort nous a-t-il suscité!
Que de courage ensemble et de subtilité!
Son génie éclairé voit, pénètre ou devine.
Rome n'est plus, les dieux ont juré sa ruine.
Essayons cependant de calmer la fureur
Du perfide ennemi qui fait tout mon malheur.
S'il paroit au sénat, et qu'il s'y justifie,
Son triomphe bientôt me coûteroit la vie.
Malgré tous ses détours j'entrevois ce qu'il veut;
Mais nous serions perdus, s'il osoit ce qu'il peut.
Employons sur son cœur le pouvoir de Tullie,
Puisqu'il faut que le mien jusques-là s'humilie.
Quel abime pour toi, malheureux Cicéron!
Allons revoir ma fille, et consulter Caton.
C'est-là que je pourrai, dans le cœur d'un seul homme,
Retrouver, à la fois, nos dieux, nos lois, et Rome.

Fin du second acte.

ACTE TROISIÈME.

SCÈNE I

SUNNON, GONTRAN.

SUNNON.

Arrêtons, cher Gontran : c'est dans ces lieux
                                      sacrés,
Décorés avec faste, au fond peu révérés,

Qu'à la face des dieux nous allons voir éclore
Un projet qui m'alarme, et qui les déshonore.
C'est ici que bientôt Crassus, Catilina,
Antoine, Céthégus, les enfans de Sylla,
Mille autres dont les noms éclatent dans l'histoire,
Et qui de leurs aïeux flétrissent la mémoire,
Vont de leur sang impur sceller leur union,
Et livrer Rome entière à la proscription.
Heureux, si je pouvois, en ce désordre extrême,
D'un parti que je hais me dégager moi-même!
Entrainé dès long-tems, peut-être corrompu
Par un ambitieux qui séduit ma vertu,
Je me trouve forcé d'embrasser sa querelle,
D'être ennemi de Rome, ou ministre infidelle.

GONTRAN.

Quoi! des Gaules, ici, Sunnon ambassadeur,
De ce rang si sacré voudroit flétrir l'honneur?

SUNNON.

Laissons l'honneur d'un rang qui n'est plus qu'un
                                      vain titre,
Lorsqu'un autre intérêt devient mon seul arbitre.
Les Gaules ont daigné m'envoyer en ces lieux;
Mais où sont les Romains, leurs lois, même leurs
                                      dieux?
Et quel devoir encor veux-tu que je trahisse
Parmi des furieux sans frein et sans justice?
C'est aux événemens à disposer de moi.
D'ailleurs, dans ce chaos, à qui garder ma foi?
A de vils sénateurs noyés dans la mollesse,
A deux consuls jaloux et désunis sans cesse?
L'un des deux, sans honneur et sans fidélité,
Abuse chaque jour de son autorité;
L'autre a mille vertus, mais n'ose en faire usage.
Caton, loin de calmer, irritera l'orage.
Formidable au-dehors, méprisable au-dedans,
Le sénat n'est enfin qu'un amas de brigands,
Unis pour le butin, divisés au partage,
Dont toute la vertu périt avec Carthage.
A peine il fut formé qu'il détruisit ses rois;
Il détruit aujourd'hui l'autorité des lois.
Après avoir détruit, et lois, et diadême,
Nous le verrons bientôt se détruire lui-même.
Allumons le flambeau de la guerre.
Rien ne peut nous sauver que leur division.
Tu ne sais pas encor quel péril nous menace.
Un Romain, (tu connois sa valeur, son audace;)
Et quel Romain encor! César, depuis un an,
Brigue en secret l'honneur d'être notre tyran;
C'est à nous gouverner que ce héros aspire.
Si la Seine un moment coule sous son empire,
Nous sommes tous perdus; et Gaulois et Germains
Vont tomber sous le fer ou le joug des Romains.
Ce que la Grèce, Rome et l'univers ensemble
Eurent de plus parfaits, dans César se rassemble.
Prudent, ambitieux; l'homme de tous les tems,
De toutes les vertus, et de tous les talens;
Intrépide, éclairé; d'autant plus redoutable,
Que de tous les mortels il est le plus aimable.
Mais Catilina vient : cher Gontran, laisse-nous.

S

SCÈNE II.

CATILINA, SUNNON.

CATILINA.

JE vous cherche, Sunnon, et j'ai besoin de vous.
De nos desseins secrets la trame est découverte,
Et je ne m'en crois pas plus voisin de ma perte.
Le sénat éperdu, les chevaliers épars,
Appellent à grand bruit le peuple au Champ de Mars.
De toutes parts, enfin, on murmure, on s'assemble;
Mais, objet de leurs cris, ce n'est pas moi qui tremble.
L'instant fatal approche; et, loin d'en être ému,
Je me sens transporté d'un plaisir inconnu.
Je craignois les délais, ils sont toujours à craindre;
Le feu des factions est facile à s'éteindre.
Ainsi l'on ne peut trop hâter l'événement.
Sunnon, puis-je compter sur notre engagement?

SUNNON.

La foi de mes pareils ne fut jamais frivole.
Je suis Gaulois, ainsi fidelle à ma parôle;
L'honneur est parmi nous le premier de nos dieux.
Mais vous savez quel joug on m'impose en ces lieux,
Et d'un ambassadeur quel est le ministère;
Que je suis retenu par une loi sévère,
Qui me défend d'armer de criminelles mains,
Et d'oser les tremper dans le sang des Romains.
D'ailleurs, de vos projets j'ignore le mystère;
Je crains tout, sans savoir ce qu'il faut que j'espère.
Si vos desseins ne sont aussi justes que grands,
Et si ce n'est pour nous que changer de tyrans;
Si nos traités ne sont fondés sur la justice,
Vous prétendez en vain qu'aucun nœud nous unisse;
Notre unique vertu n'est pas notre valeur.
Nous aimons la justice autant que la candeur.
Quoiqu'enfant de la guerre, allaité sous les tentes,
Le Gaulois n'eut jamais que des mœurs innocentes.
Si vous nous surpassez par votre urbanité,
Nous l'emportons sur vous par notre intégrité.
C'est à tous nos desseins l'honneur seul qui préside,
Et de nos intérêts l'équité qui décide.
Nos dieux, nos souverains, l'autorité des lois,
La gloire, le devoir, notre épée et nos droits;
Aussi prompts que vaillans, francs, et pleins de
          noblesse,
Obéissans par choix, et soumis sans bassesse.
Mais Rome cherche moins, dans ses vastes projets,
A faire des amis, qu'à faire des sujets.
Comme nous ne voulons que le simple héritage
Dont les tems et le sort firent notre partage,
Voyez si, du sénat réprimant la fureur,
Vous pouvez des Gaulois être le protecteur.
Peut-être en ce discours, ou trop fier, ou trop libre,
Ai-je peu ménagé la majesté du Tybre:
Mais, dès que de mes soins notre sort dépendra,
Je parlerois aux dieux comme à Catilina.

CATILINA.

Je ne condamne point un discours magnanime,
Qu'un intérêt sacré doit rendre légitime;
Mais je le blâmerois, Sunnon, si ma vertu
Ne vous inspiroit pas un respect qui m'est dû.
Je ne suis point surpris qu'un ministre soupçonne
De trop d'ambition un projet qui l'étonne;
Et que, loin de vouloir soulager l'univers,
Je prétende au contraire appesantir ses fers.
Revenez cependant d'une erreur qui m'offense,
Et qui peut vous séduire à force de prudence.
Je suis chef, il est vrai, d'un parti dangereux:
Mais vous ne devez pas me confondre avec eux.
Souvent pour s'assurer de leur obéissance,
Il faut laisser régner le crime et la licence.
Le choix des conjurés est un choix hasardeux,
Qui ne veut pas toujours des hommes généreux.
Le projet le plus grand, l'action la plus belle,
A quelquefois besoin d'une main criminelle.
Si vous me regardez comme un ambitieux
Que la soif de régner a rendu furieux,
Et qui ne veut user du flambeau de la guerre,
Que pour subjuguer Rome, et désoler la terre,
Vous-vous trompez, Sunnon. Considérez l'état
Du sénat et des lois, du peuple et du soldat;
Trouvez enfin dans Rome un seul trait qui réponde
A son titre pompeux de maîtresse du monde.
Les pirates divers que Pompée a défaits,
Cachoient dans leurs rochers cent fois moins de
          forfaits.
Mais je suis las de voir triompher l'injustice;
Il est tems que mon bras s'arme pour leur supplice;
Que j'immole à nos lois ce sénat orgueilleux,
Pour rendre l'univers et les Romains heureux.
Voilà, mon cher Sunnon, le seul but où j'aspire,
Non au funeste honneur de conquérir l'empire;
Et comme j'ai toujours estimé les Gaulois,
Je mourrai, s'il le faut, pour défendre leurs droits.
Mais ne présumez pas que de votre courage
Dans ces murs malheureux je veuille faire usage.
Les conjurés et moi, quel que soit le danger,
Nous n'avons pas besoin d'un secours étranger:
Au contraire, je veux que, fuyant de la ville,
Au camp de Manlius vous cherchiez un asyle:
Mais, avant que la nuit vous éloigne de nous,
Je vais vous expliquer ce que j'attends de vous.
Tout semble me livrer une ville alarmée;
Mais loin de ses remparts Rome a plus d'une armée.
Que le sénat ici tombe sous mes efforts;
Ce n'est point accabler ce redoutable corps
Qui renait de lui-même, et qui se multiplie
Dans l'univers entier, comme dans l'Italie;
Que je vaincrai souvent sans le rendre soumis,
Et qui me cherchera toujours des ennemis.
Je veux, si les destins me sont peu favorables,
Trouver dans les Gaulois des amis secourables;
Quelque retraite, enfin, dans un jour malheureux:
De vous, de vos amis, c'est tout ce que je veux.

SUNNON.

Ah! dès que votre bras s'arme pour la justice,
Il n'est point de Gaulois qui ne vous obéisse.
Je vous réponds de tous.

CATILINA.

          Quels seront vos garans?

SUNNON *lui présentant la main.*
Touchez dans cette main, ce sont-là nos sermens.
Adieu, Catilina : quelqu'un vient : c'est Tullie.

SCÈNE III.
CATILINA *seul.*

QUE sa triste vertu me pèse et m'humilie !
Fuyons ; n'exposons point tant de fois en un jour
Des cœurs nés pour la gloire aux attraits de l'amour.

SCÈNE IV.
TULLIE, CATILINA.
TULLIE.

ARRÊTEZ un moment, j'ai deux mots à vous dire.
Cependant, à l'effroi que votre accueil m'inspire,
Je ne sais si je dois m'expliquer avec vous.
Victimes tous les deux d'une amante en courroux,
Si mes cruels soupçons vous ont fait une offense,
N'en accusez que vous et votre fier silence ;
Car vous pouviez d'un mot désabuser mon cœur.
Pourquoi, loin d'éclaircir une funeste erreur,
Me cacher, aux depens de toute mon estime,
Un témoin dont le nom vous eût absous du crime,
Et que rendoit suspect son amour irrité ?
Vous savez de mes mœurs quelle est l'austérité ;
Qu'enchaînée aux devoirs d'une innocente vie,
Je n'ai jamais connu que le nom de Fulvie.
Que ne m'épargniez-vous la honte et le remords
D'avoir trop écouté ses coupables transports ?
Falloit-il exposer une ame vertueuse
A servir les fureurs d'une ame impétueuse ?

CATILINA.

Ah ! je n'étois déjà que trop humilié
De voir à vos mépris mon rang sacrifié,
Sans vous faire rougir d'une indigne rivale.

TULLIE.

Dût sa haine aujourd'hui m'être encor plus fatale,
Malgré votre courroux, je veux vous engager
A respecter ses feux, même à la ménager.
D'un pareil ennemi vous n'avez rien à craindre ;
Et son sexe, et son nom, tout m'oblige à la plaindre.
Ainsi, loin d'insulter à son déguisement,
Faisons-là de ces lieux sortir secrettement.
Vous n'avez contre vous de témoin que Fulvie,
Et l'on n'en croira point sa folle jalousie.
Loin de vous présenter l'un et l'autre au sénat,
Evitez pour moi-même un dangereux éclat.
Que vous reviendroit-il d'une foible victoire,
Qui, loin de l'embellir, flétriroit votre gloire ?
Croyez-moi, méprisez une amante en fureur,
Qui d'ailleurs ne vouloit que vous perdre en mon
    cœur.

CATILINA.

Lorsqu'on ose attaquer mon honneur et ma vie,
Vous voulez qu'en tremblant je me cache, ou je fuie ;
Que, laissant le champ libre à l'insensé Caton,
Je souffre qu'en public il flétrisse mon nom ;
Que j'éloigne Fulvie, afin que votre père,
Sur son absence même au sénat me défère ?

Comment ! lorsque vous-même, échauffant sa fureur,
Vous me livrez au peuple, et me perdez d'honneur ;
Que sur de faux rapports déjà l'on délibère,
Que contre moi Caton éclate sans mystère ;
Vous voulez que, témoin de leur emportement,
J'attende du sénat quelque ménagement ;
Que le consul, enfin, touché de mon absence,
Ou ne m'accuse point, ou prenne ma défense ?
Ah ! ne présumez pas que leur mauvaise foi
Puisse m'en imposer et triompher de moi.
Dès ce jour même il faut que je me justifie.

TULLIE.

Pourriez-vous de ma part craindre une perfidie ?

CATILINA.

Non ; mais on a trompé votre crédule amour,
Afin que vous puissiez me tromper à mon tour.
La plus légère peur corrompt les cœurs timides,
Et des plus vertueux fait souvent des perfides.

TULLIE.

Du moins, en ma présence, épargnez Cicéron.

CATILINA.

Ah ! s'il écoutoit moins le dangereux Caton,
Et les fantômes vains d'une peur chimérique,
Vous et moi nous eussions sauvé la république.

TULLIE.

Il en est tems encor, cruel, écoutez-moi ;
N'allez point au sénat, fiez-vous à ma foi.
Sur de vaines rumeurs votre fierté s'abuse ;
Songez que c'est moi seule ici qui vous accuse,
Que je puis d'un seul mot rassurer les esprits,
Et dissiper l'erreur qui les avoit surpris.
Si de nos premiers feux vous perdez la mémoire,
Songez du moins, seigneur, qu'il y va de ma gloire.
Quoi ! vous pouvez m'aimer, et me sacrifier
A l'orgueilleux honneur de vous justifier ?
L'amour vous justifie, et reprend son empire ;
Quand mon cœur vous absout, mon cœur doit vous,
    suffire.
Le sénat contre vous n'a rien fait publier.
Ah ! laissez-moi l'honneur de vous concilier ;
Laissez-moi réunir mon amant et mon père.
Hélas ! étoit-ce à moi d'en parler la première ?
L'amour n'offre donc plus à vos tendres souhaits
Aucun bien qui vous puisse engager à la paix !
Vous êtes des Romains la plus noble espérance ;
Daignez contre vous même embrasser leur défense.
De quoi vous plaignez-vous, quand c'est vous seul,
    ingrat,
Qui voulez aujourd'hui convoquer le sénat ?
Si vous vous obstinez encore à vous défendre,
Le consul à son tour voudra s'y faire entendre ;
Et bientôt vos amis, ardens et furieux,
De carnage et d'horreur vont remplir tous ces lieux.
Voulez-vous mettre en feu la ville infortunée
Que votre amante habite, où votre amante est née ?
Laissez-moi désarmer vos redoutables mains ;
Accordez à mes pleurs la grace des Romains,
Et qu'il soit dit, du moins, de l'heureuse Tullie,
Que le dieu de son cœur fut dieu de sa patrie.

CATILINA.

Ah, madame ! cessez de vouloir m'abuser.
J'aimerois mieux vous voir constante à m'accuser ,
Armer contre ma vie un sénat qui m'abhorre.
Quoi! c'est moi qu'on veut perdre, et c'est moi qu'on
     implore !
Que dis-je ? c'est à moi que Tullie a recours ,
Pour sauver les cruels qui poursuivent mes jours !
C'est pour eux, non pour moi qu'elle verse des larmes!,
Et loin de m'arracher à leurs perfides armes,
Je la vois avec eux conspirer à l'envi !
Rendez-moi donc l'honneur que vous m'avez ravi ,
Si vous ne voulez pas que j'aille le défendre.
Mais en vain par vos pleurs on cherche à me sur-
     prendre.
Eh ! sur quoi votre amour prétend-il m'émouvoir ?
A-t-il dans votre cœur triomphé du devoir ?
Quoi ! sur le seul rapport d'un témoin méprisable ,
Sans rien examiner , vous me croyez coupable!
Et , sans en exiger d'autre éclaircissement,
Votre austère vertu sacrifie un amant !
Cet exemple est si grand, qu'il faut que je l'imite.
Plus vous m'attendrissez, plus mon honneur m'invite
A m'immoler moi même à ce que je me dois.

TULLIE.

Hé bien ! cruel , adieu, pour la dernière fois.

SCÈNE V.

CATILINA seul.

Que je me sens touché ! Que mon ame est émue !
Ah ! que n'ai-je évité cette fatale vue ?
Mais j'aperçois Probus.

SCÈNE VI.

CATILINA, PROBUS.

PROBUS.

Je viens vous avertir
Que , dès ce même instant , seigneur , il faut partir;
Tout s'arme contre vous , et le sénat s'assemble.

CATILINA.

Qu'aurois-je à redouter d'un ennemi qui tremble ?
Je veux , à commencer par le plus fier de tous ,
Les voir dans un moment tomber à mes genoux ;
Et je vais les trouver.

PROBUS.

Quoi! seul et sans défense ?

CATILINA.

Aucun d'eux n'osera soutenir ma présence;
Ainsi ne craignez rien.

PROBUS.

Seigneur , y pensez-vous ?
Songez que Romulus expira sous leurs coups.
Je ne condamne point une noble assurance;
Mais on n'en doit pas moins consulter la prudence.
Plus le sénat vous craint , plus il faut du sénat
Craindre contre vos jours un secret attentat.

CATILINA.

Non , Probus ; et je brave un péril qui vous glace.
Le succès fut toujours un enfant de l'audace.
L'homme prudent voit trop , l'illusion le suit ;
L'intrépide voit mieux , et le fantôme fuit ;
L'instant le plus terrible éclaire son courage ,
Et le plus téméraire est alors le plus sage.
L'imprudence n'est pas dans la témérité ;
Elle est dans un projet faux et mal concerté :
Mais , s'il est bien suivi , c'est un trait de prudence
Que d'aller quelquefois jusques à l'insolence ;
Et je sais , pour dompter les plus impérieux ,
Qu'il faut souvent moins d'art que de me priser pour eux.
Adieu. Dans un moment ils me verront paroître
En criminel qui vient leur annoncer un maître.

Fin du troisième acte.

ACTE QUATRIÈME.

SCÈNE I.

CICÉRON, CRASSUS, CATON et le
reste des sénateurs.

CICÉRON.

Arbitres souverains de Rome et de ses lois ,
Qui parmi vos sujets comptez les plus grands rois ,
Je ne viens point ici , jaloux de votre gloire ,
Briguer avec éclat le prix d'une victoire ;
Le sort , à mes pareils prodiguant ses faveurs ,
Me réservoit le soin d'annoncer des malheurs.
De mon amour pour vous tel est le premier gage ,
Et de mon consulat le funeste partage.
Tandis qu'enorgueillis par tant d'heureux travaux ,
Vous pouviez méditer des triomphes nouveaux ,
De la terre et des mers vous promettre l'empire ,
Un seul homme à vos yeux travaille à vous proscrire.
Pourrai-je , sans frémir , nommer Catilina ,
L'héritier des fureurs du barbare Sylla ;
Lui que la cruauté , l'orgueil et l'insolence,
N'ont que trop parmi nous signalé dès l'enfance ;
Lui qui , toujours coupable , et toujours impuni ,
Veut ce que n'eût osé l'univers réuni ,
Subjuguer les Romains ? O vous ! que Rome adore ,
Et qui par vos vertus la soutenez encore ;
Vous , l'appui du sénat , et l'exemple à-la-fois ,
Incorruptible ami de l'état et des lois ,
Parlez , divin Caton.

CATON.

Et que pourrois-je dire
En des lieux où l'honneur ne tient plus son empire ,
Où l'intérêt , l'orgueil commandent tour-à-tour ;
Où la vertu n'a plus qu'un timide séjour ,
Où de tant de héros je vois flétrir la gloire ?
Et comment l'univers pourra-t-il jamais croire
Que Rome eut un sénat et des législateurs ,
Quand les Romains n'ont plus ni lois , ni sénateurs ?
Où retrouver enfin les traces de nos pères
Dans des cœurs corrompus par des mœurs étrangères?
Moi-même , qui l'ai vu briller de tant d'éclat ,
Puis-je me croire encore au milieu du sénat ?

Ah ! de vos premiers tems rappelez la mémoire ;
Mais ce n'est plus pour vous qu'une frivole histoire.
Vous imitez si mal vos illustres aïeux ,
Que leurs noms sont pour vous des noms injurieux.
Mais de quoi se plaint-on ? Catilina conspire ?
Est-il si criminel d'aspirer à l'empire ,
Dès que vous renoncez vous-mêmes à régner ?
Un trône, quel qu'il soit , n'est point à dédaigner.
Non , non , Catilina n'est pas le plus coupable.
Voyez de votre état la chûte épouvantable,
Ce que fut le sénat , ce qu'il est aujourd'hui ,
Et le profond mépris qu'il inspire pour lui.
Scipion , qui des dieux fut le plus digne ouvrage ;
Scipion , ce vainqueur du héros de Carthage ;
Scipion , des mortels qui fut le plus chéri ,
Par un vil délateur se vit presque flétri.
Alors la liberté ne savoit pas dans Rome
Du simple citoyen distinguer le grand-homme ;
Malgré tous ses exploits , le vainqueur d'Annibal
Se soumit, en tremblant , à votre tribunal.
Sylla vient, qui remplit Rome de funérailles ,
Du sang des sénateurs inonde nos murailles.
Il fait plus , ce tyran , las de régner enfin ,
Abdique insolemment le pouvoir souverain ,
Comme un bon citoyen meurt heureux et tranquille,
En bravant le courroux d'un sénat imbécille ,
Qui , charmé d'hériter de son autorité ,
Eleva jusqu'au ciel sa générosité ,
Et nomma , sans rougir , père de la patrie
Celui qui l'égorgeoit chaque jour de sa vie.
Si vous eussiez puni le barbare Sylla ,
Vous ne trembleriez point devant Catilina.
Par-là vous étouffiez ce monstre en sa naissance ,
Ce monstre qui n'est né que de votre indolence.

CRASSUS.

N'est-ce qu'en affectant de blâmer le sénat ,
Que Caton de son nom croit rehausser l'éclat ?
Mais il devroit savoir que l'homme vraiment sage
Ne se pare jamais de vertus hors d'usage.
Qu'aurions-nous à rougir des tems de nos aïeux ?
Si ces tems sont changés, il faut changer comme eux,
Et conformer nos mœurs à l'esprit de notre âge.
Et qu'a donc perdu Rome à n'être plus sauvage ?
Rome est ce qu'elle fut : ses changemens divers
Ont-ils de notre empire affranchi l'univers ?
Non ; car ce fier Sylla , d'odieuse mémoire ,
Même en l'asservissant , combla Rome de gloire.
Mais c'est trop s'occuper de reproches honteux ,
Importunes leçons d'un censeur orgueilleux ,
Qui se trompe toujours au zèle qui l'enflamme.
Que Caton , à son gré, nous méprise et nous blâme,
N'aurions-nous désormais d'oracle que Caton ,
Et les saintes frayeurs qui troublent Cicéron ?
Où sont vos ennemis ? Quel péril vous menace ?
Un simple citoyen vous alarme et vous glace ?
A percer ses complots j'applique en vain mes soins ,
Je vois plus de soupçons ici que de témoins.
On diroit , à vous voir assemblés en tumulte ,
Que Rome des Gaulois craigne encor une insulte,
Et qu'un autre Annibal va marcher sur leurs pas.
Où sont des conjurés les chefs et les soldats ?

Les fureurs de Caton et son impatience
Dans le sein du sénat semant la défiance,
On accuse à la fois Cépion , Lentulus ,
Dolabella , César , et moi-même Crassus.
Voyez de vos conseils jusqu'où va l'imprudence ;
On craint Catilina , cependant on l'offense :
Mais plus vous le craignez , plus il faut ménager
Un homme et des amis qui pourroient le venger.
Et quel est, dites-moi , le témoin qui l'accuse?
Une femme jalouse , et que l'amour abuse ;
Qui , sur les vains soupçons d'une infidélité ,
Veut surprendre à son tour votre crédulité ;
Qui , sans pudeur livrée à l'ardeur qui l'entraine,
Invente des complots pour flatter votre haine.
Si je plains l'accusé , c'est parce qu'on le hait ;
Voilà le seul témoin qui prouve son forfait :
Car la haine a souvent fait plus de faux coupables,
Qu'un penchant malheureux n'en fait de véritables.
Je dis plus ; et quand même il seroit criminel ,
Faut-il , comme Caton , être toujours cruel ?
Dans son sang le plus pur voulez-vous noyer Rome ?
Songez qu'un seul remords peut vous rendre un
      grand-homme.
La rigueur n'a jamais produit le repentir :
Ce n'est qu'en pardonnant qu'on nous le fait sentir.
Rome n'est plus au tems qu'elle pouvoit , sans crain-
      dre,
Immoler à la loi quiconque osoit l'enfreindre.
D'ailleurs , il est toujours imprudent de sévir ,
A moins qu'en sûreté l'on ne puisse punir.
De quatre légions qui campoient vers Préneste ,
Celle de Manlius est la seule qui reste.
Quand le sénat devroit punir Catilina ,
Êtes-vous assurés que quelqu'un l'osera ?
S'il échappe à vos coups , redoutez sa vengeance,
Et des amis tout prêts d'embrasser sa défense.
A des projets nouveaux n'allez pas l'inviter
Par d'impuissans décrets qu'il sauroit éviter.
Pour l'intérêt public il faut qu'on lui pardonne ,
Et qu'à son repentir le sénat l'abandonne.

CATON.

Si l'intérêt public décide de son sort ,
Consul, qu'à l'instant même on lui donne la mort.

SCENE II.

CATILINA, et les Acteurs de la scène précédente.

(*Catilina entre brusquement par le milieu du sénat
    qui se lève à son aspect. Un moment après
    chacun reprend sa place.*)

CATILINA.

LA mort ! A ce décret je crois me reconnoître.

CATON.

Tu le devrois du moins, puisqu'il regarde un traître.

CATILINA.

Je ne sais qui des deux , dans ce commun effroi,
Rome doit le plus craindre , ou de vous , ou de moi.
Je la sauve , et Caton la perd par un faux zèle.

CICÉRON.

Téméraire, au sénat quel ordre vous appelle?

CATILINA.

Et qui m'empêcheroit, seigneur, de m'y montrer?
Sont-ce les ennemis que j'y puis rencontrer?
Je n'en redoute aucun, ni Caton, ni vous-même.

CICÉRON.

Quoi! vous joignez encor à cette audace extrême
Celle d'oser paroître en armes dans ces lieux!

CATILINA.

Que mes armes, consul, ne blessent point vos yeux:
Mais, sur ce nouveau crime avant que de répondre,
Souffrez, sur d'autres points, que j'ose vous con-
    fondre.
Auriez-vous oublié que je vous l'ai promis?
Quoiqu'à votre pouvoir vous ayez tout soumis,
J'espère cependant qu'on daignera m'entendre,
Et c'est en citoyen que je vais me défendre;
J'abdique pour jamais le rang de sénateur.
Pardonnez, Cépion, Crassus, et vous, Préteur;
Antoine, à votre tour souffrez que je vous nomme
Parmi les ennemis du sénat et de Rome.
César ne paroît point, mais je vois Céthégus.
Il ne nous manque plus ici qu'un Spartacus;
Car entre nous et lui, grace à son imprudence,
Le vertueux Caton met peu de différence.
Eh bien! pères conscripts, êtes-vous rassurés?
Vous voyez d'un coup-d'œil l'état des conjurés.
Leurs chefs, et leurs soldats, et cette nombreuse
    armée,
Dont Rome en ce moment est si fort alarmée;
Ces périls enfantés par les folles erreurs
D'un témoin dont Tullie adopte les fureurs.
C'est sur ce seul témoin qu'une beauté si chère
Me croit dans le dessein d'assassiner son père,
D'égorger le sénat; er vous le croyez tous!
Malheureux que je suis d'être né parmi vous!
Sylla vous méprisoit; et moi je vous déteste.
De nos premiers tyrans vous n'êtes qu'un vil reste;
Juges sans équité, magistrats sans pudeur:
Qui de vous commander voudroit se faire honneur?
Et vous me soupçonnez d'aspirer à l'empire,
Inhumains, acharnés sur tout ce qui respire,
Qui depuis si long-tems tourmentez l'univers!
Je hais trop les tyrans, pour vous donner des fers,

CATON.

A quoi te serviroit cette troupe cruelle
Que ton palais impur et vomit et recèle;
Qui, le jour et la nuit, semant par-tout l'effroi,
Ministres odieux de tes fureurs ...

CATILINA.

                                Tais-toi.
Il est vrai qu'autrefois, plus jeune et plus sensible,
(Vous l'avez ignoré ce projet si terrible,
Vous l'ignorez encor,) je formai le dessein
De vous plonger à tous un poignard dans le sein.
L'objet qui vous dérobe à ma juste colère
Ne parloit point alors en faveur de son père;
Mais un autre penchant, plus digne d'un Romain,
M'arracha tout-à-coup le glaive de la main.
Je sentis, malgré moi, l'amour de la patrie

S'armer pour des cruels indignes de la vie.
Aujourd'hui, que tout doit rassurer les esprits,
Une femme en fureur les trouble par ses cris;
A ses transports jaloux tout s'alarme, tout tremble.
Et c'est pour les servir que le sénat s'assemble!
C'est sur ses vains rapports qu'un homme impétueux
Veut perdre ce que Rome eut de plus vertueux;
Orgueilleux citoyen, dont l'austère sagesse
Est moins principe en lui qu'un fruit de sa rudesse;
Tyran republicain, qui, malgré sa vertu,
Est le plus dangereux que Rome ait jamais eu.
Par lui seul, d'entre nous la concorde est bannie;
C'est lui, qui, du sénat détruisant l'harmonie,
Fomente la chaleur de nos divisions,
Et nous force d'avoir recours aux factions.
Mais il veut gouverner; hé bien! qu'il vous gouverne,
Qu'il triomphe à son gré d'un sénat subalterne,
Qui, lâche déserteur de son autorité,
N'en a plus que l'orgueil pour toute dignité.
Et quel est aujourd'hui l'ordre de vos comices?
Le tumulte et l'effroi n'en sont que les prémices.
De chaque élection le meurtre est le signal,
Vos préteurs égorgés au pied du tribunal,
Un consul tout sanglant, mais trop juste victime
D'un peuple malheureux qu'à son tour il opprime;
Tous vos choix sont souillés par des assassinats;
Ainsi furent nommés vos derniers magistrats;
C'est ainsi qu'on élit, ou que l'on fait exclure,
Et qu'on osa me faire une mortelle injure.
Le plebéien s'élève, et le patricien
Se donne, sans rougir, un père plébéien;
Et pour l'adoption où l'intérêt l'entraîne,
Vous laissez profaner la majesté romaine.
Le voilà ce sénat, ce protecteur des lois,
Dont l'exemple auroit dû diriger tous les rois;
Le voilà ce sénat qui fait trembler la terre,
Et qui dispute aux dieux le dépôt du tonnerre.
La justice, autrefois votre divinité,
Ne règne plus ici que pour l'impunité.
La décence, les lois, la liberté publique,
Tout est mort sous le joug d'un pouvoir tyrannique.
Caton est devenu notre législateur,
L'idole des Romains....

CICÉRON.

                        Et vous le destructeur,
Traître. Si le sénat vous eût rendu justice,
Vôs jours n'auroient été qu'un éternel supplice;
Mais si je puis encor faire entendre ma voix,
Vous ne braverez plus la foiblesse des lois.

CATILINA.

Eh bien! pour achever de confondre un coupable,
Qu'on offre à mes regards ce témoin redoutable,
De vos soins pénétrans monument précieux;
Cet esclave qui peut me convaincre à vos yeux.
D'où vient qu'en ce moment vous me cachez Fulvie?
Manlius auroit-il disposé de sa vie?
Car elle fut toujours l'âme de ses secrets.

CICÉRON.

Laissons là Manlius: parlons de vos projets;

On ne conçoit que trop vos lâches artifices.
Tremblez, séditieux, pour vous, pour vos com-
    plices.
Vous êtes convaincu ; le crime est avéré ;
Déjà sur votre sort on a délibéré ;
Vos forfaits n'ont que trop lassé notre indulgence.
        CATILINA.
    Je vais de ce discours réprimer l'insolence.
Vous pensez, je le vois, que, tremblant pour mes
    jours,
A des subtilités je veuille avoir recours.
Et qu'ai-je à redouter de votre jalousie ?
Ainsi ne croyez pas que je me justifie.
Imprudents savez-vous, si j'élevois la voix,
Que je vous ferois tous égorger à la fois ?
Instruit de votre haine et de mon innocence,
Tout le peuple à grands cris m'excite à la vengeance;
Mais je n'imite pas les fureurs de Caton,
Et je laisse la peur au sein de Cicéron.
Je n'aurois, pour punir votre coupable audace,
Qu'à vous abandonner au coup qui vous menace.
Sans m'armer contre vous d'un secours étranger,
Me taire encore un jour suffit pour me venger.
Et vous me condamnez, insensés que vous êtes,
Moi, qui retiens le fer suspendu sur vos têtes;
Moi, qui, sans me charger d'un projet odieux,
N'ai qu'à laisser agir Manlius et les dieux ;
Moi, qui, pouvant me mettre à couvert de l'orage,
M'expose pour sauver un consul qui m'outrage !
    (*montrant Cicéron.*)
J'ai causé par malheur votre premier effroi,
Et dans tous les complots vous ne voyez que moi;
Il en est cependant dont vous devez tout craindre.
Que vous êtes aveugle, et que Rome est à plaindre !
Laissons là Manlius, consul peu vigilant,
Tandis que Rome touche à son dernier instant,
Qu'au plus affreux danger le sénat est en proie,
Qu'on va faire de Rome une seconde Troie !
Lorsque vous ne songez qu'à me faire périr,
Ingrats, sur vos malheurs je me sens attendrir.
Je sens en ce moment l'amour de la patrie
Reprendre dans mon cœur une nouvelle vie;
Et votre aveuglement me fait trop de pitié,
Pour vous sacrifier à mon inimitié.
        CICÉRON.
Eh bien ! rompez, seigneur, un si cruel silence;
Punissez en Romain l'ingrat qui vous offense;
En faveur de vous-même osez tout oublier,
Et sauvez le sénat pour nous humilier.
        CATILINA.
Je n'ai point attendu l'instant du sacrifice
Pour servir ce sénat qui m'envoie au supplice;
Depuis huit jours entiers j'assemble mes amis.
Les voilà ces complots que je me suis permis !
Mais, malgré tous les soins d'une ame généreuse,
Ils m'ont fait soupçonner d'une trame honteuse.
Armez sans différer, prévenez l'attentat,
Si vous voulez sauver la ville et le sénat.
Celui qui hors des murs commande vos cohortes,
Manlius, dès ce soir, doit attaquer vos portes.

        CICÉRON.
Manlius!
        CATILINA.
    Oui, consul, craignez qu'avant la nuit,
Aux dépens de vos jours on n'en soit trop instruit.
Je vous ai déclaré le chef de l'entreprise,
Veillez, ou de sa part craignez quelque surprise.
Je n'ai pu découvrir le reste du parti.
C'est à vous d'y penser; vous êtes averti.
Manlius vous trahit; c'étoit pour vous défendre
Qu'en armes dans ces lieux j'étois venu me rendre,
Et non pour vous punir de m'avoir outragé ;
En combattant pour vous, je suis assez vengé.
Vous pouvez désormais ou douter, ou me croire,
J'ai rempli mon devoir et satisfait ma gloire.
Mes amis sont tout prêts, vous pouvez les armer,
Leur qualité n'a rien qui vous doive alarmer;
Vous les connoissez tous : songez au capitole,
Garnissez l'Aventin, les portes de Pouzole;
Il faut garder sur-tout le pont Sublicien,
Le quartier de Caton, et veiller sur le mien;
Car le plus grand effort de ce complot funeste
Eclatera sans doute aux portes de Préneste,
Et mon palais y touche ; on peut s'y soutenir,
Du moins un long combat pourra s'y maintenir.
Vous paroissez émus, et rongissez peut-être
D'avoir pu si long-tems me voir sans me connoître.
Après tant de mépris, après tant de refus,
Tant d'affronts si sanglans, dont vous êtes confus,
Aurois-je triomphé de votre défiance ?
Non, j'en ai fait souvent la triste expérience;
On ne guérit jamais d'un violent soupçon ;
L'erreur qui le fit naître en nourrit le poison;
Et, dans tout intérêt, la vertu la plus pure
Peut être quelquefois suspecte d'imposture :
Mais, pour calmer les cœurs, je sais un sûr moyen,
Qui vous convaincra tous que je suis citoyen.
On connoît Cicéron, et sa vertu sublime
A su dans tous les tems lui gagner votre estime;
Il en est digne aussi par sa fidélité.
Caton vous est connu par sa sévérité.
Cicéron ou Caton, l'un des deux, ne m'importe,
Je vais, dès ce moment, sans amis, sans escorte,
Me mettre en leur pouvoir ; choisissez l'un des deux,
Ou le plus défiant, ou le plus rigoureux;
Je veux que de mon sort on le laisse le maître,
Qu'il me traite en héros, ou me punisse en traître.
Souffrez que, sans tarder, je remette en ses mains
Un homme, la terreur, ou l'espoir des Romains.
        CATON.
Catilina, je crois que tu n'es point coupable :
Mais si tu l'es, tu n'es qu'un homme détestable;
Car je ne vois en toi que l'esprit et l'éclat
Du plus grand des mortels, ou du plus scélérat.
        CICÉRON.
Catilina, daignez reprendre votre place;
De vos soins par ma voix le sénat vous rend grâce.
Vous êtes généreux, devenez aujourd'hui,
Ainsi que notre espoir, notre plus ferme appui.
Nos injustes soupçons n'ont plus besoin d'ôtage;
D'un homme tel que vous la gloire est le seul gage.

Vous, sénateurs, veillez à notre sûreté.
Il s'agit du sénat et de la liberté ;
Courons sans différer où l'honneur nous appelle.
Adieu, Catilina : j'attends de votre zèle
Tous les secours qu'on doit attendre d'un grand cœur.
Rome a besoin de vous et de votre valeur ;
Combattez seulement, ma crainte est dissipée.
  CATILINA, *à part, regardant sortir Cicéron.*
Va, ma valeur bientôt sera mieux occupée.
Elle n'aspire plus qu'à te percer le sein.

SCÈNE III.

CATILINA, CÉTHÉGUS.

CÉTHÉGUS.

CATILINA, dis-moi, quel est donc ton dessein ?
D'où naît ce désespoir ? Eclaircis ma surprise.
Après avoir formé la plus haute entreprise,
Toi-même tu détruis de si nobles projets !
Tu trahis Manlius, tes amis, tes secrets !
      CATILINA.
Arrête, Céthégus : tu me prends pour Tullie.
Tes doutes ont blessé l'amitié qui nous lie.
Qu'entre nous désormais ils soient plus mesurés.
Mais, avant tout, dis-moi l'état des conjurés ;
Et s'il en est quelqu'un qui tremble, ou qui balance.
      CÉTHÉGUS.
Aucun d'eux : nous pouvons agir en assurance.
Autour du vase affreux par moi-même rempli
Du sang de Nonnius avec soin recueilli,
Au fond de ton palais, j'ai rassemblé leur troupe.
Tous se sont abreuvés de cette horrible coupe ;
Et, se liant à toi par des sermens divers,
Sembloient dans leurs transports défier les enfers.
De joie et de frayeur mon ame s'est émue.
César, le seul César s'est soustrait à leur vue.
      CATILINA.
César n'a pas besoin de sermens avec moi ;
Et son ambition me répond de sa foi.
Pour toi, que de ma part rien ne devroit surprendre,
Qui, sur un seul regard, aurois dû mieux m'entendre,
Apprends que Manlius vouloit nous perdre tous,
Et qu'un moment plus tard c'en étoit fait de nous.
Manlius autrefois soupira pour Fulvie ;
Corrompu par ses pleurs, ou par sa jalousie,
Le perfide couroit nous vendre à Cicéron :
Mais, d'un dessein si lâche informé par Céson,
Un instant m'a suffi pour prévenir le crime.
Ma main fumoit encor du sang de la victime,
Quand tu m'as vu paroître au milieu du sénat,
Qui pourra (s'il apprend ce nouvel attentat)
Croire qu'en sa faveur je l'ai commis peut-être,
Et que, pour le gagner, je l'ai défait d'un traître.
Au reste ne crains rien des frivoles récits
Dont je viens d'effrayer de timides esprits,
Qu'il falloit exciter par de feintes alarmes,
Si je veux les forcer de recourir aux armes ;
Ne pouvant, sans nous perdre, armer un seul guerrier,
Si le sénat tremblant n'eût armé le premier.

Quel triomphe pour moi, dans ce péril extrême,
De le voir pour ma gloire armé contre lui-même !
Des postes différens, faussement indiqués ;
Qui, selon mon rapport, pourroient être attaqués,
Aucun ne me convient : mais il faut, par la ruse,
Disperser les soldats d'un sénat qu'elle abuse.
Prends garde, cependant, qu'à des signes certains
On puisse distinguer nos soldats, des Romains.
Le palais de Sylla, notre plus fort asyle,
Pourra seul plus d'un jour tenir contre la ville.
Céson de Manlius devenu successeur,
Avec sa légion doit servir ma fureur.
Je ne crains que Rufus, prefet de six cohortes
Pleines de vétérans qui défendent les portes.
Rufus n'a de soutien, ni d'ami, que Caton ;
Et je n'ai convaincu, ni lui, ni Cicéron.
Si Rufus, dont je crains le courage et l'adresse,
Pénètre les complots où Céson s'intéresse,
Rufus tentera tout, la force ou les bienfaits,
Pour regagner Céson, ou rompre ses projets :
C'est l'unique moyen de tromper notre attente ;
Mais ce péril nouveau n'a rien qui m'épouvante.
Les dangers que pour moi j'ai laissés entrevoir,
Malgré tant d'ennemis, me flattent de l'espoir
Qu'en des piéges nouveaux je pourrai les surprendre.
Soit pour s'en emparer, ou soit pour le défendre,
Autour de mon palais ils vont tous accourir ;
Que ce soit pour ma perte ou pour me secourir,
Nos premiers sénateurs viendront le reconnoître ;
Cicéron et Caton s'y trouveront peut-être.
Que ce moment me tarde, et qu'il me seroit doux
De pouvoir, d'un seul coup, les sacrifier tous !
Adieu, cher Céthégus ; je vais revoir Tullie.
      CÉTHÉGUS.
C'est elle qui nous perd.
      CATILINA.
          Crois-tu que je l'oublie ?
Je veux, pour l'en punir, employer à mon tour,
Aux plus noirs attentats, ses soins et son amour.
Va, ce n'est point à moi, dès qu'il s'agit d'offense,
Que l'on doive donner des leçons de vengeance ;
De ce soin sur mon cœur tu peux te reposer ;
C'est aujourd'hui qu'il faut tout perdre et tout oser.
Je vais solliciter la défense des portes,
Et l'ordre d'y placer de nouvelles cohortes,
Sur le prétexte vain de quelqu'affreux projet,
Dont je puis avoir seul pénétré le secret.
Ce n'est pas tout ; je veux, par Tullie elle-même,
M'assurer cet emploi, s'il est vrai qu'elle m'aime.
Sur ce fatal décret je vais la prévenir ;
C'est de son amour seul que je veux l'obtenir.
Dans trois heures au plus le jour va disparoître :
Des postes d'alentour il faut te rendre maître.
Probus ne m'a fait voir qu'un esprit chancelant ;
Prévenons les retours d'un conjuré tremblant,
Et, de la même main songe à punir Fulvie,
De ses forfaits nouveaux et de sa perfidie.
Plus de ménagemens, de pitié, ni d'égards.
Le feu, le fer, le sang : voilà mes étendards.

     Fin du quatrième acte.

                   ACTE

ACTE CINQUIÈME.

SCÈNE I.

CICÉRON seul.

Caton ne paroît point ; et la nuit qui s'avance
Accroît à chaque instant l'horreur qui la devance.
Pétréius, invité de hâter son retour ,
Ne peut plus arriver avant la fin du jour ;
Et ce jour malheureux étoit le seul, peut-être ,
Qui pouvoit me flatter de triompher d'un traître.
Plus sur son innocence il a cru m'abuser,
Plus mon cœur défiant s'obstine à l'accuser.
Je sais qu'à Manlius il vient d'ôter la vie ;
C'est pour mieux m'éblouir qu'il nous le sacrifie.
Trop heureux si je puis , à mon tour , lui cacher
Le péril du décret qu'il vient de m'arracher !
Mais nous sommes perdus, si jamais il devine
Qu'en secret par Céson je trame sa ruine.
Des pièges qu'on lui tend , habile à se venger,
Il en feroit sur moi retomber le danger.
Rufus m'assure en vain d'une longue défense,
Céson est désormais mon unique espérance.
Quelle honte pour vous, indomptables Romains ,
De n'avoir pour appui que de si foibles mains !
O toi ! qu'en ses malheurs Rome toujours implore,
Et que , sans te nommer , en secret elle adore ;
Toi , qui devois un jour , couronnant ses exploits,
Soumettre à son pouvoir les peuples et les rois ,
Daigne aujourd'hui , du moins , favorable génie,
La sauver de l'opprobre et de la tyrannie.
Caton ne revient point : je crains que son ardeur,
Plus loin que je ne veux, n'entraîne son grand cœur.

SCÈNE II.

CATON, CICÉRON.

CICÉRON.

Mais je le vois, c'est lui. Quoi ! vous êtes en armes?
Venez-vous redoubler , ou calmer nos alarmes ?

CATON.

Je voudrois vainement, dans ce désordre affreux ,
Vous promettre , consul , quelque succès heureux.
Le destin du sénat est d'autant plus terrible ,
Que la main qui nous frappe est encore invisible ;
Victorieux , vaincu, j'ai combattu long-tems,
Sans pouvoir reconnoître un seul des combattans.
Nos soldats étonnés , peu touchés de leur gloire ,
N'ont plus ce noble orgueil , garant de la victoire.
J'ai vu , non sans frémir , nos premiers vétérans
Muets , intimidés , abandonner les rangs.
La nuit achevera bientôt de tout confondre ;
Et Rufus de Céson n'ose plus me répondre.
Si Pétréius enfin ne vient nous secourir ,
Il ne nous restera que l'honneur de mourir :
Mais , si nous en croyons les lenteurs de Pompée,
Notre attente sur lui sera toujours trompée.

Son lieutenant , nourri dans cet abus fatal ,
N'imitera que trop ce tiède général.
Cependant il est tems que Pétréius arrive ,
La chaleur du combat ne peut être plus vive ;
Le fier Catilina , revêtu d'un emploi
Dont vous avez voulu le charger malgré moi ,
Sur le frivole espoir de pouvoir le surprendre
Dans les pièges nouveaux que vous croyez lui tendre,
L'adroit Catilina vous aura pénétré.
Aux portes du Préneste il ne s'est point montré ;
L'intrépide Rufus , qui s'en est rendu maître ,
A ce poste , du moins , ne l'a point vu paroître ;
Et je crains qu'il ne soit au palais de Sylla ,
Car j'en ai vu sortir Célius et Sura.
Pomponius , suivi d'une troupe fidelle,
L'investit , et pour vous rien n'égale son zèle ;
Il a fait mettre aux fers , sur l'avis de Céson ,
Plusieurs séditieux , les Gaulois et Sunnon.
Soit haine , soit mépris , dessein ou négligence,
L'indifférent Crassus garde un honteux silence.
César se tait aussi ; quel qu'en soit le sujet ,
Rien n'est si dangereux que César qui se tait ;
Cependant son palais , dans une paix profonde ,
Est , selon sa coutume , ouvert à tout le monde.
La moitié du sénat défend le champ de mars ,
Où le peuple en fureur accourt de toutes parts ;
Rome enfin n'offre plus que l'effroyable image
D'un champ couvert de morts et souillé de carnage.
Mais ce qui me surprend , c'est que Pomponius
M'a dit qu'en aucun lieu l'on n'a vu Manlius.

CICÉRON.

Manlius ne vit plus.

CATON.

      Dieux ! quel bonheur extrême !
Qui l'a donc immolé ?

CICÉRON.

      Catilina lui-même.

CATON.

Consul , vous m'alarmez ; et je crains que Céson
N'abuse comme vous d'un injuste soupçon.
Gardons-nous d'attaquer un homme impénétrable ,
Qu'il faut craindre encor plus innocent que coupable.

CICÉRON.

Caton , écoutez moins cette rare candeur.
Eh ! qui de tant de maux pourroit être l'auteur ?
Qui , hors Catilina , peut vouloir nous détruire ?
A de fausses lueurs vous laissez-vous séduire ?
Que Manlius soit mort , qu'il l'ait sacrifié ,
C'est prouver seulement qu'il s'en est défié.
Je ne vois dans ce coup que le meurtre d'un traître,
Qu'un autre a prévenu dans la crainte de l'être.
Plût aux dieux que , moins lents à punir ses forfaits,
Du chef des conjurés Céson nous eût défaits !
Si de quelque succès son audace est suivie ,
Ses cruautés n'auront de bornes que sa vie.
Des infâmes complots formés par Céthégus
Ne voudriez-vous pas excepter Lentulus ?
Bientôt jusques sur vous leur fureur va s'étendre,
Mais c'est trop s'arrêter.

T

CATON.
Consul , daignez attendre ;
Je ne souffrirai point qu'abandonnant ces lieux ,
Vous osiez exposer des jours si précieux.
C'est votre ami , c'est moi qui vous en sollicite.
De chevaliers romains une troupe d'élite ,
Par mon ordre bientôt va se rejoindre à nous.
Permettez qu'avec eux je combatte pour vous.

SCÈNE III.

CICÉRON, CATON, LUCIUS.

CATON.

MAIS je vois Lucius ; que vient-il nous apprendre ?
LUCIUS.
Qu'à l'instant près de vous Pétréius va se rendre ;
J'entends déjà son nom voler de toutes parts,
Et déjà ses soldats ont bordé les remparts.
Sans le secours heureux que le ciel nous envoie ,
Aux plus cruelles mains Rome alloit être en proie.
Nous avons vu trois fois le fier Catilina
S'élancer en fureur du palais de Sylla ,
Renverser , foudroyer nos plus fermes cohortes ;
Trois fois, mais vainement , il a tenté les portes.
Je l'ai vu presque seul se mêler parmi nous ;
J'ai vu Céson lui-même expirer sous ses coups.
De qui l'ose attaquer la ruine est certaine ,
Et Rufus contre lui ne se soutient qu'à peine.
Seigneur, il m'a chargé de vous en avertir.
CATON.
Je vois nos chevaliers : il est tems de partir.

SCÈNE IV.

CICÉRON, CATON, TULLIE.

TULLIE.

SEIGNEUR, où courez-vous, tandis que le carnage
Au soldat furieux laisse à peine un passage ?
CICÉRON.
Rassurez-vous , ma fille, et restez en ces lieux ;
Bientôt nous reviendrons y rendre grace aux dieux.
Ce temple , en attendant, vous servira d'asyle.
Que sur Rome et sur moi votre cœur soit tranquille.

SCÈNE V.

TULLIE seule.

ESPOIR des malheureux, dieux , soyez mon
recours.
Hélas ! c'est de vous seuls que j'attends du secours.
A quel excès de maux me voilà parvenue !
On me fuit , on se tait : ô soupçon qui me tue !
Que je plains les malheurs de ce fatal décret,
Que mon père a paru m'accorder à regret !
Loin d'oser sur ce choix lui faire violence ,
Ne devois-je pas mieux pénétrer son silence !

J'entends avec fureur nommer Catilina ;
On dit qu'il se retranche au palais de Sylla ,
Tandis qu'en d'autres lieux il auroit dû paroître.
Est-ce là , s'il m'aimoit, que l'ingrat devroit être ?
Peut-il m'abandonner en cette extrémité ?
Quel usage fait-il de sa fidélité ?
Aucun de ses amis n'accourt pour ma défense ;
Et tous , jusqu'à Probus , évitent ma présence.
D'un funeste décret n'aurois-je armé sa main
Que pour voir immoler jusqu'au dernier Romain ?
Cruel Catilina , soit perfide ou fidelle ,
Que tu coûtes de pleurs à ma douleur mortelle !
Que dis-je ? et Manlius , qu'il a sacrifié ,
Ne l'a-t-il pas déjà plus que justifié ?
Ne l'aimerai-je donc que pour lui faire outrage ?
Dieux ! éloignez de moi cet horrible nuage.
On vient : c'est lui. Je sens redoubler mon effroi.

SCÈNE VI.

CATILINA sans épée , un poignard à la main ,
TULLIE.

TULLIE.

SEIGNEUR , en quel état vous offrez-vous à moi ?
Quoi! tout couvert de sang! Quel désordre effroyable!
A qui réservez-vous ce fer impitoyable ?
Que vois-je ?
CATILINA.
Un malheureux qui vient d'être vaincu,
Honteux de vivre encore , ou d'avoir tant vécu.
Dieux , qui m'abandonnez à mon sort déplorable ,
Ramenez-moi du moins l'ennemi qui m'accable.
En vain , pour le chercher , j'échappe à mille bras,
Le lâche à ma fureur ne s'exposera pas.
Tandis qu'au désespoir tout mon cœur est en proie ,
Mes cruels ennemis se livrent à la joie.
Ce fer , que je gardois pour leur percer le flanc ,
Ne sera plus souillé que de mon propre sang.
TULLIE à part.
Fatale vérité , que j'ai trop combattue ,
De quel affreux éclat viens-tu frapper ma vue !
(à Catilina.)
Ecoutez-moi , seigneur , et reprenez vos sens.
Qui peut vous arracher ces terribles accens ?
Si vous êtes vaincu , mon père est donc sans vie ?
CATILINA.
Eh ! sait-il seulement qu'on meurt pour la patrie ?
Ce n'est pas vous; c'est lui que je cherche en ces lieux.
Fuyez , éloignez-vous d'un amant furieux.
Dieux ! après tant d'exploits dignes de mon courage,
Il ne me restera qu'une inutile rage !
Ah ! si j'eusse manqué de prudence et de cœur ,
Je pourrois au destin pardonner mon malheur :
Mais que n'ai-je point fait dans ce moment terrible ?
Et que falloit-il donc pour me rendre invincible ?
Intrépides amis , dignes d'un sort plus doux ,
Vous êtes morts pour moi , j'ose vivre après vous !
Quoi ! Sylla presque seul , plus heureux que grand
homme ,
N'eut besoin que d'un jour pour triompher de Rome;

Et moi, triste jouet du perfide Céson,
Je suis vaincu deux fois, et par toi, Cicéron !
Quoi ! dans le même instant qu'il faut que Rome
    tombe,
C'est toi qui la soutiens, et c'est moi qui succombe !
Mon génie, accablé par ce vil plébéien,
Sera donc à jamais la victime du sien ?
Après m'avoir ravi la dignité suprême,
Ce timide mortel triomphe de moi-même !
Fortune des héros, ce n'est pas sur les cœurs
Que l'on te vit toujours mesurer tes faveurs.
Que l'on doit mépriser les lauriers que tu donnes,
Puisque c'est Cicéron qu'aujourd'hui tu couronnes !
O de mon désespoir vil et foible instrument,
Tu me restes donc seul dans ce fatal moment !
Mes généreux amis sont morts pour ma défense ;
Et, pour comble d'horreur, je mourrai sans ven-
    geance !
Dieux cruels, inventez quelque supplice affreux
Qui puisse être pour moi plus triste et plus honteux !

TULLIE.

Malheureux, que dis-tu ? Quand la mort t'environne,
Ton cœur respire encor le fiel qui l'empoisonne,
Et gémit de laisser des crimes imparfaits !

CATILINA.

Qu'entends-je ? On m'ose ici reprocher des forfaits !
Cœur foible, qui, rampant sous de lâches maximes,
Croyez l'ambition une source de crimes,
Vaine erreur, qu'un grand cœur sut toujours
    dédaigner,
Apprenez que le mien étoit fait pour régner.
Rome esclave, sans frein, avoit besoin d'un maitre :
J'ai voulu lui donner le seul digne de l'être ;
C'est moi. Si vous osez condamner ce projet,
Vous ne méritez pas d'en devenir l'objet.
N'auriez-vous pas voulu, pour gouverner l'empire,
Que j'eusse de Caton consulté le délire ;
Ou que, faisant un choix plus conforme à vos vœux,
J'eusse, pour avilir tant d'hommes généreux,
Donné ma voix au dieu que le sénat révère,
Lui, dont la seule gloire est d'être votre père ?

TULLIE.

Songez qu'il est du moins l'arbitre de vos jours.

CATILINA.

Voilà celui qui doit décider de leur cours.
Tout vaincu que je suis, craignez de voir paroitre
Cet arbitre nouveau qu'on me donne pour maitre.

TULLIE.

Ecoutez-moi, cruel, avant que la fureur
Achève d'aveugler votre indomptable cœur ;
Les momens nous sont chers ; et celui-ci, peut-être,
Va flétrir sur l'airain le jour qui vous vit naitre.
Encor, si dans les champs où préside l'honneur,
Où le vaincu souvent peut braver le vainqueur,
Je vous voyois chercher une sorte de gloire,
Je pourrois, sans rougir, chérir votre memoire :
Mais se donner la mort pour de honteux complots ;
Est-ce donc-là mourir de la mort des héros ?
Je devrois vous haïr ; mais votre mort prochaine
Éteint tout sentiment de vengeance et de haine.

Mon cœur, de ses devoirs autrefois si jaloux,
Qui, malgré tout l'amour dont il brûloit pour vous,
Se fit de votre perte un devoir légitime,
Ne sait plus aujourd'hui que pleurer sa victime.
Barbare, si jamais vous fûtes mon amant,
Si la mort vous paroit un frivole tourment,
Craignez-en un pour vous plus cruel; c'est moi-même,
C'est une amante en pleurs qui vous perd et vous aime ;
C'est ma douleur qui va me conduire au tombeau ;
Voulez-vous, en mourant, devenir mon bourreau ?
Reconnoissez ma voix ; c'est la fière Tullie
Que l'amour vous ramène et vous réconcilie,
Qui veut vous arracher à votre désespoir,
Et qui ne rougit plus de trahir son devoir.
Songez, Catilina, que Rome est votre mère ;
Qu'à vous, plus qu'à tout autre, elle doit être chère.
Renoncez à l'orgueil de vouloir mettre aux fers
Un peuple à qui les dieux ont soumis l'univers.
Pour sauver votre honneur, n'employez d'autres armes
Qu'un retour vertueux, vos remords et mes larmes ;
Jurez-moi que jamais vous ne teindrez vos mains
De votre propre sang, ni du sang des Romains.
Je vais vous dérober au coup qui vous menace ;
Ce que j'ai fait pour Rome obtiendra votre grace.

CATILINA.

Ma grace est dans mes mains, cœur indigne du mien.
Cicéron vous a-t-il déjà transmis le sien ?
Moi fléchir, moi prier, moi demander la vie ?
L'accepter, ce seroit me couvrir d'infamie.

TULLIE.

Eh bien, cruel, méprise un pardon généreux,
J'y consens ; mais du moins, dans ton sort mal-
    heureux,
De la part d'une amante accepte une retraite.

CATILINA.

M'y pourriez-vous cacher ma honte et ma défaite ?
C'est-là le trait cruel qui déchire mon cœur.
Ah ! s'il vous touche encor, respectez mon malheur.
Si de vous obéir ce cœur étoit capable,
J'aurois trop mérité le destin qui m'accable.
Dans l'état où je suis, loin de vous attendrir,
C'est vous qui devriez m'exciter à mourir,
Et même me prêter une main généreuse.
Cachez à mes regards cette douleur honteuse.
Que craignez-vous ? ma mort ? La mort n'est qu'un
    instant
Que le grand cœur défie, et que le lâche attend.
Vous m'indignez. Je sens que ma raison s'égare.

TULLIE.

Frappe ; mais, malgré toi, tu me suivras, barbare.
Ne crois pas m'effrayer par tes emportemens ;
Je ne me connois plus dans ces affreux momens.
Quoi ! c'est Catilina qui manque de constance !
Malheureux, qu'attends-tu, sans armes, sans défense ?
Le sénat va bientôt revenir en ces lieux ;
Veux-tu que je te voye égorger à mes yeux ?
Ingrat, suis-moi ; du moins une fois en ta vie,
Reconnois, par pitié, l'empire de Tullie.
Tu n'as que trop bravé sa tendresse et ses pleurs ;
Prête-moi ce poignard.

C A T I L I N A *se perce et donne le poignard*
à Tullie.

Le voilà.

T U L L I E.

Je me meurs.

C A T I L I N A.

Tout est fini pour moi : mais , si je perds la vie ,
Du moins mes ennemis ne me l'ont point ravie.
Séchez vos pleurs , Tullie ; et que prétendez-vous
D'un cœur dont la mòrt seule éteindra le courroux ?
Etouffez des regrets que ma fierté dédaigne ;
C'est de mourir vaincu qu'il faut que l'on me plaigne.

S C È N E   V I I.

CATILINA, TULLIE, LENTULUS,
CÉTHÉGUS, LES LICTEURS.

C A T I L I N A ,

voyant arriver les conjurés qu'on mène au supplice.

Voici le dernier coup que me gardoit le sort.

C É T H É G U S *en passant*

Adieu, Catilina : nous allons à la mort.

C A T I L I N A.

Amis infortunés , ma main vient de répandre
Ce sang que j'aurois dû verser pour vous défendre.

SCÈNE DERNIÈRE.

CICÉRON, CATON, TULLIE,
CATILINA, LES LICTEURS.

C A T I L I N A , *voyant paroître Cicéron et Caton.*

Il ne me restoit plus , pour comble de douleur ,
Que d'expirer aux yeux de mon lâche vainqueur.
(*à Cicéron.*)
Approche , Plébéien ; viens voir mourir un homme
Qui t'a laissé vivant pour la honte de Rome.
(*à Caton.*)
Et toi , dont la vertu ressemble à la fureur ,
Au gré de mes désirs tu feras son malheur.
Cruels , qui redoublez l'horreur qui m'environne ,
(*Il fait un mouvement pour se lever.*)
Qu'heureusement pour vous la force m'abandonne !
Mais croyez qu'en mourant mon cœur n'est point
    changé.
O César ! si tu vis , je suis assez vengé.

F I N.

LE TRIUMVIRAT,
OU
LA MORT DE CICÉRON,
TRAGÉDIE.

PERSONNAGES.

OCTAVE-CÉSAR, ⎱ triumvirs.
L'ÉPIDE, ⎰
CICÉRON, consul.
TULLIE, fille de Cicéron.

SEXTUS, fils de Pompée, et déguisé sous le nom de Clodomir, chef des Gaulois.
MÉCÈNE, favori d'Octave.
PHILIPPE, affranchi du grand Pompée.

La scène est à Rome, dans la place publique.

ACTE PREMIER.
SCÈNE I.
TULLIE *seule.*

Où vais-je, infortunée ? Et quel espoir me luit ?
Que de cris, que de pleurs, et quelle affreuse nuit !
Effroyable séjour des horreurs de la guerre,
Lieux inondés du sang des maitres de la terre,
Lieux dont le seul aspect fit trembler tant de rois;
Palais où Cicéron triompha tant de fois,
Désormais trop heureux de cacher ce grand homme,
Sauvez le seul Romain qui soit encor dans Rome.
   (apercevant le tableau des proscrits.)
Que vois-je, à la lueur de ce cruel flambeau ?
Ah ! que de noms sacrés proscrits sur ce tableau !
Rome, il ne manque plus, pour combler ta misère,
Que d'y tracer le nom de mon malheureux père,
Qu'on peut, sans t'offenser, nommer aussi le tien.
Hélas ! après les dieux, il est ton seul soutien.
   (à la statue de César.)
Toi, qui fis en naissant honneur à la nature,
Sans avoir des vertus que l'heureuse imposture;
Trop aimable tyran, illustre ambitieux,
Qui triomphas du sort, de Caton et des dieux;
Brutus, s'il est ton fils, a plus fait pour ta gloire
   (Elle montre le nom d'Octave à la tête des proscripteurs.)
Que ce tigre adopté pour flétrir ta mémoire.
César, vois à quel titre il prétend t'égaler.
Mais c'est en proscrivant qu'il sait se signaler.
Sacrifie à nos pleurs ce successeur profane;
Si ton cœur l'a choisi, ta gloire le condamne :
Ce n'est pas sous son nom qu'un glorieux burin
Enchaînera jamais et la Seine et le Rhin.
Sous un joug ennobli par l'éclat de tes armes,
Nous respirions, du moins, sans honte et sans alarmes.

Loin de rougir des fers qu'illustroit ta valeur,
On se croyoit paré des lauriers du vainqueur :
Mais sous le joug honteux et d'Antoine et d'Octave,
Rome, arbitre des rois, va gémir en esclave.
Quel spectacle nouveau vient me remplir d'effroi !
   (à la statue de Pompée.)
Ah ! Pompée, est-ce là ce qui reste de toi ?
Misérables débris de la grandeur humaine,
Douloureux monumens de vengeance et de haine !
Plus on dispersera vos restes immortels,
Et plus vous trouverez et d'encens et d'autels.
Et toi, digne héritier d'un nom que Rome adore,
Héros qu'en ses malheurs chaque jour elle implore,
Pour nous venger d'Octave, accours, vaillant Sextus;
A ce nouveau César, sois un nouveau Brutus.
Octave est si cruel, qu'il rendroit légitime
Ce qui même à ses yeux pourroit paroitre un crime.

SCÈNE II.
CLODOMIR, TULLIE.
TULLIE.

Mais dans l'obscurité qu'est-ce que j'entrevois ?
Hélas, que je le plains ! c'est le chef des Gaulois.
Tandis que pour mon père il expose sa vie,
Mon père pour jamais va lui ravir Tullie.
Que cherchez-vous ici, généreux Clodomir ?

CLODOMIR.

Ce que les malheureux cherchent tous, à mourir.
Madame, c'en est fait : la colère céleste
Va bientôt des Romains détruire ce qui reste.
Le jour n'éclaire plus que des objets affreux,
Et l'air ne retentit que de cris douloureux;
Les autels ne sont plus qu'un refuge effroyable,
Que souille impunément le glaive impitoyable.

Un tribun masacré par ses propres soldats
Ne sert que de signal pour d'autres attentats.
Un fils presqu'à mes yeux, vient de livrer son père :
J'ai vu ce même fils égorgé par sa mère.
On ne voit que des corps mutilés et sanglans,
Des esclaves traîner leurs maîtres expirans.
Le carnage assouvi réchauffe le carnage.
J'ai vu des furieux dont la haine et la rage
Se disputoient des cœurs encor tout palpitans ;
On diroit, à les voir, l'un l'autre s'excitans,
Déployer à l'envi leur fureur meurtrière,
Que c'est le dernier jour de la nature entière ;
Et, pour comble de maux dans ces cruels instans,
Rien ne m'annonce ici les secours que j'attends.
D'infortunés proscrits une troupe choisie
Va bientôt par mes soins se trouver dans Ostie.
J'ai sauvé Messala, Métellus et Pison :
Mais ce n'est rien pour moi, si je n'ai Cicéron.
C'est à ce tendre soin que mon amour s'applique ;
Pour sauver à la fois vous et la république.
Fuyez, belle Tullie, et daignez un moment
Vous attendrir aux pleurs d'un malheureux amant.
C'est pour vous, digne objet qui causez mes alarmes,
Que le plus fier des cœurs a pu verser des larmes.

TULLIE.

Moi, fuir ! Ah ! Clodomir, c'est en moi, dans mon sein,
Que Rome doit trouver son salut ou sa fin.
Les pleurs, pour m'ébranler, sont de trop foibles
　　　armes ;
La vie a ses attraits, mais la mort a ses charmes.

CLODOMIR.

N'accablez point, Tullie, une ame au désespoir.
Si ma douleur n'a rien qui vous puisse émouvoir,
Ecoutez-moi du moins en ce moment funeste.
De ce père si cher, le seul bien qui vous reste,
L'implacable Fulvie a juré le trépas ;
Vous la verrez bientôt l'arracher de vos bras,
Et couvrir de son sang cette auguste retraite
Qui n'est pour Cicéron ni sûre, ni secrette.
Octave a decouvert qu'il étoit en ces lieux ;
Rien n'échappe aux regards de cet ambitieux.
Dangereux et prudent, plus adroit que sincère,
Il ne s'attachera qu'à tromper votre père.
Mécène est avec lui. Ce sage courtisan,
Peu digne du malheur de servir un tyran,
Vient flatter Cicéron d'une faveur ouverte,
Sans savoir que peut-être il travaille à sa perte.
Octave vous adore, et prétend, à son tour,
Que votre père et vous couronniez son amour.
Et moi qui vous aimois plus qu'on aime la vie,
Je vous perds avec elle, adorable Tullie.
Votre hymen mettra fin à leur division,
Et c'est mon sang qui va sceller leur union.

TULLIE.

Votre sang ! Ah ! croyez qu'il n'est point de puissance
Que je n'ose braver ici pour sa défense.
Eh ! quel sang fut jamais si précieux pour nous ?
Est-il quelque Romain qui le soit plus que vous ?
Clodomir, il est tems de vous ouvrir mon ame.
J'ai vu, sans m'offenser, éclater votre flamme.

J'ai souffert sans courroux qu'un amour malheureux
Malgré ma dignité, m'entretint de ses feux ;
Et, cédant sans effort au penchant invincible
Qui triomphoit d'un cœur si long-tems insensible,
Mon devoir contre vous n'a jamais combattu.
L'amour pour vos pareils devient une vertu ;
Et la vôtre, d'accord avec mon innocence,
Ne m'a point fait rougir de ma reconnoissance.
Je ne vous cache point que mes vœux les plus doux
Se bornoient à l'espoir de vous voir mon époux ;
Mais vous n'ignorez pas que la fierté romaine
Jamais dans ses hymens n'admet ni roi ni reine ;
Qu'étranger, et sur-tout sorti du sang des rois,
Notre union ne peut dépendre de mon choix.
Parmi tant de malheurs que nous avons à craindre,
De celui-ci mon cœur n'auroit osé se plaindre,
Si ce cœur pénétré de vos soins généreux,
N'avoit cru vous devoir de si tendres aveux.
C'en est fait, Clodomir : la fortune inhumaine
Vient de briser les nœuds d'une innocente chaîne ;
Plaignez-moi, plaignez-vous ; mais respectez mon
　　　cœur,
Ses regrets, son devoir, sa gloire et sa candeur.
Un rival... (à ces mots, ne craignez rien d'Octave ;
Un tyran à mes yeux ne vaut pas un esclave.)
Un rival plus heureux va causer nos malheurs,
Et je n'oserai plus vous donner que des pleurs.
Pour la dernière fois, écoutez leur langage :
Votre amour n'en doit pas exiger davantage.
Le fils du grand Pompée ?.. Hélas ! que n'est-ce vous !
Que j'eusse avec plaisir accepté mon époux !
C'est vous en dire assez, et j'en dis trop peut-être ;
Adieu. Bientôt Sextus en ces lieux va paroître.
Consultez mon devoir... Ah ! fuyez, Clodomir ;
Quelqu'un vient, et je crois que c'est un triumvir.
Mon père vous attend.

SCÈNE III.
LÉPIDE, TULLIE.
LÉPIDE.

Vertueuse Tullie,
Arrêtez un moment ; c'est moi qui vous en prie.
Confondez-vous Lépide avec des furieux,
Opprobres à-la-fois des hommes et des dieux ?
Triumvir malgré moi, tyran sans barbarie,
Je venois avec vous pleurer sur la patrie,
Et dire à votre père un éternel adieu.
Ma vertu souffre trop en ce funeste lieu,
Dont je ne puis chasser mes collègues impies,
Monstres dans les enfers nourris par les furies ;
Et le sénat, en proie à ces deux inhumains,
Me charge des forfaits réservés à leurs mains.
Tandis que nos malheurs sont leur unique ouvrage,
La haine et le mépris vont être mon partage.
Sur un honteux soupçon et si peu mérité,
Du cœur de Cicéron j'attends plus d'équité.
Mais de ces lieux cruels il faut que je m'exile ;
Dans l'Espagne, où j'ai su me choisir un asyle,

Je vais chercher, madame, un ciel moins corrompu,
Pour sauver mon honneur, mon nom et ma vertu.
                    T U L L I E.
Ah ! la vertu qui fuit ne vaut pas le courage
Du crime audacieux qui sait braver l'orage.
Que peut craindre un Romain des caprices du sort,
Tant qu'il lui reste un bras pour se donner la mort ?
Avez-vous oublié que Rome est votre mère ?
Demeurez, imitez l'exemple de mon père,
Et de votre vertu ne nous vantez l'éclat
Qu'après une victoire, ou du moins un combat.
On n'encensa jamais la vertu fugitive,
Et celle d'un Romain doit être plus active.
On ne le reconnoît qu'à son dernier soupir ;
Son honneur est de vaincre ; et, vaincu, de mourir.
De toute autre vertu rejetez le mensonge ;
La mort pour un Romain n'est que la fin d'un songe.

SCÈNE IV.

CICÉRON, TULLIE, LÉPIDE.

                    T U L L I E.

Mais Cicéron qui vient vous dira mieux que moi
Qu'un grand homme n'est rien, s'il ne l'est que pour
soi.
                    C I C É R O N.
Prés de voir consommer mon destin déplorable,
Et parer de mon nom cette odieuse table,
              (montrant le tableau des proscrits.)
Je ne m'attendois pas qu'un lâche Triumvir
Vint m'apporter lui-même un ordre de mourir.
Hélas ! c'est aujourd'hui tout ce que je désire.
Vous n'aurez pas besoin, cruel, de me proscrire.
                    L É P I D E.
Rendez plus de justice aux soins d'un tendre ami.
                    C I C É R O N.
Eh ! quel autre dessein peut vous conduire ici ?
Lépide, est-ce bien vous ? Quoi ! ce même Lépide
Qui s'énorgueillissoit d'une vertu rigide,
De nos derniers malheurs sacrilège artisan,
A mes yeux indignés n'offre plus qu'un tyran !
                    L É P I D E.
Cicéron, respectez l'amitié qui nous lie ;
La mienne vous révère, et la vôtre s'oublie.
Quoi ! si savant dans l'art de lire au fond des cœurs,
C'est vous qui des tyrans m'imputez les fureurs !
Ah ! de leur cruauté loin que je sois complice,
Il n'est point de momens où mon cœur n'en gémisse.
                    C I C É R O N.
Faites moins éclater une feinte douleur
Qui ne sert qu'à prouver que vous manquez de cœur.
Pourquoi donc vous unir à la toute-puissance,
Dès que vous n'en pouvez réprimer la licence,
Ni soutenir un rang qui doit régler vos pas ?
Si votre cœur est pur, vos mains ne le sont pas.
Le sang coule à vos yeux, vous n'osez le défendre ;
C'est vous qui le versez, en le laissant répandre.
D'Antoine et de César colègue sans honneur,
Lorsque vous en pourriez devenir la terreur,

A peine vous osez disputer votre tête,
Trop heureux, en fuyant, d'éviter la tempête.
Inutile tyran d'un peuple malheureux,
Soyez du moins pour nous un tyran courageux ;
Et si c'est à régner que votre cœur aspire,
Sauvez donc les sujets qui forment votre empire.
Unissons nos efforts et notre désespoir ;
Du sénat expirant ranimons le pouvoir.
Lorsque de Rome en feu les cris se font entendre,
Attendez-vous sa fin pour pleurer sur sa cendre ?
Ouvrez les yeux, Lépide, et revenez à vous.
Rome en pleurs avec moi vous implore à genoux.
Devenons tour-à-tour pères de la patrie,
Et rendons aux Romains une nouvelle vie.
Dussions-nous à la mort nous livrer sans succès,
Nous revivrons tous deux pour ne mourir jamais.
                    L É P I D E.
Pour le salut de Rome inutile espérance !
Abandonnez aux dieux le soin de sa défense.
Il n'est plus de Romains, ni de lois, ni d'état,
C'est votre nom lui seul qui fait tout le sénat.
Romain trop vertueux, dans ce malheur extrême,
Ne songez qu'à sauver votre fille et vous-même.
Tout l'univers en vain s'intéresse à vos jours,
Si la fureur d'Antoine en veut trancher le cours.
Echauffé par les cris d'une femme inhumaine,
Que des fleuves de sang satisferoient à peine,
Ce cruel veut vous mettre au nombre des proscrits ;
Et vous pouvez juger quel en sera le prix.
Je crains qu'à vos dépens Octave ne se venge,
Et que de Lucius vous ne soyez l'échange.
Octave, qui poursuit l'oncle du triumvir,
Ne se rendra jamais qu'on ne l'ait fait mourir ;
Et l'on n'appaisera la haine de Fulvie,
Que de tout votre sang on ne l'ait assouvie.
Il est vrai que contr'eux Octave vous défend ;
Mais de ses intérêts son amitié dépend.
La seule ambition gouverna sa jeunesse,
Et le gouvernera jusques dans sa vieillesse :
Ainsi n'attendez rien de ce volage appui,
Que vous perdrez demain, si ce n'est aujourd'hui.
J'ai fixé mon séjour sur les rives du Tage :
C'est sur ces bords heureux devenus mon partage,
D'un pouvoir usurpé restes injurieux,
Que je veux transporter Cicéron et mes dieux.
Venez-y partager l'empire et ma fortune,
Qu'une tendre amitié doit nous rendre commune.
                    C I C É R O N.
Qu'entends-je ?
                    L É P I D E.
     Et dans ces lieux quel est donc votre espoir ?
                    C I C É R O N.
J'y veux avec le mien remplir votre devoir ;
J'y veux faire moi seul, ce qu'y doit faire un homme
Qui veut mourir pour Rome, ou mourir avec Rome.
Vous croyez, je le vois, parler au Cicéron
De qui la fermeté n'illustra point le nom ;
Mais je vous ferai voir que ma seule sagesse
Me fit sur ma douceur soupçonner de foiblesse.
Dans les temps orageux où mon autorité
N'avoit dans le sénat qu'un pouvoir limité,

Je laissai de Sylla triompher l'insolence.
Le respect sur César m'imposa le silence ;
Et ce même César prouve que la douceur
Peut, ainsi que la gloire, habiter un grand cœur.
Quand par des soins prudens j'ai conjuré l'orage,
Si l'on m'a reproché de manquer de courage,
Les désordres présens, ma mort et mes revers,
Vont me justifier aux yeux de l'univers.

LÉPIDE.

Et sur quoi voulez-vous que l'on vous justifie ?
Vivez pour illustrer encor plus votre vie.
Je crains un désespoir. Ah! mon cher Cicéron!
Le ciel ne vous fit point pour imiter Caton.

CICÉRON.

L'exemple de Caton seroit honteux à suivre ;
Plus le malheur est grand, plus il est grand de vivre.

LÉPIDE.

Voilà les sentimens qu'a dû vous inspirer
Cette gloire où vous seul avez droit d'aspirer :
Mais laissez-moi le soin d'une tête si chère ;
Daignez me confier et la fille et le père ;
Que je puisse, en sauvant des jours si précieux,
Me flatter avec vous d'un retour en ces lieux.
Conservons au sénat un ami si fidelle,
A Rome un magistrat qui fut si digne d'elle ;
Dans notre exil commun venez me consoler.
Voulez-vous qu'à mes yeux je vous voye immoler ?
D'Octave prévenant redoutez les finesses ;
Mais craignez encor moins son art que ses promesses.
Je vais guider vos pas en des lieux écartés
Où l'on ne peut jamais vous découvrir.

CICÉRON.

Partez ;
J'aurai moins à rougir de me donner un maître,
Que de suivre un ami si peu digne de l'être.
Que César me soutienne ou me manque de foi,
Antoine, vous, et lui, tout est égal pour moi.
Si le destin me garde une fin malheureuse,
La fuite ne pourroit que me la rendre honteuse.
Je n'ai connu qu'un bien, c'étoit la liberté ;
Je l'ai perdu. Grands dieux, qui me l'avez ôté,
Que ne m'arrachiez-vous une importune vie
Qu'en vain votre courroux réserve à l'infamie ?

LÉPIDE.

Je ne vous presse plus ; mais, avant mon départ,
D'un secret important je veux vous faire part.
Sextus, que l'on croyoit au rivage d'Ostie,
Est depuis quelque tems caché dans l'Italie.
Je soupçonne de plus qu'il pourroit être ici.
Gardez-vous d'embrasser ce dangereux parti.
Celui des conjurés seroit moins sûr encore ?
Ce sont des assassins que l'univers abhorre ;
Et si jamais César peut découvrir Sextus,
Vous vous perdez tous deux, ainsi que Métellus.

CICÉRON.

Que m'importe Sextus, et que voulez-vous dire ?

LÉPIDE.

Ce que pour vous sauver mon amitié m'inspire.
En vain vous prétendez, sous le nom d'un Gaulois,
Nous cacher un guerrier connu par tant d'exploits.
Cicéron, mon dessein n'est pas de vous surprendre :

Je sais tout, j'ai vu tout, cessez de vous défendre.
J'ai trop aimé Pompée, et trop connu ses fils,
Pour croire qu'à Sextus mes yeux se soient mépris ;
Je viens de l'entrevoir.

CICÉRON.

Eh bien ! si de son père
La mémoire aujourd'hui peut vous être encor chère,
Loin de rougir des biens qu'il répandit sur vous,
Qu'un noble souvenir vous les rappelle tous.
De ce nom si vanté ranimons la puissance,
Et d'un fils malheureux embrassez la défense ;
Détruisons les tyrans et le triumvirat,
Ou formons-en un autre appuyé du sénat.
Qu'aux transports d'un ami votre vertu réponde ;
Devenons les soutiens et les maîtres du monde ;
Mais ne le soumettons à notre autorité,
Que pour donner aux lois toute leur liberté.

LÉPIDE.

De ce rare projet j'admire la noblesse ;
J'en conçois la grandeur, encor mieux la foiblesse.
Je vois des généraux qui n'auront pour soldats
Que des proscrits errants de climats en climats.
Croyez-moi, Cicéron, votre unique espérance
Est de pouvoir d'Antoine éviter la vengeance.
Fuyez avec Sextus, ou fuyez avec moi ;
Choisissez l'un de nous, et comptez sur ma foi :
Mais pour jamais de Rome il faut que je m'exile.
Pour la dernière fois, je vous offre un asyle ;
Adieu.

SCÈNE V.

CICÉRON seul.

FOIBLE tyran, garde pour tes pareils
Ton amitié, tes soins, ta honte, et tes conseils ;
Lâche, plus digne encor de mépris que de haine.
Déjà le jour plus grand m'annonce que Mécène,
Qui dans ce trouble affreux s'intéresse à la paix,
Doit être dès long-tems rentré dans ce palais.
Allons. Mais il est tems que j'instruise ma fille
D'un secret qui peut perdre ou sauver ma famille.
Sur nos desseins communs craignons moins d'alarmer
Un grand cœur qui sait plus que de savoir aimer.
De ses frayeurs pour moi Sextus qui se défie,
Ne connoit pas encor tout le cœur de Tullie.
Non, ne lui laissons plus ignorer un secret
Que ma tendre amitié lui cachoit à regret.
Clodomir, devenu le fils du grand Pompée,
Ne pourra me blâmer de l'avoir détrompée.
Unissons les, donnons à César un rival
Dont le nom seul pourra lui devenir fatal.
Essayons cependant de fléchir un barbare,
Pour suspendre les coups que sa main nous prépare ;
Mais s'il veut s'emparer du pouvoir souverain,
A son ambition nous pourrons mettre un frein.
Dieu puissant des Romains, indomptable génie,
Aujourd'hui dieu du meurtre et de la tyrannie,
Si je ne puis changer tes décrets immortels,
Fais-moi du moins mourir au pied de tes autels,

Fin du premier acte.

ACTE

ACTE SECOND.

SCÈNE I.

OCTAVE, MÉCÈNE.

OCTAVE.

Oui, Mécène, je sais qu'une ardente vengeance
A souvent confondu le crime et l'innocence ;
Qu'à des yeux prévenus le mal paroît un bien ;
Que la haine est injuste et n'examine rien :
Mais je sais encor mieux qu'une aveugle clémence,
Loin d'arrêter le crime, en nourrit la licence.
Plus on doit épargner les hommes vertueux,
Plus il faut des méchans faire un exemple affreux.
Quel que soit mon courroux, il est si légitime
Qu'il ne me permet pas le choix d'une victime.
Le seul infortuné digne de mes regrets,
Dont la mort flétriroit à jamais nos décrets,
C'est l'orateur fameux pour qui Rome m'implore,
Et qu'un funeste amour me rend plus cher encore,
Le divin Cicéron, dont le nom glorieux
Triomphera toujours dans ces augustes lieux.
Je veux le rendre aux pleurs de l'aimable Tullie,
Et le sauver des coups de l'indigne Fulvie.
Tu l'as vu cette nuit ; conçois-tu quelqu'espoir
Qu'il veuille en ma faveur employer son pouvoir ?
Il est bon qu'en public il prenne ma défense,
Pour disposer le peuple à plus d'obéissance ;
Et que par ses amis il inspire au sénat
De réunir en moi tout le triumvirat.
César, pour rétablir l'état en décadence,
Crut devoir s'emparer de la toute-puissance ;
Il sentit (et j'ai dû le sentir comme lui)
Qu'il ne faut aux Romains qu'un seul maître aujour-
    d'hui.

MÉCÈNE.

Cicéron désormais n'a qu'un désir unique,
C'est de vous voir, seigneur, sauver la république,
D'Antoine qu'il méprise abaisser la grandeur,
Devenir du sénat l'ame et le protecteur.
Sur tout autre projet il sera peu flexible ;
Cependant à vos soins il m'a paru sensible.
Essayez d'engager ce fier républicain
A vous laisser jouir du pouvoir souverain ;
C'est sur ce point qu'il faut le vaincre ou le séduire.
Cicéron, dès qu'il peut vous servir ou vous nuire,
Ne vous laisse qu'un choix, le perdre ou le sauver.
Le plus digne de vous est de le conserver.
Son amitié, son nom, ses conseils, sa prudence,
Son crédit au sénat, sur-tout son éloquence,
Deviendroient votre appui dans un péril pressant.

OCTAVE.

Rien n'est si dangereux, dans un état naissant,
Que ces hommes de bien que le public admire ;
Qui, sur le préjugé d'un vertueux délire,
N'embrassent le parti des autels ou des lois,
Qe pour tyranniser les peuples ou les rois.

SCENE II.

OCTAVE, MÉCÈNE, CICÉRON

OCTAVE.

J'aperçois Cicéron; laisse-nous seuls, Mécène.

SCÈNE III.

OCTAVE, CICÉRON.

OCTAVE à part.

Que sa douleur me trouble et me cause de peine !
    (haut.)
A votre nom célèbre on doit trop de respect,
Pour croire que le mien vous puisse être suspect.
Quoique des triumvirs il ait lieu de se plaindre,
Cicéron près de moi sait qu'il n'a rien à craindre.
Comme il s'agit de Rome, à ce nom si chéri,
Je suis sûr de trouver votre cœur attendri,
Et que vous me verrez ici sans répugnance.

CICÉRON.

Comment avez-vous pu désirer ma présence ?
César, en quel état vous offrez-vous à moi ?
Ah ! ce n'est ni son fils, ni César que je voi.
Vos mains n'en ont que trop souillé la ressemblance,
Et Rome n'en peut trop pleurer la différence.
Malheureux ! pouvez-vous, sans l'inonder de pleurs,
Sur son sein déchiré déployer vos fureurs ?
O César ! ce n'est pas ton sang qui l'a fait naître ;
Brutus qui l'a versé, méritoit mieux d'en être.
Le meurtre des vaincus ne souilloit point tes pas ;
Ta valeur subjuguoit, mais ne proscrivoit pas.
Si tu versois du sang pour soutenir ta gloire,
De ta clémence en pleurs tu parois la victoire,
Et vous, sans redouter l'exemple de sa mort,
Vous semblez n'envier que son funeste sort.
Peu jaloux d'hériter de ses sages maximes,
Cruel, vous ne songez qu'à parer des victimes.

OCTAVE.

D'un reproche odieux qui blesse mon honneur,
Cicéron, modérez l'indiscrette rigueur.
Mais, pour justifier un discours qui m'étonne,
Et que mon amitié cependant vous pardonne,
César, que vous venez de placer dans les cieux,
Et que, pour m'abaisser, vous égalez aux dieux,
En quels lieux, répondez, a-t-il perdu la vie ?
Fut-ce aux bords de la Seine, ou dans Alexandrie ?
Est-ce aux champs de Pharsale, où, pour votre bon-
    heur,
La victoire à genoux couronnoit sa valeur ?
Non ; ce fut au sénat, et dans le sein de Rome
Que l'on osa trancher les jours de ce grand homme ;
Et vous m'osez blâmer de répandre le sang
De ceux dont la fureur lui déchira le flanc !
Quel autre ai-je proscrit, orateur téméraire !
Je voudrois en pouvoir couvrir toute la terre.
Quelque sang qu'à sa mort j'ose sacrifier,
Je n'en connois aucun digne de l'expier.
Du meurtre de César condamner la vengeance,
C'est des plus noirs forfaits consacrer la licence.

V

CICÉRON.

Un meurtre , quel qu'en soit le prétexte ou l'objet ,
Pour les cœurs vertueux fut toujours un forfait ;
Mais les républicains ne se font pas un crime
D'immoler un tyran , même digne d'estime.
Ils ne regardent point leur tyran comme un roi
Qu'élève au-dessus d'eux la naissance ou la loi ;
Et , sans avoir pour lui les lois ni la naissance ,
César osa des rois s'arroger la puissance.
Non que des conjurés j'approuve la fureur ;
Je déteste leur crime , encor plus son vengeur ;
Car vous multipliez à tel point les supplices,
A Brutus vous cherchez tant de nouveaux complices,
Qu'il semble que César renaisse chaque jour ,
Et que chacun de nous l'assassine à son tour.
Contre un peuple à genoux armer la tyrannie ;
De l'univers entier détruire l'harmonie ,
Et de ses ennemis se défaire à son choix ;
Rendre le glaive seul l'interprète des loix ;
Employer , pour venger le meurtre de son père ,
Des flammes ou du fer l'odieux ministère ,
Donner à ses proscrits , pour juges , ses soldats ;
Du neveu de César voilà les magistrats.
Qui vous a confié l'autorité suprême ?

OCTAVE.

Le besoin de l'état , mon épée , et moi-même..
Et de quel droit enfin osez-vous aujourd'hui
Interroger César , et César votre appui ?
Revenez d'une erreur qui vous seroit fatale ;
Un homme tel que moi ne veut rien qui l'égale.
Dès que César n'est plus , et qu'il revit en moi ,
Qui d'entre les Romains doit me donner la loi ?
Croyez-vous rétablir , par votre politique,
D'un peuple et d'un sénat l'union chimérique ?
Ce n'étoit qu'un vain nom dès le tems de Sylla ,
Qui s'est évanoui depuis Catilina.
Si de nos Scipions les jours pouvoient renaître ,
Ce n'est que sous moi seul qu'on les verroit paroître:
Mais vous voyez assez qu'il n'est aucun espoir
De remettre les lois dans leur premier pouvoir.
Le glaive qui vous fit gagner tant de victoires,
Et qui de nos exploits embellit tant d'histoires ;
Le glaive qui vous fit triompher tant de fois ,
Vous subjugue à son tour , et triomphe des lois.
Dès qu'il faut obéir , le parti le plus sage
Est de savoir se faire un heureux esclavage.
La liberté n'est plus qu'un bien d'opinion ;
Le nom de république , une autre illusion ,
Dont il faut rejeter l'orgueilleuse chimère ,
Source de trop de maux pour vous être encore chère.
Qu'espérez-vous enfin , quand tout est renversé ,
Quand le sénat n'est plus qu'un troupeau dispersé ?
Où sont vos légions , pour soutenir la gloire
De ce corps dont, sans vous, on perdroit la mémoire?
En vain vous prétendez affranchir les Romains
Du joug qu'ils imposoient au reste des humains ;
L'univers nous demande une forme nouvelle ,
Et Rome un empereur qui commande avec elle.
Trop heureux les Romains, si, pour ce haut emploi,
Ils n'avoient désormais à redouter que moi !

Mon collègue insolent vous fait assez connoître
Que d'un emploi si noble il se rendroit le maître ,
Si pouviez souffrir qu'il osât s'en saisir ;
Mais vous me choisirez , si vous savez choisir.
Le cruel triumvir demande votre tête ;
Son crédit l'obtiendra , si le mien ne l'arrête.
Un intérêt si cher doit nous concilier.
Pour mieux détruire Antoine , il faut nous allier.
Vos vertus, vos malheurs , mon amour pour Tullie ,
Mon honneur , tout m'engage à vous sauver la vie.
Vous fûtes autrefois mon premier protecteur ,
Votre bouche long-tems s'ouvrit en ma faveur ;
Je vous dois mes grandeurs , une amitié sincère.
Aimez-moi , Cicéron , et devenez mon père.

CICÉRON.

Abdique , je t'adopte , et ma fille est à toi ,
Pourvu qu'elle consente à te donner sa foi,
Qu'elle daigne accepter l'époux de Scribonie ,
Et qu'au sort d'un César elle veuille être unie.
Je doute cependant qu'élevée en mon sein ,
Un tyran , quel qu'il soit , puisse obtenir sa main.
Elle vient , tu pourras t'expliquer avec elle ;
Si tu l'aimes, tu dois la prendre pour modèle.
Rentre dans ton devoir , sois Romain ; à ce prix ,
Tu deviendras bientôt son époux et mon fils :
Mais si tu veux toujours tenir Rome asservie ,
Tu peux , quand tu voudras, me livrer à Fulvie.

SCÈNE IV.

OCTAVE *seul*.

L'excès où Cicéron vient de s'abandonner
M'éclaire , et d'un complot me le fait soupçonner ;
C'est lui qui doit trembler , et c'est lui qui menace !
Sans Brutus ou Sextus , il auroit moins d'audace.

SCÈNE V.

TULLIE, OCTAVE.

TULLIE.

Tandis que pour lui seul je venois en ces lieux,
Cicéron tout-à-coup disparoit à mes yeux ;
Je n'en ai pas moins vu qu'une peine mortelle
Accabloit son grand cœur d'une douleur nouvelle.
Se peut-il qu'un objet si digne de pitié
Ne puisse triompher de votre inimitié ?
Languissant, malheureux, sans amis, sans défense,
Auroit-il de César essuyé quelqu'offense?
J'ai vu que tout en pleurs il s'éloignoit de vous ,
Et vos yeux sont encore enflammés de courroux.

OCTAVE.

Si les vôtres daignoient lire au fond de mon ame ,
Ils seroient peu troublés du courroux qui l'enflamme,
Et vous jugeriez mieux des sentimens d'un cœur
Digne de s'enflammer d'une plus noble ardeur.
Quelque haine que fasse éclater votre père ,
Pour oser le haïr , sa fille m'est trop chère.
Je n'oublirai jamais qu'en vous donnant le jour ,
C'est à lui que je dois l'objet de mon amour.

Ah! loin de l'outrager, c'est Cicéron lui-même
Qui venge ses chagrins sur un cœur qui vous aime.
Plus il est malheureux, plus je m'attache à lui,
Sur-tout, depuis qu'il n'a que moi seul pour appui.
C'est pour lui conserver et les biens et la vie,
Que j'arme contre moi la cruelle Fulvie.
Lorsque César enfin s'offre pour votre époux,
Cicéron est encor plus injuste que vous.

TULLIE.

Je vous croyois toujours l'époux de Scribonie ;
Mais avec vos pareils, malheur à qui s'allie!
A vous voir d'un hymen nous imposer la loi,
On croiroit que César peut disposer de moi ;
Et qu'au mépris des lois, au défaut du divorce,
Il peut, quand il voudra, m'obtenir par la force ;
Et qu'enfin, au-dessus d'un citoyen romain,
Il veut de ses amours traiter en souverain.
Encor, si vous aviez abdiqué la puissance,
Ou plutôt d'un tyran abdiqué l'arrogance,
Vous pourriez à vos vœux permettre quelqu'espoir.

OCTAVE.

Si j'osois abdiquer le souverain pouvoir,
Quel rang pourrois-je offrir désormais à Tullie ?

TULLIE.

Le rang d'un citoyen, père de la patrie ;
D'un Romain, qui ne sait briguer d'autres honneurs
Que ceux dont la vertu couronne les grands cœurs.

OCTAVE.

Prévenu, comme vous, des chimères romaines,
Si de l'autorité j'abandonnois les rênes,
Pour régler ma fortune au gré de mon amour,
Antoine voudra-t-il abdiquer à son tour ?

TULLIE.

Eh ! que peut m'importer que le cruel abdique,
Dès que nous n'avons plus ni lois, ni république ?
Impérieux amant, qui me parlez en roi,
Savez-vous que Brutus est moins romain que moi ?
Régnez, si vous l'osez ; mais croyez que Tullie
Saura bien se soustraire a votre tyrannie.
Si du sort des tyrans vous bravez les hasards,
Il naîtra des Brutns autant que des Césars.

OCTAVE.

De la part de Tullie un dédaigneux silence
Eût été plus séant que tant de violence.
Je ne m'attendois pas qu'un si cruel mépris
De tout ce que j'ai fait dût être un jour le prix.
De l'ingrat Cicéron j'ai souffert les caprices,
Sans me plaindre de lui, ni de ses injustices ;
Votre père au sénat m'a cent fois outragé,
Dans ses emportemens il n'a rien ménagé ;
Avec mes ennemis son cœur d'intelligence,
N'a jamais respiré que haine et que vengeance ;
Tandis qu'avec ardeur je combattois les siens,
Cicéron à me perdre encourageoit les miens ;
Je viens d'en essuyer la plus sanglante injure,
Sans qu'elle ait excité le plus léger murmure ;
Et l'on m'outrage, moi ! je suis un inhumain
Dont, sans crime, à son gré l'on peut percer le sein !
Pourquoi ? Parce qu'on veut arracher aux supplices
Du meurtre de César l'auteur et les complices,

Et que le furieux qui lui perça le flanc,
S'abreuve dans le mien du reste de son sang.
César, qui jusqu'au ciel vit élever sa gloire,
Immortel ornement du temple de mémoire ;
César, indignement traîné dans le sénat,
N'est point encor vengé d'un si noir attentat :
Et, si je veux vous plaire, il faut que je l'oublie,
Que je laisse un champ libre au père de Tullie,
Qui veut que de César les lâches meurtriers
Rentrent dans le sénat couronnés de lauriers ;
Et que, sacrifiant à Brutus son idole,
J'aille de son poignard orner le capitole !

TULLIE.

Auriez-vous prétendu qu'à vos ordres soumis,
Cicéron à vos coups dût livrer ses amis ;
Que, de vos cruautés spectateur immobile,
Son cœur désespéré vous laisseroit tranquille?

OCTAVE.

D'autres soins le devroient occuper aujourd'hui.
Antoine avec fureur soulevé contre lui,
Me demande à grands cris le sang de votre père.
Notre hymen peut sauver une tête si chére.
Quoique d'un triumvir tout soit à redouter,
A peine, sur ce point on daigne m'écouter ;
Le péril, cependant, redouble, et le tems presse,
Au sort de Cicéron Rome qui s'intéresse,
Sans doute avec plaisir verroit notre union
Le terme spécieux de la proscription.
Devenez de la paix le lien et le gage ;
C'est l'unique moyen de dissiper l'orage.
Je vois ce qui vous flatte en ce cruel instant,
C'est le frivole honneur d'un refus éclatant :
Mais ne présumez pas que je me détermine
A me priver du rang que le ciel me destine.
Si je m'en dépouillois, ce seroit me livrer
Au premier assassin qui voudroit s'illustrer.

TULLIE.

Après ce fier aveu, je crois, pour vous confondre,
N'avoir à votre amour que deux mots à répondre.
Je ne vous aime point. J'aimerois mieux la mort,
Que de me voir un jour unie à votre sort ;
Cependant, si César veut déposer l'empire,
A son fatal hymen je suis prête à souscrire ;
Dût mon cœur indigné n'y consentir jamais,
Je me sacriffirai pour le bien de la paix :
Mais, si vous usurpez l'autorité suprême,
Vous pouvez de mon sang teindre le diadême.
Que ne peut ma mort seule en relever le prix,
Et sauver de vos coups tant d'illustres proscrits !

OCTAVE.

Ah! c'en est trop ; songez, orgueilleuse Tullie,
Que c'est vous qui livrez votre père à Fulvie.

SCÈNE VI.

TULLIE seule.

Barbare, que mon cœur ne peut trop dédaigner,
Nous saurons mieux mourir que tu ne sais régner.
Dieux cruels, épuisez sur moi votre colère,
Ou de son désespoir daignez sauver mon père !

O Romains ! que l'honneur de mériter ce nom
Coûte cher , si l'on veut imiter Cicéron !
Tout est perdu pour moi.

SCÈNE VII.
CLODOMIR, TULLIE.

CLODOMIR.

Je vous cherchois, madame :
Quel trouble, à mon aspect, s'empare de votre ame !
Quoi ! vous levez au ciel vos yeux baignés de pleurs !
N'ai-je donc pas assez éprouvé de malheurs ?
Les premiers n'ont que trop exercé ma constance.
Ah , Tullie ! autrefois ma plus chère espérance ,
Pardonnez à mon cœur quelques transports jaloux ;
L'heureux César va-t-il devenir votre époux ?

TULLIE.

Eh ! plût au ciel n'avoir d'autre malheur à craindre !
Vous et moi nous serions peut-être moins à plaindre.
Offrez à ma douleur de plus dignes objets.
Accablé de ses maux , consumé de regrets ,
Mon père , avant sa mort , veut que notre hyménée
Eclaire de ses feux cette horrible journée.
Eh ! que lui servira d'unir des malheureux ,
Menacès comme lui du sort le plus affreux?
Quel tems a-t-on choisi pour me faire connoître
Un époux qui n'aura qu'un seul moment à l'être ?
Sextus, mon cher Sextus, renoncez à ma main ;
Ce n'est pas moi qui dois borner votre destin.
Lorsque j'ai désiré que vous fussiez Pompée,
Hélas ! qu'en ce souhait mon ame s'est trompée !
A peine mon amour voit combler ce désir,
Que je perds à-la-fois Sextus et Clodomir.
Pourquoi de votre nom m'a-t-on fait un mystère ?

SEXTUS.

J'ai cru devoir moi-même y forcer votre père ;
Je craignois de jeter dans un cœur généreux
Trop d'effroi , s'il avoit à trembler pour nous deux.
D'ailleurs , convenoit-il au fils du grand Pompée
De se montrer ici sans éclat , sans armée ?
Lui qui ne prétendoit s'offrir à vos regards,
Qu'en protecteur de Rome, et vainqueur des Césars.
Et que ne veut-on pas , quand l'amour est extrême !
Clodomir désiroit d'être aimé pour lui-même ;
Sextus , sans votre amour , pouvoit-il être heureux ?
Mais en d'autres climats venez combler mes vœux.
Vous pleurez : depuis quand votre cœur intrépide
N'oppose-t-il au sort qu'un désespoir timide ?
Je viens de rassembler quelques soldats épars,
Dispersés sous leurs chefs autour de ces remparts ;
Vous les trouverez tous ardens à vous défendre.
Et si de la valeur le succès doit dépendre,
J'espère que la mienne y pourra concourir ,
Ne dût-il m'en rester que l'honneur de mourir.
Dès que pour vous dans Rome il n'est plus d'espé-
       rance ,
Allons de la Sicile implorer l'assistance.
Ma flotte nous attend , je règne sur les eaux ;
Engageons votre père à fuir sur mes vaisseaux.

Il est honteux pour lui de se laisser proscrire.
Vous avez sur son cœur un souverain empire,
Venez ; faisons-lui voir qu'un glorieux retour
Peut le mettre en état de proscrire à son tour.
S'il veut m'accompagner , je réponds de sa vie ,
Et l'amour couronné répondra de Tullie.

Fin du second acte.

ACTE TROISIÈME.
SCÈNE I.
CICÉRON, TULLIE, SEXTUS.

CICÉRON.

Héritier des vertus du plus grand des Romains,
Si digne de mémoire et des honneurs divins,
Adoré dans la paix , redouté dans la guerre,
Qui vit parer son char du globe de la terre,
Fils de Pompée enfin , à cet auguste nom
Vous daignez allier celui de Cicéron.
Je ne vous ceindrai point le front d'un diadême ;
Je n'ai plus de trésor que cet autre moi-même.
O mon fils ! puisse-t-il faire votre bonheur,
Et vous être aussi cher qu'il le fut à mon cœur !
Et vous , unique bien que le destin me laisse,
Délices de ma vie , espoir de ma vieillesse,
Qui n'avez plus pour dot que mon ame et mes pleurs,
Puissiez-vous n'hériter jamais de mes malheurs !
Je veux , avant ma mort , que ma main vous unisse.
J'ai promis à Sextus ce tendre sacrifice :
Mais , après cet hymen qui va combler vos vœux,
Fuyez, éloignez-vous d'un père malheureux.
Je ne veux plus vous voir dans une triste ville
Où les morts même ont peine à trouver un asyle.
Approchez , mes enfans ; venez, embrassez-moi ;
Jurez-vous dans mon sein une constante foi ;
De nos derniers adieux scellons une alliance
Que nous désirions tous avec impatience.
Que vois-je ? On se refuse à mes embrassemens !

TULLIE.

Qu'exigez-vous de nous dans ces cruels momens ?
Quoi ! lorsqu'avec bonté votre amour nous assemble,
Ne nous unissez-vous que pour mourir ensemble ?
Et comment , sans frémir pouvez-vous ordonner
A Sextus , comme à moi , de vous abandonner ?
Quel nouveau désespoir contre nous vous anime ?
De nos soins mutuels nous feriez-vous un crime ?
C'est vous-même, seigneur, qui, dans ce triste jour,
Me faites , malgré moi , douter de votre amour.
Quoi ! ce père , l'objet de toute ma tendresse,
Qui me cherchoit encor, quoiqu'il me vît sans cesse,
Ce père , qui sembloit ne vivre que pour moi,
Ne pourra désormais me voir qu'avec effroi !
Quel transport imprévu de votre ame s'empare ?
Apprenez-vous d'Octave à devenir barbare ?
La flotte de Sextus nous attend tous au port ;
Faites-vous sur vous-même un généreux effort.

C'est votre fille en pleurs, cette même Tullie
Du père le plus tendre autrefois si chérie,
Qui, la mort dans le sein, vous demande à genoux,
De ne lui point ravir ce qu'elle tient de vous.
Ma vie est dans vos mains, et ne tient qu'à la vôtre ;
Daignez en ce moment nous suivre l'un et l'autre.
Ce lieu n'est point encore entouré de soldats
Qui puissent observer ou retenir vos pas.
Nous pouvons en secret gagner les bords du Tibre ;
Mon père, suivez-nous, puisque vous êtes libre,
Et que vous n'êtes pas au nombre des proscrits.

CICÉRON.

Ah ! c'est moins par respect pour moi, que par mépris.
Ne pouvant m'effrayer, Antoine m'humilie.
C'est pour flétrir mon nom que le cruel m'oublie.
Si sa main m'eût proscrit, l'univers auroit su
Que parmi ces héros du moins j'aurois vécu.
Pour braver mes tyrans, je veux mourir dans Rome ;
En implorant ses dieux, c'est moi seul qu'elle nomme.
Je ne priverai point de mes derniers soupirs
Ce lieu qui fut l'objet de mes premiers désirs.
J'ai tant vécu pour moi, si peu pour ma patrie,
Que je veux dans son sein du moins finir ma vie.
Si je fuyois, César, qui me redoute encor,
A ses projets bientôt donneroit plus d'essor.

SEXTUS.

Cessez de vous flatter d'une espérance vaine,
César aime Tullie, et craint peu votre haine.
Dans ses murs malheureux Rome va succomber :
Croyez-vous qu'avec elle il soit beau de tomber,
Lorsqu'en lui conservant un ami si fidelle,
Nous pouvons espérer de renaître avec elle ?
N'avons-nous pas ailleurs des secours assurés,
La Sicile, Brutus, Rhodes, les conjurés ?

CICÉRON.

Qui ? moi, mon fils, que j'aille, errant dans la Sicile,
Allumer le flambeau d'une guerre civile !

SEXTUS.

Eh ! comment pouvez-vous désormais l'éviter ?
Ce n'est pas vous d'ailleurs qui l'allez susciter.
Il n'est point aujourd'hui de climat sur la terre
Qui puisse être à l'abri des fureurs de la guerre ;
Traversez l'univers de l'un à l'autre bout,
Vous trouverez la guerre et des Romains par-tout,
Enfans infortunés d'une ville déserte,
Qui ne peut plus sentir vos soins, ni votre perte.
Pourquoi vous obstiner à mourir dans ses murs ?
Donnons-lui des secours plus brillans et plus sûrs.
Croyez-vous qu'il sera pour vous plus honorable
D'être aux yeux de César traîné comme un coupable
Pour servir de risée au soldat furieux,
Qui fera peu de cas d'un nom si glorieux ?
Rome n'est plus qu'un spectre, une ombre en Italie,
Dont le corps tout entier est passé dans l'Asie.
C'est-là que notre honneur nous rappelle aujourd'hui ;
Rendons-nous à sa voix, et marchons avec lui.
Ce n'est pas le climat qui lui donna la vie,
C'est le cœur du Romain qui forme sa patrie.
Qui doit s'intéresser à Rome plus que moi ?

(Il montre la statue de Pompée renversée)

Voyez ces monumens de douleur et d'effroi ;

Ces marbres mutilés, dont le morne silence
N'en demande pas moins de sang pour leur vengeance.
Il ne leur reste plus que le nom précieux
D'un héros que l'on vit marcher égal aux dieux.
Votre sort est écrit sous ce nom redoutable,
A tout mortel fameux exemple formidable ;
Et, pour le prévenir, vous n'avez qu'à vouloir.
La honte suit toujours un lâche désespoir.
Il vaut mieux se flatter d'un espoir téméraire,
Que de céder au sort, dès qu'il nous est contraire.
Il faut du moins mourir les armes à la main,
Le seul genre de mort digne d'un vrai Romain.
Mais, mourir pour mourir n'est qu'une folle ivresse,
Triste enfant de l'orgueil, nourri par la paresse.
Ranimez-vous, mon père, et soyez plus jaloux
De la haute vertu que j'admirois en vous.

CICÉRON.

S'il est vrai que Sextus la respecte et l'admire,
Qu'il règle donc ses soins sur ceux qu'elle m'inspire

SEXTUS.

C'est-à-dire, seigneur, que, pour vous imiter,
Il faut mourir ensemble, et ne nous point quitter.

CICÉRON.

Ah, Sextus ! quoi ! c'est vous qui voulez que je fuie !
Non, ne vous flattez pas que je passe en Asie,
Ni que, des conjurés empruntant le secours,
De mes jours malheureux j'aille flétrir le cours.
Rien ne peut m'engager à quitter l'Italie.
Cependant je suis prêt, pour contenter Tullie,
A sortir avec vous de ce triste palais.
La nuit, à Tusculum, nous nous joindrons après ;
Au bois le plus prochain ma fille ira m'attendre.
Dans deux heures, Sextus, ayez soin de vous rendre,
Avec quelques soldats, au Pont Supplicien.
Le tems ne permet pas un plus long entretien ;
Adieu. Mais, avant tout, je veux revoir Mécène.

SCÈNE II.

TULLIE, SEXTUS.

TULLIE.

Ah, Sextus ! notre fuite est encore incertaine ;
Mécène à Cicéron fera changer d'avis,
Et les plus généreux ne seront pas suivis.
On vient : éloignez-vous ; c'est César qui s'avance.

SEXTUS.

Il seroit dangereux d'éviter sa présence ;
Le tyran nous a vus ; je me rendrois suspect,
Si je disparoissois à son premier aspect.
Il croit que sur ses bords la Seine m'a vu naître ;
Et d'ailleurs je crains peu César, quel qu'il puisse être.

SCÈNE III.

OCTAVE, SEXTUS, TULLIE.

OCTAVE.

Je cherchois Cicéron ; je veux encor le voir,
Quoique sa dureté me laisse peu d'espoir.

Mais! que fait près de vous ce Gaulois dont l'audace
Semble vouloir ici me disputer la place?

TULLIE.

Quel rang près de Tullie auriez-vous prétendu,
Pour croire qu'à tout autre il seroit défendu?

OCTAVE.

En des lieux où je crois pouvoir parler en maître,
Sans mes ordres exprès on ne doit point paroître;
Et sur-tout un Gaulois. Qu'il retourne en son camp.
C'est parmi ses soldats qu'il trouvera son rang.

SEXTUS.

Depuis quand sommes-nous sous ton obéissance,
Pour oser me parler avec tant d'arrogance?
Le sort de mes pareils ne dépend point de toi;
Je ne relève ici que des dieux et de moi.
Aux lois du grand César nous rendimes hommage;
Mais ce ne fut jamais à titre d'esclavage.
Comme de la valeur il connoissoit le prix,
Il estimoit en nous ce qui manque à son fils.
Sans le fer des Gaulois, le César qui me brave
Eût vu borner sa gloire au simple nom d'Octave.

OCTAVE.

Qu'entends-je? Holà, licteurs.

TULLIE.

                             César, modère-toi.
Apprends que ce guerrier est ici sur ma foi,
Sur celle des Romains dont tu n'es pas le maitre,
Malgré tous les projets que tu formes pour l'être.
Si tu te plains de lui, pourquoi l'outrageois-tu?
Penses-tu n'outrager que des cœurs sans vertu?
S'il te faut des garans, je réponds de la sienne;
Commence à nous donner des preuves de la tienne.
Si de l'humanité tu méconnois la voix,
Des peuples alliés respecte au moins les droits.
Sois humain, généreux; et cesse de proscrire,
Si tu veux sur les cœurs t'établir un empire.
L'art de se faire aimer, et celui de régner,
Sont deux arts que ton père auroit dû t'enseigner.
Mais en vain tu prétends livrer à ta vengeance
Un guerrier qui n'est point soumis à ta puissance;
Jusqu'au dernier soupir je défendrai ses jours.

OCTAVE.

Ingrate, qui des miens voulez trancher le cours,
Et de mes ennemis me rendre la victime,
Vous justifiez trop le courroux qui m'anime.
Ce n'est pas d'aujourd'hui que cet audacieux,
Qui veut ne relever que de vous et des dieux,
Dans ses divers complots, plus ardent que vous-même,
Brave des triumvirs l'autorité suprême.
Je sais qu'il a sauvé Messala, Métellus,
Lucilius, Pison, les fils de Lentulus:
Mais, malgré son orgueil, je lui ferai connoître
Que je puis à mes lois l'immoler comme un traitre.

SEXTUS.

En sauvant tes proscrits, j'ai fait ce que j'ai dû.
Ton père, en pareil cas, eût loué ma vertu.
Toi-même, applaudissant à mes soins magnanimes,
Tu devrois me louer de t'épargner des crimes,
Et rougir, quand tu crois être au-dessus de moi,
Qu'un Gaulois, à tes yeux, soit plus romain que toi.

Viole nos traités, punis-moi d'aimer Rome,
Et d'oser de nous deux être le plus grand homme.

OCTAVE.

Téméraire étranger, tu m'apprends mon devoir;
Et ta mort....

TULLIE.

                Si ma voix est sur toi sans pouvoir,
De ce rival des dieux interroge l'image;
       (*Elle lui montre la statue de César.*)
Que sa clémence au moins devienne ton partage.
Du grand nom de César si tu veux hériter,
Dans ses soins vertueux commence à l'imiter.
Epargne ce guerrier, je demande sa vie;
Ose me refuser.

OCTAVE.

                Imprudente Tullie,
Qui voulez de régner me donner des leçons,
Que ne me donnez-vous de plus nobles soupçons!
De la vertu, du moins, empruntez le langage.
J'aurois trop à rougir d'en dire davantage.
Mais je ne crois pouvoir mieux vous humilier,
Qu'en vous abandonnant le soin de ce guerrier,
Que je crois en effet plus digne de clémence,
Qu'il ne se croit encor digne de ma vengeance.
Adieu.
       (*aux Licteurs.*)
       Vous, suivez-moi.

SCÈNE IV.
SEXTUS, TULLIE.
TULLIE.

Sextus, qu'avez-vous fait?

SEXTUS.

Trop peu pour mon courroux, puisqu'il est sans effet.
Tout César n'est ici qu'un objet de colère.
Héritier de l'ingrat qui détruisit mon père,
Octave n'est pour moi qu'un rival odieux
Dont l'orgueilleux mépris m'a rendu furieux.
Tenté plus d'une fois d'en punir l'insolence....
Qu'il rende de ses jours grace à votre présence.

TULLIE.

Sextus, ce fier rival n'en est pas un pour vous;
Un amant méprisé ne fait point de jaloux:
Mais un grand cœur doit-il céder sans espérance
Aux dangereux appas d'une aveugle vengeance?
Ah! quand même à César on donneroit la mort,
Son trépas seul peut-il relever votre sort?
Tout vous promet ailleurs de hautes destinées,
Qui, sans gloire, en ces lieux, se verroient terminées.
Fuyons, mon cher Sextus; fuir n'est un déshonneur
Que pour ceux dont on peut soupçonner la valeur;
Fuyons, loin de tenter des efforts inutiles.
Tandis qu'en ce palais on nous laisse tranquilles,
Allons, sans plus tarder, rejoindre Cicéron.
La vertu de Mécène, exempte de soupçon,
Ne nous en doit pas moins alarmer sur son zèle.
Je vois, sur son départ, que mon père chancèle.
Courons le raffermir: Octave est violent;
Pour nous perdre tous trois, il ne faut qu'un moment.

SEXTUS.

Ah ! ne redoutez rien ; je connois la prudence
De ce nouveau tyran peu sûr de sa puissance.
Comme il me croit Gaulois, et qu'il a besoin d'eux,
Il craint trop d'irriter ces peuples dangereux.

SCÈNE V.

PHILIPPE, SEXTUS, TULLIE.

TULLIE.

JUGEZ de ses frayeurs à l'objet qui s'avance ;
C'est l'affranchi chargé du soin de sa vengeance,
Qui vient vous immoler, ou s'assurer de vous.
Ah, Sextus ! laissez-moi m'offrir seule sous ses coups.

SEXTUS.

Vous exposer pour moi, c'est m'outrager, Tullie.
M'enviez-vous l'honneur de défendre ma vie ?
(à Philippe.)
Approche, digne chef des infâmes humains,
Que César entretient pour ses lâches desseins.

PHILIPPE à part.

Quel trouble dans mon cœur élève sa présence !
O mes yeux ! contemplez, voilà sa ressemblance,
Le port majestueux de cet homme divin
Qui, tout percé de coups, vint mourir sur mon sein.
Hélas ! si c'étoit lui.... Mais puis-je méconnoître
Et les traits et la voix de mon auguste maître ?
Quelle horreur en ces lieux règne de toutes parts !
Dieux ! quel spectacle affreux vient frapper mes
      regards !
(Il s'appuie sur les débris de la statue de Pompée.)
Chers débris, monumens de la fureur d'Octave,
Arrosez-vous des pleurs d'un malheureux esclave ;
Ou plutôt, revivez, triste objet de mes vœux,
Et venez recevoir l'ame d'un malheureux.
Je me meurs.

TULLIE.

Que dit-il ? Et qu'est-ce qui l'arrête ?

SEXTUS.

Avance ; à m'immoler ta main est-elle prête ?
Que vois-je ? Quel mortel se présente à mes yeux ?
Grands dieux ! N'est-il donc plus de vertu sous les
      cieux !
L'erreur qui me flattoit malgré moi se dissipe.
Qui m'eût dit qu'à regret je reverrois Philippe ?
Ce fidelle affranchi du plus grand des mortels,
Qui sembloit avec lui partager ses autels,
Que ses derniers soupirs avoient couvert de gloire ;
Ce Philippe, autrefois si cher à ma mémoire,
Qui sut de la vertu m'applanir les chemins,
Philippe est devenu chef de mes assassins.
Tu pleures, cœur ingrat ! Que de torrens de larmes
Il faudroit pour laver tes parricides armes !
Va, comble tes forfaits : si tes barbares mains
N'ont point assez trempé dans le sang des Romains,
Viens, cruel, dans le mien, ennoblir ton épée ;
Plonge-la dans le sein du malheureux Pompée.

PHILIPPE.

Ah, Sextus !

SEXTUS.

Serois-tu capable d'un remord ?

PHILIPPE.

Ecoutez-moi, mon maître, ou me donnez la mort.
Daignez vous rappeler l'histoire de ma vie ;
D'aucun crime jamais elle ne fut flétrie.

SEXTUS.

Lève-toi.

PHILIPPE.

Non, seigneur, souffrez qu'à vos genoux,
Avant que de mourir, je m'explique avec vous.

SEXTUS.

Lève-toi.

PHILIPPE.

Se peut-il que mon illustre élève,
Contre un infortuné s'indigne et se soulève ?
A-t-il pu soupçonner un cœur tel que le mien
De vouloir enfoncer un poignard dans le sien ?
(Il montre la statue de Pompée.)
Hélas ! depuis la mort de ce maître adorable,
Je n'ai fait que gémir de son sort déplorable.
Octave, prévenu que j'avois mérité
Qu'un maître pût compter sur ma fidélité,
Me prévint, et bientôt m'accorda son estime.
On sait que ce tyran s'est fait une maxime
D'attacher à son sort les hommes généreux
Qui par quelques vertus se sont rendus fameux.
C'est ainsi que j'ai su gagner sa confiance :
Mais, dans l'art de tromper imitant sa science,
Philippe n'a jamais trempé dans ses forfaits,
Et Rome n'a de moi reçu que des bienfaits.
Mais c'est par d'autres soins qu'un esclave fidelle
Doit vous justifier son amour et son zèle.
Octave ne croit plus que vous soyez Gaulois.
Votre noble fierté, les accens de la voix,
Vos soins pour les proscrits échappés vers Ostie,
Et l'ardeur que pour vous fait éclater Tullie,
Alarment à tel point ce cœur né soupçonneux,
Qu'il voudroit vous pouvoir sacrifier tous deux ;
Et, sans bien pénétrer quelle est votre origine,
Il veut que cette nuit ma main vous assassine,
Sans croire cependant que vous soyez Sextus :
Mais il vous croit du moins un ami de Brutus.
Il vient de me quitter pour passer chez Fulvie ;
Je crains qu'à Cicéron il n'en coûte la vie.
Les momens vous sont chers, et c'est fait de vos jours,
Si de ceux du tyran je n'abrège le cours.
Pour sauver l'un de vous, il faut immoler l'autre :
Choisissez du trépas de César ou du vôtre.
Rien n'est sacré pour moi, dès qu'il s'agit de vous.

SEXTUS.

L'assassinat, Philippe, est indigne de nous.
Avant que d'éclater, tu pouvois l'entreprendre ;
Mais, instruit du projet, je dois te le défendre.
Je m'en ferois un crime après l'avoir appris,
Et l'on t'eût pardonné de l'avoir entrepris.

PHILIPPE.

On ne peut trop louer un soin si magnanime :
Mais je vois d'un autre œil l'autel et la victime.
Le destin n'a point mis des sentimens égaux
Dans l'ame de l'esclave et celle du héros.

Mon devoir le plus saint, c'est de sauver mon maître.
Qui d'Octave ou de vous, aujourd'hui le doit être ?
César ne fut jamais ni mon dieu, ni mon roi,
Et le plus fier tyran n'est qu'un homme pour moi.
Si, pour vous soutenir, une égale fortune
Rendoit entre vous deux la puissance commune,
Et que de l'immoler vous eussiez le dessein,
Sextus pourroit ailleurs chercher un assassin.
Mais s'armer du poignard qu'un lâche nous destine,
Ce n'est que le punir, alors qu'on l'assassine.
Se laisser prévenir est moins une vertu,
Que l'imbécillité d'un courage abattu.
Il ne vous reste plus qu'une fuite douteuse;
Pour le fils de Pompée elle seroit honteuse.
Bientôt de toutes parts vous serez observé;
Prévenez donc le coup qui vous est réservé.

TULLIE.

Rejetez les conseils que Philippe vous donne;
Mais fuyons, puisqu'ainsi votre honneur nous l'or-
donne.
Allons trouver mon père, et remettons aux dieux
Le soin de nous sauver de ces funestes lieux.

PHILIPPE.

Moi, je vais retrouver César : daignez attendre
Que je sois en état du moins de vous défendre.
Vous verrez, si mon bras ne peut vous secourir,
Que Philippe avec vous est digne de mourir.

Fin du troisième acte.

ACTE QUATRIÈME.

SCÈNE I.

CICÉRON *seul.*

Orgueilleux monumens d'une grandeur passée
Qui par celle des dieux n'étoit point effacée;
Et vous, marbres sacrés de nos premiers aïeux,
Qui faisiez l'ornement de ces superbes lieux;
En vain, de vos travaux célébrant la mémoire,
Rome a cru de vos noms éterniser la gloire;
Bientôt vous ne serez qu'un horrible débris,
Et de nouveaux objets de larmes et de cris.
Déjà les rejetons de vos tiges fameuses,
D'Antoine et de César victimes malheureuses,
N'offrent plus à nos yeux qu'un mêlange confus
De morts et de mourans dans la fange étendus.

(Il jette les yeux sur le tableau des proscriptions,
et il y voit son nom.)

Mais, parmi tant d'horreurs, quelle gloire imprévue
Vient ranimer mon cœur et briller à ma vue?
Mon nom ne sera plus étouffé dans l'oubli,
Et dans ses dignités le voilà rétabli.
Enfin je suis proscrit ; que mon âme est ravie !
Je renais au moment qu'on m'arrache la vie.
Héros infortunés, souffrez que ce tableau
Me serve, ainsi qu'à vous, de trône et de tombeau.
Je mourrai dans ton sein, ô ma chère patrie !
Eh ! que ne peut mon sang épuiser la furie

Des cruels Triumvirs qui s'abreuvent du tien !
Qu'avec plaisir pour toi j'aurois donné le mien !
Au milieu des tourmens je serois mort tranquille;
Je vivois pour toi seule, et je meurs inutile.
Quelqu'un vient.

SCÈNE II.

MÉCÈNE, CICÉRON.

CICÉRON.

C'EN est fait, voici l'heureux instant
Qui va livrer ma tête au glaive qui l'attend.
Mais, je l'espère en vain ; c'est le sage Mécène,
Qu'une pitié cruelle en tremblant me ramène,
Et qui me croit peut-être accablé de douleur
A l'aspect du seul bien qui peut toucher mon cœur.

MÉCÈNE.

Malgré les soins divers dont vous étiez la proie,
Je lis dans vos regards une secrette joie
Qui dissipe ma crainte et flatte mon espoir.
César l'augmente encor, dès qu'il veut vous revoir,
Ah, Cicéron ! souffrez que je vous concilie.
Pour triompher d'Antoine, et pour braver Fulvie,
Accordez votre fille aux soins officieux
D'un ami qui voudroit pouvoir l'unir aux dieux ;
Renoncez à l'orgueil de ces vertus austères
Qu'en des tems moins cruels se prescrivoient nos
pères.
Ce n'est qu'en se pliant à la nécessité,
Que l'on peut des tyrans tromper l'autorité,
Un torrent n'a jamais causé plus de ravage,
Que lorsqu'à son courant on ferme le passage.
Laissez-le s'écouler, et nous donnez la paix :
Couronnez par ce don tous vos autres bienfaits,

CICÉRON.

César vous auroit-il chargé de la conclure,
Rebuté d'outrager les dieux et la nature ?
Moins pressé de la soif de grossir ses trésors,
Vous auroit-il promis de respecter les morts ;
De ne point dépouiller leurs enfans et leurs femmes
Des biens que ce cruel prodigue à des infâmes ?
Ignorez-vous encor que des édits nouveaux
Ordonnent de fouiller jusques dans les tombeaux;
Que son avidité, par des lois inhumaines,
Impose des tributs jusqu'aux dames romaines ?
Vous fait-il espérer que de notre union
L'instant sera la fin de la proscription ?

MÉCÈNE.

C'est pour vous que d'hier César l'a suspendue.

CICÉRON.

Eh bien ! sur ce tableau daignez jeter la vue.

(Il lui montre le tableau de la proscription.)

Pour me mieux distinguer, c'est mon funeste nom
Qui seul en fait le prix.

MÉCÈNE.

Dieux ! quelle trahison
César auroit dicté cet arrêt sanguinaire !
Mais non, je reconnois la main du téméraire

Qui

Qui seul aura tracé cet horrible décret.
Eh! quel autre qu'Antoine eût commis ce forfait?
César, jusqu'à ce point, eût-il flétri sa gloire?
Si je l'en soupçonnois, ou si j'osois le croire,
Loin de tenter encor de le justifier,
Je serois le premier à le sacrifier.
S'il est vrai que César ait voulu vous proscrire,
Sur ce même tableau je vais me faire inscrire.
Adieu; si je ne puis vous sauver de ses coups,
Vous me verrez combattre et mourir avec vous.

SCÈNE III.
CICÉRON, seul.

Eh! qu'importe à César que nous mourions
  ensemble,
Et qu'un même supplice aux enfers nous rassemble!
Que je plains ton erreur, aveugle courtisan,
Si tu crois par ta mort attendrir un tyran!

SCÈNE IV.
CICÉRON, OCTAVE.

CICÉRON.

Je le vois; terminons ma course infortunée
Par l'emploi que m'avoit commis ma destinée.
Parlons; fassent les dieux que mes derniers accens
Ne se réduisent point à des cris impuissans!

OCTAVE.

Cicéron, en ces lieux, n'a-t-il point vu Mécène?

CICÉRON.

Je ne l'ai que trop vu pour accroître ma peine.
Mais sur un autre point, César, écoute-moi;
C'est l'unique faveur que j'exige de toi.
Je vois avec pitié que ta rigueur extrême
Attirera bientôt la foudre sur toi-même.
Si, pour nous accabler de maux et de douleurs,
La terre a ses tyrans, le ciel a ses vengeurs.
Crains, malgré ton pouvoir, que quelque main hardie
Ne te punisse un jour de tant de barbarie.
Quels monstres ont jamais immolé des enfans?
Peut-on trop respecter ces êtres innocens?
Hélas! de tes fureurs victimes lamentables,
Leurs mères ne sont pas pour toi plus redoutables;
Et cependant tu veux les priver de leurs biens:
César leur eût plutôt prodigué tous les siens.
C'étoit par des bienfaits qu'il vengeoit une injure;
Son fils, pour se venger, détruiroit la nature.
Est-ce ainsi que tu veux succéder à César,
Ce héros qui traînoit tous les cœurs à son char?
Imite sa bonté; crois-moi, fais-nous connoître
Que tu peux l'égaler, le surpasser peut-être.

OCTAVE.

Et pourquoi n'imputer qu'à moi seul ces décrets
Dont Rome a ressenti de si cruels effets?
Antoine est-il pour eux un dieu plus favorable?

CICÉRON.

Eh! qui pourroit fléchir ce tigre inexorable,
Dans l'ivresse, l'orgueil et le luxe allaité,
Monstre que le destin n'a que trop bien traité,
Et qui, pour ton malheur, nourri dans le carnage,
N'a, pour toute vertu, qu'une valeur sauvage?
César, dès qu'il s'agit d'avoir recours aux dieux,
Qui d'Antoine ou de toi leur ressemble le mieux?
Le ciel de ses bienfaits t'enrichit sans mesure;
Respecte les faveurs que te fit la nature.
Que n'as-tu pas reçu de sa prodigue main?
Tous les dons d'un génie au-dessus de l'humain.
Lorsqu'il ne tient qu'à toi d'être adoré dans Rome,
Te sied-il d'être Antoine, ou de n'être qu'un homme?
Sois César, sois un dieu: tu le peux, tu le dois;
Trop heureux que le sort te laisse un si beau choix.

OCTAVE.

Tu n'auras pas en vain recours à ma clémence,
Ni d'un sexe timide embrassé la défense.
Je souscris à tes soins; je veux, en ta faveur,
Abolir ces décrets qui te font tant d'horreur.
Au sort des malheureux une ame si sensible
Pour moi seul aujourd'hui sera-t-elle inflexible?
Je viens sur ta fierté faire un dernier effort.
Qu'avec mon amitié la tienne soit d'accord.
Je ne refuse rien, lorsque ta voix m'implore:
Laisse-moi triompher du fiel qui te dévore;
Réunissons deux cœurs divisés trop long-tems
Pour des cœurs vertueux, j'ose dire aussi grands.

CICÉRON.

Octave, tu me fis admirer ton enfance.
J'attendois encor plus de ton adolescence;
Tu m'as trompé. Les cœurs remplis d'ambition
Sont sans foi, sans honneur et sans affection.
Occupés seulement de l'objet qui les guide,
Ils n'ont de l'amitié que le masque perfide;
Prodigues de sermens, avares des effets,
Le poison est caché même sous leurs bienfaits.
La gloire d'un grand-homme est pour eux un supplice,
Et pour lui, tôt ou tard, devient un précipice.
Je n'espère plus rien, et je crains encor moins.
Garde pour tes amis tes bontés et tes soins;
Pour en être, il faudroit aimer la tyrannie.

OCTAVE.

Déchire le bandeau d'une aveugle manie,
Erreur dont ton orgueil s'est laissé prévenir,
Et rougis des discours que tu m'oses tenir.
Que peut me reprocher ton injuste colère?
Qu'ai-je fait, qu'avant moi n'eût fait ici mon père?
N'obéissoit-on pas lorsque César vivoit?

CICÉRON.

Sois seulement son ombre, et je suis ton sujet.
Du bonheur des humains sage dépositaire,
En faisant toujours bien, ne songe qu'à mieux faire;
Sois clement, vertueux, et rétablis les lois,
Je serai le premier à te donner ma voix.
Mais, tant que je verrai des tigres en furie
Déchirer les enfans de ma triste patrie,
Je ferai de mes cris retentir l'univers,
Et je les porterai jusques dans les enfers.

OCTAVE.

Pour me livrer la guerre avec plus d'assurances,
Des hommes et des tems pèse les circonstances.

X

Mon père n'eut jamais que sa gloire à venger ;
Ainsi César pouvoit pardonner sans danger :
Pour un autre César il n'eut point à proscrire.
Qui , d'ailleurs , eût osé lui disputer l'empire ?
Je ne suis entouré que de vils sénateurs ,
Opprobres des humains , lâches perturbateurs ,
Que se fût immolé la justice ordinaire ;
Dont Brutus a voulu lui-même se défaire ,
Et que ce meurtrier n'a laissés dans ces lieux
Que pour m'assassiner , ou me rendre odieux :
Car de mes ennemis l'indigne politique
Ne tend qu'à me charger de la haine publique.
Mais en de vains discours c'est trop nous engager.
Je ne suis pas venu pour me faire juger.
Pour la dernière fois je demande Tullie.
    C I C É R O N.
Faut-il que jusques-là ta grandeur s'humilie ?
D'un amour simulé laissons là les attraits.
Va , je t'ai pénétré plus que tu ne voudrois.
Les doux liens du cœur , étrangers dans ton ame,
Ne triompheront point de l'ardeur qui t'enflamme ;
C'est la soif de régner , voilà ce que tu veux :
Mais , comme il faut voiler ce projet dangereux ,
Tu veux en imposer par l'hymen de Tullie ;
Faire croire aux Romains , puisqu'à toi je m'allie,
Que j'épouse à mon tour ta haine et ta fureur ,
En faveur d'un hymen qui me comble d'honneur ;
Si je t'ouvre un chemin à la grandeur suprême ,
Que je l'applanis moins pour toi que pour moi-même;
Et qu'enfin c'est moi seul qui dicte tes arrêts :
Prétexte précieux pour m'immoler après.
    O C T A V E.
Si j'avois de te perdre une secrette envie ,
Qui pourroit m'engager à retenir Fulvie ?
Imprudent orateur , songe que ton orgueil
A de tes intérêts toujours été l'écueil.
S'il me faut , pour régner , l'appui d'une famille ,
Qu'ai-je besoin , dis-moi , de toi ni de ta fille ?
Ingrat , si tu jouis de la clarté du jour ,
Apprends que tu ne dois ce bien qu'à mon amour;
Vois ton nom.
    C I C É R O N.
   Je l'ai vu , César ; je t'en rends grace.
Mais il ne s'agit pas du sort qui me menace ;
Il s'agit des Romains. Pour la dernière fois ,
D'un ami malheureux daigne écouter la voix.
    O C T A V E.
Je n'écoute plus rien d'un ami si perfide ;
Ce n'est pas l'intérêt de Rome qui te guide.
Ce fameux Clodomir , ce rival odieux ,
Qu'avec tant de secret tu cachois en ces lieux ,
Injurieux objet d'une lâche tendresse ,
Est le seul où ton cœur aujourd'hui s'intéresse.
C'est l'amant de Tullie ; ose me le nier.
    C I C É R O N.
Je ne chercherai pas à m'en justifier.
Pourquoi de ce rival te ferois-je un mystère ?
A-t-il trempé ses mains dans le sang de ton père ?
Qu , si c'est un forfait que d'aimer les Romains ,
Implacable tyran , détruis tous les humains.
C'est dans la cruauté que brille ton courage.

    O C T A V E.
Ah! c'est pousser trop loin le mépris et l'outrage.
Adieu , je t'abandonne à mon inimitié.
    C I C É R O N.
Va , fuis ; je l'aime mieux encor que ta pitié.
Celle de tes pareils à-la-fois déshonore ,
Et celui qu'elle épargne et celui qui l'implore.

SCÈNE V.

CICÉRON seul.

MAIS que sont devenus mes enfans malheureux
Depuis l'instant fatal qui m'a séparé d'eux ?
Ma fille dans sa fuite a-t-elle été surprise ,
Ou Sextus auroit-il manqué son entreprise ?
Hélas ! de Tusculum s'ils ont pris le chemin ,
Dans mes tristes foyers ils m'attendront en vain ;
Je ne verrai plus ce couple que j'adore.
Eh ! puis-je désirer de les revoir encore ?
J'obtiens le seul honneur que j'avois souhaité ,
Et du moins je pourrai mourir en liberté......

SCÈNE VI.

CICÉRON, SEXTUS, TULLIE.

C I C É R O N.

MAIS je vois mes enfans ! Chers témoins de ma joie,
C'est pour la partager que le ciel vous envoie.
Le destin va bientôt terminer mes malheurs ,
Et mon sort est trop beau pour mériter des pleurs.
Viens , ma fille , jouis des honneurs de ton père.
Vois , lis sur ce tableau la fin de ma misère.
Sextus , vous m'avez vu le front humilié ,
Que , parmi ces grands noms , le mien fût oublié.
Je me plaignois à tort des mépris d'un barbare ;
Pardonnons-lui tous deux un affront qu'il répare.
    T U L L I E.
Seigneur , est-ce donc là ce destin glorieux
Qui doit être pour nous si grand , si précieux ?
Mourir dans les tourmens , victime de Fulvie ,
C'est mourir dans l'opprobre et dans l'ignominie.
Eh ! comment , sans rougir d'un si cruel transport ,
Pouvez-vous avec joie annoncer votre mort ?
Changerez-vous toujours d'avis et de conduite ?
Un grand cœur doit avoir plus d'ordre et plus de suite.
A peine vous formez un généreux dessein ,
Qu'à l'instant même il est banni de votre sein.
A l'amour paternel un faux honneur succède ,
Et , plus le mal est grand , plus on fuit le remède.
César ne vous a point encore abandonné.
Si nous mourons , c'est vous qui l'aurez ordonné.
Vous le savez , la mort n'a rien qui m'épouvante ;
Des cœurs infortunés c'est la plus douce attente.
Ce qui me fait gémir , c'est de voir votre cœur
S'honorer d'un trépas qui n'est qu'un déshonneur.
Mais de ce même fer dont l'amour de Tullie
S'est armé pour défendre une si belle vie,

Si vous vous obstinez à rester en ces lieux,
Je saurai, malgré vous, m'immoler à vos yeux.

CICÉRON.

Ah! ma fille, étouffez ce transport téméraire.

SEXTUS.

Mon père, il vous apprend ce que vous devez faire.
Se peut-il qu'un grand cœur se montre si jaloux
Des honneurs qu'un esclave obtiendroit comme vous?
Quel misérable orgueil pour une ame romaine!
Ah! loin de nous vanter une gloire si vaine,
Rougissez de vous voir proscrit sur ce tableau.
C'est dans le ciel qu'il faut inscrire un nom si beau.
Des plus nobles proscrits je viens d'armer l'élite;
C'est à mourir entr'eux que l'honneur nous invite.
Laisserez-vous périr ces guerriers généreux
Qui s'exposent pour vous au sort le plus affreux?
Un Romain, tant qu'il vent, peut rétablir sa gloire;
C'est en cherchant la mort qu'il trouve la victoire.
Lorsqu'il faut terminer ses deplorables jours,
Est-ce au fer des bourreaux qu'il faut avoir recours?

CICÉRON.

Ah! je n'aspire point aux honneurs de la guerre;
Le ciel ne m'a point fait pour désoler la terre,
Ni pour briller dans l'art des travaux meurtriers.
Ainsi que ses vertus, chacun a ses lauriers.
Et que peut m'importer, dès qu'il faut que je meure,
Quelle main me viendra marquer ma dernière heure?
Lorsqu'on ne peut plus vivre, il faut savoir mourir,
Et se rendre, quand rien ne peut nous secourir.
A quoi me servira votre valeur suprême,
Plus terrible cent fois pour moi que la mort même?
Tullie est un héros au-dessus du trépas,
Qui viendra s'élancer à travers les soldats.
Voulez-vous qu'à mes yeux on égorge ma fille,
Et l'héritier qui peut relever ma famille?
Et comment osez-vous hasarder nos amis,
Dès que le moindre espoir ne nous est plus permis?
Dans l'ardeur de tenter une vaine défense,
Les ferez-vous périr pour toute récompense?

SEXTUS.

Eh bien! si rien ne peut nous sauver de la mort,
Nous morrons tous, du moins dignes d'un meilleur
   sort.

CICÉRON.

C'est parler en soldats, dont l'ardente manie
Méprise également et la mort et la vie.
Je suis père, et je dois mieux penser qu'un amant
Qui ne consulte plus que son emportement.
On n'en veut qu'à moi seul en ce moment funeste;
Faut-il imprudemment sacrifier le reste?
Mon sang appaisera la fureur des tyrans;
Ah! laissez-lui l'honneur de sauver mes enfans.
Calmez les fiers transports de ce cœur indomptable:
Ma mort est désormais un mal inévitable.
Ma fille, qui n'a plus d'autre soutien que vous,
Aura-t-elle à pleurer son père et son époux?
Adieu, mon cher Sextus; adieu, chère Tullie;
Pour m'aimer plus long-tems, conservez votre vie.
On vient. Ah! c'en est fait. Dieux! quel moment
   affreux!
Hélas! pour ma défense, ils se perdront tous deux.

SCÈNE VII.

CICÉRON, SEXTUS, TULLIE,
PHILIPPE.

PHILIPPE à Sextus.

Vos amis assemblés sous diverses cohortes,
Pour vous accompagner, sont déjà loin des portes.
   (à Tullie.)
Madame, en ce moment, daignez suivre ses pas.
Du sort de Cicéron ne vous alarmez pas.
Octave, qui ne veut que semer l'épouvante,
A cru, pour ébranler votre ame trop constante,
Devoir ranger son nom au nombre des proscrits;
Mais, malgré le courroux dont son cœur est épris,
Il ne peut consentir à livrer votre père.
Ainsi ne craignez rien de sa feinte colère.
   (à Cicéron.)
Loin de vouloir, seigneur, en terminer le cours,
Il vient de m'ordonner de veiller sur vos jours.
Marchons à Tusculum, tandis qu'avec Tullie,
Sextus ira se rendre au rivage d'Ostie.

CICÉRON.

Adieu, triste témoin de mes vœux superflus,
Palais infortuné, je ne vous verrai plus.

Fin du quatrième acte.

ACTE CINQUIÈME.

SCÈNE I.

OCTAVE seul.

Je le connois enfin, ce rival trop heureux,
Que, pour nous, son seul nom rendoit si dangereux,
L'audacieux Sextus, que César, trop facile,
Laissa vivre, ou plutôt régner dans la Sicile,
Et dont il n'est sorti que dans le noir dessein
De me plonger peut-être un poignard dans le sein.
Le traître n'a que trop attenté sur ma vie,
En séduisant le cœur de l'ingrate Tullie.
Que de soins différens m'agitent tour-à-tour!
Un peuple mutiné, l'ambition, l'amour.
Sont-ce donc là les biens que tu cherchois, Octave,
Et dont, pour ton honneur, tu n'es que trop esclave?
Règne, puisque tu veux soumettre l'univers;
Mais, en l'en accablant, partage moins ses fers.
Sextus, qui te bravoit, échappe à ta vengeance.
Avec une valeur égale à sa naissance,
Que n'ai-je point encore à redouter de lui?
Voilà ce qui me doit occuper aujourd'hui.
Sans être secouru que de sa seule épée,
Sextus, par ses exploits, fait revivre Pompée.
Nous le verrons un jour disputer avec nous
Un fardeau dont le poids ne paroit que trop doux.
Mais je saurai bientôt prévenir son attente;
Immolons à-la-fois Sextus et son amante.
Heureusement Tullie est encor dans nos mains,
Et de Rome son père a repris les chemins;

X 2

Bientôt Hérennius, qui devoit l'y conduire,
De son sort, quel qu'il soit, aura soin de m'instruire.
Mais Mécène paroit.

SCÈNE II.

OCTAVE, MÉCÈNE.

OCTAVE.

Cher ami, que mon cœur
Avoit besoin de toi pour calmer ma douleur !
Philippe m'a trahi : cet esclave infidèle,
Que je croyois si sûr et si rempli de zèle,
Par ses fausses vertus abusant mes esprits,
Etoit d'intelligence avec tous les proscrits.
C'est lui qui les a tous sauvés de ma poursuite,
Et qui seul de Sextus a préparé la fuite.

MÉCÈNE.

Philippe n'a jamais mieux rempli son devoir
Qu'en trompant votre haine et votre fol espoir.
Et, d'ailleurs, devoit-il vous livrer son élève ?
A ce nom si chéri déjà l'on se soulève.
Si, par malheur, Sextus fût resté dans vos mains,
Vous eussiez contre vous armé tous les Romains.
Mais n'êtes-vous point las de tant de barbaries,
Et d'exercer ici l'empire des furies ?

OCTAVE.

Qu'entends-je ?

MÉCÈNE.

Les discours d'un ami vertueux,
Dont vous approuveriez le zèle impétueux,
Si de quelque retour votre ame étoit capable ;
Mais, aux cris, comme aux pleurs, elle est impéné-
trable.
Vous ne serez que trop entouré de flatteurs,
Et que trop inspiré par de vils délateurs ;
C'est l'unique entretien où vous trouviez des charmes.
Je ne puis plus vous voir sans répandre des larmes.
L'ami que j'avois cru digne d'être adoré,
C'est le même par qui je suis déshonoré.
Tandis que c'est lui seul qui détruit, persécute,
Aux pleurs qu'il fait verser c'est moi qui suis en bute.
Vos soldats, rebutés de servir d'assassins,
M'ont déjà reproché vos ordres inhumains.
On diroit qu'en effet votre cœur sanguinaire
Fait du sang des mortels sa substance ordinaire,
Qu'il ne voit qu'à regret des hommes innocens ;
Car vous les croyez tous criminels ou méchans ;
Et bientôt, à vos yeux, dans son sein déplorable,
Rome n'offrira plus qu'un gouffre abominable,
Que vous acheverez de combler de forfaits ;
Mais, comme je suis las d'en supporter le faix,
Adieu.

OCTAVE.

Quoi ! c'est ainsi que Mécène me quitte ?
D'où peut naître, dis-moi, le transport qui t'agite ?
Ah ! loin de redoubler mon trouble et ma terreur,
De l'état où je suis adoucis la rigueur.

Tu sais que, dès hier, j'ai cessé de proscrire.
Antoine, qui jouit avec moi de l'empire,
Pour me perdre d'honneurs, par ses détours secrets,
Fait passer sous mon nom ses horribles décrets.

MÉCÈNE.

Est-ce à vous de ramper sous les lois d'un infâme
Asservi lâchement aux fureurs d'une femme ?
Triumvir comme lui, libre de tout oser,
Au plus cruel trepas il falloit s'exposer,
Et laver dans son sang une pareille injure.
Un affront vit toujours sur le front qui l'endure ;
Qui ne s'en venge pas est fait pour le souffrir.
On croiroit, à vous voir tour-à-tour vous fléchir
Par l'odieux trafic des plus illustres têtes,
Que vous vous partagez le fruit de vos conquêtes.
Il abandonne un oncle ; et vous, un protecteur,
Dont vous avez long-tems recherché la faveur,
A qui seul vous devez votre grandeur suprême,
Et qu'il falloit sauver aux dépens de vous-même.

OCTAVE.

Cesse de m'effrayer, et me nomme l'objet
Qui fait couler tes pleurs.

MÉCÈNE.

Ingrat, qu'avez-vous fait ?
Hélas ! hier encore il existoit un homme
Qui fit par ses vertus les délices de Rome,
Mémorable à jamais par ses talens divers,
Dont le génie heureux éclairoit l'univers.
Il n'est plus… Son salut vous eût couvert de gloire,
Et de vos cruautés effacé la mémoire.
Qu'ai-je besoin encor de vous dire son nom ?
Ah ! laissez-moi vous fuir et pleurer Cicéron.

OCTAVE.

Qui ? moi, j'aurois livré ce mortel admirable !
Et c'est de ce forfait toi qui me crois coupable ?

MÉCÈNE.

C'est en l'abandonnant que vous l'avez livré.
De sang et de fureur votre cœur enivré,
Soigneux de me cacher la moitié de ses crimes,
Laisse au Tibre le soin de compter ses victimes.

OCTAVE.

Ah ! Mécène, un moment du moins écoute-moi.
Je ne veux, entre nous, d'autre juge que toi.
Moi-même, pour sauver le père de Tullie,
J'ai disposé sa fuite à l'insu de Fulvie,
Et chargé de ce soin Léna, Salvidius,
Soutenus par Philippe et par Hérennius ;
C'est par eux qu'en secret je le faisois conduire,
Sans prévoir que, peut-être, on pouvoit les séduire.
Comment s'en défier, et sur-tout de Léna,
Tribun que j'ai reçu de la main d'Agrippa ?
D'ailleurs, à Cicéron Léna devoit la vie.

MÉCÈNE.

C'est à son défenseur, lui seul qui l'a ravie.
L'intrépide orateur a vu, sans s'ébranler,
Lever sur lui le bras qui l'alloit immoler.
« C'est toi, Léna, dit-il ; que rien ne te retienne.
» J'ai défendu ta vie, arrache-moi la mienne.
» Je ne me repens point d'avoir sauvé tes jours,
» Puisque des miens c'est toi qui dois trancher le
　» cours ».

A ces mots, Cicéron lui présente la tête,
En s'écriant : « Léna, frappe ; la voilà prête ».
Léna, tandis que l'air retentissoit de cris,
L'abat, court chez Fulvie en demander le prix.
Un objet si touchant, loin d'attendrir son ame,
N'a fait que redoubler le courroux qui l'enflamme ;
Les yeux étincelans de rage et de fureur,
Elle embrasse Léna, sans honte et sans pudeur ;
Saisit avec transport cette tête divine,
Qui semble avec les dieux disputer d'origine,
En arrache.... Epargnez à ma vive douleur
La suite d'un récit qui vous feroit horreur.
Nous ne l'entendrons plus, du feu de son génie
Répandre dans nos cœurs le charme et l'harmonie ;
Fulvie a dechiré de ses indignes mains
Cet objet précieux, l'oracle des humains :
Mais on ne m'a point dit, après ce coup funeste,
Ce que sa barbarie a pu faire du reste.

OCTAVE.

Eh bien, sur Cicéron suis-je justifié ?

MÉCÈNE.

Si ce n'est pas César qui l'a sacrifié,
Que de sa mort, du moins, la plus haute vengeance
De César soupçonné fasse voir l'innocence.

OCTAVE.

Si je m'en vengerai ? Quoi ! tu peux en douter ?
Ta douleur sur ce point n'a rien à redouter ;
Ma haine désormais ne peut être assoupie,
Qu'en noyant dans son sang l'exécrable Fulvie.
Ce n'est pas Lucius qui m'en fera raison ;
C'est Antoine qui doit payer pour Cicéron.
Si tu m'aimes encor, va me chercher sa fille ;
Je veux de ce grand-homme adopter la famille.
De tes cris, de tes pleurs tu m'as importuné,
Rends-moi de Cicéron le reste infortuné.
Pardonne à mon dépit une fatale feinte
Qui porte à ma tendresse une si rude atteinte.
En croyant l'effrayer, hélas ! je l'ai perdu.
Par pitié, rends sa fille à mon cœur éperdu.
Je ne me connois plus ; que mon sort t'attendrisse.

MÉCÈNE.

C'est vouloir de vos maux accroître le supplice.
Eh ! comment osez-vous souhaiter de la voir ?
Pourrez-vous soutenir ses pleurs, son désespoir ?
Peignez-vous les tourmens où Tullie est en proie.

OCTAVE.

Ah ! n'importe, Mécène, il faut que je la voie.

MÉCÈNE.

Il est vrai que Tullie est rentrée en ces lieux,
Et j'ai cru qu'il falloit la soustraire à vos yeux.
Sans vouloir cependant la voir ni la contraindre,
(De son juste courroux que ne doit-on pas craindre?)
J'ai pris soin seulement qu'en ces momens affreux,
On ne m'instruisit point de son sort rigoureux.
N'allez point irriter une ame impérieuse,
Dont rien n'arrêteroit la haine audacieuse.
Quels efforts aujourd'hui n'a point tenté son bras
Pour Sextus, entraîné par ses propres soldats ?
La dignité des mœurs, la vertu la plus pure,
Ne sont pas les seuls dons que lui fit la nature.

Tullie en a reçu la valeur de Sextus,
Les charmes de son sexe et le cœur d'un Brutus ;
Et vous la renverrez, si vous daignez m'en croire.
Tant d'amour convient-il avec autant de gloire ?
Qu'espérez-vous d'un cœur épris d'un autre amant?
Faites-en à Sextus un généreux présent.

OCTAVE.

Mes fureurs n'ont que trop justifié sa haine....
C'en est fait, j'y consens, renvoyons-la, Mécène ;
Puisqu'il faut s'occuper de soins plus glorieux....

SCÈNE-DERNIÈRE.

TULLIE, OCTAVE, MÉCÈNE.

OCTAVE.

Je la vois...Juste ciel !... Cachons-nous à ses yeux.

TULLIE.

Pourquoi me fuyez-vous, César ? je suis vaincue,
Les soldats de Sextus l'ont soustrait à ma vue.
Vous avez triomphé de moi comme de lui.
Hélas ! dans mes malheurs où trouver un appui ?
Ne redoutez plus rien de la fière Tullie ;
Il n'est point de fierté que le sort n'humilie.
Loin de vous refuser à mes tristes regards,
Faites revivre en vous la bonté des Césars.
Si j'ai porté trop loin les mépris et l'audace,
  (*Elle lui montre la statue de César.*)
Au nom de ce héros, daignez me faire grace.
Ah ! seigneur, par pitié, rendez-moi Cicéron ;
Honorez-nous tous deux d'un généreux pardon.
En des tems plus heureux votre haine endurcie
Eût été désarmée au seul nom de Tullie.

OCTAVE.

Ce nom n'est point encore effacé de mon cœur,
Un seul jour n'éteint point une si vive ardeur ;
Et des feux que Tullie allume dans une ame,
Elle ne sait que trop éterniser la flamme ;
Et, malgré le mépris dont vous payez mes vœux,
J'oublie, en vous voyant, que je suis malheureux ;
Et j'ose me flatter que, moins préoccupée,
Vous eussiez respecté César devant Pompée.
Le ciel ne le fit point pour être mon égal ;
Il n'est pas même fait pour être mon rival.

TULLIE.

Ah ! César, est-il tems de me chercher des crimes ?
Daignez vous occuper de soins plus légitimes.
Vous avez trop connu le cœur de Cicéron,
Pour en avoir conçu le plus léger soupçon.
Si de quelque refus vous avez à vous plaindre,
Son austère vertu ne laisse rien à craindre.
A-t-il des conjurés emprunté le secours,
Ou versé dans les cœurs le poison des discours ?
Il a toujours gardé le plus profond silence ;
Sa fuite ne peut-être un motif de vengeance ;
Puisque vous-même avez ordonné son départ.
Philippe étoit d'ailleurs chargé, de votre part,
Avec Hérennius, du soin de le défendre.

OCTAVE.

Mais, si vous n'aviez point dessein de me surprendre,

Auriez-vous de Sextus accompagné les pas ,
Et , pour le soutenir , corrompu mes soldats ?
TULLIE.
Quel peut-être l'effroi que Sextus vous inspire ?
Ce n'est pas en fuyant qu'on dispute un empire.
L'a-t-on vu contre vous soulever les esprits ,
Ou d'un nom redouté ranimer les débris ?
Il en eût recouvré la puissance usurpée ,
S'il se fût un moment fait voir comme Pompée.
Ah ! du sort de Sextus , ne soyez point jaloux ;
Philippe n'a voulu que l'éloigner de vous.
Son maître infortuné , qui n'a plus d'autre asyle ,
Va sans doute avec lui regagner la Sicile.
Faites-vous un ami de ce jeune héros ;
Il est digne de vous par ses nobles travaux.
César , vous ignorez qu'une main meurtrière
Vous auroit , sans Sextus , privé de la lumière.
Tandis que votre haine éclate contre lui ,
C'est sa seule vertu qui vous sauve aujourd'hui.
Pour l'en récompenser , permettez que mon père
Aille près de Sextus terminer sa misère ;
Prenez , en leur faveur , des sentimens plus doux.
OCTAVE.
Mais , madame , Sextus est-il donc votre époux ?
Si-tôt qu'à votre hymen je ne dois plus prétendre ,
Aux vœux de mon rival je consens de vous rendre.
TULLIE.
Ah, César ! vos détours sont trop injurieux.
Plus sincère que vous , je m'expliquerai mieux.
De Sextus , il est vrai , je dois être l'épouse.
Loin de vouloir tromper votre flamme jalouse ,
J'avoûrai , sans rougir , que nous avons tous deux ,
Malgré tant de malheurs , brûlé des mêmes feux :
Mais , quel que soit l'amour qu'il inspire à Tullie ,
Si vous m'aimez encor , je vous le sacrifie.

Vous pouvez d'un seul mot rendre mon sort heureux.
Parlez , me voilà prête à contenter vos vœux.
Un si grand sacrifice est le prix de mon père ;
Rendez à ma douleur une tête si chère ;
Apprenez-moi du moins ce qu'il est devenu.
OCTAVE.
Hérennius ici n'a point encor paru.
Mécène , en attendant , prenez soin de Tullie.
Je vais sur Cicéron interroger Fulvie.
TULLIE.
Non, César , demeurez... Mais , quel objet nouveau
Vient frapper mes regards sous ce triste tableau ?
Hélas ! je reconnois la celeste tribune
Que mon père occupoit avant son infortune.
C'est de-là que , rempli d'un feu toujours divin ,
Il sembloit prononcer les arrêts du destin....
Plus j'ose l'observer , plus ma frayeur augmente.
Mécène.... la tribune.... elle est toute sanglante.
Ce voile , encor fumant, cache quelque forfait.
N'importe , je veux voir.
(Elle monte à la tribune , et lève le voile.)
Dieux ! quel affreux objet !
La tête de mon père !... Ah ! monstre impitoyable ,
A quels yeux offres-tu ce spectacle effroyable ?
OCTAVE.
L'horreur qui me saisit , à ce terrible aspect ,
Pourroit justifier l'homme le plus suspect.
On n'en peut accuser que la main de Fulvie.
TULLIE.
La tienne a-t-elle moins fait voir de barbarie ?
Ne lui conteste point un coup digne de toi.
O Sextus ! tout est mort et pour vous et pour moi.
Traître , pour assouvir la fureur qui t'anime ,
(Elle se tue.)
Tourne les yeux ; voilà ta dernière victime.

F I N.